国家哲学社会科学成果文库
NATIONAL ACHIEVEMENTS LIBRARY
OF PHILOSOPHY AND SOCIAL SCIENCES

反基础公理的逻辑研究

李娜 著

中国社会科学出版社

作者简介

李娜 女，1958 年生，河南开封市人。研究方向：现代逻辑。中国逻辑学会会员。1978 年至 1982 年在河南大学数学系学习，获理学学士学位。1986 至 1989 年在中国科学院软件研究所学习，获理学硕士学位。现任南开大学哲学院逻辑教研室教授、博士生导师。主持多项省级或国家级社会科学研究项目；出版《数理逻辑的思想与方法》、《集合论含有原子的自然模型和布尔值模型》等学术专著，发表《GB 的布尔值模型》等多篇学术论文；获得教育部人文社会科学优秀成果二等奖 1 次、三等奖 1 次。

《国家哲学社会科学成果文库》出版说明

为充分发挥哲学社会科学研究优秀成果和优秀人才的示范带动作用，促进我国哲学社会科学繁荣发展，全国哲学社会科学规划领导小组决定自2010年始，设立《国家哲学社会科学成果文库》，每年评审一次。入选成果经过了同行专家严格评审，代表当前相关领域学术研究的前沿水平，体现我国哲学社会科学界的学术创造力，按照“统一标识、统一封面、统一版式、统一标准”的总体要求组织出版。

全国哲学社会科学规划办公室

2011年3月

目 录

第Ⅱ编 用方程组刻画的反基础公理

第Ⅲ篇 附录

Contents

Part Ⅱ Using System of Equations Describing the Axiom of Anti-Foundation

Part Ⅲ Appendix

前　言

一　研究的目的、意义及所使用的研究方法

在经典的公理集合论系统 ZFC 中，由于基础公理 FA（也称良基公理或正则公理）的存在，所以，这样的集合论，也称为良基集合论，它所描述的集合也称为良基集合。在 ZFC 中，由于基础公理 FA 是独立于 ZFC^-（$=ZFC-FA$）的其他公理的，所以，如果用反基础公理（或称非良基公理）代替基础公理 FA，那么 ZFC^- 中所有不依赖于 FA 的结果在非良基集合论中都成立。而这样的集合论，也称为非良基集合论，它的论域中既包含良基集合，又包含被基础公理排除掉的具有无穷∈递降链或循环性质的非良基集合。由于具有循环性质的非良基集合（也称超集或奇异集合）的最大特点是具有性质：$\Omega\in\Omega$，即：包含其自身作元素，如：$\Omega=\{\Omega\}$。

然而，由于在哲学、逻辑学、数学、计算机科学、语言学、情境语义学、人工智能领域和认知科学中，存在着许许多多各种各样的循环现象和问题，而非良基集合，它们恰恰可以以一种明显的方式来刻画循环的现象和问题。因此，在集合论的发展中，用反基础公理替换基础公理也成为必然。反基础公理最早是由福蒂（M. Forti）和洪塞尔（F. Honsel）在他们 1983 年的一篇论文中给出的。现在这条公理被阿克采尔（P. Aczel）称作 AFA，并且阿克采尔还给出了一套建立各种各样循环现象模型的方法。

20 世纪 70 年代前后，互模拟（也称双仿）的概念几乎同时并且独立地在集合论、模态逻辑和计算机科学等领域中提出。在此之前，两个结构之间的关系只能用同态或者同构来衡量。然而，两个同态的结构中一个一定能嵌入到另一个之中。因此，它们形式上一个包含另一个。因之，本质上是相同

的。同构的结构不论是形式上还是本质上都被认为是相同的。于是人们希望有一个比同态或同构弱的概念。而互模拟不仅是一个比同态或同构弱的概念，同时还能保证两个结构之间相互模仿对方。特别地，“互模拟也是非良基集合论的核心概念。当人们把集合论的论域由良基集合扩充到非良基集合时，经典的外延公理在判断非良基集合之间的相等时无能为力。运用基于互模拟概念的强外延公理可以很好地解决这一问题”（《互模拟的一些基本性质》，《云南师范大学学报》（社科版），2010 年第 5 期，第 69 页）。今天，互模拟理论因为各种各样的目的被广泛地用在并发系统、函数语言、对象定位语言、类型论、数据类型、域论、数据库、编辑最优化、程序分析、证明工具等中。

然而，为公理集合论的 ZFC 系统建立模型，一直是公理集合论研究中的一个重要问题。20 世纪 90 年代以后，为集合论的含有各种反基础公理的公理系统建立模型，是公理集合论研究中的一个热点问题。因此，反基础公理的逻辑研究从理论上丰富了数理逻辑的重要分支——公理集合论刻画集合论模型的理论；丰富了 Barwise 等人关于用方程组研究反基础公理的理论，为现代逻辑的研究提供了证明论的工具，促进了逻辑学的发展。同时，用非良基集重新刻画模态逻辑，建立模态系统之间的互模拟关系，必将进一步促进数理逻辑与逻辑、哲学之间的相互渗透、相互融合。因此，这些工作都可能是在基础理论的层面上促进数学、逻辑学和哲学的发展。与此同时，这些工作对于我国这样一个对逻辑研究还比较薄弱的状况来说，无疑具有十分积极的意义。

本成果所采用的主要方法是：数理逻辑中构建模型的方法和代数的方法。

二　该成果的主要内容

《反基础公理的逻辑研究》一书分为三编。第Ⅰ编，是我承担的 2008 年度国家社会科学基金项目《超集、双仿以及在模态逻辑、计算机科学中的作用研究》（项目批准号：08BZX049）的最终研究成果的部分内容；第Ⅱ编，是我承担的 2011 年度天津市社会科学基金项目《基于方程组的反基础公理

AFA 以及应用研究》（项目批准号：TJZX11－007）的最终研究成果的部分内容；第Ⅲ编即附录，也是我承担的2008 年度国家社会科学基金项目《超集、双仿以及在模态逻辑、计算机科学中的作用研究》（项目批准号：08BZX049）的最终研究成果的部分内容。因此，我将这三部分内容合并在一起，命名为《反基础公理的逻辑研究》。

《反基础公理的逻辑研究》的内容包括：

第Ⅰ编：为用图刻画的各种反基础公理系统（ZFC^- + AFA（或者 SAFA、FAFA 以及反基础公理家族 $AFA^{\sim}$））建立不同的集论模型，从而证明各种反基础公理与 ZFC^- 的相对协调性。

第Ⅱ编：修正、完善并丰富了巴威斯（J. Barwise）等人用代数方法——方程组刻画的反基础公理——解引理的理论。

第Ⅲ编：包括两个附录。附录 1——给出了结构之间的互模拟理论。附录 2——给出了项目研究期间发表的四篇论文。

第Ⅰ编的主要内容如下：

为集合论的公理系统建立模型是公理集合论研究的一个重要问题。由于人们已经为经典的公理集合论系统 ZFC 建立了自然模型、可构成模型和布尔值模型以及含有原子的模型，因此，该成果在第Ⅰ编中为用图的方法刻画的反基础公理 AFA（或者 SAFA、FAFA 以及反基础公理家族 $AFA^{\sim}$）所构成的非良基集合论系统 ZFC^- + AFA（或者 SAFA、FAFA 以及反基础公理家族 $AFA^{\sim}$）建立了以下三种模型。

1. 以 ZFC 的布尔值模型 V^B（B 是一个完全的布尔代数）为基础，采用阿克采尔的方法，构建了阿克采尔的非良基集合论公理系统 ZFC^- + AFA 的一种模型。在此基础上，构建了由反基础公理家族 $AFA^{\sim}$ 所构成的非良基集合论公理系统 ZFC^- + $AFA^{\sim}$ 的模型，并由此构建了斯科特（D. Scott）的非良基集合论公理系统 ZFC^- + SAFA 和费斯勒（P. Finsler）的非良基集合论公理系统 ZFC^- + FAFA 的模型。

2. 在可构成公理 V = L 的假设下，利用 ZFC 的可构成模型 L，采用阿克采尔的方法，构建了阿克采尔的非良基集合论公理系统 ZFC^- + AFA 的一种模型，在此基础上，构建了由反基础公理家族 $AFA^{\sim}$ 所构成的非良基集合论公理系统 ZFC^- + $AFA^{\sim}$ 的模型，并由此构建了斯科特的非良基集合论公理系

统 $V = L + ZFC^{-} + SAFA$ 和费斯勒的非良基集合论公理系统 $V = L + ZFC^{-} + FAFA$ 的模型。

3. 利用 ZFC + A（A 断言：存在原子的集合）含有原子的集合 A 的模型 V（A），采用阿克采尔的方法，构建了阿克采尔的非良基集合论公理系统 $ZFC^{-} + A + AFA$ 的一种模型，在此基础上，构建了由反基础公理家族 $AFA^{\sim}$ 所构成的非良基集合论公理系统 $ZFC^{-} + A + AFA^{\sim}$ 的模型，并由此构建了斯科特的非良基集合论公理系统 $ZFC^{-} + A + SAFA$ 和费斯勒的非良基集合论公理系统 $ZFC^{-} + A + FAFA$ 的模型。

第Ⅱ编的主要内容如下：

巴威斯等人用代数方法（方程组）所刻画的反基础公理——解引理 AFA 断言：平坦方程组有唯一解。然而，当平坦方程组是 $x = \{x\}$ 时，

$\Omega = \{\{\{\{\cdots\{\{\varnothing\}\}\cdots\}\}\}\}$，（这里省略号…表示有无穷多层括号）

和

$\Omega' = \{\{\{\{\cdots\{\{\varnothing, \{\varnothing\}\}\}\cdots\}\}\}\}$，（这里省略号…表示有无穷多层括号）

都满足 $\Omega = \{\Omega\}$ 并且 $\Omega' = \{\Omega'\}$。也就是说，Ω 和 Ω′ 都是集合方程组 $\{x\}$ 的解，但是，$\Omega \neq \Omega'$。这与巴威斯的假设平坦方程组有唯一解不一致。

为了使巴威斯等人的解引理 AFA 更符合直观，该成果基于线性方程组及解结构的思想，将巴威斯等人的平坦方程组划分为齐次平坦方程组和（巴威斯－型的）平坦方程组，并假设齐次平坦方程组有解，假设（巴威斯－型的）平坦方程组有唯一解。这样一来，$x = \{x\}$ 是齐次平坦方程组，根据假设，$x = \{x\}$ 有解而不是唯一解。因此，本篇利用齐次线性方程组和方程组之间的关系以及它们解之间的关系，完成了下面的工作：

1. 定义了齐次平坦方程组并给出了它的解引理 LAFA：每个齐次平坦方程组都有一个解。然后，在齐次平坦方程组的基础上，定义了（巴威斯－型的）平坦方程组，并给出了它的解引理 AFA：A（原子的集合）上的每个（巴威斯－型的）平坦方程组都有一个唯一解。最后，给出（巴威斯－型的）平坦方程组的一种推广形式——一种广义的平坦方程组。

2. 定义了两个齐次平坦方程组之间的互模拟；给出并证明如果两个或两个以上的齐次平坦方程组有相同解，那么这两个或两个以上的齐次平坦方

程组是互模拟的；在此基础上证明了（巴威斯－型的）平坦方程组有相同解的充分必要条件；给出并证明了以 A 为相同原子集的两个广义方程组之间互模拟的一些基本性质；利用方程组之间互模拟的这些基本性质（不用解引理）证明了广义的（巴威斯－型的）平坦方程组上的极大互模拟是一个等价关系。

3. 定义了一种广义的齐次方程组；在此基础上，定义了广义的方程组并给出了相应的解引理；最后证明了：在 ZFC^- 中，AFA 等价于每个广义方程组有一个唯一的解。

4. 证明了基于方程组的反基础公理——解引理 AFA 与 ZFC^- 的相对协调性。

5. 证明了每个图有一个装饰等价于每个齐次平坦方程组有一个解。

6. 证明了（巴威斯－型的）平坦方程组有唯一的解等价于 A 上的每个图有唯一的装饰。

7. 定义了费斯勒－齐次平坦方程组；同时给出了费斯勒－齐次平坦方程组的解引理 LFAFA；证明了费斯勒－齐次平坦方程组的解引理与费斯勒－图的反基础公理的等价性。

8. 证明了费斯勒－平坦方程组的解引理与 A 上的每个费斯勒－图的反基础公理的等价性。

9. 定义了一种不依赖于代入规则的齐次崎岖方程组以及崎岖方程组，给出了它们的解引理，并表明：不用代入，用集合的累积层也能使我们处理一些较复杂的方程组。

第Ⅲ编的主要内容如下：

该成果在附录 1 中完成了下面的工作：

1. 在两个框架之间，给出一种比同态弱的概念——满模拟，并在这种定义下证明了两个结构之间的一些保持性。如：传递性、确定性和持续性等。

2. 在两个框架之间，给出一种比同构弱的概念——互模拟，并在这种定义下证明了两个结构之间的一些不变性。如：自返性、等价性等。

在附录 2 中给出了四篇（与我的学生合作）已发表的论文，但稍有改动。其中：

1.《集合论的反基础公理》（《哲学动态》，2009 年第 1 期）一文主要从图和方程组两个方面介绍了反基础公理以及由反基础公理所产生的非良基集合论在哲学、逻辑学、语言学等领域中的应用。

《论基础公理与反基础公理》（《逻辑学研究》，2013 年第 2 期）一文在“循环并不可恶”（张清宇，《循环并不可恶》，《哲学动态》，2005 年第 4 期，第 59 页）的基础上讨论基础公理和反基础公理。第一，指出基础公理原本就是一条有争议的公理；第二，说明了基础公理的局限性；第三，详细论述了反基础公理家族中的三个成员，并给出了它们两两不相容的一个证明；第四，分析了反基础公理导致集合论域在 V = WF 上不断扩张的方法，并指出这种扩张的方法与数系扩张的方法相同；最后结论：在 ZFC^- 中，加入基础公理 FA，使得 ZFC 公理系统不仅排除了 a = {a} 这类集合，而且对于刻画康托尔的集合论也是足够的。特别的，ZFC 公理集合论对整个 20 世纪集合理论的发展起着重要的作用。它不仅为数学基础的研究提供了一种较为方便的语言和工具，而且几乎使所有基本的数学概念都能用集合论的语言来描述。数学定理也大都可以在 ZFC 系统内得到证明。在 ZFC^- 中，加入反基础公理 AFA（或者 FAFA 或者 SAFA）等，使得 ZFC^- + AFA（或者 FAFA 或者 SAFA）公理系统为解释各种循环现象提供了一套方便的语言和工具。而 ZFC 和 ZFC^- + AFA（或者 ZFC 和 ZFC^- + FAFA 或者 ZFC 和 ZFC^- + SAFA）之间的关系，正像在平面几何学中的情况那样，如果我们承认欧几里得几何学的第五平行公设：过直线外一点能而且只能做出一条直线与已知直线平行，那么在这个体系下可以得到：三角形的内角和等于 180 °。如果将欧几里得第五平行公设更换为罗巴切夫斯基的平行公设：通过直线外的每一点至少有两条直线与已知直线共面不交，那么就得到了不同于欧几里得几何学的非欧几何学体系。在这种体系下可以得到：三角形的内角和小于 180 °。然而，如果我们把欧几里得第五平行公设更换为黎曼的平行公设：同一平面上的任何两条直线一定相交，那么就得到了不同于罗巴切夫斯基几何学的非欧几何学体系。在这种体系下，三角形的内角和大于 180 °。在 ZFC 中，罗素所构造的 T 不是集合，人们称它为真类。然而，在 ZFC^- + AFA 中，罗素所构造的 T 是集合。因此，ZFC 和 ZFC^- + AFA 之间的关系也就不足以为奇。我们相信，非良基集合论理论的创立，不仅将打破经典的 ZFC 集合论的一统天下，而且也将从根本上革新和拓广人们对集合的认识。这也势必促使人们对集合理论进行更深入的研究。同时，我们还相信，随着人们对集合理论的深入研究，它也将对其他理论观念的革新起到重大的推进作用，它也必将会在更多的领域中起到重要的作用。因此，良基集合理论（ZFC）与非良基集合理论（ZFC^- + AFA（或者 ZFC 和 ZFC^- + FAFA 或者 ZFC 和 ZFC^- + SAFA））之间的关系类似于欧几里得几何学与非欧几何学之间的关系。

2. 在 20 世纪 80 年代左右，人们在计算机科学、模态逻辑和集合论中大体上是同时并且独立地发现了互模拟。无论是在计算机科学中，还是在模态逻辑和集合论中，互模拟都是通过对代数结构之间态射概念进行提炼而产生的。最基本的态射形式是同态，它给予了我们把一个结构（源结构）嵌入另一个结构（目标结构）的方式，使得源结构中的所有关系保持在目标结构中。然而，它的逆不一定成立；鉴于此，需要更强的态射概念。而常用的一个这样的概念是同构，然而同构的概念又太强，因为同构的结构本质上和形式上都是相同的。于是，人们希望有一个介于同态和同构之间的概念，在这一探索过程中，互模拟被引入。因此，《互模拟的一些基本性质》（《云南师范大学学报》（社科版），2010 年第 5 期）一文首先简单介绍了互模拟产生的原因及作用；其次，给出了两个加标转换系统之间的互模拟定义，并说明由此定义如何得到计算机科学中、模态逻辑中以及集合论中互模拟的定义；最后，证明了在这种定义下，互模拟的一些基本性质。

3. 论文《解悖方法研究近况》（《哲学动态》，2011 年第 11 期）主要介绍了以说谎者悖论为代表的语义悖论在 20 世纪 90 年代中期以来，一些学者在"解悖"方法上做的新的尝试。即：介绍了反基础模型论方法、语境图方法和其他学者在"解悖"方法上所做的工作。

本文指出：悖论问题从古至今就是逻辑学研究的难题之一。如果从公元前 6 世纪的"说谎者命题"算起，迄今为止，悖论研究已经有 2600 多年的历史。"逻辑学家憎恨歧义但是喜欢悖论"（Jon Barwise and John Etchemendy. The Liar：An Essay on Truth and Circularity. Oxford：Oxford University Press，1987：3.），或许这就是 2000 多年来众多学者孜孜不倦地研究悖论的原因。20 世纪 90 年代中期以来，国外学者巴威斯、沃克、莫德林等人提出的"解悖"新方法，开启了悖论研究的新视角，也为国内学者研究悖论问题提供了新思路。一种新的"解悖"方法的出现，在某种程度上要依托于新的技术，随着数学、语言学、哲学、逻辑学、计算机科学等相关学科的发展，可以断定，日后还会有新的"解悖"方法出现。随着解悖方法的不断更新和运用，这对逻辑学，特别是逻辑哲学的进一步发展必将起到更大的促进作用。

三　该成果的学术创新

第Ⅰ编的学术创新如下：

为集合论的公理系统建立模型是公理集合论研究的一个重要问题。由于人们已经为经典的公理集合论系统 ZFC 建立了自然模型、可构成模型和布尔值模型以及含有原子的模型，因此，该成果在第Ⅰ编中为用图的方法刻画的反基础公理 AFA（或者 SAFA、FAFA 以及反基础公理家族 $AFA^{\sim}$）所构成的非良基集合论系统 $ZFC^{-}+AFA$（或者 SAFA、FAFA 以及反基础公理家族 $AFA^{\sim}$）建立了以下三种模型。

1. 以 ZFC 的布尔值模型 V^{B}（B 是一个完全的布尔代数）为基础，采用阿克采尔的方法，构建了阿克采尔的非良基集合论公理系统 $ZFC^{-}+AFA$ 的一种模型。在此基础上，构建了由反基础公理家族 $AFA^{\sim}$ 所构成的非良基集合论公理系统 $ZFC^{-}+AFA^{\sim}$ 的一种模型，并由此构建了斯科特（D. Scott）的非良基集合论公理系统 $ZFC^{-}+SAFA$ 和费斯勒（P. Finsler）的非良基集合论公理系统 $ZFC^{-}+FAFA$ 的一种模型。

2. 在可构成公理 $V=L$ 的假设下，利用 ZFC 的可构成模型 L，采用阿克采尔的方法，构建了阿克采尔的非良基集合论公理系统 $ZFC^{-}+AFA$ 的一种模型，在此基础上，构建了由反基础公理家族 $AFA^{\sim}$ 所构成的非良基集合论公理系统 $ZFC^{-}+AFA^{\sim}$ 的一种模型，并由此构建了斯科特的非良基集合论公理系统 $V=L+ZFC^{-}+SAFA$ 和费斯勒的非良基集合论公理系统 $V=L+ZFC^{-}+FAFA$ 的一种模型。

3. 利用 $ZFC+A$（A 断言：存在原子的集合）含有原子的集合 A 的模型 V（A），采用阿克采尔的方法，构建了阿克采尔的非良基集合论公理系统

$ZFC^- + A + AFA$ 的一种模型，在此基础上，构建了由反基础公理家族 $AFA^\sim$ 所构成的非良基集合论公理系统 $ZFC^- + A + AFA^\sim$ 的一种模型，并由此构建了斯科特的非良基集合论的公理系统 $ZFC^- + A + SAFA$ 和费斯勒的非良基集合论公理系统 $ZFC^- + A + FAFA$ 的一种模型。

第Ⅱ编的学术创新如下：

巴威斯等人用代数方法（方程组）所刻画的反基础公理——解引理 AFA 断言：平坦方程组有唯一解。然而，当平坦方程组是 $x = \{x\}$ 时，

$\Omega = \{\{\{\{\ldots\{\{\varnothing\}\}\ldots\}\}\}\}$（这里省略号表示有无穷多层括号）

和

$\Omega' = \{\{\{\{\ldots\{\{\varnothing, \{\varnothing\}\}\}\ldots\}\}\}\}$（这里省略号表示有无穷多层括号）

都满足$\Omega = \{\Omega\}$ 并且$\Omega' = \{\Omega'\}$。也就是说，Ω和Ω'都是集合方程组 $x = \{x\}$ 的解，但是，$\Omega \neq \Omega'$。这与巴威斯的假设平坦方程组有唯一解不一致。

为了使巴威斯等人的解引理 AFA 更符合直观，该成果基于线性方程组及解结构的思想，将巴威斯等人的平坦方程组划分为齐次平坦方程组和（巴威斯－型的）平坦方程组，并假设齐次平坦方程组有解，假设（巴威斯－型的）平坦方程组有唯一解。这样一来，$x = \{x\}$ 是齐次平坦方程组，根据假设，$x = \{x\}$ 有解而不是唯一解。因此，本篇利用齐次线性方程组和方程组之间的关系以及它们解之间的关系，完成了下面的工作：

1. 定义了齐次平坦方程组并给出了它的解引理 LAFA：每个齐次平坦方程组都有一个解。然后，在齐次平坦方程组的基础上，定义了（巴威斯－型的）平坦方程组，并给出了它的解引理 AFA：A（原子的集合）上的每个（巴威斯－型的）平坦方程组都有一个唯一解。最后，给出平坦方程组的一种推广形式——一种广义的平坦方程组。

2. 定义了两个齐次平坦方程组之间的互模拟；给出并证明了如果两个或两个以上的齐次平坦方程组有相同解，那么这两个或两个以上的齐次平坦方程组是互模拟的；在此基础上证明了（巴威斯－型的）平坦方程组有相同解的充分必要条件；给出并证明了以 A 为相同原子集的两个广义方程组之间互模拟的一些基本性质；利用方程组之间互模拟的这些基本性质（不用

解引理）证明了以 A 为原子的广义平坦方程组上的极大互模拟是一个等价关系。

3. 定义了一种广义的齐次方程组；在此基础上，定义了广义的方程组并给出了相应的解引理；最后证明了：在 ZFC^- 中，AFA 等价于每个广义方程组有一个唯一的解。

4. 证明了基于方程组的反基础公理——解引理 AFA 与 ZFC^- 的相对协调性。

5. 证明了每个图有一个装饰等价于每个齐次平坦方程组有一个解。

6. 证明了（巴威斯 - 型的）平坦方程组有唯一的解等价于 A 上的每个图有唯一的装饰。

7. 定义了费斯勒 - 齐次平坦方程组；同时给出了费斯勒 - 齐次平坦方程组的解引理 LFAFA；证明了费斯勒 - 齐次平坦方程组的解引理与费斯勒 - 图的反基础公理的等价性。

8. 证明了费斯勒 - 平坦方程组的解引理与 A 上的每个费斯勒 - 图的反基础公理的等价性。

9. 定义了一种不依赖于代入规则的齐次崎岖方程组以及崎岖方程组，给出了它们的解引理，并表明：不用代入，用集合的累积层也能使我们处理一些较复杂的方程组。

第Ⅲ编的学术创新如下：

1. 在两个框架之间，给出一种比同态弱的概念——满模拟，并在这种定义下证明了两个结构之间的一些保持性。

2. 在两个框架之间，给出一种比同构弱的概念——互模拟，并在这种定义下证明了两个结构之间的一些不变性。

3. 给出一种能够刻画计算机科学、模态逻辑和集合论中互模拟概念的一个统一定义，并在这种定义下证明了：互模拟的一些基本性质。

四　该成果的应用价值

（一）进一步完善和丰富了逻辑学理论

集合论是一种为带结构的对象构造模型的最灵活的工具。20 世纪初，由于罗素用康托尔集合论中的基本概念“$\in$”构造了类 $T = \{x \mid x \notin x\}$，而 T 中的元素具有自己不属于自身的性质。由此导致了矛盾，这个矛盾被称为罗素悖论。罗素悖论的出现引起了许多数学家的震惊，也由此引起了数学的第三次危机。为了排除悖论，集合论学者们用公理化的方法对康托尔的集合论进行了修正，建立了许多严谨的集合论系统，在整个 20 世纪中应用最广泛的就是 ZFC 公理集合论。由于 ZFC 公理集合论中存在基础公理（或称正则公理或称良基公理），基础公理断言：ZFC 公理集合论中的集合都是良基的（即：非循环的和非无穷递降的），由此直接排除了循环的类，也排除了所有非良基集合。而非良基集合论是在 ZFC 的基础上，去掉基础公理，引入反基础公理得到的。它的方法是扩大 ZFC 公理集合论的论域，将 $\Omega = \{\Omega\}$ 等视为集合，即：将那些具有循环性质和具有无穷递降的对象也作为集合，从而为循环的理论建立了集合论模型。1988 年阿克采尔利用图来刻画非良基集合并研究了反基础公理 AFA。1989 年巴威斯等人利用方程组来刻画非良基集合并研究了反基础公理 AFA。本成果的工作无疑丰富和完善了非良基集合理论。

（二）促进了集合论与模态逻辑与计算机科学理论之间的相互渗透和相互融合

20 世纪 70 年代，互模拟的概念几乎同时出现在集合论、模态逻辑和计算机科学中。本成果给出了一种能够刻画集合论、模态逻辑和计算机科学中互模拟概念的统一定义，并在这种定义下证明了：互模拟的一些基本性质。另外，借助代数结构的思想，在两个框架之间，给出了一种比满同态弱的概念——满模拟，并在这种定义下证明了两个结构之间的一些保持性；在两个框架之间，给出一种比同构弱的概念——互模拟，并在这种定义下证明了两个结构之间的一些不变性。这些工作不仅促进了逻辑学各分支理论相互渗透和相互融合，并可能是在最基础的层面上，促进了逻辑学、数学、哲学以及计算机科学的发展。

（三）为哲学、人工智能理论、计算机科学、认知科学和语言学等领域的研究提供工具

近 30 年来，循环现象已经引起了哲学、人工智能理论、计算机科学、认知科学、语言学和哲学等领域中研究者的广泛重视。在这些领域中，非良

基集的模型可以很方便地为循环现象建立模型。如，应用平坦方程组的解引理 AFA 消解悖论；应用图刻画的反基础公理建立了程序语言语义的一种数学方法，即计算程序进程的终结代数语义。因此，该成果的研究为人工智能理论、计算机科学、认知科学、语言学和哲学等领域的研究提供了更方便、更简洁的工具。

第Ⅰ编

用图刻画的反基础公理

本篇的主要工作：证明 Aczel 用图刻画的各种反基础公理与公理集合论系统 ZFC^-（表示 ZFC－基础公理）的相对协调性。即：1. 利用 ZFC 的布尔值模型 V^B（B 是一个完全的布尔代数），采用 Aczel 的方法，构建了 Aczel 的非良基集合论公理系统 $ZFC^- + AFA^\sim$ 的一种模型，在此基础上，构建了反基础公理族 $ZFC^- + AFA^\sim$ 的一种模型，并由此构建了 Scott 的非良基集合论公理系统 $ZFC^- + SAFA$ 和 Finsler 的非良基集合论公理系统 $ZFC^- + FAFA$ 的一种模型。2. 在 $V = L$ 的假设下，利用 ZFC 的可构成模型 L，采用 Aczel 的方法，构建了 Aczel 的非良基集合论公理系统 $ZFC^- + AFA$ 的一种模型，在此基础上，构建了反基础公理族 $ZFC^- + AFA^\sim$ 的一种模型，并由此构建了 Scott 的非良基集合论公理系统 $V = L + ZFC^- + SAFA$ 和 Finsler 的非良基集合论公理系统 $V = L + ZFC^- + FAFA$ 的一种模型。3. 利用 ZFC + A 的含有原子的集合 A 的模型 V（A），采用 Aczel 的方法，构建了 Aczel 的非良基集合论公理系统 $ZFC^- + A + AFA$ 的一种模型，在此基础上，构建了反基础公理族 $AFA^\sim$ 的一种模型，并由此构建了 Scott 的非良基集合论的公理系统 $ZFC^- + A + SAFA$ 和 Finsler 的非良基集合论公理系统 $ZFC^- + A + FAFA$ 的一种模型。

第一章

基础公理与反基础公理

在经典的集合论公理系统 ZFC 中，由于基础公理（也称良基公理或者正则公理）FA 的存在，所以，这样的集合论，也称为良基集合论。在 ZFC 中，由于基础公理 FA 是独立于 ZFC^-（$=ZFC-FA$）的其他公理的，所以，如果用反基础公理 AFA（或者非良基公理）代替基础公理 FA，那么 ZFC 中所有不依赖于 FA 的结果在非良基集合论中都成立。然而，由于在逻辑学、数学、计算机科学、语言学、情境语义学、人工智能领域和认知科学中，存在着各种各样的循环现象和问题，而非良基集合（包含其自身作元素的集合），它们恰恰可以以一种明显的方式来刻画循环的现象和问题。因此，在集合论的发展中，用反基础公理替换基础公理也成为必然。反基础公理最早是由 Marco Forti 和 Furio Honsel 在他们 1983 年的一篇论文中给出的。[①] 现在这条公理被 Aczel 称作 AFA，并且 Aczel 还给出了一套建立各种各样循环现象模型的工具。为了以后各章讨论的方便，本章首先讨论基础公理；然后给出一些用集合描述的循环现象；最后讨论反基础公理。

一　基础公理[②]

（一）良基关系

良序的概念是集合论中的关键概念之一。然而，对于许多目的，“序”

① Forti, M. and F. Honsell. 1983. Set Theory with Free Construction Principles. Annali Scuola Normale Superiore - Pisa Classe di Scienza 10：493 - 522. Serie IV.

② Karel Hrbacek & Thomas Jech, Introduction to Set Theory. Marcel Dekker, Inc. 1999. pp. 251 - 264.

的条件是不重要的，重要的是“良”的条件，即：“良”要求每个非空子集都有最小元，这才是关键。这样一来，我们需要下面的基本定义。

定义1　令R是A上的一个二元关系，并且令$X \subseteq A$。如果不存在$x \in X$使得xRa，则称$a \in X$是X的一个R-极小元。如果A的每个非空子集都有一个R-极小元，那么R在A上是良基的。集合$\{x \in A \mid xRa\}$叫作a在A中的R-外延，记作$ext_R(a)$。因此，a是X的一个R-极小元当且仅当$ext_R(a) \cap X = \varnothing$。

例2

（1）空关系$R = \varnothing$在任何空或不空的集合A上都是良基的。

（2）A的任何良序关系都是A上的良基关系。特别地，对于任意的序数α，$\in_\alpha$是α上的一个良基关系。

（3）令$A = \wp(\omega)$，则$\in_\alpha$是A上的一个良基关系。

（4）如果$A = V_n$（$n \in N$）或者$A = V_\omega$，那么$\in_A$是A上的一个良基关系。

（5）如果（T，≤）是一个树，那么<在T上是良基的。

下面两个引理给出了良基关系的一些简单性质。

引理3　令R是A上的一个良基关系。

（1）R在A中是禁自返的，即：对于所有的$a \in A$，aRa为假。

（2）R在A中是禁对称的，即：如果aRb蕴涵bRa不成立。

（3）不存在有穷序列$< a_0, a_1, \cdots, a_n >$满足$a_1Ra_0$，$a_2Ra_1$，…，$a_nRa_{n-1}$，$a_0Ra_n$。

（4）不存在A的元素的无限序列$< a_i \mid i \in N >$使得对所有的$i \in N$，$a_{i+1}Ra_i$成立。

证明　用反证法。

（1）的证明：如果aRa成立，那么$X = \{a\} \neq \varnothing$没有R-极小元，此与R是良基的矛盾！

（2）的证明：如果aRb并且bRa，那么$X = \{a, b\} \neq \varnothing$没有R-极小元，此与R是良基的矛盾！

（3）的证明：如果存在有穷序列$< a_0, a_1, \cdots, a_n >$使得$a_1Ra_0$，$a_2Ra_1$，…，$a_nRa_{n-1}$，$a_0Ra_n$，那么

$X=\{a_0, a_1, \cdots, a_n\}$ 没有 R－极小元，此与 R 是良基的矛盾！

（4）的证明：如果（4）不成立，那么 $X=\{a_i \mid i \in N\}$ 没有 R－极小元，此与 R 是良基的矛盾！

引理4（假设 AC） 令 R 是 A 上的一个二元关系，并且不存在。

对所有的 $i \in N$，$a_{i+1} R a_i$ 的 A 中元素 a_i 组成的无穷序列 $\langle a_i \mid i \in N \rangle$，那么 R 在 A 上是良基的。

这是引理 3 中（4）的逆。

证明 用反证法。

如果 R 在 A 上不是良基的，那么 A 有一个非空子集 X 具有性质：对于每一个 $a \in X$，存在某个 $b \in X$ 使得 bRa 成立，选择一个这样的 b 记作 $a_0 \in X$。对于 $a_0 \in X$，存在某个 $b' \in X$ 使得 $b' R a_0$ 成立，选择一个 b' 记作 $a_1 \in X$ 并且 $a_1 R a_0$。因此，我们得到一个满足条件 $a_{i+1} R a_i$ 的 $a_{i+1} \in X$ 的序列 $\langle a_0, a_1, \cdots, a_i \rangle$。对于序列 $\langle a_0, a_1, \cdots, a_i \rangle$，选择满足 $a_{i+1} R a_i$ 的 $a_{i+1} \in X$。于是，序列 $\langle a_i \mid i \in N \rangle$ 满足对于所有的 $i \in N$，$a_{i+1} R a_i$ 成立。此与已知矛盾！

良基关系与良序关系一样，也可以使用归纳证明和递归构造函数。

归纳原理5 令 P 是某个性质，假设 R 是 A 上的一个良基关系，并且对所有的 $x \in A$，

如果对于所有的 $y \in ext_R(x)$，P（y）成立，则 P（x）成立 （＊）

那么对所有的 $x \in A$，P（x）成立。

证明 用反证法。

假定存在 $x \in A$ 使得 P（x）不成立，那么令 $X=\{x \in A \mid P(x)$ 不成立$\} \neq \varnothing$。令 a 是 X 中的 R－极小元，因此 P（a）不成立。但是，对于所有 yRa，P（y）成立，此与（＊）矛盾。

定义6 一个集合 $B \subseteq A$ 在 A 上是 R－传递的，如果对所有的 $x \in B$，$ext_R(x) \subseteq B$。换句话说，“如果 $x \in B$ 并且 yRx，则 $y \in B$”，则 B 是 R－传递的。

定理7 对每一个 $C \subseteq A$，存在一个最小的 R－传递集 $B \subseteq A$ 使得 $C \subseteq B$。

证明 构造 B 使得它满足上面的条件。令

$B_0=C$，

$B_{n+1}=\{y \in A \mid$ 对某个 $x \in B_n$，$yRx\}$，

$B=\bigcup_{n}^{\infty}B_n$。

显然，B是R－传递的并且$C\subseteq B$。而且，对任意的R－传递集B'，如果$C\subseteq B'$，那么每个$B_n\subseteq B'$，由归纳可得：$B\subseteq B'$。

递归定理8　令G是一个运算，假设R是A上的一个良基关系，那么在A上存在一个唯一的函数f使得对于所有的$x\in A$，

$$f(x)=G(f\upharpoonright ext_R(x))。$$

证明　令

$T=\{g\mid g$是一个函数，dom（g）在A中是R－传递的并且

对所有的$x\in dom(g)$，$g(x)=G(g\upharpoonright ext_R(x))\}$。

首先证明T是一个相容的函数系统。

考虑g_1，$g_2\in T$并且假设

$X=\{x\in dom(g_1)\cap dom(g_2)\mid g_1(x)\neq g_2(x)\}\neq\varnothing$，

令a是X的一个R－极小元，那么yRa蕴涵$y\in dom(g_1)$并且$y\in dom(g_2)$，并且$g_1(y)=g_2(y)$。因此，

$g_1(a)=g_1\upharpoonright ext_R(a)=g_2\upharpoonright ext_R(a)=g_2(a)$，

此与$a\in X$矛盾！

其次令$f=\cup T$。显然f是一个函数，$dom(f)=\cup\{dom(g)\mid g\in T\}$是R－传递的，并且如果$x\in dom(f)$，那么对某个$g\in T$，$x\in dom(g)$并且$g\subseteq f$，所以，

$f(x)=g(x)=G(g\upharpoonright ext_R(x))=G(f\upharpoonright ext_R(x))$。

最后证$dom(f)=A$。否则，存在一个A-dom（f）的R－极小元a。那么$ext_R(a)\subseteq dom(f)$并且$D=dom(f)\cup\{a\}$是R－传递的。定义g：

对所有的$x\in dom(f)$，$g(x)=f(x)$，

$$g(a)=G(f\upharpoonright ext_R(a))。$$

显然，$g\in T$，所以$g\subseteq f$并且$a\in dom(f)$，矛盾！

f的唯一性证明略。

由于用超穷归纳和递归证明了：每一个良序都同构于唯一的一个序数（由∈排序）。而这一重要结果也适合于良基关系。

定义9　如果集合T的每一个元素都是T的子集，则称T是传递的。

定义10　一个传递集合T是良基的当且仅当T上的关系$\in_T$是良基的。

即：对每个 $X \neq \varnothing$，并且 $X \subseteq T$，存在 $a \in X$ 使得 $a \cap X = \varnothing$。

所有的序数，$\wp(\omega)$，V_n（$n \in N$）和 V_ω 都是传递的良基集。下面的定理表明怎样构造一个传递的良基集。

定理 11　令 R 是 A 上的一个良基关系，那么在 A 上存在一个唯一的函数 f 满足：

对所有的 $x \in A$，$f(x) = \{f(y) \mid y \in A \wedge yRx\} = f[ext_R(x)]$，并且集合 $T = ran(f)$ 是传递、良基的。

证明　f 的存在性和唯一性由递归定理直接可得。令

$$G(z) = \begin{cases} ran(z)\text{，如果 } z \text{ 是一个函数；} \\ \varnothing\text{，否则} \end{cases}$$

现在只需证：$T = ran(f)$ 是传递和良基的。

（1）$T = ran(f)$ 是传递的。这很容易证明，如果 $t \in T$，那么存在某个 $x \in A$ 使得 $t = f(x)$ 成立。当 $s \in t = \{f(y) \mid yRx\}$ 时，蕴涵存在 $y \in A$ 使得 $s = f(y)$，于是，$s \in T$。

（2）T 是良基的。用反证法。如果不是，那么就存在非空集 $S \subseteq T$ 并且 S 具有性质：

对每个 $t \in S$，都存在 $s \in S$ 使得 $s \in t$。

令 $B = f^{-1}[S]$，因为 $T = ran(f)$，所以 f 是到 T 上的映射。于是，$B \neq \varnothing$。如果 $x \in B$，那么 $f(x) \in S$，所以存在 $s \in S$ 使得 $s \in f(x) = \{f(y) \mid yRx\}$。因此，

对某个 yRx，$s = f(y)$，并且 $y \in f^{-1}[S] = B$。

我们已经证明了：对每个 $x \in B$ 存在某个 $y \in B$ 使得 yRx，这与 R 是良基的矛盾！

注意：一般来说，映射 f 不要求是 1－1 的。

定义 12　对于所有的 $x, y \in A$，如果 $x \neq y$，那么 $ext_R(x) \neq ext_R(y)$，称 R 在 A 上是外延的。换句话说，R 在 A 上是外延的，如果它具有性质：

如果对所有的 $z \in A$，zRx 当且仅当 zRy，那么 $x = y$。

定理 13　定理 11 中的函数 f 是 1－1 的当且仅当 R 在 A 上是外延的。如果 f 是 1－1 的，那么（A，R）和（T，$\in_T$）同构。

证明　假设 R 在 A 上是外延的但 f 不是 1－1 的，那么

$X=\{x\in A\mid$ 存在 $y\in A$，$y\neq x$ 并且 $f(x)=f(y)\}\neq\varnothing$。
令 a 是 X 的一个 R－极小元并且令 $b\neq a$ 并满足 $f(a)=f(b)$。由 R 的外延性，

存在 $c\in A$ 使得 cRa 和¬(cRb) 成立，或者 cRb 和¬(cRa) 成立。
考虑第一种情况：从 cRa 可以推出 $f(c)\in f(a)=f(b)$。由于 $f(b)=\{f(z)\mid zRb\}$，所以，

存在 dRb 使得 $f(c)=f(d)$。

因为¬(cRb)，所以 $c\neq d$。由此可得：$c\in X$，这与选择 a 作为 X 的一个 R－极小元矛盾！

第二种情况的证法类似，略。

假设 R 在 A 上不是外延的，那么

存在 a，$b\in A$ 并且 $a\neq b$ 并且 $ext_R(a)=ext_R(b)$。

于是，$f(a)=f[ext_R(a)]=f[ext_R(b)]=f(b)$，因此，f 不是 1－1 的。

最后证明：f 是 1－1 的蕴涵，f 是一个同构。由 f 的定义，aRb 蕴涵 $f(a)\in f(b)$。反之，如果 $f(a)\in f(b)$，那么对某个 xRb，$f(a)=f(x)$。因为 f 是 1－1 的，所以 $a=x$，于是，aRb。

由定理 11 和定理 13 可以断言：A 上的每一个外延的、良基关系 R 同构于一个唯一确定的传递的、良基集合 T 上的隶属关系。这一断言被称为 Mostowski 坍塌引理。

（二）良基集

引理 14　对任意的集合 X，存在一个包含 X 的最小传递集，称它为 X 的传递闭包并记作 TC（X）。

证明　令

$$X_0=X,$$

$$X_{n+1}=\cup X_n=\{y\mid \text{对某些 } x\in X_n,\ y\in x\},$$

并且 $$TC(x)=\cup\{X_n\mid n\in N\}。$$

显然 $X\subseteq TC(X)$ 并且 TC（X）是传递的。

令 T 是包含 X 的任意传递集，由归纳可证：对所有的 $n\in N$，$X_n\subseteq T$。因

此，TC（X）$\subseteq$T。

引理 15　y $\in$TC（X）当且仅当存在一个有穷序列 $<x_0, x_1, \cdots, x_n>$ 使得对 i = 0，1，⋯，n − 1，$x_0 = X$，$x_{i+1} \in x_i$ 并且 $x_n = y$。

证明　假设 y $\in$TC（X）$= \cup_{n=0}^{\infty} X_n$ 并且施归纳于 n。

如果 $y \in X_0$，取 $<X, y>$ 作为序列。

如果 $y \in X_{n+1}$，那么对某个 x，$y \in x \in X_n$。根据归纳假设，存在一个序列 $<x_0, \cdots, x_n>$，其中 $x_0 = X$，对 i = 0，⋯，n − 1，$x_{i+1} \in x_i$ 并且 $x_n = x$。令 $x_{n+1} = y$ 并且 $<x_0, \cdots, x_n, x_{n+1}>$ 即为所求。

反之，给定有穷序列 $<x_0, \cdots, x_n>$，其中 $x_0 = X$ 并且对 i = 0，1，⋯，n − 1，$x_{i+1} \in x_i$。由归纳假设可得：对所有的 $i \leq n$，$x_{i+1} \in X_i \subseteq$ TC（X）。

定义 16　如果 TC（X）是一个传递、良基集合，则称集合 X 是良基的。

如果 X 是传递的，则 TC（X）= X。因此，对于传递集，定义 16 和定义 10 是一致的。

定理 17

（1）如果 X 是良基的，那么不存在序列 $<X_n \mid n \in N>$ 使得 $X_0 = X$ 并且对所有的 $n \in N$，$X_{n+1} \in X_n$。

（2）（假设 AC）如果不存在序列 $<X_n \mid n \in N>$ 满足 $X_0 = X$ 并且对所有的 $n \in N$，$X_{n+1} \in X_n$，那么 X 是良基的。

特别地，一个良基集 X 不能够成为它自身的元素（对所有的 n，令 $X_n = X$）并且对任意的 Y 不能有 $X \in Y$ 并且 $Y \in X$（考虑序列 $<X, Y, X, Y, X, Y, \cdots>$），或者任意其他的“循环”状态。

证明　（1）假设 X 是良基的并且 $<X_n \mid n \in N>$ 满足

$$X_0 = X,$$

$$X_{n+1} \in X_n \text{（对所有的 n）。}$$

我们有 $X_0 = X \subseteq$ TC（X）并且由归纳假设，对所有的 $n \geq 1$，$X_n \in$ TC（X）。集合 $\{X_n \mid n \geq 1\} \subseteq$ TC（X）找不到一个 $\in$ − 极小元，这与 TC（X）的良基性矛盾。

（2）假设 X 不是良基的，由定义 10，TC（X）不是一个传递、良基集。这意味着存在非空集 Y 使得 $Y \subseteq$ TC（X）。由性质：对每一个 $y \in Y$ 存在 $z \in Y$ 使得 $z \in y$。选择一个这样的 $y \in Y$。根据引理 15，存在一个有穷序列

$<X_0, \cdots, X_n>$使得

$$X_0 = X,$$

并且对 $i=0$，…，$n-1$，

$$X_{i+1} \in X_i$$

并且 $X_n = y$。根据递归方法，运用选择公理，将其扩充为一个无穷序列。选择 X_{n+1}是某个 $z \in Y$ 使得 $z \in Y = X_n$（所以 $X_{n+1} \in X_n \cap Y$）。已知$X_{n+k} \in Y$，类似地选择 $X_{n+k+1} \in X_{n+k} \cap Y$。因此，序列 $< X_n \mid n \in N >$ 即为所求。

定义 18（良基集的累积层）

$V_0 = \varnothing$；

$V_{\alpha+1} = \wp(V_\alpha)$，对所有的序数α；

$V_\alpha = \cup_{\beta<\alpha} V_\beta$，所有非零的极限序数α。

引理 19　（1）如果 $x \in V_\alpha$ 并且 $y \in x$，那么对某个$\beta<\alpha$，$y \in V_\beta$。

（2）如果$\beta<\alpha$，那么 $V_\beta \subseteq V_\alpha$。

（3）对所有的α，V_α 是传递的、良基的。

证明　（1）施归纳于α。当$\alpha=0$ 或者α是非零的极限序数时，结论显然成立。如果 $x \in V_{\alpha+1}$，那么 $x \subseteq V_\alpha$，所以 $y \in x$ 蕴涵 $y \in V_\alpha$ 并且取$\beta=\alpha$即可。

（2）再一次施归纳于α。只需验证后继序数。即：证明 $V_\alpha \subseteq V_{\alpha+1}$。根据（1），如果 $x \in V_\alpha$ 那么 $x \subseteq \cup_{\beta<\alpha} V_\beta$。由归纳假设，$\bigcup_{\beta<\alpha} V_\beta \subseteq V_\alpha$。于是，$x \subseteq V_\alpha$。因此，$x \in V_{\alpha+1}$。由此可得：对所有的$\beta \leqslant \alpha$，$V_\beta \subseteq V_\alpha \subseteq V_{\alpha+1}$。

（3）由（1）和（2）可得：$x \in V_\alpha$ 蕴涵 $x \subseteq \bigcup_{\beta<\alpha} V_\beta \subseteq V_\alpha$。即：$V_\alpha$ 是传递的。

下面证明：每个 V_α 都是良基的。令 $Y \subseteq V_\alpha$ 并且 $Y \neq \varnothing$。令β是使 $Y \cap V_\beta \neq \varnothing$的最小序数。显然$\beta \leq \alpha$，取任意的 $x \in Y \cap V_\beta$，由引理 19（1），$y \in x$蕴涵 $y \in V_\gamma$，对某个$\gamma<\beta$。因此 $y \notin Y$。这就证明了 x 是 Y 的一个∈－极小元。因此，V_α 是良基的。

定理 20　集合 X 是良基的，当且仅当，对某个序数α，$X \in V_\alpha$。

证明　（⇒）假设 X 是良基的。很容易检验 $TC(X) \cup \{X\} = TC(\{X\})$是一个传递的良基集。令 $Y = \{x \in TC(\{X\}) \mid$ 对某个α，$x \in V_\alpha\}$，只需证明 $Y = TC(\{X\})$。否则，存在一个 $TC(\{X\}) - Y$ 的∈－

极小元 a。对每个 $y\in a$，有 $y\in Y$。令 f（y）是满足 $y\in V_{\alpha}$ 的最小序数。替换公理模式保证了 f 在 a 上是一个良定义函数。令 $\gamma=\sup f[a]$。那么对每个 $y\in a$，$y\in V_{f(y)}\subseteq V_{\gamma}$，所以 $a\subseteq V_{\gamma}$ 并且 $a\in V_{\gamma+1}$，这与 $a\notin Y$ 矛盾！

（⇐）如果 $X\in V_{\alpha}$，由 V_{α} 的传递性可得：$X\subseteq V_{\alpha}$，所以也有 $TC(X)\subseteq V_{\alpha}$。对任意的非空集 $Y\subseteq TC(X)$，因为 V_{α} 是传递的良基集，所以，Y 有一个∈-极小元素。因此，TC（X）是良基的，根据定义，X 也是良基的。

基础公理（也称正则公理或者良基公理，记作 FA）　所有的集合都是良基的。

二　集合论中的一些非良基现象

（一）流①

流的概念最早出现在计算机科学中，下面给出的是一种集合论的定义。

定义 1　令 A 是一个集合，A 上的一个流是一个有序对 $s=(a, s')$，这里，$a\in A$ 并且 s'是另一个流。

流 $s=(a, s')$ 上有两个基本运算：一个是取自第一坐标分量，也称作头，得到 A 中的一个元素，记作 head（s）=a；另一个是取自第二坐标分量，也称作尾，它产生另一个流，记作 tail（s）=s′。给定一个流，它的尾可以与它不同也可以是与它相同的流。一个数流 s 的头是 0，尾也是 s。特别地，s 尾的也是 s，等等。所以，s 可以表示为：

$$s=(0, s),$$
$$s=(0, (0, s)),$$
$$s=(0, (0, (0, s)))$$

等等。显然，这个流 s 是一个循环对象。如果将它自然地“展开”得到：

$$(0, 0, \cdots, 0, \cdots)。$$

一个数流常记作 $C_a=(a, C_a)$。

① Barwise J, Moss L. Vicious Circles: On the Mathematics of Non-Well-Founded Phenomena. Stanford: CSLI Publications, 1996: pp. 77-87.

如果将上面的展开形式理解为一个无穷序列，那么我们就可以将它看作一个值为 0 的常值函数。现在，我们将流作为有序对，即（x，y）= { {x}, {x, y} }。因此，

$$s = (0, s) = \{ \{0\}, \{0, s\} \}。$$

由此看出：流 s 可从用集合论中构造有序对的方法构造出。

（二）无穷树[①]

无穷树是一个比流更复杂的循环例子。无穷树与我们所熟悉的树有一定的联系，但也不完全相同。

定义 2

（1）变项 x 和 y 分别是树；

（2）如果 t 是一棵树，那么增加一个单一的结点•，由结点•和树 t 可以生成一棵新树并满足这棵新树的根是结点•，而 t 是它唯一的子树；

（3）如果 s 和 t 是树，那么增加一个单一的结点∗，由结点•、树 s 和 t 可以生成一棵新树并满足这棵新树的根是结点∗，而 s 是它最左边的子树并且 t 是它最右边的子树；

（4）树可以一直这样生成下去。

树可以用下面的树方程组来说明。

$$s \approx \begin{array}{c} * \\ / \setminus \\ t \quad u \end{array} \quad t \approx \begin{array}{c} \bullet \\ | \\ s \end{array} \quad u \approx \begin{array}{c} * \\ / \setminus \\ x \quad y \end{array}$$

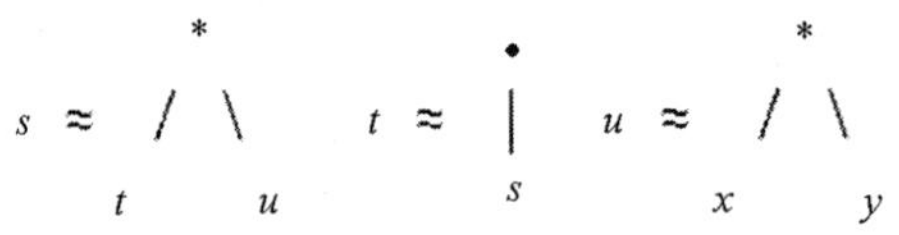

图 1

这里对要求解的变项用符号 ≈ 表示，并且在求解的变项上方加符号"+"。在这种情况下，这个树方程组的唯一解可以被表示如下：

[①] Lawrence S. Moss. Non-Well-Founded Set Theory. Stanford：Encyclopedia of Philosophy，CSLI. 2008.

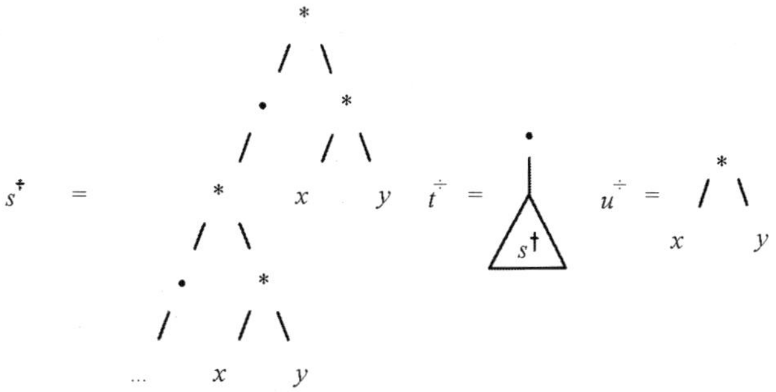

图 2

根据有序对和三元有序组的定义，上述树的定义可以重新表述为：

(1)′符号 x 和 y 分别是树；

(2)′如果 t 是一棵树，则（•，t）也是一棵树；

(3)′如果 s 和 t 是树，则（*，s，t）是一棵树；

(4)′树可以有“无穷的深度”。

这样一来，上面的方程组是：

$$\begin{cases} s \approx (*,\ t,\ u) \\ t \approx (\bullet,\ s) \\ u \approx (*,\ x,\ y) \end{cases}$$

（三）非良基集合①

在集合论的公理系统 ZFC 中，由于基础公理的存在，使得我们讨论的对象——集合都是良基集合。如：3 = {0，1，2}。其中：0，1，2 都是 3 的元素，但 3 不是 3 的元素。即：$0 \in 3$，$1 \in 3$，$2 \in 3$。但，$3 \notin 3$。也就是说，在 ZFC 中，一个集合不允许是其自身的元素。因此，ZFC 集合论是一种不能刻画循环现象的数学理论。然而，在没有基础公理的集合论系统中，如：集合论的公理系统 $ZFC^- + AFA$（其中：$ZFC^- = ZFC - FA$，AFA 表示一种反基础公理）中，既允许 3 = {0，1，2} 这样的集合存在，也允许 $\Omega = \{\Omega\}$ 这样的集合存在。而后者具有性质：$\Omega \in \Omega$，这样的集合人们把它叫作非良

① Peter Aczel, Non-Well-Founded Sets. Stanford: CSLI Publications, 1988.

基集合。因此，ZFC^- +AFA 集合论是一种能刻画循环现象的数学理论。其实，早在 1917 年，Miramanoff[①] 就对良基集合和非良基集合进行了区分，不过当时他把良基集合称为普通集，把非良基集合称为不寻常集。他认为：如果集合 X 中任意两两不同的元素 x_0，x_1，…，x_n，…之间不存在∈－无穷降链关系，即：$\cdots \in x_{n+1} \in x_n \in \cdots x_2 \in x_1 \in x_0$，那么 X 是良基的，否则 X 就是非良基的。除此以外，非良基集合还允许自身作为集合的元素。如前面提到的集合Ω就是包含自身为元素的集合，所以，Ω是一个非良基集合。因为这个集合满足条件：$x \in x$。有时，人们也称这类集合为循环集合。也有人把非良基集合称作奇异集合和超集。

定义 3　令 x 是一个集合，如果存在一个集合的无穷序列 x_0，x_1，…，x_n，…（不一定都不相同），使得

$$\cdots \in x_n \in \cdots \in x_m \in \cdots \in x_1 \in x_0 = x \qquad (*)$$

成立，则称 x 为非良基集。否则，称 x 为良基集。

由定义 3 可知：如果 x 是一个非良基集合，那么

（1） x 中至少包含一个∈－无穷降链，或者

（2） x 具有循环性（即：从某个 n 开始，$x_n = x_{n+1} = x_{n+2} = \cdots$），或者

（3） x 既至少包含一个∈－无穷降链也具有循环性。

该定义中，关于良基集合的定义与本章第一节中的定义 16 等价。

定义 4　令 $n \in N$ 并且 $n \neq 0$，令 x 是一个集合，如果有 n 个集合 x_1，x_2，…，x_n（不一定都不相同）满足 $x \in x_n \in \ldots \in x_2 \in x_1 \in x$，则称集合 x 是 n 次循环的。如果一个集合 x 对于某个自然数 n 而言是 n 次循环的，则称 x 为循环集。特别地，零次循环集是指具有自隶属性的集合。

定义 5　论域 V 上的一个二元关系 R 是外延的，当且仅当，

$$\forall x \forall y\ (x = y) \Leftrightarrow \forall z\ (zRx \Leftrightarrow zRy)$$

成立。

这样，在集合论的公理系统 ZFC 中，由于外延公理，我们采用的隶属

① Mirimanoff, D. 1917a. Les antinomies de Russell et de Burali-Forti et le probleme fondamental de la theories des ensembles. *L' enseignment mathematique* 19：37－52；Mirimanoff, D. 1917b. Remarques sur la theorie des ensembles. L' enseignment mathematique 19：209－217.

于关系“∈”是外延的，并由此给出了集合相等的良定义。即：如果两个集合具有相同的元素，那么它们是相等的。需要注意的是，这种外延性仅仅对于具有良基关系的集合适用。在没有基础公理 FA 的情况下，某些新的公理，如：反基础公理要求我们围绕着非良基集合采用类似于良基集合那样的方法，也能够定义出一个严格的集合相等的概念。例如，如何判断下面两个非良基集合相等：

$$a=\{a\}\text{ 和 }b=\{b\}\text{。}$$

显然，利用定义 5 只能得出：a = b 当且仅当 a = b。因此，定义 5 对非良基集合失效。为了判定两个非良基集合相等，Aczel 等人利用可达点向图建立了如何判断两个非良基集合相等的方法。

三 反基础公理

（一）良基集合和非良基集合的另一种刻画

定义 1 一个图是一个结构（A，R），这里 R 是 A 上的一个二元关系。一个点向图记作（A，R，p），这里（A，R）是一个图并且 $p\in A\neq\varnothing$。（A，R）或者（A，R，p）的一个装饰是一个 dom（f）= A 的函数 f 并满足：对所有的 $x\in A$，

$$f(x)=\{f(y)\mid yRx\}\text{。}$$

如果 f 是点向图（A，R，p）的一个装饰，那么集合 f（p）是它的值。

用这种术语，本章第一节中的定理 11 和定理 13 分别蕴涵：

每个良基图都有一个唯一的装饰。

每个良基的外延图有一个单射（即：1－1）的装饰。

而且，一个集合是良基的当且仅当它是某个良基图的装饰的值。

为了证明最后一个陈述，注意，如果（A，R，p）是一个良基图并且 f 是一个装饰，由本章第一节定理 11，f（p）$\in$ran（f）= T，这里 T 是传递的、良基的。因此 f（p）$\subseteq$T 是良基的。反之，给定一个良基集 X，令 A = TC（{X}），$R=\in_A$，p = X 并且 $f=Id_A$，容易证明（A，R，p）是一个良基、外延的点向图，f 是它的一个单射装饰并且 f（p）= X。

现在我们考虑非良基图以及它的装饰。在（A，R，p）的图中，A 的元

素用结点表示，aRb 表示成从 b 到 a 的一个箭头，即：b→a，并且点 p 是循环的。

例 2

(1) 令 A = {a}，R = {(a, a)}，p = a。因为 f (a) = {f (y) | yRa} = {f (a)}，令 S 是 (A，R，p) 的装饰 f（恒等映射）的值，那么 S = {S}。如图 1－3 所示。

S = {S}　　　　T = {{T}}　　　　π = {π，π*}

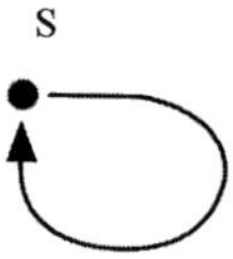

图 3

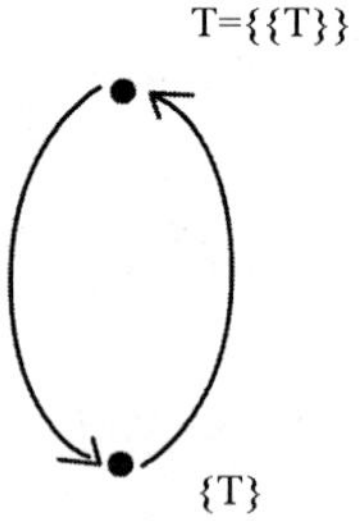

图 4

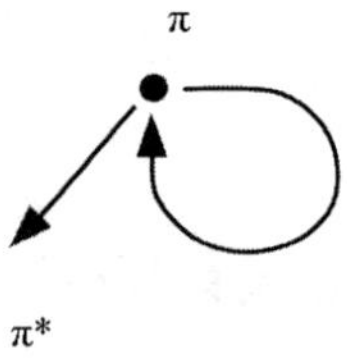

图 5

(2) 令 A = {a, b}，这里 a ≠ b，R = {(a, b)，(b, a)} 并且 p = a。因为 f (a) = {f (y) | yRa} = {f (b)}，f (b) = {f (y) | yRb} = {f (a)}，所以，f (a) = {f (b)} = {{f (a)}}。如果 T 是 (A，R，p) 的装饰为 f (a) 的值，那么 T = {{T}}。如图 1－4 所示。

(3) 令 A = {a, b}，这里 a ≠ b，R = {(a, a)，(b, a)} 并且 p = a。因为

f (a) = {f (y) | yRa} = {f (a)，f (b)}，

如果 π 是 (A，R，p) 的某个装饰的值，那么 π = {π，π*}。如图 1－5 所示。

(4) 令 S = {∅, S}，那么令 A = {∅, S}，R = {(∅, S)，(S, S)}，取 p = S，则

f (S) = {f (y) | yRS} = {f (∅)，f (S)}，

取 f 为恒等映射，则值 S = {∅, S}。值为 S 的点向图仍为图 5 所示。

（5）令 S =（0，S），那么取 A = {{∅}，{∅，S}}，R = {（{∅}，{∅，S}），（{∅，S}，{∅，S}）} 并且 p = {∅，S}，则

f（{∅，S}）= {f（y）| yR {∅，S}} = {f（{∅}），f（{∅，S}）}，

取 f 为恒等映射，则值为 S =（0，S）。值为 S 的点向图仍为图 5 所示。

（6）令 S = N ∪S，那么取 A = {S，0，1，2，…，n，…}，R = {（0，S），（1，S），（2，S），…} 并且 p = S，则

f（S）= {f（y）| yRS} = {f（s），f（0），f（1），f（2），…，f（n），…}，

取 f 为恒等映射，则值为 S = N ∪S。值为 S 的点向图为图 6 所示。

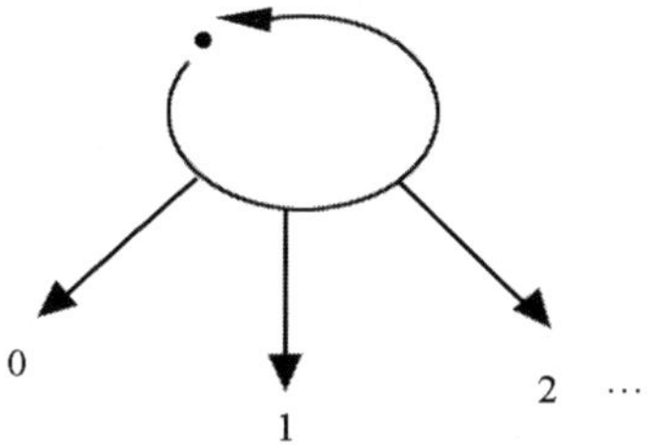

图 6

（二）集合和图

定义 3　一个图是由一个结点集和一个边集组成的一个有序对（G，→），简记作 G，其中→是 G 上的一个关系并且 G 的每一条边都是 G 的结点的一个有序对（n，n′）。如果（n，n′）是一条边，记作 n→n′并且称 n′是 n 的后继或者子结点。反之，n 是 n′的父结点。对于已知的 n，n 的子结点所组成的集合记为 ch_n。即，如果 n→n′，则 n′∈ch_n。对于一个孤立的结点 n，$ch_n = \varnothing$，我们说 n 没有子结点。一条路径是由边（n_0，n_1），（n_1，n_2），…连接的、由结点 n_0，n_1，n_2，…组成的一个有穷或无穷序列

$$n_0 \to n_1 \to n_2 \to \cdots。$$

如果存在从结点 n_k 到结点 n_0 的边组成的路径，即：当 $n_k \to n_{k-1} \to \cdots \to n_0$ 成立时，我们称 n_k 是 n_0 的祖结点。所有这些 n_0 的祖结点收集起来组成的集合记

作 $\boxed{ch_{n_0}}$。

一个带有一个特殊结点的图称为一个点向图，这个特殊的结点称为该图的始点。

定义 4　对于一个点向图的每一个结点 n 都有一条从该图的始点 n_0 到结点 n 的路径

$$n_0 \to n_1 \to \cdots \to n,$$

则称这个点向图是可达的，简记作 apg。

如果这条路径是唯一的，那么称这个 apg 是一棵树，它的始点称为该树的根。

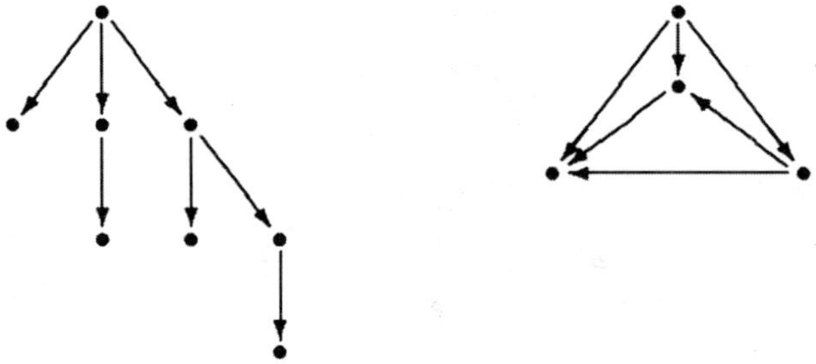

图 7　良基集合的两个可达点向图

在一个 apg 中，如果允许它有无穷路径或者循环路径，称这样的图是非良基集的可达点向图。如下面的图 8。利用这一点，Aczel 等人描述了非良基理论。

下面将使用可达点向图（apg）作为我们讨论的对象并作为我们使用的图。并且约定：在一个图的图形中，始点总是位于图的顶（上）端。如图 8。

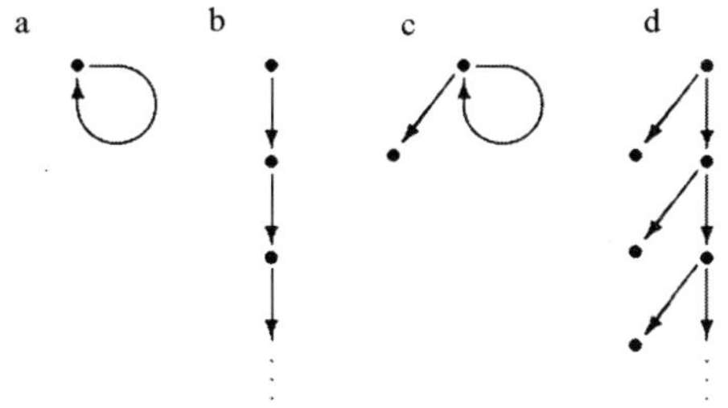

图 8　非良基集合的两个可达点向图

定义 5　一个图 G 的一个装饰 d 是一个函数，其定义域是 G，并且具有下面的性质：

$$d(g) = \{d(h) \mid g \to h\}。$$

一个集合的图就是一个有装饰的可达点向图，其中该集合被指派给图的始点。

现在考虑集合：$x = \{\varnothing, \{\{\varnothing\}, \varnothing\}\}$①，要画出这个集合的图，就需要从 x 自身的一个点开始，因为 x 有两个元素，我们画出（增加）两个子结点（孩子）：

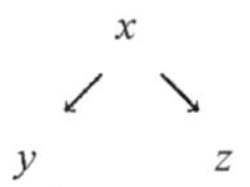

图 9

再画出代表隶属关系的箭头。取 y 为∅，并且 $z = \{\{\varnothing\}, \varnothing\}$。因为 y 是空集，所以我们不能给 y 增加任意子结点（孩子）。但我们可以给 z 增加两个子结点（孩子），一个是 $w = \{\varnothing\}$，另一个是∅。于是，我们有：

① Lawrence S. Moss. Non-Well-Founded Set Theory. Stanford：Encyclopedia of Philosophy，CSLI. 2008.

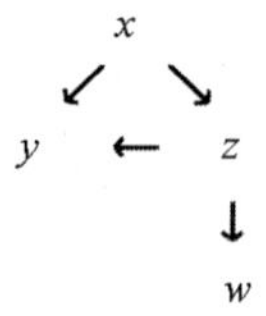

图 10

由于∅∈{∅}，所以，从 w 到 y 画上箭头我们得出结果：

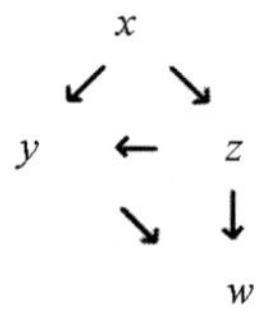

图 11

为了便于记忆，现在我们用数字表示四个集合，或者完全用其他的符号表示，就能得到下面的两个图：

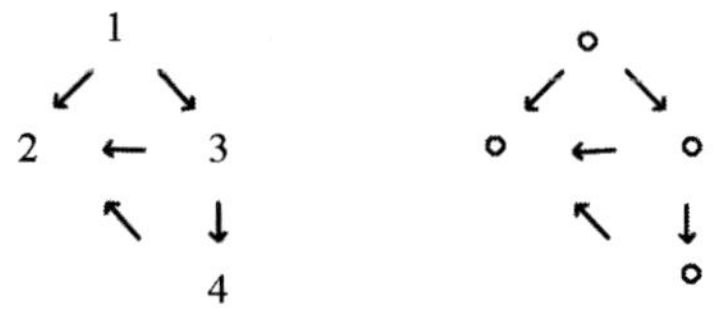

图 12

在构造这些图时，我们用了结点 y 两次来表示∅。对此也可以使用不同的结点来表示，但最终其结果都是一棵树：

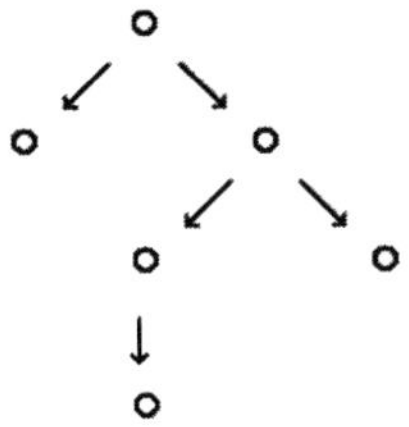

图 13

在下面的图中，我们给上面树中的每一个结点一个名称。然后计算每一个结点的装饰。

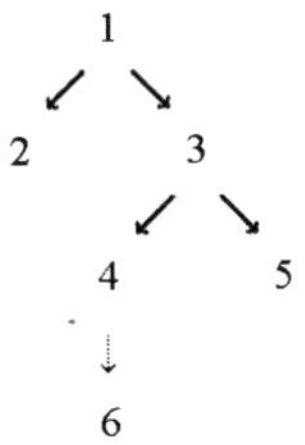

图 14

在上图中，由于 6 没有子结点，那么 $d(6)$ 一定是 $\varnothing$，即：$d(6)=\varnothing$。类似的，$d(5)=d(2)=\varnothing$。$d(4)=\{d(6)\}=\{\varnothing\}$，$d(3)=\{d(4), d(5)\}=\{\{\varnothing\}, \varnothing\}$。并且 $d(1)=\{d(2), d(3)\}=\{\varnothing, \{\{\varnothing\}, \varnothing\}\}$。

然而，对于图 3 中的循环图，令 d 是该图的一个装饰，那么我们有 $d(x)=\{d(x)\}$。所以，将 $d(x)$ 写为 Ω，我们有 $\Omega=\{\Omega\}$。这个集合 Ω 是循环的对象中最简单的例子：一个集合是它自身的一个元素。（实际上，Ω 是它自身唯一的元素。）

在这里，Mostowski 坍塌引理又可以描述为

坍塌引理　每个良基的图都有一个唯一的装饰。

推论 6　每个良基的可达点向图都是唯一集合的图。

命题 7　每一个集合都有一个图。

定义8　令G是一个apg，如果它有一个单射的装饰，则称G是一个精确图。

定义9　令a是一个集合，按照如下方式构造的一个图称为a的典范图：该图的结点是序列a_0，a_1，a_2，…中的集合并且满足

$$\cdots \in a_2 \in a_1 \in a_0 = a,$$

它的边是具有性质$y \in x$的结点的有序对（x，y）。如果a是始点，如上构造的图是一个apg，并且这个apg也是a的一个图，它的装饰由集合x到结点x的指派组成。注意，在这个构造中，没有要求x是良基的。

用下面的方法，可以将任意集合的图展成同一集合的树图。给定一个apg，树图的结点由apg中的有穷路径组成，每一路经都从原来集合图中的始点开始；树图的边是形如

$$(a_0 \to \cdots \to a,\ a_0 \to \cdots \to a \to a')$$

的路径的有序对。该树的根是长度为0的路径a_0。也称该树是给定的可达点向图的展开。由可达点向图的装饰还可以导出其展开的装饰：指派给树的结点$a_0 \to \cdots \to a$的集合就是由原来可达点向图的装饰指派给可达点向图结点a的集合。因此，一个可达点向图的展开将图示任何由可达点向图图示的集合。一个集合的典范图的展开将称为是该集合的典范树图。

（三）反基础公理

反基础公理（AFA）　每个图都有一个唯一的装饰。

推论1　每一个可达点向图都是唯一集合的图。

推论2　存在非良基集合。

事实上，任意非良基的可达点向图都将是一个非良基集的图。

定义10　如果$X = \{X\}$，那么集合X是自返的。

定理11　反基础公理蕴涵了存在一个唯一的自返集。

证明　令（A，R，p）是本章第三节例2的（1）中的点向图。由反基础公理，它有一个装饰f；X = f（p）是一个自返集。如果Y也是一个自返集，定义A上的函数g满足g（a） = Y。显然g也是一个装饰。根据唯一性，f = g。因此，X = Y。

接下来，我们给出一个一般标准来确定两个装饰是否有相同的值。它涉

及一个重要的概念——互模拟，它是人们在研究一个无穷行为过程如何模仿另一个无穷行为过程中产生的。

定义 12 令（A_1，R_1）和（A_2，R_2）是两个图，令 B 是 $A_1 \times A_2$ 上的一个二元关系，即：$B \subseteq A_1 \times A_2$，定义 $B^+ \subseteq A_1 \times A_2$ 如下：

$aB^+b \Leftrightarrow \forall x_1 \in ext_{R1}(a_1)\ \exists x_2 \in ext_{R2}(a_2)\ x_1 B x_2 \wedge \forall x_2 \in ext_{R2}(a_2)\ \exists x_1 \in ext_{R1}(a_1)\ x_1 B x_2$。

如果 $B \subseteq B^+$，则称 B 是（A_1，R_1）和（A_2，R_2）之间的一个互模拟。

引理 13 令（A_1，R_1）和（A_2，R_2）是两个图，

（1）如果 $B \subseteq C \subseteq A_1 \times A_2$，那么 $B^+ \subseteq C^+$。即：$(\ )^+$ 具有单调性。

（2）$\varnothing$是一个互模拟；当 $A = A_1 = A_2$ 并且 $R = R_1 = R_2$ 时，$A_1 \times A_2$ 上的恒等关系 I 是一个互模拟。

（3）如果 B 是 A_1 到 A_2 的一个互模拟，那么 B^{-1} 是 A_2 到 A_1 的一个互模拟，并且 $(B^{-1})^+ = (B^+)^{-1}$。

（4）如果 B 是 A_1 到 A_2 的一个互模拟，那么 B^+ 也是 A_1 到 A_2 的一个互模拟。

（5）如果 B_1 是 A_1 到 A_2 的一个互模拟，B_2 是从 A_2 到 A_3 的一个互模拟，则 B_1 和 B_2 的合成 $B_1 \circ B_2$ 是 A_1 到 A_3 的一个互模拟并且 $B_1^+ \circ B_2^+ \subseteq (B_1 \circ B_2)^+$。

（6）设 $\{B_i \mid i \in I\}$ 是 A_1 到 A_2 之间的一个互模拟簇，则 $\cup \{B_i \mid i \in I\}$ 也是 A_1 到 A_2 的一个互模拟。

证明 （1）对任意的 $a_1 \in A_1$，$a_2 \in A_2$，如果（a_1，a_2）$\in B^+$，由定义 12 可得：对每个 $x_1 \in ext_{R1}(a_1)$，存在 $x_2 \in ext_{R2}(a_2)$ 使得（x_1，x_2）$\in B$，并且对每个 $x_2 \in ext_{R2}(a_2)$，存在 $x_1 \in ext_{R1}(a_1)$ 使得（x_1，x_2）$\in B$。因为 $B \subseteq C$，所以对每个 $x_1 \in ext_{R1}(a_1)$，存在 $x_2 \in ext_{R2}(a_2)$ 使得（x_1，x_2）$\in C$，并且对每个 $x_2 \in ext_{R2}(a_2)$，存在 $x_1 \in ext_{R1}(a_1)$ 使得（x_1，x_2）$\in C$。再由定义 12 可得：（a_1，a_2）$\in C^+$。

（2）因为$\varnothing$是任意集合的子集，所以，$\varnothing \subseteq \varnothing^+$。因为 I 是 A 上的恒等关系，设 xIx，对任意的 y，如果 yRx，取 $y' = y$ 可得 yRx 并且 yIy。于是，xI^+x。因此，$I \subseteq I^+$。

（3）因为 B 是一个互模拟，由定义 12 得：

$a_1B^+a_2 \leftrightarrow \forall x_1 \in ext_{R1}(a_1)\ \exists x_2 \in ext_{R2}(a_2)\ x_1Bx_2 \wedge \forall x_2 \in ext_{R2}(a_2)\ \exists x_1 \in ext_{R1}(a_1)\ x_1Bx_2$

$\leftrightarrow \forall x_2 \in ext_{R2}(a_2)\ \exists x_1 \in ext_{R1}(a_1)\ x_2B^{-1}x_1 \wedge \forall x_1 \in ext_{R1}(a_1)\ \exists x_2 \in ext_{R2}(a_2)\ x_2B^{-1}x_1$

$\leftrightarrow a_2\ (B^{-1})^+\ a_1$

$\leftrightarrow a_1\ ((B^{-1})^+)^{-1}a_2$

于是，$B^{-1} \subseteq (B^{-1})^+$ 并且 B^{-1}是一个互模拟。又因 B^{-1}是可逆的并且$B^+ = ((B^{-1})^+)^{-1}$，即：$(B^{-1})^+ = (B^+)^{-1}$。

（4）设 B 是 A_1到 A_2的一个互模拟，由定义 12 可得：$B \subseteq B^+$；由这个引理的 1 可得：$Z^+ \subseteq (Z^+)^+$。再由定义 12 得：B^+ 是 A_1到 A_2的一个互模拟。

（5）因为 B_1是 A_1到 A_2的一个互模拟并且 B_2是 A_2到 A_3的一个互模拟，由定义 12 可得：$B_1 \subseteq B_1{}^+$ 并且 $B_2 \subseteq B_2{}^+$，因此，$B_1 \circ B_2 \subseteq B_1{}^+ \circ B_2{}^+$。假设 $a_1B_1{}^+ \circ B_2{}^+a_3$，于是存在 $a_2 \in A_2$使得 $a_1B_1{}^+a_2$并且 $a_2B_2{}^+a_3$，由定义 12 得：

$a_1B_1{}^+a_2 \leftrightarrow \forall x_1 \in ext_{R1}(a_1)\ \exists x_2 \in ext_{R2}(a_2)\ x_1B_1x_2 \wedge \forall x_2 \in ext_{R2}(a_2)\ \exists x_1 \in ext_{R1}(a_1)\ x_1B_1x_2$,

$a_2B_2{}^+a_3 \leftrightarrow \forall x_2 \in ext_{R2}(a_2)\ \exists x_3 \in ext_{R3}(a_3)\ x_2B_2x_3 \wedge \forall x_3 \in ext_{R3}(a_3)\ \exists x_2 \in ext_{R2}(a_2)\ x_2B_2x_3$。

于是，$\forall x_1 \in ext_{R1}(a_1)\ \exists x_2 \in ext_{R2}(a_2)\ x_1B_1x_2 \wedge \forall x_2 \in ext_{R2}(a_2)\ \exists x_3 \in ext_{R3}(a_3)x_2B_2x_3$

$\rightarrow \forall x_1 \in ext_{R1}(a_1)\ \exists x_3 \in ext_{R3}(a_3)\ x_1B_1 \circ B_2x_3$　　　　（*）

$\forall x_2 \in ext_{R2}(a_2)\ \exists x_1 \in ext_{R1}(a_1)\ x_1B_1x_2 \wedge \forall x_3 \in ext_{R3}(a_3)\ \exists x_2 \in ext_{R2}(a_2)x_2B_2x_3$

$\rightarrow \forall x_3 \in ext_{R3}(a_3)\ \exists x_1 \in ext_{R1}(a_1)\ x_1B_1 \circ B_2x_3$　　　　（**）

由（*）和（**）可得：$a_1\ (B_1 \circ B_2)^+\ a_3$。

故，$B_1{}^+ \circ B_2{}^+ \subseteq (B_1 \circ B_2)^+$。再由定义 12 得：$B_1 \circ B_2$是一个互模拟。

（6）如果 $\{B_i \mid i \in I\} = \varnothing$，则$\cup\{B_i \mid i \in I\} = \varnothing$。由这个引理的 2 可得结论成立。现在假设 $\{B_i \mid i \in I\} \neq \varnothing$，令 $B = \cup\{B_i \mid i \in I\}$ 并且对所有的 $i \in I$，$B_i \subseteq B_i{}^+$，那么根据广义并的定义和这个引理的 1 可得：对所有的 $i \in I$，$B = \cup\{B_i \mid i \in I\} \Rightarrow B_i \subseteq B \Rightarrow B_i{}^+ \subseteq B^+ \Rightarrow \cup\{B_i{}^+ \mid i \in I\} \subseteq B^+$。因此，

$$B=\cup\{B_i \mid i\in I\}\subseteq\cup\{B_i^+ \mid i\in I\}\subseteq B^+。$$

又对任意的 $(a_1, a_2)\in B^+$，存在某个 B_i^+ 使得 $(a_1, a_2)\in B_i^+$，即：$a_1B_i^+a_2$。由 B_i^+ 的定义得：

$a_1B_i^+a_2\leftrightarrow\forall x_1\in ext_{R1}(a_1)\ \exists x_2\in ext_{R2}(a_2)\ x_1B_ix_2\wedge\forall x_2\in ext_{R2}(a_2)\ \exists x_1\in ext_{R1}(a_1)\ x_1B_ix_2$

$\rightarrow\forall x_1\in ext_{R1}(a_1)\ \exists x_2\in ext_{R2}(a_2)\ x_1(\cup\{B_i \mid i\in I\})x_2\wedge\forall x_2\in ext_{R2}(a_2)\ \exists x_1\in ext_{R1}(a_1)\ x_1(\cup\{B_i \mid i\in I\})x_2$（由广义并的性质）

$\leftrightarrow a_1(\cup\{B_i^+ \mid i\in I\})a_2$

$\rightarrow a_1B^+a_2$

故，$\{B_i \mid i\in I\}$ 是一个互模拟。

由引理 13 的（6）立刻得，对于任意的 (A_1, R_1) 和 (A_2, R_2)，存在一个最大的互模拟

$$B^*=\cup\{B\subseteq A_1\times A_2 \mid B\text{ 是一个互模拟}\}。$$

定理 14　令 (A_1, R_1) 和 (A_2, R_2) 是两个图，如果 $B^*=\cup\{B\subseteq A_1\times A_2 \mid B\text{ 是一个互模拟}\}$ 是 A_1 到 A_2 的一个最大互模拟，则 B^* 是 A_1 到 A_2 的一个等价关系。

证明　因为 B^* 是 A_1 到 A_2 上的最大互模拟，那么

（1）自返性：由引理 13 的（2），$A_1\times A_2$ 上的恒等关系 I 是一个互模拟并且 $I\subseteq B^*$，并且对所有的 $a\in A_1$，aIa，于是，对所有的 $a\in A_1$，aB^*a。因此，B^* 在 A_1 上具有自返性。

（2）对称性：因为 B^* 是 $A_1\times A_2$ 上的互模拟，引理 13 的（3）可得：$(B^*)^{-1}$ 是 $A_2\times A_1$ 上的互模拟。由 B^* 的最大性得：$(B^*)^{-1}\subseteq B^*$。因而，对于任意的 a_1，a_2，如果 $a_1B^*a_2$，则 $a_2(B^*)^{-1}a_1$ 并且 $a_2B^*a_1$。因此，B^* 在 (A_1, R_1) 上具有对称性。

（3）传递性：对任意的 a_1，a_2，a_3，如果 $a_1B^*a_2$ 和 $a_2B^*a_3$，由 B^* 的定义得：存在一个互模拟 $B_1\subseteq B^*$ 使得 $a_1B_1a_2$ 并且存在互模拟 $B_2\subseteq B^*$ 使得 $a_2B_2a_3$，于是，$a_1B_1\circ B_2a_3$ 并且由引理 13 的（5）可得：$B_1\circ B_2$ 是一个互模拟，再由 B^* 的定义可得：$B_1\circ B_2\subseteq B^*$，所以 $a_1B^*a_3$。因此，B^* 在 $(A_1,$

R_1）上具有传递性。

引理 15　令 f_1 和 f_2 分别是（A_1，R_1）和（A_2，R_2）的装饰。集合

$$B = \{(a_1, a_2) \in A_1 \times A_2 \mid f_1(a_1) = f_2(a_2)\}$$

是一个互模拟。

引理 15 给出了互模拟与装饰之间的关系。

证明　只需证 $B = B^+$。因为

$(a_1, a_2) \in B$ 当且仅当　$f_1(a_1) = f_2(a_2)$

当且仅当　对每个 $x_1 \in ext_{R1}(a_1)$，$f_1(x_1) \in f_2(a_2)$ 并且
对每个 $x_2 \in ext_{R2}(a_2)$，$f_2(x_2) \in f_1(a_1)$（据装饰定义）

当且仅当　对每个 $x_1 \in ext_{R1}(a_1)$ 存在 $x_2 \in ext_{R2}(a_2)$ 使得 $f_1(x_1) = f_2(x_2)$ 并且对每个 $x_2 \in ext_{R2}(a_2)$ 存在 $x_1 \in ext_{R1}(a_1)$ 使得 $f_1(x_1) = f_2(x_2)$

当且仅当　对每个 $x_1 \in ext_{R1}(a_1)$ 存在 $x_2 \in ext_{R2}(a_2)$ 使得 $(x_1, x_2) \in B$ 并且对每个 $x_2 \in ext_{R2}(a_2)$ 存在 $x_1 \in ext_{R1}(a_1)$ 使得 $(x_1, x_2) \in B$

当且仅当 $(a_1, a_2) \in B^+$　（根据定义 12）

所以 $B = B^+$。因此，$B \subseteq B^+$。故 B 是（A_1，R_1）和（A_2，R_2）之间的一个互模拟。

定义 16　如果在图（A_1，R_1）和（A_2，R_2）之间存在一个互模拟关系 B 使得 $(p_1, p_2) \in B$（等价于，如果 $(p_1, p_2) \in B^+$），那么点向图（A_1，R_1，p_1）和（A_2，R_2，p_2）是互模拟等价的。

例 17　在例 2 中，（1）和（2）中的两个点向图是互模拟等价的。特别地，它们与点向图

$$(N, \{(n+1, n) \mid n \in N\}, 0)$$

也是互模拟等价的，并且 $(N, \{(n+1, n) \mid n \in N\}, 0)$ 和 $(N, >, 0)$ 也是互模拟等价的。

事实上，令 $A_1 = \{a\}$，$R_1 = \{(a, a)\}$，$p_1 = a$。令 $A_2 = \{a, b\}$，这里 $a \neq b$，$R_2 = \{(a, b), (b, a)\}$ 并且 $p_2 = a$。取 $B = \{(a, a), (a, b)\}$，易证：B 是（A_1，R_1）和（A_2，R_2）之间的一个互模拟。因为 $(a, a) \in B$，所以，（A_1，R_1，p_1）和（A_2，R_2，p_2）是互模拟等价的。取 $B' =$

{(a，a)，(b，a)}，易证：B′是（A_2，R_2）和（A_1，R_1）之间的一个互模拟。因为（a，a）∈B′，所以，（A_2，R_2，p_2）和（A_1，R_1，p_1）是互模拟等价的。令 A_3 = N，R_3 = {（n+1，n）}，p_3 = 0。取 B″ = {（a，0），（a，1）}，易证：B″是（A_1，R_1）和（A_3，R_3）之间的一个互模拟。因为（a，0）∈B，所以，（A_1，R_1，p_1）和（A_3，R_3，p_3）是互模拟等价的。（N，{（n+1，n）| n∈N}，0）和（N，>，0）的互模拟等价性依赖于互模拟{（m，n）| m，n∈N}。

引理 18　（1）对于 i=1，2，令 f_i 是（A_i，R_i，p_i）的一个装饰，并且令 $\bar{A}_i$ 是满足 $p_i \in A_i$ 的 A_i 的最小 R_i－传递子集。令 $\bar{R}_i = R_i \cap (\bar{A}_i \times \bar{A}_i)$，并且 $\bar{f}_i = f_i \upharpoonright \bar{A}_i$，那么 $\bar{f}_i$ 是（$\bar{A}_i$，$\bar{R}_i$，p_i）的一个装饰。

（2）令 B 是（A_1，R_1，p_1）和（A_2，R_2，p_2）之间的一个互模拟，那么 $\bar{B} = B \cap (\bar{A}_1 \times \bar{A}_2)$ 是（$\bar{A}_1$，$\bar{R}_1$）和（$\bar{A}_2$，$\bar{R}_2$）之间的一个互模拟。如果（p_1，p_2）∈B，那么 $\mathrm{dom}\bar{B} = \bar{A}_1$，$\mathrm{ran}\bar{B} = \bar{A}_2$。

证明　（1）由本章第一节中定理 7 的证明可得：$\bar{A}_i = \cup_{n=0}^{\infty} C_{i,n}$，这里

$C_{i,0} = \{p_i\}$，

$C_{i,n+1} = \{y \in A_i \mid 对某个\ x \in C_{i,n},\ yR_ix\} = \cup\{\mathrm{ext}_{Ri}(x) \mid x \in C_{i,n}\}$。

特别地，对任意的 $x \in \bar{A}_i$，$\mathrm{ext}_{Ri}(x) = \mathrm{ext}_{\bar{R}_i}(x)$。于是，

$$
\begin{aligned}
对任意的\ x \in \bar{A}_i，\bar{f}_i(x) &= (f_i \upharpoonright \bar{A}_i)(x) \\
&= f_i(x)，对任意的\ x \in \overline{A_i} \\
&= \{f_i(y) \mid y \in \mathrm{ext}_{Ri}(x) \wedge x \in \bar{A}_i\} \\
&= \{f_i(y) \mid y \in \mathrm{ext}_{\bar{R}_i}(x) \wedge x \in \bar{A}_i\} \\
&= \{\bar{f}_i(y) \mid y \in \mathrm{ext}_{\bar{R}_i}(x) \wedge x \in \bar{A}_i\} \\
\bar{f}_i(p_i) &= (f_i \upharpoonright \bar{A}_i)(p_i) \\
&= \{\bar{f}_i(y) \mid y \in \mathrm{ext}_{\bar{R}_i}(p_i) \wedge p_i \in \bar{A}_i\} \\
&= \mathrm{ran}\ \bar{f}_i
\end{aligned}
$$

因此，$\bar{f}_i$ 是（$\bar{A}_i$，$\bar{R}_i$，p_i）的一个装饰并且 $\bar{B}$ 是（$\bar{A}_1$，$\bar{R}_1$）和（$\bar{A}_2$，$\bar{R}_2$）之间的一个互模拟（由互模拟的定义可证得）。

（2）由本章第一节中的定理 7，令

$$\bar{A}_i = \cup_{n=0}^{\infty} C_{i,n}，$$

这里　$C_{i,0} = \{p_i\}$，

$$C_{i,n+1} = \{y \in A_i \mid 对某个\ x \in C_{i,n}, \ yR_ix\} = \cup\{ext_{Ri}(x) \mid x \in C_{i,n}\}$$

是 A_i的最小 R_i－传递子集，令

$$\bar{R}_i = R_i \cap (\bar{A}_i \times \bar{A}_i),$$

$$\bar{B} = B \cap (\bar{A}_1 \times \bar{A}_2)。$$

由（1）可得：对任意的 $x \in \bar{A}_i$，$ext_{Ri}(x) = ext_{\bar{R}_i}(x)$。因为 B 是（$A_1$，$R_1$，$p_1$）和（$A_2$，$R_2$，$p_2$）之间的一个互模拟，立刻得：$\bar{B} = B \cap (\bar{A}_1 \times \bar{A}_2)$是（$\bar{A}_1$，$\bar{R}_1$）和（$\bar{A}_2$，$\bar{R}_2$）之间的一个互模拟。因为 $\bar{B} = B \cap (\bar{A}_1 \times \bar{A}_2)$，所以 $\bar{B} \subseteq \bar{A}_1 \times \bar{A}_2$。由此得：$dom\bar{B} \subseteq dom(\bar{A}_1 \times \bar{A}_2) = \bar{A}_1$。反之，因为 $p_1 \in \bar{A}_1$，现在只需证：$p_1 \in dom\bar{B}$ 即可。因为（p_1，p_2）$\in B$ 并且（p_1，p_2）$\in \bar{A}_1 \times \bar{A}_2$，所以，

$$(p_1, p_2) \in B \cap (\bar{A}_1 \times \bar{A}_2)，即：(p_1, p_2) \in \bar{B}。$$

于是，$p_1 \in dom\bar{B}$。故，$dom\bar{B} = \bar{A}_1$。

同理可证：$ran\bar{B} = \bar{A}_2$。

下面的结论给出了集合相等的标准。

定理 19　令 f_1和 f_2分别是（A_1，R_1，p_1）和（A_2，R_2，p_2）的装饰。反基础公理蕴涵 f_1和 f_2有相同的值当且仅当（A_1，R_1，p_1）和（A_2，R_2，p_2）是互模拟等价的。

证明　假定 $f_1(p_1) = f_2(p_2)$。由引理 18 得：$B = \{(a_1, a_2) \in A_1 \times A_2 \mid f_1(a_1) = f_2(a_2)\}$ 是一个互模拟并且（p_1，p_2）$\in B$。由定义 16 可得：（A_1，R_1，p_1）和（A_2，R_2，p_2）是互模拟等价的。

反之，令 B 是一个互模拟并且满足（p_1，p_2）$\in B$。由引理 18 的（2）可得：（$\bar{A}_1$，$\bar{R}_1$）和（$\bar{A}_2$，$\bar{R}_2$）之间的一个互模拟 $\bar{B}$ 以及装饰$\bar{f}_1$和$\bar{f}_2$。下面定义一个图（A，R）如下：

$$A = \bar{B} = \{(a_1, a_2) \mid a_1 \in \bar{A}_1, a_2 \in \bar{A}_2, (a_1, a_2) \in \bar{B}\}$$

$$R = \{((b_1, b_2), (a_1, a_2)) \in A \times A \mid (b_1, a_1) \in \bar{R}_1, (b_2, a_2) \in \bar{R}_2\}。$$

在 A 上定义函数 F_1和 F_2如下：

$$F_1((a_1, a_2)) = \bar{f}_1(a_1), F_2((a_1, a_2)) = \bar{f}_2(a_2)$$

注意：$F_1((a_1, a_2)) = \bar{f}_1(a_1)$

$=\{\bar{f}_1(b_1) \mid b_1\bar{R}_1a_1\}$

$=\{F_1((b_1, b_2)) \mid b_1\bar{R}_1a_1 \wedge b_2\bar{R}_2a_2, (a_1, a_2) \in \bar{B}\}$

$=\{F_1((b_1, b_2)) \mid (b_1, b_2) R (a_1, a_2)\}$。

所以，F_1是（A，R）上的一个装饰。类似地，F_2是（A，R）上的一个装饰。反基础公理蕴涵了$F_1 = F_2$，特别地，$f_1(p_1) = \bar{f}_1(p_1) = F_1((p_1, p_2)) = F_2((p_1, p_2)) = \bar{f}_2(p_2) = f_2(p_2)$。

推论 20　假设 AFA，X = Y 当且仅当点向图（TC（{X}），∈，X）和（TC（{Y}），∈，Y）是互模拟等价的。

第二章

基本概念和结论

为了用图刻画反基础公理，本章首先将给出一些基本的概念。但是，这些概念中的一些，如互模拟，在不同的范围里论述稍有不同，其实质是相同的。然后，给出不同的反基础公理以及这些反基础公理所决定的非良基集合论系统。最后，讨论这些非良基集合论系统所决定的论域及之间的关系。

一　一些基本概念

定义 1　一个系统是由一个结点的类 M 和一个边的类组成，这些边是由结点组成的有序对。我们将只用 M 来表示一个系统；此外，如果（a，b）是 M 的一条边，那么在 M 中写作 a→b 或者直接写作 a→b。一个系统 M 要求满足的条件是：对于每一个结点 a，a 的后继组成的类 $a_M = \{b \in M \mid a \to b\}$ 是一个集合。

注意：一个图就是一个小的系统。论域 V 是一个大系统，其中当 $b \in a$ 时，记作 a→b。图的装饰概念也可以扩展到系统中。下面是反基础公理的加强形式：

定理 2（假设 AFA）　每一个系统都有唯一的装饰。

证明　令 M 是一个系统。对于每一个 $a \in M$，我们把它和一个如下构造的可达点向图 Ma 联系起来：

Ma 的结点和边是 M 中具有如下条件的结点和边：它们都位于 M 中从结点 a 出发的路径上，Ma 的始点就是结点 a 本身。

由下面的做法可知：Ma 的结点构成一个集合。令 $X_0 = \{a\}$，并且对于

每一个自然数 n，令

$$X_{n+1} = \cup\{x_M \mid x \in X_n\}$$

因为对所有的 $x \in M$ 来说，x_M 是一个集合，所以每一个 X_n 也是一个集合，这个集合由 M 中那些从结点 a 开始的、长度为 n 的路径的终点组成。因此，Ma 的结点构成集合 $\cup_n X_n$。

由反基础公理，每一个可达点向图 Ma 都有唯一的装饰 d_a。因此，Ma 就是集合 $d_a a$ 的图。对于每一个 $a \in M$，令 $da = d_a a$。下面证明 d 是 M 唯一的装饰。首先注意，如果 $a \to x$ 在 M 中，那么 Mx 的每一个结点也是 Ma 的结点，并且 da 在 Mx 上的限制是 Mx 的一个装饰并且等于 Mx 的那个唯一的装饰 dx。所以，如果 $a \to x$ 在 M 中，那么 $d_a x = d_x x = dx$。

于是，对于每一个 $a \in M$，

$$\begin{aligned} da &= d_a a \\ &= \{d_a x \mid \text{Ma 中的 } a \to x\} \\ &= \{dx \mid \text{M 中的 } a \to x\}。\end{aligned}$$

因此，d 是 M 的一个装饰。为了得到 d 的唯一性，只需注意：当受限的并且一定扩张了每一个 da 的时候，M 的任意装饰一定都是每一个 Ma 的装饰，所以，它一定是 d 本身。

定义 3　对于集合 a，b，令 $a \equiv b$ 当且仅当存在一个既是 a 又是 b 的图像的可达点向图。

命题 4　每一个图至多有一个装饰（简记作：AFA_2）等价于

$$a \equiv b \Rightarrow \text{对于所有的集合 } a，b，a = b。$$

证明　由 $x \equiv y$ 的定义可得：存在一个可达点向图 Gn 和 Gn 的装饰 d_1 和 d_2，使得 $d_1 n = x$ 并且 $d_2 n = y$。由条件：每一个图至多有一个装饰可得：$d_1 = d_2$。于是，$x = y$。反之，由 $x \equiv y$ 的定义可得：存在一个可达点向图 Gn 和 Gn 的装饰 d_1 和 d_2，使得 $d_1 n = x$ 并且 $d_2 n = y$。因为 $x = y$，所以，$d_1 n = d_2 n$，即：$d_1 = d_2$。由此可得：每一个图至多有一个装饰。

定义 5　令 M 是一个系统，R 是 M 上的一个二元关系，如果 $R \subseteq R^+$ 并且 a，$b \in M$，

$$aR^+b \Leftrightarrow \forall x \in a_M \exists y \in b_M xRy \wedge \forall y \in b_M \exists x \in a_M xRy,$$

则称 R 是系统 M 上的一个互模拟。

由定义 5 可得：如果 $R_0 \subseteq R$，那么 $R_0^+ \subseteq R^+$。即：运算（ ）$^+$ 是单调的。

考虑下面的图 G：

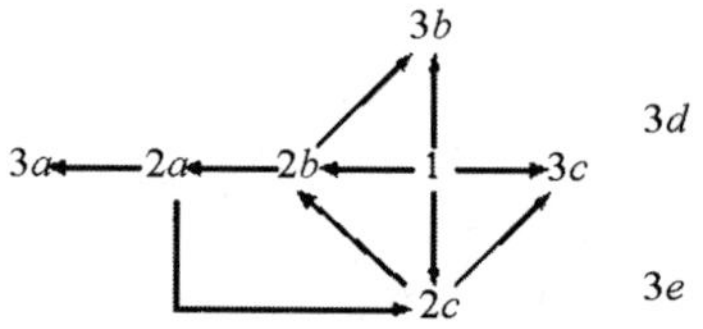

图 1

由于所有 3 开头的结点都没有子结点（孩子），而且从任意结点都不能到达结点 3d 和 3e，也就是说，3d 和 3e 没有父结点。因此，每一个仅涉及 3 的关系都是 G 的一个互模拟。例如，{（3a，3b），（3c，3a），（3d，3d），（3e，3e）} 也是 G 上的一个互模拟。特别地，空关系∅也是 G 上的一个互模拟。

令 R = {（2a，2b），（2b，2c），（2c，2a），（3a，3b），（3b，3c），（3c，3a），（3d，3e）}，则 R 是 G 上的一个互模拟。只需验证：{（2a，2b），（2b，2c），（2c，2a）} 是 G 上的互模拟即可。

首先看：2bR2c。由于 2c→2b（3c），因此只需要存在某个 x 使得 2b→x 并且 xR2b（xR3c），取 x 为 2a（3b）；又由于 2b→3b（2a），因此只需要某个 y 使得 2c→y 并且 3bRy（2aRy），取 y = 3c（2b）。

其次看：2aR2b。由于 2b→3b（2a），因此只需要存在某个 x 使得 2a→x 并且 xR3b（xR2a），取 x 为 3a（2c）；又由于 2a→3a（2c），因此只需要某个 y 使得 2b→y 并且 3aRy（2cRy），取 y = 3b（2a）。

最后看：2cR2a。由于 2a→3a（2c），因此只需要存在某个 x 使得 2c→x 并且 xR3a（xR2c），取 x 为 3c（2b）；又由于 2c→3c（2b），因此只需要某个 y 使得 2a→y 并且 3cRy（2bRy），取 y = 3a（2c）。

命题 6 关系≡是 V 上的一个互模拟。

证明 要证≡是 V 上的一个互模拟，只需要证明 $\equiv \subseteq \equiv^+$，即，$a \equiv b \Rightarrow a \equiv^+ b$。而

$$a \equiv^{+} b \Leftrightarrow \forall x \in a_V \exists y \in b_V (x \equiv y) \wedge \forall y \in b_V \exists x \in a_V (x \equiv y),$$

要证 $x \equiv y$，由≡的定义，只需找到一个可达点向图，而这个可达点向图是集合 x 和 y 的一个图。因为 $a \equiv b$，由≡的定义可知：存在一个可达点向图 G 是 a 和 b 的可达点向图。因为 $x \in a_V$ 并且 $y \in b_V$，所以，G 也是 x 和 y 的可达点向图。由此可得：$x \equiv y$。故，$a \equiv^{+} b$，即：关系≡是 V 上的一个互模拟。

通常，一个系统 M 有许多互模拟。下面的结论表明：≡是系统 V 上的极大互模拟并且极大互模拟在任何系统上都存在。

定理 7　每一个系统 M 上都存在唯一的极大互模拟 $\equiv_M$，即：

(1) $\equiv_M$ 是 M 上的一个互模拟；

(2) 如果 R 是 M 上的一个互模拟，那么对于所有 $a, b \in M$

$$aRb \Rightarrow a \equiv_M b。$$

实际上，$a \equiv_M b \Leftrightarrow$ 对于 M 上某一小的互模拟 R，aRb。因此，关系 $\equiv_M$ 有时也称为 M 上最弱的互模拟或者最大的互模拟。

证明　令 $\equiv_M$ 满足：

$$a \equiv_M b \Leftrightarrow \text{对于 M 上某一小的互模拟 R，aRb。}$$

现在证明 (1) 和 (2) 成立。对于 (1)，令 $a \equiv_M b$，那么对于 M 上某一小的互模拟 R，aRb。显然，

$$xRy \Rightarrow \text{对于所有的 } x, y \in M, x \equiv_M y$$

成立。由 $(\ )^{+}$ 的单调性可得：

$$xR^{+}y \Rightarrow \text{对于所有的 } x, y \in M, x \equiv_M^{+} y。$$

因为 aRb 并且 $R \subseteq R^{+}$，所以 $a \equiv_M^{+} b$。对 (2) 而言，令 R 是 M 上的一个互模拟并且 aRb。然而在定理 2 的证明中，对于每一个 $x \in M$，Mx 是一个带点 x 的可达点向图使得对于 $u, v \in Mx$，

$$u \rightarrow v \text{ 在 Mx 中} \quad \Leftrightarrow \quad u \rightarrow v \text{ 在 M 中。}$$

易证：如果

$$R_0 = R \cap ((Ma) \times (Mb)),$$

那么 R_0 是 M 上的一个互模拟使得 aR_0b。此外，由于 Ma 和 Mb 都是小的互模拟，所以 R_0 也是小的互模拟。因此 $a \equiv_M b$。

命题 8　对于任意的集合 $a, b \in V$，

$$a \equiv b \Leftrightarrow a \equiv_V b。$$

证明 （⇒）由命题6可得：≡是V上的一个互模拟。由定理7可得：$\equiv_V$是V上的极大互模拟。（⇐）现在只需证明：如果R是V上的一个互模拟，那么对于所有的集合a，b，

$$aRb \Rightarrow a \equiv b。$$

因此，令R是V上的一个互模拟，定义系统M_0如下：

M_0的结点是R的元素，即有序对（a，b）满足aRb并且（a，b）$\in M_0$。

M_0的边满足

$$(a,\ b) \rightarrow (x,\ y)\ 在\ M_0 中 \quad \Leftrightarrow \quad x \in a \wedge y \in b。$$

现在，假设d_1和d_2都是M_0的装饰，对于（a，b）$\in M_0$满足d_1(a，b) = a并且d_2（a，b） = b。因此，如果aRb，那么用d_1和d_2到可达点向图的限制，可达点向图M_0（a，b）既是a也是b的图。所以如果aRb，那么a ≡b。

命题9 如果M是一个系统，那么

（1）对于所有的a，b $\in M$，$a =_M{}^+ b \Leftrightarrow a_M = b_M$。

（2）如果$R \subseteq M \times M$，那么$(R^{-1})^+ = (R^+)^{-1}$。

（3）如果R_1，$R_2 \subseteq M \times M$，那么$R_1{}^+ \circ R_2{}^+ \subseteq (R_1 \circ R_2)^+$。

证明 （1）设$x \in a_M$，因为$a =_M{}^+ b$可得：$\forall x \in a_M \exists y \in b_M x =_M y$。因为$y \in b_M$并且$x =_M y$，所以，$x \in b_M$。由此可得：$a_M \subseteq b_M$。同理可证：$b_M \subseteq a_M$。故，$a_M = b_M$。反之，因为$a_M = b_M$，显然有$\forall x \in a_M \exists y \in b_M x =_M y$和$\forall y \in b_M \exists x \in a_M x =_M y$。即：$a =_M{}^+ b$。

（2）设

$$
\begin{aligned}
(a,\ b) \in (R^+)^{-1} &\Leftrightarrow (b,\ a) \in R^+ \\
&\Leftrightarrow bR^+a \\
&\Leftrightarrow \forall x \in b_M \exists y \in a_M xRy \wedge \forall y \in a_M \exists x \in b_M xRy \\
&\Leftrightarrow \forall x \in b_M \exists y \in a_M yR^{-1}x \wedge \forall y \in a_M \exists x \in b_M yR^{-1}x \\
&\Leftrightarrow \forall y \in a_M \exists x \in b_M yR^{-1}x \wedge \forall x \in b_M \exists y \in a_M yR^{-1}x \\
&\Leftrightarrow a\ (R^{-1})^+\ b \\
&\Leftrightarrow (a,\ b) \in (R^{-1})^+
\end{aligned}
$$

（3）设

$$
\begin{aligned}
(a,\ b) \in R_1{}^+ \circ R_2{}^+ &\Rightarrow \exists c \in M((a,\ c) \in R_1{}^+ \wedge (c,\ b) \in R_2{}^+) \\
&\Rightarrow aR_1{}^+c \wedge cR_2{}^+b \\
&\Rightarrow (\forall x \in a_M \exists z \in c_M xR_1 z \wedge \forall z \in c_M \exists x \in
\end{aligned}
$$

$$
\begin{aligned}
&a_M xR_1 z) \wedge \\
&(\forall z \in c_M \exists y \in b_M zR_1 y \wedge \forall y \in b_M \exists z \in c_M zR_1 y) \\
\Rightarrow &\forall x \in a_M \exists y \in b_M xR_1 \circ R_2 y \wedge \forall y \in b_M \exists x \in \\
&a_M xR_1 \circ R_2 y \\
\Rightarrow &a\ (R_1 \circ R_2)^+\ b \\
\Rightarrow &(a, b) \in (R_1 \circ R_2)^+。
\end{aligned}
$$

显然，第一章第三节引理 13 中的其他一些结果对系统 M 也成立，详细的证明略。

定义 10　令 M 是一个系统，如果对于所有的 a，b ∈M 满足

$$a_M = b_M \Rightarrow a = b,$$

则称系统 M 是外延的。如果对于所有的 a，b ∈M 满足

$$a \equiv_M b \Rightarrow a = b,$$

则称 M 是强外延的。

定义 11　令 M 和 M′是两个系统，如果从系统 M 到 M′的一个映射π：M→M′满足：对于 a ∈M，

$$(\pi a)_{M'} = \{\pi b \mid b \in a_M\},$$

则称π是从 M 到 M′的一个系统映射。如果π是一个双射，则称它是从 M 到 M′的一个系统同构。

定义 12　令π：M→M′是类 M 关于 M 上的等价关系 R 的商，即：π是一个满射并且对于所有的 a，b ∈M，

$$aRb \Leftrightarrow \pi a = \pi b。$$

如果 M 是一个系统并且 R 是 M 上的一个互模拟，当 M′的边是所有的有序对（πa，πb）时，其中（a，b）是 M 的边，那么π是一个系统映射，并称π：M→M′（简称 M′）是系统 M 关于互模拟 R 的商。为了方便，这里采用集合的符号，记作：M′ = M/R。注意，任意两个这样的商都将是同构的系统。

定义 13　如果π：M→M′是系统 M 关于$\equiv_M$的商，则称π是 M 的强外延商。

定义 14　令 M 是一个系统，一个从图 G 到系统 M 的系统映射叫图 G 的一个 M – 装饰。

定义 15　令 M 是一个系统，如果 M 的每一个图都有唯一的 M – 装饰，则称 M 是一个完备系统。

一个完备的系统可以按下面的方式构造。

由于每一个可达点向图都具有形式 Ga，其中 G 是一个图，a 是 G 的一个结点。令 V_0是由可达点向图的类构成的一个系统，其中只要 G 是一个图并且 a→b 在 G 中，那么该系统就有边 Ga→Gb。令π_c：$V_0 \to V_c$是 V_0的强外延商。

定义 16　令 ~ 是 V_0上的一个互模拟，如果 ~ 满足下面的条件

（1） ~ 是 V_0上的等价关系；

（2） $Ga \cong G'a' \Rightarrow Ga \sim G'a'$；

（3） $a_G = a'_G \Rightarrow$对于 a，$a' \in G$，$Ga \sim Ga'$，

则称 ~ 是一个正则互模拟。

定义 17　令 M 是一个系统并且 a，$b \in M$，如果

$$Ma \sim Mb \Rightarrow a = b$$

则称 M 是 ~ －外延的。

二　四种非良基集合论

Aczal 在 *Non-Well-Founded-Sets* 一书中给出了四个不同的但是可比较的非良基集合论系统。他所考虑的集合论系统是在去掉基础公理 FA 后的蔡梅洛—弗兰克尔集合论系统（包括选择公理）ZFC^-。然后，将不同的反基础公理加到 ZFC^- 就形成不同的非良基集合论。可以证明每个这样的系统相对于 ZFC^- 都是一致的。本节采用统一的记法，给出四个反基础公理，描述它们所形成的非良基集合论系统以及它们之间的关系。

（一）AFA 和 Aczel 集合论

定义 1　令$\equiv_{V_0}$是 V_0上如下定义的一个关系：对任意的 Ga，$G'b \in V_0$，

$$Ga \equiv_{V_0} G'b \Leftrightarrow a = b。$$

令 M 是一个系统，如果它是$\equiv_{V_0}$－外延的，即：对于任意的 a，$b \in M$，

$$Ma \equiv_{V_0} Mb \Rightarrow a = b,$$

则称它是 $\sim_A$－外延的。

定理2　$\equiv_{V_0}$是V_0上的一个正则互模拟，并且对于任意的系统M，

$$Ma \equiv_{V_0} Mb \Leftrightarrow a \equiv_M b。$$

证明　由上节的定理7可得：$\equiv_{V_0}$是V_0上的一个互模拟。下面证明：$\equiv_{V_0}$满足上节的定义16。

（1）$\equiv_{V_0}$是V_0上的一个等价关系。

①自返性：由于V_0上的恒等关系是一个互模拟，所以，$\equiv_{V_0}$是自返的。

②对称性：因为$\equiv_{V_0}$是一个系统V_0上的互模拟，则$\equiv_{V_0} \subseteq \equiv_{V_0}^{+}$，从而$(\equiv_{V_0})^{-1} \subseteq (\equiv_{V_0}^{+})^{-1}$。由上节命题9的（2）：$(\equiv_{V_0}^{+})^{-1} = (\equiv_{V_0}^{-1})^{+}$，所以，$(\equiv_{V_0})^{-1} \subseteq (\equiv_{V_0}^{-1})^{+}$。即：$\equiv_{V_0}^{-1}$是系统$V_0$上的一个互模拟。根据$\equiv_{V_0}$的极大性可得：$b \equiv_{V_0}^{-1} a \Rightarrow b \equiv_{V_0} a$。所以，$a \equiv_{V_0} b \Rightarrow b \equiv_{V_0} a$。

③传递性：由$a \equiv_{V_0} b$可知：存在R_1使得aR_1b。由$b \equiv_{V_0} c$可知：存在R_2使得bR_2c。令$R = R_1 \circ R_2$，现在证明$R \subseteq R^{+}$。由上节命题9的（3）和互模拟的定义可得：$R^{+} = (R_1 \circ R_2)^{+} \supseteq R_1^{+} \circ R_2^{+} \supseteq R_1 \circ R_2 = R$，于是，$R \subseteq R^{+}$。故，R是系统$V_0$上的一个互模拟。由$aR_1b$和$bR_2c$可得：$aRc$，故，$a \equiv_{V_0} c$。

（2）$Ga \cong G'a' \Rightarrow Ga \equiv_{V_0} G'a'$。因为$\equiv_{V_0}$是系统$V_0$上的极大互模拟，所以，只需证明$\cong$是$V_0$上的一个互模拟。对于任意的$x \in (Ga)_{V_0}$，存在$b \in a_G$使得$x = Gb$。因为$Ga \cong G'a'$，则存在唯一的同构映射f：$Ga \to G'a'$满足：$b' = f(b)$并且$y = G'b'$。于是，$y \in (G'a')_{V_0}$并且$Gb \cong G'b'$，即：$x \cong y$。同理可证：对于任意的$y \in (G'a')_{V_0}$，存在$x \in (Ga)_{V_0}$使得$x \cong y$。故，$\cong$是$V_0$上的一个互模拟。根据互模拟的极大性可得：$Ga \equiv_{V_0} G'a'$。

（3）下面证明：$Ga = a' \Rightarrow Ga \equiv_{V_0} G'a'$。首先定义系统$V_0$上的一个关系R满足：$GaRG'a' \Leftrightarrow a_G = a'_G$。

现在证明关系R是系统V_0上的一个互模拟。根据互模拟的定义，只需要证明：

如果$GaRG'a'$，则对于任意的$x \in (Ga)_{V_0}$，存在$y \in (G'a')_{V_0}$使得xRy并且对于任意的$y \in (G'a')_{V_0}$，存在$x \in (Ga)_{V_0}$使得xRy。

因为$GaRG'a'$，所以，$a_G = a'_G$，$x' \in a'_G$。于是，$Gx' \in (G'a')_{V_0}$。令$y = Gx'$，则$y \in (G'a')_{V_0}$并且$Gx'RGx'$，即：xRy。同理可证：如果$GaRG'a'$，则对于任意的$y \in (G'a')_{V_0}$，存在$x \in (Ga)_{V_0}$使得xRy。故，R是V_0上的一个互模

拟，根据互模拟的极大性可得：$Ga \equiv_{V_0} G'a'$。

最后证明：对于任意的系统 M，

$$Ma \equiv_{V_0} Mb \Leftrightarrow a \equiv_M b。$$

如果 $Ma \equiv_{V_0} Mb$，在系统 V_0 上定义一个二元关系 R：对于任意的 a，$b \in M$，$aRb \Leftrightarrow Ma \equiv_{V_0} Mb$。下面证明 R 是系统 V_0 上的一个互模拟。由 aRb，则 $Ma \equiv_{V_0} Mb$。于是存在 V_0 上的一个互模拟 R_{V_0} 使得（Ma）R_{V_0}（Mb）。于是，对于任意的 $Mx \in (Ma)_{V_0}$，存在 $My \in (Mb)_{V_0}$ 使得（Mx）R_{V_0}（My）。由 V_0 的定义知：当 $x \in a_M$，$y \in b_M$，并且（Mx）R_{V_0}（My）时，则 $(Mx) \equiv_{V_0} (My)$，从而 xRy。即证明了：对任意的 $x \in a_M$，存在 $y \in b_M$ 使得 xRy。同理可证：对任意的 $y \in b_M$，存在 $x \in a_M$ 使得 xRy。于是，二元关系 R 是系统 V_0 上的一个互模拟。由（Mx）R_{V_0}（My）和互模拟的极大性可得：$a \equiv_M b$。

反之，在系统 V_0 上定义一个二元关系 R_{V_0}：对于任意的 Ma，$Mb \in V_0$，（Ma）R_{V_0}（Mb）$\Leftrightarrow a \equiv_{V_0} b$。同理可证：关系 R_{V_0} 是系统 V_0 上的一个互模拟。由 $a \equiv_{V_0} b$ 可得：（Ma）R_{V_0}（Mb）。再由互模拟的极大性可得：$Ma \equiv_{V_0} Mb$。

反基础公理 AFA 可以描述为：一个可达点向图是精确图当且仅当它是 $\sim_A$ -外延的。

现在，我们将反基础公理 AFA 加到 ZFC^- 上得到 Aczal 集合论。

（二）SAFA 和 Soctt 集合论

由于在系统 M 中的一个图 Mn 可以展开成一个典范树图，因此，对任意的可达点向图 Mn，用 $(Mn)^t$ 表示它的展开。

定义 3　对每一个可达点向图 Ga，令 $(Ga)^t$ 表示它的展开图。令 $\cong^t$ 是 V_0 上如下定义的一个关系：对任意的 Ga，$G'b \subset V_0$，

$$Ga \cong^t G'b \Leftrightarrow (Ga)^t \cong (G'b)^t。$$

令 M 是一个系统，如果它是 $\cong^t$ -外延的，即：对于任意的 a，$b \in M$，

$$Ma \cong^t Mb \Rightarrow a = b,$$

则称它是 $\sim_S$ -外延的。

定理 4　$\cong^t$ 是 V_0 上的一个正则互模拟，并且对于任意的系统 M，

$$Ma \cong^{t} Mb \Leftrightarrow a \equiv_{M} b。$$

证明　（1）由定义3可得：对任意的Ga，$G'b \in V_0$，

$$Ga \cong^{t} G'b \Leftrightarrow (Ga)^{t} \cong (G'b)^{t}。$$

因为同构关系是一个互模拟关系并且也是一个等价关系，于是$\cong^{t}$是一个互模拟，也是一个等价关系。

（2）如果$Ga \cong G'b$，显然有$(Ga)^{t} \cong (G'b)^{t}$。于是，$Ga \cong^{t} G'b$。

（3）对于任意的a，$b \in G$，由$a_G = b_G$可得：$(Ga)^{t} \cong (Gb)^{t}$。于是，$Ga \cong^{t} Gb$。由互模拟的定义可知：$\cong^{t}$是V_0上的一个正则互模拟。

定义5　如果一棵树有一个真自同构（即：移走某个结点的自同构）时，称该树为冗余树；否则称该树为无赘树。

反基础公理SAFA可以描述为：一个可达点向图是精确图当且仅当它是$\sim_S$－外延的。

推论6　一棵树同构于一个典范树图当且仅当它是非冗余。

现在，我们将反基础公理SAFA加到ZFC^{-}上就可得到Scoot集合论。

（三）FAFA和Finsler集合论

对于任意的可达点向图Ma，定义一个可达点向图$(Ma)^{*}$，它的点和边是由Ma中位于从a的每一个孩子出发的路径上的点和边组成的，并且增加了一个新的点$*$。对每一个点$x \in a_M$，增加一条新的边$* \rightarrow x$，并将$*$作为$(Ma)^{*}$的顶点。

定义7　令$\cong^{*}$是V_0上如下定义的一个关系：对任意的Ga，$G'b \in V_0$，

$$Ga \cong^{*} G'b \Leftrightarrow (Ga)^{*} \cong (G'b)^{*}。$$

令M是一个系统，如果它是$\cong^{*}$－外延的，即：对于任意的a，$b \in M$，

$$Ma \cong^{*} Mb \Rightarrow a = b,$$

则称它是$\sim_F$－外延的。

定理8　$\cong^{*}$是V_0上的一个正则互模拟，并且对于任意的系统M，

$$Ma \cong^{*} Mb \Leftrightarrow a \equiv_{M} b。$$

证明　根据互模拟的定义可得：

$Ga \cong^{*} Gb \Rightarrow \forall x \in (Ga)_{V_0} \exists y \in (Gb)_{V_0} (x \cong^{*} y) \wedge \forall y \in (Gb)_{V_0} \exists x \in$

$(Ga)_{V_0}\ (x\cong^* y)$。

又$\forall x\in(Ga)_{V_0}\exists x'\in a_G\ (x=Gx')$，因为 $Ga\cong^* Gb$，则$(Ga)^*\cong(Gb)^*$，于是，存在一个同构映射π：$(Ga)^*\rightarrow(Gb)^*$。$x'\in(Ga)^*$，则存在$\pi x'\in b_G$。于是，$G(\pi x')\in(Gb)_{V_0}$。令 $y=G(\pi x')$，则 $y\in(Gb)_{V_0}$。因为$\pi\upharpoonright(Gx')^*$：$(Gx')^*\rightarrow(G(\pi x'))^*$是一个同构映射，所以，$(Gx')^*\cong(G(\pi x'))^*$。故，$Gx'\cong G(\pi x')$。即：$x\cong^* y$。同理可证：$\forall y\in(Gb)_{V_0}\exists x\in(Ga)_{V_0}\ (x\cong^* y)$成立。故，$\cong^*$是 V_0上的一个互模拟。

下面证明：$\cong^*$满足正则互模拟的定义。

（1）$\cong^*$是 V_0上的一个等价关系。因为$\cong$是 V_0上的一个等价关系，由定义7可得：$\cong^*$是 V_0上的一个等价关系。

（2）由 $Ga\cong G'a'\Rightarrow(Ga)^*=(G'a')^*\Rightarrow(Ga)^*\cong(G'a')^*\Rightarrow Ga\cong^* G'a'$。

（3）由 $a_G=a'_G\Rightarrow(Ga)^*=(Ga')^*$，所以，$(Ga)^*\cong(Ga')^*$。由此可得：$Ga\cong^* Ga'$。故，$\cong^*$是 V_0上的一个正则互模拟。

反基础公理 FAFA 可以描述为：一个可达点向图是精确图当且仅当它是$\sim_F$-外延的。

现在，我们将反基础公理 FAFA 加到 ZFC^- 上就可得到 Finsler 集合论。

（四）BAFA 和 Boofa 集合论

1972 年，Boofa 提出了另一种非良基集合论。

定义 9　令 M 和 M′是两个系统。如果 $M\subseteq M'$并且对每个 $a\in M$，a 在 M 中的孩子和 a 在 M′中的孩子是一致的，即：$a_M=a_{M'}$。则称系统 M 是系统 M′的传递子系统，记作：$M<M'$。

Boofa 的反基础公理可以陈述为：

BAFA：令 G_0和 G 是满足 $G_0<G'$的两个外延图并且π_0：$G_0\rightarrow V$ 是一个单射的系统映射，那么存在一个单射的系统映射π：$G\rightarrow V$ 使得下面的图可交换。

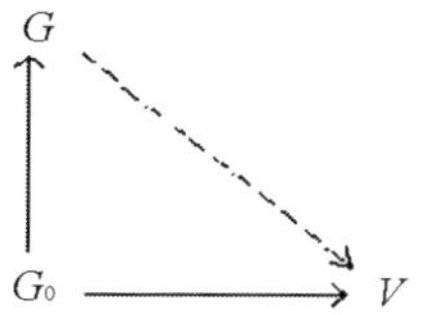

图 2

上面关于 BAFA 的陈述等价于：一个外延图的一个传递子图的每一个精确装饰可以扩展到整个图的一个精确装饰。

在某些情况下，我们不需要完整的公理 BAFA，只需要它的“一半”。因此，下面的结论是公理 BAFA 的推论。

BA_1：一个图是精确图当且仅当它是外延的。

BA_1 对问题“哪些可达点向图是精确图”给出了最丰富的答案。

现在，我们将反基础公理 BAFA 或 BA_1 加到 ZFC^- 上就可得到 Boffa 集合论。

（五）AFA、SAFA 和 FAFA 三者之间的关系

基础公理有许多表述形式，但这些表述形式都是等价的。虽然反基础公理是基础公理的否定，并且反基础公理也有许多表述，但 Aczel 用正则互模拟~统一地描述了反基础公理 AFA、SAFA 和 FAFA，并且给出了这三个公理之间如下的关系。

定理 10　（1）存在一个不是强外延的 $\cong^{t}$ – 外延图。

（2）存在一个不是 $\cong^{t}$ – 外延图的 $\sim_F$ – 外延图。

证明　（1）考虑以下拥有不同结点 a 和 b 的图 G：

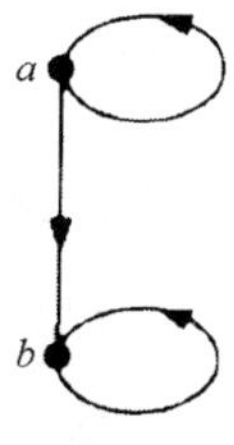

图 3

因为 $(Ga)^t \ncong (Gb)^t$，该图是$\cong^t$－外延的。实际上，$(Ga)^t$是

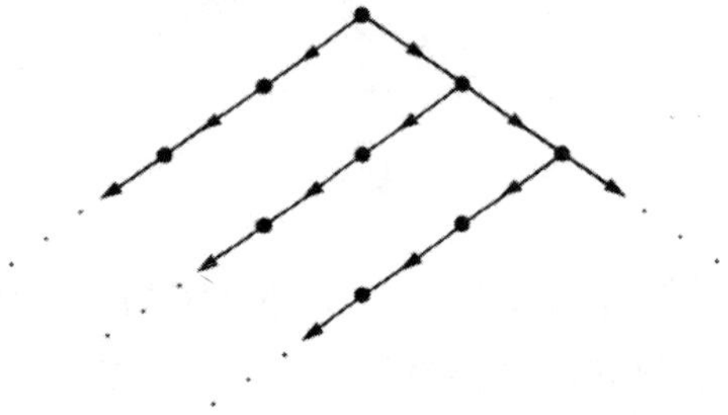

图 4

而 $(Gb)^t$只是

图 5

但是 G 很明显不是强外延的。注意，假定了 AFA，Ga 是Ω的非精确图像而 Gb 是Ω的一个精确图像。另一方面，如果我们假定 SAFA，那么 Gb 仍是Ω的一个精确图像而 Ga 是一个集合 T ≠Ω的精确图像使得 T = {Ω，T}。

（2）这一次令 G 是拥有三个不同节点 a、b 和 c 的图

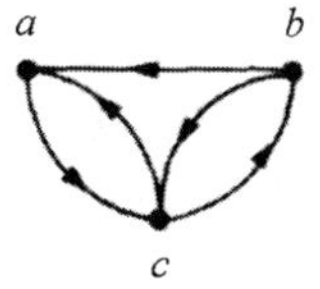

图 6

注意，可达点向图 Ga 的展开（Ga)^{t}具有如下形状

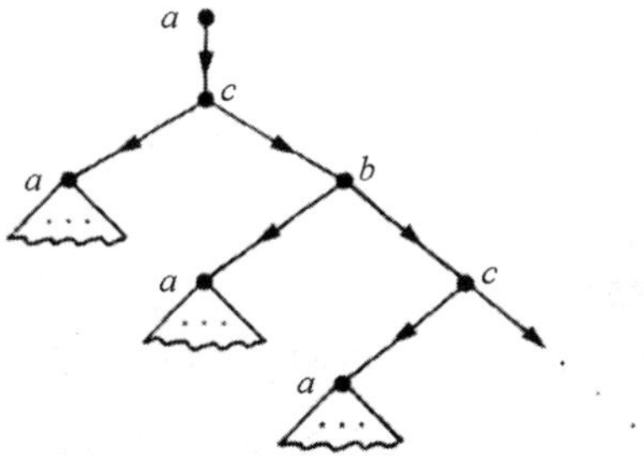

图 7

其中树的结点都已经标上了与 G 中相对应的结点的名字。从这个图形中可以清楚地看出子树（Gb)^{t}和（Gc)^{t}是同构的。这证明 G 不是$\cong^t$－外延的。但是 G 明显是外延的。它只有恒等的自同构，从这个意义上讲它还是严格的。由于每一个结点都是可以从每一个其他结点可达的，可以得出 G 是$\sim_F$－外延的。注意，假定了 AFA，那么 G 的唯一的装饰将把集合Ω指派给每一个结点。但是如果假定的是 SAFA，那么存在 G 的一个装饰，其中节点 b 和 c 被指派一个集合 X 而结点 a 被指派一个不同的集合 Y 使得 Y = {X} 且 X = {X, Y}。最后，如果 FAFA 被假定，那么存在一个单射的装饰分别指派两两不同的集合 A、B 和 C 给结点 a、b 和 c 使得 A = {C}，B = {A, C} 和 C = {B, C}。

推论 11　AFA、SAFA 和 FAFA 是两两不相容的公理。

三 集合的论域

由于在基础公理 FA 下可以证明：对于任意的集合 x 都有 $x \notin x$ 成立。所以，$x = \{x \mid x \in x\}$ 不是集合。在反基础公理 AFA 下可以证明：存在集合 x 使得 $x \in x$ 成立。即：$x = \{x \mid x \in x\}$ 是集合，也称它为自返集合。这样一来，在反基础公理 AFA 成立的条件下，集合的论域相对于良基集合的论域 V 被扩大。而且，不同的反基础公理也决定了不同的集合论域。本节，我们考察在基础公理 FA 下良基集合的论域和在反基础公理 AFA、SAFA、FAFA 下非良基集合的论域以及这些论域之间的关系。

（一）良基集合的论域

由于 V_0 中的元素都是形如 Ga 的图，利用集合和它们的图之间的关系，即：每一个良基集都有一个良基的图；再利用图和它们的装饰之间的关系，即：由坍塌引理，每一个良基的可达点向图 G 都有唯一的装饰。这个装饰是单射的当且仅当 G 是外延的。因此，我们可以认为良基集的全域 WF（ZF 的全域）是 V_0 的一个真子类，即：

$$WF = \{G \in V_0 \mid G\text{ 是外延的并且是良基的}\}。$$

在基础公理 FA 下，$V = WF$。

通常，良基集合的全域也用 V 表示，其构造如下：

$$V_0 = \varnothing;$$

$$V_{\alpha+1} = \wp(V_\alpha);$$

$$V_\alpha = \cup\{V_\beta \mid \beta<\alpha\}，\text{如果}\alpha\text{是一个极限序数；}$$

$$V = \cup\{V_\alpha \mid \alpha \in On\}。$$

由于 $2 = \{0, 1\} \in V$，所以，2 是一个良基集合。它的可达点向图如下。

图 8 集合 2 的可达点向图

从图 8 中可以看出：2 的可达点向图是一个没有循环结点的图。

（二）非良基集合的四个论域

1. Aczel 集的论域

由于 AFA 等价于一个可达点向图是精确图当且仅当它是强外延的并且 $\equiv_V$ 是一个正则互模拟，而系统映射 π_c：$V_0 \to V_c$ 是 V_0 的强外延商，而系统映射 π：$V \to V_c$ 是单射，所以 V_c 是 $ZFC^- + AFA$ 的模型并且 $V \subseteq V_c$，$V_c \cong V/\equiv_V$，而商 $V/\equiv_V$ 的每个等价类的代表元素构成的域与它具有同样的性质，将这个商 $V/\equiv_V$ 的每个等价类的代表元素构成的域记为

$$A = \{G \in V_0 \mid G \text{ 是强－外延的}\},$$

并称它为 Aczel 论域，称 A 的元素为 Aczel 集。由于 Aczel 证明了任意良基的可达点向图是外延的一定是强外延的。在这个意义上有 $WF \subseteq A$。实际上，A 中比 WF 多出的元素就是那些具有循环性质的集合。

因此，在 A 中，除了良基集合之外，还有一些形如：$\Omega = \{\Omega\}$ 等的非良基集合。它的可达点向图如第二节的图 5。

另外，有序对所确定的方程 $x = \{\{0\}, \{0, x\}\}$ 也是一个非良基集合。它等价于以下由 x，y，z 和 w 四个变元和四个方程组成的方程组：

$$\begin{cases} x = \{y, z\} \\ y = \{w\} \\ z = \{w, x\} \\ w = 0 \end{cases}$$

那么它的一个带装饰的可达点向图如下。

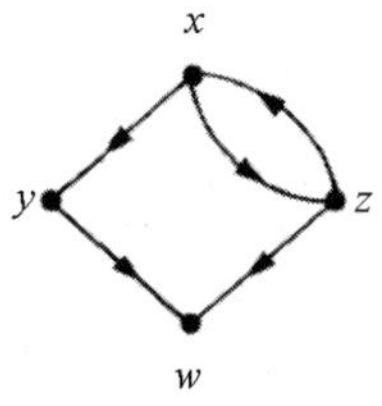

图 9

2. Scott 集的论域

由于 SAFA 等价于一个可达点向图是精确图当且仅当它是$\sim_S$－外延的并且$\cong^t$是一个正则互模拟，所以 ZFC^- + SAFA 的模型是商 $V_0/\cong^t$，而将这个商 $V_0/\cong^t$的每个等价类的代表元素构成的域记为

$$S = \{G \in V_0 \mid G \text{ 是} \sim_S - \text{外延的}\},$$

并称它为 Scott 论域，称 S 的元素为 Scott 集。由于强外延的一定是$\sim_S$－外延的，所以，A $\subseteq$S。实际上，S 中比 A 中多出的那部分元素，就是那些具有互不同构的 t 图的可达点向图。由第二节中的定理 10 可知：图 3 是一个$\cong^t$－外延图但不是强外延图。因此，图 3 在 S 中但不在 A 中。

3. Finsler 集的论域

由于 FAFA 等价于一个可达点向图是精确图当且仅当它是$\sim_F$－外延的并且$\cong^*$是一个正则互模拟，所以 ZFC^- + FAFA 的模型是商 $V_0/\cong^*$。而将这个商 $V_0/\cong^*$的每个等价类的代表元素构成的域记为

$$F = \{G \in V_0 \mid G \text{ 是} \sim_F - \text{外延的}\},$$

并称它为 Finsler 论域，称 F 的元素为 Finsler 集。由于$\sim_S$－外延的一定是$\sim_F$－外延的，所以，S $\subseteq$F。由第二节中的定理 10 可知：图 6 是一个$\sim_F$－外延的但不是$\cong^t$－外延的。实际上，F 中比 S 中多出的那部分元素，就是那些$\sim_F$－外延的但不是$\cong^t$－外延的可达向点向图。

4. Boffa 集的论域

由于 BA_1 等价于一个可达点向图是精确图当且仅当它是外延的，所以 ZFC^- + BA_1的模型 B 满足

$$B = \{G \in V_0 \mid G \text{ 是外延的}\},$$

称它为 Boffa 论域，B 的元素称为 Boffa 集。与全域 A、S 和 F 的情况相反，在 B 中，存在许多不同的集合$\Omega = \{\Omega\}$ 的版本。更一般的结论如下：

命题　在 ZFC^- + BA_1 中，对每个外延图 G，存在一个集合真类是 G 的描述。

（三）集合论域之间的关系[①]

下面的图 10 是冯 · 诺依曼序数 3（ = {∅，{∅}，{∅，{∅}}}）的一个非精确图，图 11 是它的精确图。

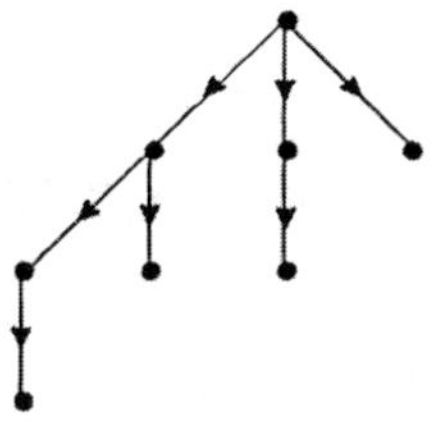

图 10　3 的一个非精确图

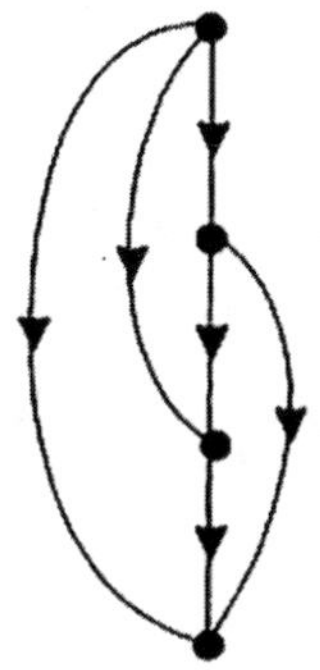

图 11　3 的一个精确图

显然，在同构的意义下，每个集合只有一个精确图。因此，如果我们知道哪个图是精确图，那么我们就知道有什么样的集合。

下面，我们将计算哪些 apg 是精确图。由此确定不同的非良基集合论。

首先，我们应该去掉那些不是外延的图，即：存在两个有相同后继的不同的结点的图，如图 12。

① Adam Rieger, An Argument for Finsler-Aczel Set Theory, Mind, New Series, Vol. 109, No. 434 (Apr., 2000), pp. 241 - 253.

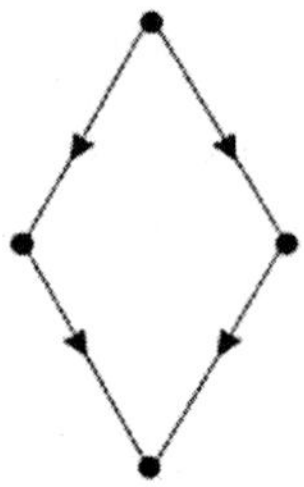

图 12　一个非外延的可达点向图

在图 12 中，顶结点下面的两个结点都只有一个孩子，即底端的结点——因此这两个结点一定被装饰相同的集合（实际上是 {∅}）。因此，这个 apg 不是精确图。

现在考虑图 13。

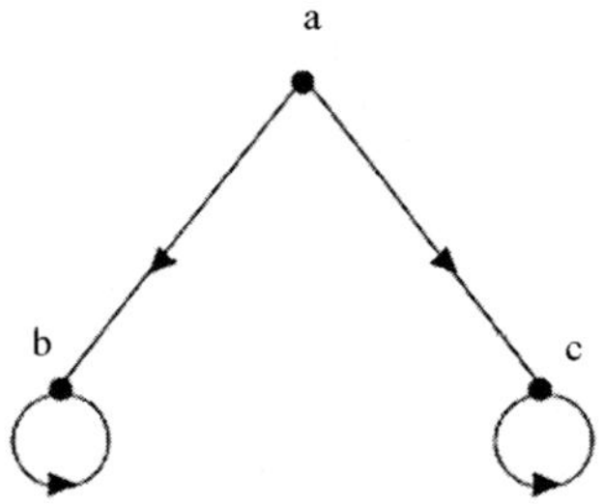

图 13　一个 Boffa 集合的精确图

图 13 是一个外延的 apg，并且它是满足条件 A = {B，C}，B = {B}，C = {C}的集合 A 的图像。B = C？如果 B = C，由外延公理可得：B = C 当且仅当 B = C。因此，外延公理失效。如果 B ≠C，它也没有违反外延公理或 ZFC^- 的其他公理。然而，直觉上 B 应该等于 C。似乎没有任何好的理由能把它们区分开来，也没有任何理由怀疑它们的相等性。集合的外延本质（尽管不是外延公理）似乎要求 B 应该等于 C。根据 Aczal 的非良基集合论，只存在一个集合，称为Ω——它具有性质：它等于它自己的单元集。

如果这种情况成立，那么它排除了 Aczal 考虑的系统之一——基于公理

BAFA（Boffa1969）的系统。因为在这个系统中，任意外延的 apg 都是一个精确图；特别地，图 13 是上面所描述的集合 A 的精确图，这里 B ≠C。

从道义上看，假定非良基集合存在，为了刻画这样一种思想：“对于一个集合来说，你只需要知道它的隶属关系结构，此外不需要知道它的任何东西。”因此，我们需要比外延性公理更强的公理。问题是，这个公理是什么？

其次，有一种方式说“图 13 作为精确图是有问题的”是因为它是非严格的，也就是说，它有一个不平凡的自同构来交换结点 b 和 c。根据它们在图中的作用，这两个结点是不可区分的，所以它们必须用相同的集合来装饰，因此这个图不可能是一个精确图。在我们寻找精确图时，不仅要排除非外延图，而且还要排除非严格的 apg。这就够了吗？我们能说：一个 apg 是一个精确图当且仅当它是外延的和非严格的吗？

考虑下面的图 14。

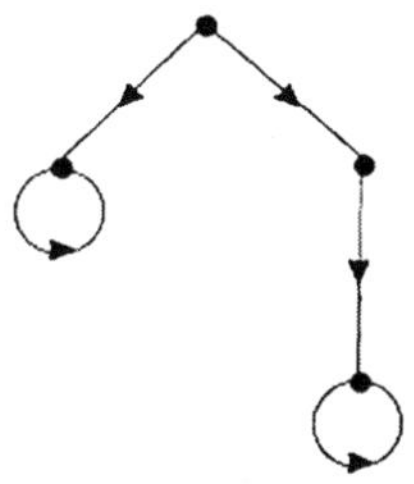

图 14　一个严格的但不是同构外延的可达点向图

这个图是严格的也是外延的，但尽管如此，我们没有要求它是一个精确图。它的每一个底端的结点被一个等于自己的单元素集的集合所装饰，即 Ω。因此，我们必须用比严格性更强的某些性质来确定精确图。

这样的性质就是同构—外延性。给定一个图 G 和 G 的一个结点 a，我们可以按照如下的方式形成可达点向图 Ga：Ga 的结点和边是 G 中从 a 点出发的那些路径上的结点和边，其中 a 是 Ga 的始点。对任意的结点 a，b ∈G，如果 Ga ≅Gb，那么 a = b，称 G 是同构外延的。

同构—外延的意思是：在一个同构—外延图中，不存在两个不同的结点 a 和 b 使得以 a 为始点的子图同构于以 b 为始点的子图。显然，同构—外延性蕴涵严格性，但它是严格强的，正如图 14 显示的那样（考虑底部的结点）。

现在，公理 FAFA 可以陈述如下：一个 apg 是精确图当且仅当

（1）它是外延的；

（2）它是同构 - 外延的。

Finsle-Aczal 集合论是将 FAFA 加在 ZFC^- 上获得的。

1926 年 Finsle 给出的集合论的公理如下：

（1）关系公理。对于任意的集合 M 和 N，是否 $M \in N$ 总是唯一确定的。

（2）等公理。同构的集合是相等的。

（3）完全性公理。在不违反前两条公理的情况下，集合形成一个不能扩张的系统。

外延公理蕴涵了不存在非外延的精确图。另外，集合的外延本质要求精确图是同构—外延的。但是，笔者认为这些是使一个 apg 成为一个精确图的唯一要求。为已有的非良基集合辩护的理由之一是集合理论的论域应该尽可能的丰富；良基性对于一致性来说不是必不可少的，因此假定良基性就意味着丢掉一些有意义的集合。同样的考虑也可以为 Finsle-Aczal 集合论进行辩护：它给出了符合集合外延本质的最丰富的集合的论域。

第三，Aczal 考虑的另一个系统来自于 1960 年 Scott 的工作。给定一个 apg，我们可以将它展开成一棵与这个 apg 描述的相同集合的树。严格地说，如果从一个 apg 的始点到它的所有结点的路径是唯一的，称这个 apg 是一棵树。树是一种特殊的 apg。一个 apg 的展开是把可达点向图的从始点 a_0 开始的有穷路径作为结点，把如下形式路径的有序对作为边

$$(a_0 \to \cdots \to a,\ a_0 \to \cdots \to a \to a')$$

并且把长度为 1 的路径 a_0 作为始点。因此，这种展开总是一棵树。可以用一种明显的方式从一个原始的 apg 的装饰诱导出它的展开的装饰，也就是将指派给树的结点 $a_0 \to \cdots \to a$ 的集合通过原始 apg 的装饰指派给结点 a 的集合。例如，图 11 中冯诺依曼序数 3 的精确图可被展开成图 10 中 3 的树图。

一个 apg 是 Scott 外延的当且仅当它的展开是一棵严格树。Scott 反基础公理 SAFA 可陈述为：一个 apg 是一个精确图当且仅当它是 Scott 外延的，并且将 SAFA 加到 ZFC^- 上就可得到 Scott 集合论。

下面的图 15，显示了 SAFA 和 FAFA 之间的不同。

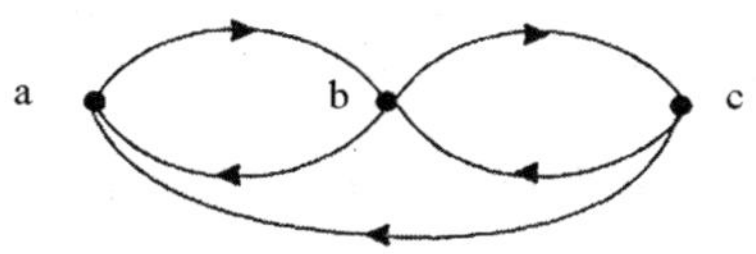

图 15　Scott 外延图

由于所有的结点相互之间都是可通达的，图 6 可以看作始点为 a，b 或者 c 的一个 apg。很容易证明图 15 是外延的；严格的、同构—外延的，因此，根据 FAFA，它是满足 A = ｛B｝，B = ｛A，C｝ 和 C = ｛A，B｝ 的三个不同集合 A、B、C 的每一个的精确图；但是，以 b 和 c 为始点的两个可达点向图的展开是同构树，并因此 SAFA 公理迫使 b 和 c 具有相同的装饰集。因此，在 Scott 集合的论域中没有不同的集合 B 和 C 满足上面给出的隶属关系；这个图是满足 A = ｛B｝ 和 B = ｛A，C｝ 的集合 A、B 的一个非精确图，或者是Ω = ｛Ω｝ 的一个非精确图（当然在 FAFA 的集合论域中，这些也是完美的好装饰，但是在那里我们已经有该图描述三个不同集合的可能性）。尽管在图 8 中，由图的同构—外延性，结点 b 和 c 起不同的作用，但是 SAFA 迫使这两个结点描述相同的集合。这样我们就失去了结构丰富的 FAFA 论域中的一些集合。

最后，我们考虑非良基集合论的主导者：AFA 集合论。AFA 公理由 Aczal 以及 Forti 和 Honsell（1983）独立的发现，并且 1954 年也被 Finsle 预言了用命题"集合 M 和 N 只要可能就是相等的"取代了他的原始公理（2）。Aczal 把这条公理称为 AFA，或者简单地叫作反基础公理。这条公理被陈述为"每个 apg 是一个唯一集合的图"。

再看图 15。存在一个把Ω = ｛Ω｝ 指派给每个结点的装饰；根据 AFA 这个装饰是唯一的。因此在 AFA 的论域中，既没有在 FAFA 中允许的不同的集合 A、B 和 C，也没有在 FAFA 和 SAFA 下都允许的不同集合 A 和 B。因此，在 AFA 下，集合论域的丰富性进一步丧失。这就导致集合论域的进一步缩小。

什么时候两个 apg 必须被视为描述了相同的集合？BAFA 回答道：只需要满足外延公理；AFA 回答道：只要有可能就行；剩下的两个公理给出了中间的答案。在此的另一种方法是这些公理给出了递降的集合论域：Boffa 的论域最大（例如，它包含了满足条件 $x = \{x\}$ 的集合 x 的一个真类）；假定每个 apg 确实描述了某个集合的话，那么 Aczal 的论域最小。

相对于 WF，A，S 和 F 而言，论域 B 是利用外延关系定义出的最大论域。于是，我们有

结论　$WF \subseteq A \subseteq S \subseteq F \subseteq B$。

第三章

反基础公理与 ZFC^- 的相对协调性

由于给定 ZFC 的一个模型，可以扩张成 ZFC^- + AFA 的一个模型，或者，给定 ZFC + A（A：存在原子的集合）的一个模型，也可以扩张成 ZFC^- + A + AFA 的一个模型。因此，本章将采用 Aczel 的方法：1. 利用 ZFC 的布尔值模型 V^B（B 是一个完全的布尔代数）构建 ZFC^- + AFA 的一种模型，在此基础上，构建反基础公理族 $AFA^\sim$ 的模型，并由此得到公理系统：ZFC^- + SAFA 和 ZFC^- + FAFA 的模型。2. 在 V = L 的假设下，利用 ZFC 的可构成模型 L 构建 ZFC^- + AFA 的一种模型，在此基础上，构建反基础公理族 $AFA^\sim$ 的模型，并由此得到公理系统：V = L + ZFC^- + SAFA 和 V = L + ZFC^- + FAFA 的模型。3. 利用 ZFC + A 的含有原子的集合 A 的模型 V（A）构建 ZFC^- + A + AFA 的一种模型，在此基础上，构建反基础公理族 $AFA^\sim$ 的模型，并由此得到公理系统：ZFC^- + A + SAFA 和 ZFC^- + A + FAFA 的模型。

一　反基础公理的一个自然模型

（一）集合论的语言

简单地说，集合论的形式语言是在一个一阶形式语言的基础上增加一些特殊的符号形成的。限于本文的目的，我们规定：用 L_{ZF} 表示集合论的公理系统 ZF 或 ZFC 的形式语言，

定义 1　L_{ZF} 是由下列各类符号组成的集合：

（1）（集合的）个体变项符号：v_0，v_1，…，v_n，…，这里 n 是一个自然数；

（2）（集合的）个体变项符号：w_0，w_1，…，w_n，…，这里 n 是一个自然数；

（3）隶属符号：∈；

（4）等号：=；

（5）逻辑联结词符号：¬，∧，∨，→，↔；

（6）量词符号：∀(所有的)，∃(存在)；

（7）括号和逗号：(，)，,。

定义 2　L_{ZF}的公式如下：

（1）下面任何一种形式表达式都是 L_{ZF} - 公式。

$$(v_n = v_m),\ (v_n = w_m),\ (w_n = v_m),\ (w_n = w_m),$$
$$(v_n \in v_m),\ (v_n \in w_m),\ (w_n \in v_m),\ (w_n \in w_m)。$$

（2）如果φ是一个 L_{ZF} - 公式，那么¬φ也是。

（3）如果φ和ψ是 L_{ZF} - 公式，那么下面的形式表达式也是。

$$(\varphi \wedge \psi),\ (\varphi \vee \psi),\ (\varphi \rightarrow \psi),\ (\varphi \leftrightarrow \psi)。$$

（4）如果φ是 L_{ZF} - 公式，那么（$\forall v_n \varphi$）和（$\exists v_n \varphi$）也都是 L_{ZF} - 公式；

（5）L_{ZF}的所有公式都是用（1）–（4）经有穷步骤得到的。

其中，由（1）形成的公式称作 L_{ZF}的原子公式；由（2）生成的公式叫做否定式；由（3）生成的公式分别叫做合取式、析取式、蕴涵式和等值式；由（4）生成的公式分别叫做全称式和存在式。

注意：L_{ZF}中的变元有两种不同的用法。如果φ是 L_{ZF}的一个公式并且在φ中不包含形如$\forall v_n$或$\exists v_n$的量词，那么称 v_n在φ中的任意出现都是自由的。如果φ形如（$\forall v_n$）ψ或（$\exists v_n$）ψ，那么称 v_n在（$\forall v_n$）ψ或（$\exists v_n$）ψ中的任意出现都是约束的。

一个不包含自由变元的公式称作一个语句。如果φ是 L_{ZF}的一个语句，那么它是一个关于集合的断言。因此，它或者是一个真语句或者是一个假语句。而φ(v_0，…，v_n）表示公式φ中所有的自由变元都出现在 v_0，…，v_n中。令 a_0，…，a_n是一些特殊的集合，φ(a_0，…，a_n）表示在φ中，用 a_i解释了 v_i（$i = 0$，…，n）。

下面是 L_{ZF} - 公式的一些缩写，其中 x，y，z 等表示 L_{ZF}的任意的常元和变元。

（1）$x \subseteq y$ 是 $\forall a\ (a \in x \rightarrow a \in y)$ 的缩写；

（2）$x \in \cup y$ 是 $\exists z \in y\ (x \in z)$ 的缩写；

（3）$x \in A$ 是 $\exists y\ (y \in A \wedge x = y)$ 的缩写；

（4）$x \in \{y, z\}$ 是 $x = y \vee x = z$ 的缩写；

（5）$x \in y \cup z$ 是 $x \in y \vee x \in z$ 的缩写。

上面这些集合论中的基本概念都可以归约到只用一个隶属关系符号∈来定义。实际上，ZFC 集合论中的概念都可以由隶属关系∈定义出。仅仅从使用方便的角度，才引入了大量的缩写符号。这一点类似于在算术中，自然数的表示。在算术中，任何自然数都可以看成数 0 的若干次的后继，如：$1 = 0^+$，$3 = 0^{+++}$，等等。

另外，关于 L_{ZF} 公式的详细讨论可参看文献［1］的第一章以及相关的书籍。

（二）ZFC^- + AFA 的公理

集合论的公理系统 ZFC^- + AFA 是在 ZFC 的基础上去掉基础公理 FA 并增加反基础公理 AFA 得到的。即：

$$ZFC^- + AFA = ZFC - FA + AFA$$

定义 3　令 V 是所有集合的收集，称作集合的论域，定义如下：

$$V = \bigcup_{\alpha \in On} V_\alpha。$$

其中，

$$V_0 = \varnothing;$$

$$V_{\alpha+1} = \wp(V_\alpha);$$

$$V_\alpha = \bigcup_{\beta<\alpha} V_\beta，如果\alpha是一个极限序数。$$

而 V_α（$\alpha \in On$）称为集合的累积层或者称作蔡梅洛层，它们的含义与第二章第三节的定义相同。

ZFC 集合论的公理如下：

1. 外延公理：如果 x 和 y 有相同的元素，那么 $x = y$。

2. 空集公理：存在一个集合 x，对于任意的集合 y，y 都不属于 x。这个集合就是空集合。由外延公理，空集合是唯一的并记作∅。

3. 无序对公理：对于任意的集合 x 和 y，存在着集合 z，它恰有元素 x 与 y。这一集合 z 称为 x 与 y 的无序对集合并记作 $\{x, y\}$。

4. 并集合存在公理：对于任意的集合 x，x 的元素的全体是一个集合。这个集合 y 被称为 x 的并集合，并记作$\cup x$。

5. 幂集存在公理：对于任意的集合 x，x 的子集的全体是一个集合。这个集合 y 被称为 x 的幂集合，并记作 $\wp(x)$。

6. 分离公理模式：对于 L_{ZF} - 公式$\varphi(x)$，如果$\varphi(x)$ 是一个性质，那么对任意的 x 都存在一个集合 $y = \{z \in x \mid \varphi(x)\}$ 包含所有那些 x 中具有性质φ的元素 z。这里的 y 是不在公式$\varphi(z)$ 中自由的。

7. 无穷公理：存在一个无穷集合。

8. 替换公理模式：对于 ZF 形式语言中的任一公式$\varphi(x, y)$ 满足对每个 x 都存在唯一的 y 使$\varphi(x, y)$ 成立，那么对任意的集合 A 都存在集合 B 并满足对每一个 $x \in A$ 存在 $y \in B$ 使得$\varphi(x, y)$ 成立。

9. $V = \bigcup_{\alpha \in On} V_\alpha$

10. 选择公理（AC）：对于任意的集簇 x，都存在一个函数 f 使得对于任意的非空集合

$y \in x$，都有 $f(y) \in y$，称 f 为 x 上的选择函数。

实际上，ZFC 集合论可以概括为下面的集合论：

（1） $V = \cup_{\alpha \in On} V_\alpha$；

（2） 分离公理模式；

（3） 选择公理。

公理 9 等价于第一章第一节给出的基础公理。但是，基础公理还有许多等价的描述。如：

1. $\in$ - 是一个良基关系。

2. 对于任意的非空集合 x，存在一个集合 $y \in x$ 使得 $y \cap x = \varnothing$。

反基础公理有许多等价的描述，为了与上面 ZFC 集合论的公理描述的一致，下面给出的是其中的一种。

反基础公理（AFA）　存在非良基集合。

由前面的公理 1—公理 8 和公理 10，加上 AFA 就是 $ZFC^- + AFA$。

（三） $ZFC^- + AFA$ 的一个自然模型

现在我们考虑 AFA 的相对协调性，这个工作是 Aczel 1988 年完成的。

为此，我们还需要下面的一些结果。

引理 4　对任意的系统 M，关系 $\equiv_M$ 是 M 上的一个等价关系。其中，$a \equiv_M b \Leftrightarrow$ 对于 M 上某一小的互模拟 R，aRb。特别地，$\equiv$ 是 V 上的一个等价关系。

证明　自返性：由于 M 上的恒等关系显然是一个互模拟关系，所以，$\equiv_M$ 是自返的。

对称性：假设 $a \equiv_M b$，即：对某个小的互模拟 R，aRb。令 S 是 R 的逆，于是，

$$ySx \Leftrightarrow xRy。$$

由第一章第三节引理 13 和第二章第一节的定理 7 可得：S 是一个互模拟。而 bSa，所以 aRb。于是，$b \equiv_M a$。所以，$\equiv_M$ 是对称的。

传递性：假设 $a \equiv_M b$ 并且 $b \equiv_M c$。令 R 和 S 是小的互模拟并满足 aRb 并且 bSc。定义 M 上的关系 T 满足下面的条件：

$$xTz \Leftrightarrow \exists y\ (xRy \wedge ySz)。$$

现在只需验证 T 是 M 上的一个互模拟。由第一章第三节引理 13 和第二章第一节的定理 7 可得：T 是一个互模拟。由于 aTc，所以 $a \equiv_M c$。于是，$\equiv_M$ 是传递的。

引理 5　令 M 是任意的系统，对所有的 a，$b \in M$，下面的结论成立：

（1）如果 $ext_M(a) = ext_M(b)$，那么 $a \equiv_M b$。

（2）如果 $Ma \cong Mb$，那么 $a \equiv_M b$。

证明　（1）在 M 上定义 R 为：

$$R = \{(a, b)\} \cup \{(x, x) \mid x \in Ma\}。$$

现在证明 R 是 M 上的一个互模拟。因为 $ext_M(a) = ext_M(b)$ 并且 $\{(x, x) \mid x \in Ma\}$ 是一个互模拟，所以，R 是 M 上的一个互模拟并且 $(a, b) \in R$。因此，$a \equiv_M b$。

（2）因为 $Ma \cong Mb$，设 f 是 Ma 到 Mb 的一个同构映射并且 $f(a) = b$，所以

$$ext_M(a) = ext_M(f(a)) = ext_M(b),$$

那么由（1）可得：$a \equiv_M b$。

引理 5 给出了两个判断 $a \equiv_M b$ 的条件。

定义 6　令 M 是一个系统，对所有的 a，b $\in$M，如果 a $\equiv_M$b，那么 a = b，则称 M 是强外延的。

定理 7　下面的条件是等价的：

（1）每一个图至多有一个装饰。

（2）V 是强外延的。

证明　假设（1）成立。令 a $\equiv_V$ b。由第二章第一节命题 8 可得：a $\equiv$b，所以存在一个顶点为 n 的典范图 G，并且 d_1 和 d_2 是 G 的装饰并满足 d_1（n）= a，d_2（n）= b。由（1），$d_1 = d_2$。因此，a = b。即：（2）成立。

假设（2）成立。令 d_1 和 d_2 是 G 的装饰。如果 x $\in$G，那么 Gx 是 d_1（x）和 d_2（x）的典范图，所以 d_1（x）$\equiv d_2$（x）。因此，由第二章第一节命题 8 可得：d_1（x）$\equiv_V$ d_2（x）。由（2），d_1（x）= d_2（x）。因此，$d_1 = d_2$。即：（1）成立。

引理 8　令 π_1，π_2：M→M′是两个系统映射。

（1）如果 R 是系统 M 上的一个互模拟，那么

$$R' = (\pi_1 \times \pi_2)\ R =_{df} \{(\pi_1 a_1,\ \pi_2 a_2) \mid a_1 R a_2\}$$

是系统 M′上的一个互模拟。

（2）如果 S′是 M′上的一个互模拟，那么

$$S = (\pi_1 \times \pi_2)^{-1} S =_{df} \{(a_1,\ a_2) \in M \times M \mid (\pi_1 a_1)\ S\ (\pi_2 a_2)\}$$

是 M 上的一个互模拟。

证明　（1）因为 $R' = (\pi_1 \times \pi_2)\ R$，令 $b_1 R' b_2$ 并且 $b_1' \in (b_1)_M$。于是，

存在 a_1，a_2 使得 $a_1 R a_2$ 并且 $b_1 = \pi_1 a_1$，$b_2 = \pi_2 a_2$。

因为 $b_1' \in (\pi_1 a_1)_M$，所以存在 $a_1' \in (a_1)_M$ 使得 $b_1' = \pi_1 a_1'$。又因为 R 是 M 上的互模拟，所以，

存在 $a_2' \in (a_2)_M$ 使得 $a_1' R a_2'$。

取 $b_2' = \pi_2 a_2'$，则 $b_1' R' b_2'$ 并且 $b_2' \in (b_2)_M$。由此可得：如果 $b_1 R' b_2$，那么 $\forall b_1' \in (b_1)_M \exists b_2' \in (b_2)_M\ b_1' R' b_2'$。同理可证：如果 $b_1 R' b_2$，那么 $\forall b_2' \in (b_2)_M \exists b_1' \in (b_1)_M\ b_1' R' b_2'$。故，R′是系统 M′上的一个互模拟。

（2）因为 $S' = (\pi_1 \times \pi_2)^{-1} S$，令 $a_1 S' a_2$ 并且 $a_1' \in (a_1)_M$。于是，有 $(\pi_1 a_1)$ S $(\pi_2 a_2)$ 并且 $\pi_1 a_1' \in (\pi_1 a_1)_M$。因为 S 是 M′上的互模拟，所以，

存在 $b_2' \in (\pi_2 a_2)_M$ 使得 $(\pi_1 a_1')\ S b_2'$。

于是，存在某个 $a_2' \in (a_2)_M$ 使得 $b_2' = \pi_2 a_2'$。由此可得：

存在某个 $a_2' \in (a_2)_M$ 使得 $a_1' S' a_2'$。

于是，如果 $a_1 S' a_2$，那么 $\forall a_1' \in (a_1)_M \exists a_2' \in (a_2)_M\ a_1' S' a_2'$。同理可证：

如果 $a_1 S' a_2$，那么 $\forall a_2' \in (a_2)_M \exists a_1' \in (a_1)_M a_1' S' a_2'$。

故，S 是系统 M 上的一个互模拟。

引理 9　令 R 是系统 M 上的一个互模拟等价关系，并且令 π: $M \rightarrow M'$ 是 M 的一个商，则 M′是强外延的当且仅当 R 是关系 $\equiv_M$。

证明　假设 R 是关系 $\equiv_M$。令 $\pi(a) \equiv_M \pi(b)$。证明：$\pi(a) = \pi(b)$。由引理 8（2），$R' = (\pi_1 \times \pi_2)^{-1} R$ 是 M 上满足 aR′b 的一个互模拟。因此 $a \equiv_M b$。但是 π: $C \rightarrow C'$ 是由 $\equiv_M$ 决定的 M 的商（即 R），由此可得：$\pi(a) = \pi(b)$。

反之，假设 M′是强外延的，现在证明：如果 S 是 M 上的一个小的互模拟，并且如果 aSb，那么 aRb，由此可得：R 是 $\equiv_M$。由引理 8（1），$S' = (\pi_1 \times \pi_2)S$ 是 M′上满足 $\pi(a)\ S'\pi(b)$ 的一个互模拟。因此 $\pi(a) \equiv_M \pi(b)$。再由 M′是强外延的可得：$\pi(a) = \pi(b)$。因此，$a = b$。

由引理 9 可以证明下面的结论。

引理 10　每个系统 M 都有一个强外延商。特别地，系统 V_0 有一个强外延商。

证明　取一个 M 上的互模拟等价关系 $\equiv_M$，然后构造一个定义域为 M 的映射 π 使得对所有的 a_1，$a_2 \in M$，

$$\pi(a) = \pi(b) \Leftrightarrow a \equiv_M b。\qquad (*)$$

在 M 是集合的情况下，令新系统 M′的元素为在等价关系 $\equiv_M$ 下的 M 的等价类并且 π 将 M 的每个元素映到它的等价类上。

在 M 是真类的情况下，如果任意的等价类都是一个真类，那么就会出现问题。为了回避这个问题，对于任意的 $a \in M$，通常我们取 a 模 $\equiv_M$ 的“等价类”是集合

$$B = \{ b \in V_\alpha \mid b \in M \wedge a \equiv_M b \},$$

其中 α 是使 $B \neq \varnothing$ 的最小序数。

但是，在缺少基础公理 FA 的情况下，这种方法是不能用的。不过，我们可以采取下面的方法。

对每个 $a \in M$，集合 Ma 与（由选择公理）某个序数一一对应，并且这

个对应可以诱导出图 Ma 和定义域是一个序数的一个相当的图之间的一个同构映射。令 Ta 是定义域是一个序数的所有图的类，并且这些图同构于对某个 $b \in M$ 满足 $a \equiv_M b$ 的 Mb。令

$$\pi(a) = \{G \in V_\alpha \mid G \in Ta\},$$

其中α是使得集合$\pi(a) \neq \varnothing$的最小序数。下面证明：$\pi(a)$ 的定义满足（＊）。

如果 $a_1 \equiv_M a_2$，则 $Ta_1 = Ta_2$，从而$\pi(a_1) = \pi(a_2)$。反之，如果 a_1，$a_2 \in M$ 满足$\pi a_1 = \pi a_2$，则一定存在一个图 G 使得 $G \in Ta_1$并且 $G \in Ta_2$。由于 $G \in Ta_1$，所以存在一个 $a_1' \in M$ 使得 $a_1 \equiv_M a_1'$并且 $G \cong M a_1'$。类似地，由 $G \in Ta_2$，所以存在一个 $a_2' \in M$ 使得 $a_2 \equiv_M a_2'$并且 $G \cong Ma_2'$。因此，$Ma_1' \cong Ma_2'$。由引理 5（2）可得：$a_1' \equiv_M a_2'$。因此，$a_1 \equiv_M a_2$。

定理 11　令 M 是任意的系统，下面的条件等价：

（1）M 是强外延的；

（2）对每个（小）系统 M_0，存在至多一个系统映射π：$M_0 \to M$；

（3）对每个系统 M'，每一个系统映射π：$M \to M'$是一个单射。

证明　（1）⇒（2）。令π_1，π_2：$M_0 \to M$ 是系统映射。由引理 8（1）$R = (\pi_1 \times \pi_2)(=_{M0})$ 是在 M 上的一个互模拟，这里 $=_{M0}$是 M_0上的恒等关系。如果 $m \in M_0$，那么 $(\pi_1 m)\ R\ (\pi_2 m)$，所以，$\pi_1 m \equiv_M \pi_2 m$。由（1），M 是强外延的，所以$\pi_1 m = \pi_2 m$。因此$\pi_1 = \pi_2$。

（2）⇒（1）。（对任意的系统 M_0）令 M_0是这样的一个系统，它的结点是关系 R 中满足 $a \equiv_M b$ 的有序对 (a, b)，并且它的边是所有的 $(a, b) \to (a', b')$，而 $a \to a'$和 $b \to b'$在 M 中。对任意的 a，$b \in M$，定义π_1，π_2：$M_0 \to M$ 满足下面的式子

$$\pi_1(a, b) = a \qquad \pi_2(a, b) = b$$

可以证明：π_1和π_2是系统映射。由（2），$\pi_1 = \pi_2$。所以当 $a \equiv_M b$ 那么 $(a, b) \in M_0$并且

$$a = \pi_1(a, b) = \pi_2(a, b) = b。$$

从而 M 是强外延的，即（1）成立。

（1）⇒（3）。令π：$M \to M'$是一个系统映射。由引理 8（2）$R = (\pi \times \pi)^{-1}(=_{M'})$ 是 M 上的一个互模拟，这里 $=_{M'}$是 M'上的恒等关系。因此，如果

$\pi a = \pi b$，那么 aRb，则 $a \equiv_M b$。因为 M 是强外延的，所以 $a = b$。故π是一个单射，即（3）成立。

（3）⇒（1）。令π：$M \to M'$ 是 M 的一个强外延商。由（3），π一定是一个单射。因此，$M \cong M'$。由 M' 是强外延的，于是 M 也是强外延的。即（1）成立。

注意定理 11 中（2）的局部形式。下面的结论成立：

对每个小系统 M_0，至多存在一个系统映射π：$M_0 \to M \Rightarrow$

对每个系统 M_0，至多存在一个系统映射π：$M_0 \to M$。

事实上，令 M_0 是一个系统映射并且令 π_1，π_2：$M_0 \to M$ 是系统映射。令 $a \in M_0$，那么 $(M_0)_a$ 是一个小系统并且 $\pi_1(M_0)_a = \pi_2(M_0)_a$。特别地，$\pi_1(a) = \pi_2(a)$。但是，$a \in M_0$ 是任意的，所以，$\pi_1 = \pi_2$。

给定一个系统 M，一个图 G 的 M－装饰恰好是一个系统映射π：$G \to M$。因此，特别地，G 的一个 V－装饰仅仅是 G 的一个装饰。在第二章第一节定义 15 中，我们把满足条件：系统 M 的每一个图都有唯一的 M－装饰的系统称作完备的。因此，AFA 断言：V 是一个完备的系统。再由本节的定理 11 可得：每个完备的系统是强外延的。

由于每一个可达点向图都具有形式 Ga，其中 G 是一个图，a 是 G 的一个结点。令 V_0 是由可达点向图的类构成的一个系统，其中只要 G 是一个图并且 $a \to b$ 在 G 中，那么该系统就有边 $Ga \to Gb$。

令 π_c：$V_0 \to V_c$ 是 V_0 的强外延商。

引理 12　对每个系统 M，存在唯一的系统映射π：$M \to V_c$。

证明　如果 $a \in M$，那么 $Ma \in V_0$。定义π：$M \to V_c$ 并满足条件 $\pi(a) = Ma$。显然，π是一个系统映射。那么 $\pi_c \circ \pi$：$M \to V_c$ 是由定理 11 唯一确定的一个系统映射。

推论 13　V_c 是完备的。

给定任意的系统 M，令集合变元遍历 M 的结点，并且谓词符号“∈”由如下的 M 上的关系 $\in_M$ 来解释：对于所有的 a，$b \in M$，

$$a \in_M b \text{ 当且仅当在 M 中，} b \to a。$$

这样我们就得到了集合论语言的一个解释。由上面的推理 13 就可以得到下面的结论。这个结论表明 $ZFC^- + AFA$ 相对于 ZF^- 是协调的。

定理 14 每个完备的系统都是 $ZFC^{-}+AFA$ 的一个模型。

由定理 14 和推论 13 可知：V_c是 $ZFC^{-}+AFA$ 的一个模型。实际上，由引理 12 可知：存在一个唯一的系统映射π：$V \to V_c$使得 V_c是 $ZFC^{-}+AFA$ 的一个模型而 V 又典范嵌入在 V_c中。因此，我们构造的模型 V_c是全域 V 的一种扩张。由此得到下面的结论。

定理 15 如果 V 是 ZFC（或者 ZFCA，这里 A 表示：存在一个原子的集合 A）集合论的一个全域，那么存在 $ZFC^{-}+AFA$（有原子 A 的 $ZFCA^{-}+AFA$）的一个全域 V^* 使得 $V \subset V^*$。

定义 16 令 M 是一个系统，如果对每个集合 $u \subseteq M$，存在唯一的元素 $a \in M$ 使得 $u = ch_M$（a），则称 M 是一个满系统。

引理 17 每个完备的系统都是满系统。

证明 令 M 是一个完备的系统。令 $u \subseteq M$ 是一个集合。令 G_0是一个图，G_0中的结点和边是由 M 中位于从 u 中一个结点出发的路径上的结点和边组成。令图 G 是由在 G_0中加一个新的结点 t 和对每个 $y \in t$ 增加边 $t \to y$ 所得到的图。

因 M 是完备的，则 G 有一个唯一 M－装饰 d。把 d 限制到 G_0的点上，即：$d_0 = d_{G0}$。我们就得到 G_0的一个 M－装饰，即：d_0是 G_0的一个 M－装饰。但显然恒等映射是 G_0 的那个唯一的 M－装饰。所以对任意 $x \in G_0$ 有 d_0（x） ＝x。所以如果令 a＝d（t），那么 $a \in M$ 并且

$$
\begin{aligned}
ch_M(a) &= \{dy \mid t \to x \text{ 在 G 中}\} \\
&= \{x \mid t \to x \text{ 在 G 中}\} \\
&= u。
\end{aligned}
$$

唯一性。假设 $a' \in M$ 并满足 ch_M（a'） ＝u，那么我们可以定义 G 的一个 M－装饰 d'满足

$$d'(t) = a'，\text{并且对所有的 } x \in G_0 \text{ 有 } d'(x) = x。$$

由 d 的唯一性，d＝d'。特别地，

$$a' = d'(t) = d(t) = a。$$

这样我们就证明了存在一个唯一的 $a \in M$ 使得 $u = ch_M$（a）。

定理 18 每个满系统都是 ZFC^{-} 的一个模型。

证明 令 M 是一个满系统。由此可得：对每个集合 $u \subseteq M$，存在一个唯

一的 $a \in M$ 使得 $u = ch_M(a)$。我们将这个唯一的 a 记作 u^M，并用这个记号依次检查 ZFC^- 的每一条公理。

外延公理：令 $a, b \in M$ 并满足

$$M \models \forall x\ (x \in a \leftrightarrow x \in b)。$$

那么 $ch_M(a) = ch_M(b)$。但是 $a = (ch_M(a))^M$ 并且 $b = ch_M(b)^M$，因此，$M \models a = b$。

无序对集公理：令 $a, b \in M$，那么 $\{a, b\} \subseteq M$，所以令 $c = \{a, b\}^M$。显然，$M \models (a \in c \wedge b \in c)$。

并集公理：令 $a \in M$。那么 $x = \cup\{ch_M(y) \mid y \in ch_M(a)\}$ 是 M 的一个子集，所以令 $c = x^M \in M$，那么 $M \models \forall y \in a\ \forall z \in y\ (z \in c)$。

幂集公理：令 $a \in M$，那么 $x = \{y^M \mid y \subseteq ch_M(a)\}$ 是 M 的一个子集，所以，令 $c = x^M$，那么

$$M \models \forall x\ (\forall z \in x\ (z \in a) \rightarrow (x \in c))。$$

无穷公理：对于 $n = 0, 1, \cdots$，令

$$\Delta_0 = \varnothing^M,$$

$$\Delta_{n+1} = (ch_M(\Delta_n) \cup \{\Delta_n\})^M$$

那么，对所有的自然数 n，$\Delta_n \in M$，所以

$$\Delta_\omega = \{\Delta_n \mid n = 0, 1, 2, \cdots\}^M \in M。$$

显然，

$$M \models (\Delta_0 \in \Delta_\omega \wedge \forall x \in \Delta_\omega \exists y \in \Delta_\omega (x \in y))。$$

分离公理：令 $a \in M$ 并且令 $\varphi(x)$ 是一个公式，该公式中至多 x 是自由出现，且可能包含 M 元素的常元。那么，集合

$$c = \{b \in ch_M(a) \mid M \models \varphi(b/x)\}^M,$$

由是

$$M \models \forall x\ (x \in c \leftrightarrow x \in a \wedge \varphi(x))。$$

收集公理：令 $a \in M$ 并且令 $\varphi(x, y)$ 是一个公式，该公式中至多 x 和 y 是自由出现并且可能包含 M 元素的常元。假定

$$M \models \forall x \in a\ \exists y\ \varphi(x, y)。$$

那么

$$\forall x \in ch_M(a)\ \exists y \in b\ (y \in M \wedge M \models \varphi(x, y))。$$

由收集公理模式，存在一个集合 b 满足

$$\forall x \in ch_M(a)\ \exists y \in b\ (y \in M \wedge M \models \varphi(x, y))。$$

由于 $b \cap M$ 是 M 的一个子集，令 $c = (b \cap M)^M$，那么

$$M \models \forall x \in a\ \exists y \in c\ \varphi(x, y)。$$

选择公理：令 $a \in M$ 满足

$$M \models \forall x \in a\ \exists y\ (y \in x)$$

和

$$M \models (\forall x_1, x_2 \in a)\ (\exists y\ (y \in x_1 \wedge y \in x_2 \rightarrow x_1 = x_2)),$$

那么

$$\forall x \in ch_M(a)\ (ch_M(x) \neq \varnothing),$$

并且对于所有的 $x_1, x_2 \in ch_M(a)$，

$$ch_M(x_1) \cap ch_M(x_2) \neq \varnothing \Rightarrow x_1 = x_2。$$

因此，$\{ch_M(x) \mid x \in ch_M(a)\}$ 是一个非空的、两两不相交的集合。因此，由选择公理可得：存在一个集合 b 使得对每个 $x \in ch_M(a)$，集合 $b \cap ch_M(x)$ 有唯一的元素 $c_x \in M$。那么 $c = \{c_x \mid x \in ch_M(a)\}^M$ 满足下式：

$$M \models \forall x \in a\ \exists y \in x\ \forall u \in x\ (u \in c \leftrightarrow u = y)。$$

由引理 17 和定理 18 可得：每个完备的系统都是 ZFC^- 的模型。

定理 19　每个完备的系统都是 AFA 的一个模型。

证明　令 M 是一个完备的系统，对 $a, b \in M$，定义 a 和 b 的“M－有序对”$(a, b)^{(M)}$ 如下：

$$(a, b)^{(M)} = \{\{a\}^M, \{a, b\}^M\}^M。$$

因此，在 M 中，$(a, b)^{(M)}$ 具有 a 和 b 的通常有序对的标准集合论结构。

现在，我们把一个图表示为由一个集合和该集合上的一个二元关系组成的一个有序对。因此，对 $c \in M$，

$$M \models “c 是一个图”$$

当且仅当存在 $a, b \in M$ 使得 $c = (a, b)^{(M)}$ 并且

$$M \models “b 是 a 上的一个二元关系”。即：$$

$$ch_M(b) \subseteq \{(x, y)^{(M)} \mid x, y \in ch_M(a)\}。$$

因此，如果 $c \in M$ 满足 $M \models$ “c 是一个图”，我们可以定义一个图 G：取 a，b

同上，G 的结点为 ch_M（a）中的元素，边是满足（x，y）$^{(M)}$ $\in ch_M$（b）的有序对（x，y）。由于 M 是完备的，则 G 有唯一的 M－装饰 d。那么 d：ch_M（a）→M 并且对所有的 $x\in ch_M$（a），

$$dx=\{dy\mid (x,y)^{(M)}\in ch_M(b)\}。$$

令

$$f=\{(x,d(x))_M\mid x\in ch_M(a)\}^M,$$

则 $f\in M$，并且容易验证

$$M\models\text{“f 是图 G 的唯一装饰”}。$$

由引理 17、定理 18 和定理 19 可得：每个完备的系统都是 ZFC^-+AFA 的一个模型。

（四）$ZFC^-+AFA^\sim$ 的一个模型

定义 20　令 M 是一个系统，如果它是 ~－外延的并且每一个外延图都有一个 M－装饰，则称 M 是一个 ~－完备系统。

令 $V_0^\sim$ 是 V_0 的子系统，它由 ~－外延的可达点向图和这些可达点向图之间所有 V_0 的边组成。令 $V_c^\sim$ 是一个 ~－外延系统，对于这一系统存在一个满射的系统映射 $\pi^\sim$：$V_0^\sim\rightarrow V_c^\sim$ 使得对于所有的 ~－外延的可达点向图 Ga 和 G′a′，

$$Ga\sim G'a'\Leftrightarrow\pi(Ga)=\pi(G'a')。$$

如下引理为我们保证了 $V_c^\sim$ 和 $\pi^\sim$ 的存在。

引理 21　对于每个系统 M 都存在一个系统 M′和一个满射的系统映射 π：M→M′使得对于 x，$x'\in M$，

$$Mx\sim Mx'\Leftrightarrow\pi x=\pi x'。$$

而且，对所有 $x\in M$，如果 Mx 是 ~－外延的，那么 M′是 ~－外延的。

证明　该引理第一部分的证明与引理 10 的证明一样。对于第二部分，由于对于每个 $a\in M$，π 到 Ma 的限制是一个满射的系统映射

$$Ma\rightarrow M'(\pi a)。$$

现在假定 x，$y\in Ma$ 并且 $\pi x=\pi y$。那么 $Mx\sim My$，因此由 Ma 的 ~－外延性可以得出 $x=y$。因此 $\pi\upharpoonright Ma$ 是一个同构 $Ma\cong M'(\pi a)$ 使得 $Ma\sim(\pi a)$。

现在我们可以证明 M′是 ~－外延的。由于 π：M→M′是满射的，只需

证明

$$M'(\pi a) \sim M'(\pi b) \Rightarrow \pi a = \pi b。$$

但是假定 $M'(\pi a) \sim M'(\pi b)$ 我们从上面可得：

$$Ma \sim M'(\pi a) \sim M'(\pi b) \sim Mb。$$

由此可得：$Ma \sim Mb$，所以 $\pi a = \pi b$。

把这一引理应用到 $M = V_0^{\sim}$ 时，如果 $x = Ga \in M$，那么 $Mx \cong Ga$。因此，$Mx \sim Ga$。由于 Ga 是 ~ -外延的，所以 Mx 也是 ~ -外延的。

命题 22　如果 M 是 ~ -外延的，那么对于任意的系统 M_0 至多存在一个单射的系统映射 $M_0 \to M$。

命题 23　对于每个 ~ -外延的系统 M，存在唯一的单射的系统映射 $M \to V_c^{\sim}$。

证明　由命题 22，单射的系统映射的唯一性从 $V_c^{\sim}$ 是 ~ -外延的可以得出。因此，现在只需证明系统映射 $M \to V_c^{\sim}$ 的存在性，其中 M 是 ~ -外延的。显然，$\pi_M: M \to V_0^{\sim}$ 是一个系统映射，其中，对于 $a \in M$，$\pi_M a = Ma$。因此通过复合 $\pi^{\sim}: V_0 \sim \to V_c^{\sim}$，我们得到系统映射 $\pi^{\sim} \circ \pi_M: M \to V_c^{\sim}$。现在只剩下证明这个映射是单射的。令 $x, y \in M$ 满足 $\pi^{\sim}(Mx) = \pi^{\sim}(My)$，那么 $Mx \sim My$，因此，由于 M 是 ~ -外延的可得：$x = y$。

推论 24　$V_c^{\sim}$ 是 ~ -完备的。

证明　由于 $V_c^{\sim}$ 是 ~ -外延的，所以只需考虑小系统 M 即可。

引理 25　每个 ~ -完备的系统都是满系统。

证明　令 $x \subseteq M$ 是一个集合，其中 M 是一个 ~ -完备的系统。与引理 17 的证明一样，我们可以构造一个图 G_0：结点和边都在 M 中，而且它们都位于从 x 中一个结点开始的路径上。同样，对于每一个 $y \in x$，为 G_0 添加一个新的结点 * 和一些新的边 (*, y)，令这样得到的图为 C。如果 G 是 ~ -外延的，那么通过取 G 的唯一的 M -装饰，我们可以像以前那样论证。但是如果 G 不是 ~ -外延的，那么就像 G_0 那样，一定有某个 $a \in G_0$ 使得 $G* \sim Ga$ 成立。由于 ~ 是一个互模拟，所以

$$\forall y \in *_G \exists a' \in a_G\, Gy \sim Ga' \wedge \forall a' \in a_G \exists y \in *_G\, Gy \sim Ga'。$$

但是 $*_G = x$ 并且 $a \in M$ 有 $a_G = a_M$。同时，对于 $y \in x$ 有 $Gy = My$，对于 $a' \in a_G$ 有

$Ga' = Ma'$。由此

$$\forall y \in x\, \exists a' \in a_M\, My \sim Ma' \wedge \forall a' \in a_M\, \exists y \in x\, My \sim Ma'。$$

因此，由 M 是 ~ －外延的可得：$x = a_M$。

a 的唯一性是如下事实的一个推论：M 是 ~ －外延的，因此是外延的。

现在，我们推广 AFA。为了推广 AFA，我们必须假设在集合论语言中给定了正则互模拟 ~ 的定义。因此我们假设给定了一个不带任何参数的公式 ϕ（x，y）在 V 中定义了 ~，其中自由变元至多为 x，y。这意味着对于所有的可达点向图 c 和 d，

$$c \sim d \Leftrightarrow V \models \varphi(c, d)。$$

我们还将假设 ϕ（x，y）是固定的，并把它作为 ~ 的定义。使用 ~ 的定义我们可以构造一个句子来表达 V 是 ~ －完备的。我们称这样的句子为 $AFA^{\sim}$。我们对 AFA 的推广正是这一句子。特别地，当 ~ 是 $\equiv_{V0}$ 时，

$$AFA^{\sim} \Leftrightarrow AFA。$$

命题 26　$AFA^{\sim}$ 等价于：一个可达点向图是一个精确图当且仅当它是 ~ －外延的。

证明　只需证一下两个命题：

1. 每个 ~ －外延图都有一个单射的装饰当且仅当每一个 ~ －外延图都是精确图。

2. V 是 ~ －外延的当且仅当每一个精确图都是 ~ －外延的。

1 的证明：假定每个 ~ －外延图都有一个单射的装饰成立，根据精确图的定义，立即得出每个 ~ －外延的可达点向图是一个精确图。反之，同理可证。

2 的证明：假定 V 是 ~ －外延的成立，我们可以在全域 V 上任取一点 x，则 Vx 为集合 x 的典范图。因为全域 V 是 ~ －外延的，则 Vx 也是 ~ －外延的，根据精确图的定义，显然精确图同构于典范图，从而每一个精确图是 ~ －外延的。反之，同理可证。

由 1 和 2 可得命题 26。

下面的结论是定理 14 的推广，即：每一个完备系统都是 $ZFC^- + AFA$ 的一个满模型。为此，我们假设 ~ 的定义对满系统来说是绝对的，即：令 M 是一个满系统，并令 $\sim_M$ 是 M 上的关系。也就是说，~ 的定义 ϕ（x，y）在

M 中，或者说，对任意的 c，d $\in$M

$$c \sim_M d \Leftrightarrow M \vDash \varphi(c, d)。$$

对每个 c $\in$M 使得 M$\vDash$“c 是一个可达点向图”有一种自然的方式从它得到一个可达点向图（见下面），并称这个结果为 ext_M（c）。公式 ϕ（x，y）对 M 来说是一个绝对的公式仅当对于所有的 c，d $\in$M 满足 M$\vDash$“c，d 都是可达点向图”

$$c \sim_M d \Leftrightarrow ext_M(c) \sim ext_M(d)。$$

我们来看 ext_M（c）的定义。这里，一个点向图被表示成一个三元有序组（（a，b），u），这里 a 是一个集合，b 是 a 上的一个二元关系，而 u 是 a 的一个元素。因此，如果 c $\in$M，那么 M$\vDash$“c 是一个点向图”当且仅当对满足 $b_M \subseteq \{(x, y)^{(M)} \mid x, y \in a_M\}$ 的某些（唯一确定的）a，b，u $\in$M，$c = ((a, b)^{(M)}, u)^{(M)}$成立，并且 u $\in a_M$。由于这样的 c 在 M 中，我们可以把它和点向图

$$((a_M, \{(x, y) \mid (x, y)^{(M)} \in b_M\}), u)$$

联系起来，并称这个图为 ext_M（c）。

定理 27　令 ~ 是一个正则互模拟，其定义对满系统来说是绝对的。那么每一个 ~ - 完备系统 M 都是 $ZFC^- + AFA^{\sim}$ 的一个满模型。

证明　类似于定理 14 的证明，详细证明略。

二　基于 V^B的一个模型

集合论的公理系统 ZFC 的布尔值模型 V^B（B 是一个完全的布尔代数）是 Scott 1967 年构造的。① 这个模型的最大特点是：（1）它使带有等词的一阶谓词演算的所有公理和推理规则在 V^B（B 是一个完全的布尔代数）中都是真的；（2）它满足选择公理 AC；（3）它包含在 V 中，即：$V^B \subseteq V$。本节，在 V^B的基础上，采用 Aczel 的方法，建立非良基集合论系统 $ZFC^- + AFA$ 的一个模型和反基础公理族 $AFA^{\sim}$ 的一个模型，并由此得到公理系统：$ZFC^- +$ SAFA 和 $ZFC^- +$ FAFA 的一个模型，从而说明反基础公理 AFA、SAFA 和

---

① J. L. Bell, *Boolean-valued Models and Independence Proofs in Set Theory*. Oxford University Press, 1977.

FAFA 相对于集合论公理系统 ZFC^- 的协调性。

（一）布尔值模型 V^B

定义 1　令 B 是一个完全的布尔代数。（集合论语言 L_{ZF}）一个布尔值模型 M =（U，I，E）是由一个布尔全域 U 和两个 U 上的二元函数（其值在 B 中）I 和 E 组成的。令

$I(x, y) = \| x = y \|$　　并且　　$E(x, y) = \| x \in y \|$

（即：= 和∈的布尔值）并且假设 I 和 E 满足下面的条件：

（1）$\| x = x \| = 1$；

（2）$\| x = y \| = \| y = x \|$；

（3）$\| x = y \| \cdot \| y = z \| \leq \| x = z \|$；

（4）$\| v = x \| \cdot \| x \in y \| \leq \| v \in y \|$；

（5）$\| x \in y \| \cdot \| y = w \| \leq \| x \in w \|$。

定义 2　对于集合论语言 L_{ZF} 的每个公式 $\varphi(x_1, \cdots, x_n)$，定义 $\varphi(x_1, \cdots, x_n)$ 的布尔值

$$\| \varphi(a_1, \cdots, a_n) \| \qquad (a_1, \cdots, a_n \in U)$$

如下：

（1）如果 φ 是原子公式，则

$\| a_1 = a_n \| = I(a_1, a_n)$，　　$\| a_1 \in a_n \| = E(x, y)$。

（2）如果 φ 是否定式、合取式、析取式、蕴涵式、等值式，则

$\| \neg\psi(a_1, \cdots, a_n) \| = -\| \psi(a_1, \cdots, a_n) \|$，

$\| (\psi \wedge \chi)(a_1, \cdots, a_n) \| = \| \psi(a_1, \cdots, a_n) \| \cdot \| \chi(a_1, \cdots, a_n) \|$，

$\| (\psi \vee \chi)(a_1, \cdots, a_n) \| = \| \psi(a_1, \cdots, a_n) \| + \| \chi(a_1, \cdots, a_n) \|$，

$\| (\psi \rightarrow \chi)(a_1, \cdots, a_n) \| = \| (\neg\psi \vee \chi)(a_1, \cdots, a_n) \|$，

$\| (\psi \leftrightarrow \chi)(a_1, \cdots, a_n) \| = \| ((\psi \rightarrow \chi) \wedge (\chi \rightarrow \psi))(a_1, \cdots, a_n) \|$。

（3）如果 φ 是存在式或者全称式，则

$$\| \exists x\, \psi(x, a_1, \cdots, a_n) \| = \sum_{a \in U} \| \psi(a, a_1, \cdots, a_n) \|,$$

$$\| \forall x\, \psi(x, a_1, \cdots, a_n) \| = \prod_{a \in U} \| \psi(a, a_1, \cdots, a_n) \|。$$

定义 3 如果 $\| \varphi(a_1, \cdots, a_n) \| = 1$，则称 $\varphi(a_1, \cdots, a_n)$（在 M 中）有效或者称 $\varphi(a_1, \cdots, a_n)$（在 M 中）真。一条推演规则（在 M 中）有效，如果它保持 M 中公式的有效性。即：如果推演规则的前提在 M 中有效，则结论在 M 中也有效。

定义 4 令 B 是一个完全的布尔代数，并且令

$V_0^B = \varnothing$；

$V_\alpha^B = \cup\{V_\alpha^B \mid \beta<\alpha\}$，如果 α 是一个极限序数；

$V_{\alpha+1}^B = \{x \mid \mathrm{Fun}(x) \wedge \mathrm{dom}(x) \subseteq V_\alpha^B \wedge \mathrm{Ran}(x) \subseteq B\}$；

$V^B = \cup\{V_\alpha^B \mid \alpha \in \mathrm{On}\}$。

我们称 V^B 为 B—值集合的全域。

定义 5 对于语言 L_{ZF} 的每个公式 $\varphi(x_1, \cdots, x_n)$，定义 $\varphi(x_1, \cdots, x_n)$ 的布尔值

$$\| \varphi(a_1, \cdots, a_n) \| \qquad (a_1, \cdots, a_n \in V^B)$$

如下：

（1）如果 $\varphi(x_1, \cdots, x_n)$ 是原子公式 $x \in y$ 和 $x = y$，则

$$\| x \in y \| = \sum_{t \in dom(y)} (y(t) \cdot \| x = t \|),$$

$$\| x = y \| = \prod_{t \in dom(x)} (x(t) \Rightarrow \| t \in y \|) \cdot \prod_{s \in dom(y)} (y(s) \Rightarrow \| s \in x \|);$$

（2）如果 $\varphi(x_1, \cdots, x_n)$ 是否定式、合取式，等等，则

$$\| \neg\psi \| = -\| \psi \|, \quad \| \psi \wedge \chi \| = \| \psi \| \cdot \| \chi \|,$$

$$\| \psi \vee \chi \| = \| \psi \| + \| \chi \|, \quad \| \psi \to \chi \| = \| \neg\psi \vee \chi \|,$$

$$\| \psi \leftrightarrow \chi \| = \| (\psi \to \chi) \wedge (\chi \to \psi) \|;$$

（3）如果 $\varphi(x_1, \cdots, x_n)$ 是存在式或者全称式，则

$$\| \exists x\, \psi(x) \| = \sum_{x \in V^B} \| \psi(x, x_1, \cdots, x_n) \|,$$

$$\| \forall x\, \psi(x) \| = \prod_{x \in V^B} \| \psi(x, x_1, \cdots, x_n) \|。$$

定理 6 令 B 是一个完全的布尔代数。模型 $M = (V^B, I, E)$ 是一个

布尔值模型。其中

$$I(x, y) = \| x = y \| = \sum_{t \in dom(y)} (y(t) \cdot \| x = t \|),$$

并且

$$E(x, y) = \| x \in y \| = \prod_{t \in dom(x)} (x(t) \Rightarrow \| t \in y \|) \cdot \prod_{s \in dom(y)} (y(s) \Rightarrow \| s \in x \|)。$$

证明　参看文献［1］的第四章第一节（三）。

定义 7　如果一个 B—句子σ满足 $\| \sigma \| = 1$，则称σ在 V^B 中真，并记作 $V^B \models \sigma$；如果一个 B—公式的全称闭包 V^B 在中真，则称该 B—公式在 V^B 中真。

定理 8（Scott，1967）　ZFC 的所有公理在 V^B（B 是一个完全的布尔代数）中都真。因此，ZFC 的所有定理在 V^B 中也都真。即：

$$V^B \models ZFC。$$

（二）基于 V^B 的 $ZFC^- + AFA$ 的模型

定义 9　一个布尔图（G，→）是一个可达点向图，其中 G 和→都是由布尔值函数组成的类，即：$G \subseteq V^B$ 并且 $\rightarrow \subseteq V^B$，称 G 是布尔图（G，→）结点的集合，→为 G 上的一个二元关系，并称它为布尔图（G，→）的边集。特别地，如果 $x, y \in G$，边关系 $x \rightarrow y$ 当且仅当 $y \in x$。

定义 10　一个布尔典范图 G 是一个有序的三元组（G，→，a），简记作 Ga，其中 G 和→满足定义 1 中的条件，$a \in G$ 是一个特殊的点，称为布尔典范图 G 的顶点，并满足对 G 中的每一个点，都有一条从顶点 a 出发的路经过它。

定义 11　一个布尔典范图 G 的一个装饰是一个映射 d：$G \rightarrow V^B$ 并且满足对于任意的 $b \in G$，都有

$$d(b) = \{d(c) \mid b \rightarrow c\}。$$

定理 12　（AFA）　每一个布尔典范图都有唯一的装饰。

证明　因为每一个布尔典范图都是一个可达点向图，由 AFA 可得：每一个布尔典范图的可达点向图都有唯一的装饰。

定义 13　一个布尔系统 C 也是由一个结点的类和一个边的类组成的，这些边是结点的有序对。即：C 是一个有序对（C，R），其中 $C \subseteq V^B$ 是一个

结点的类并且 R 是 C 中结点的有序对组成的边的类。有时也常用 C 表示系统。如果（a，b）是 C 的一个边，那么记作 a→b。一个系统 C 需要满足条件：对每一个结点 a ∈C，a 的所有子结点（孩子）组成的类

$$a_C = \{b \in C \mid a \to b\}$$

是一个集合。

显然，一个布尔典范图就是一个小的布尔系统。当 b ∈a ∈V^B时，记作 a→b。从而（V^B，→）是一个大的布尔系统。

由于每一个布尔典范图都具有形式 Ga，其中 G 是布尔图，a 是 G 的顶点。因此，令 $V_0{}^B$是所有布尔典范图组成的类，当 a→b 是 G 中的一条边时，就刻画出 $V_0{}^B$中的一条边 Ga→Gb，这样 $V_0{}^B$也形成一个布尔系统。

一个布尔典范图的装饰的概念也可以扩展到系统中。特别地，我们有

定理 14（假定 AFA）　每一个布尔系统都有唯一的装饰。

证明　令 C 是一个布尔系统。对于每一个 a ∈C，我们把它和一个如下构造的布尔典范图 Ca 联系起来。Ca 的结点和边是 C 中满足如下条件的结点和边：

1. 它们都位于 C 中从结点 a 出发的路径上，Ca 的始点就是结点 a 本身。

2. Ca 的结点构成一个集合。事实上，令 $X_0 = \{a\}$，并且对于每一个自然数 n，令

$$X_{n+1} = \cup\{x_C \mid x \in X_n\}$$

因为对所有的 x ∈C 来说，x_C是一个集合，所以每一个 X_n也是一个集合，这个集合由 C 中那些从结点 a 开始的、长度为 n 的路径的终点组成。因此，Ca 的结点构成集合$\cup_n X_n$。

由反基础公理 AFA，每一个可达点向图 Ca 都有唯一的装饰 d_a，因此，Ca 将是集合 $d_a a$ 的图像。对于每一个 a ∈C，令 $da = d_a a$。我们将证明 d 是 C 唯一的装饰。首先，我们注意到，如果 a→x 在 C 中，那么 Cx 的每一个结点也是 Ca 的结点，并且 da 到 Cx 的限制将是 Cx 的一个装饰，同时也等于 Cx 的那个唯一的装饰 dx。所以，如果 a→x 在 C 中，那么 $d_a x = d_x x = dx$。所以，对于每一个 a ∈C，

$$\begin{aligned} da &= d_a a \\ &= \{d_a x \mid Ca \text{ 中的 } a \to x\} \end{aligned}$$

$= \{dx \mid C$ 中的 $a \to x\}$。

因此，d 是 C 的一个装饰。为了证明这一装饰的唯一性，只需注意：$d_a x = dx$。因为每当受限，因此一定扩张了 da 的时候，C 的任意装饰一定都是每一个 Ca 的装饰，所以它一定是 d 本身。

定义 15　对于任意的集合 a，$b \in V^B$，令

$a \equiv^B b$，当且仅当，存在一个可达点向图 G 是 a 和 b 的布尔典范图。

显然，$\equiv^B$ 是 V^B 上的一个二元关系。为了本节以后书写方便，将 $\equiv^B$ 简记作 $\equiv$。

定义 16　令 C 是一个布尔系统，R 是 C 上的一个二元关系，如果 $R \subseteq R^+$ 并且 R^+ 满足：对任意 a，$b \in C$，

$$aR^+b \Leftrightarrow \forall x \in a_C \exists y \in b_C xRy \wedge \forall y \in b_C \exists x \in a_C xRy,$$

则称 R 是 C 上的一个互模拟。

显然，如果 $R_0 \subseteq R_1$，那么 $R_0{}^+ \subseteq R_1{}^+$，即：运算（ ）$^+$ 是单调的。

命题 17　关系 $\equiv$ 是 V^B 上的一个互模拟。

证明　假设 $a \equiv b$。由定义 15，存在一个顶点为 m 的布尔典范图 G 并且 d_1 和 d_2 是 G 的满足 $d_1(m) = a$ 并且 $d_2(m) = b$ 的两个装饰。令 $x \in a$。由于 d_1 是一个装饰，

$$x \in \{d_1(n) \mid m \to n\},$$

所以，存在某个 $n \in m_G$ 使得 $x = d_1(n)$。令 $y = d_2(n)$。因此 $y \in b$。实际上，刻画 x 和 y 的布尔典范图恰好是 Gn，G 对所有结点的限制都位于从 n 开始的某条路径上。（从这个图产生的 x 和 y 的装饰分别是 d_1 和 d_2 对 Gn 的限制。）

通常，一个布尔系统 C 也有许多互模拟，并且这些互模拟中也一定有一个极大互模拟。

定义 18　令 C 是一个布尔系统 C 并且 R 是 C 上的一个关系，如果 R 是一个集合，则称 R 是小的。定义

$a \equiv_C b$ 当且仅当存在 C 上的某一个小的互模拟 R 使得 aRb。

并称 $\equiv_C$ 是布尔系统 C 上的一个极大互模拟。有时也简称极大互模拟。

命题 19　$\equiv_V{}^B$ 是 V^B 上的唯一的极大互模拟。即：

（1）$\equiv_V{}^B$ 是 V^B 上的一个互模拟；

（2）如果 R 是 V^B 上任意的互模拟，那么对于任意的 a，$b \in V^B$，

$$aRb \Rightarrow a \equiv_V{}^B b。$$

证明 (1) 令 $a \equiv_V{}^B b$，那么对 V^B 上的某个小的互模拟 R，aRb 成立。由$\equiv_V{}^B$的定义可得：

$$xRy \Rightarrow x \equiv_V{}^B y \text{（对于任意的 } x,\ y \in V^B\text{）。}$$

再由（ ）$^+$ 的单调性可得：

$$xR^+y \Rightarrow x \equiv_V{}^{B+} y \text{（对于任意的 } x,\ y \in V^B\text{）。}$$

但 R 是一个互模拟，所以 $R \subseteq R^+$。特别地，有 aR^+b。因此可得：$a \equiv_V{}^{B+} b$。于是，$\equiv_V{}^B \subseteq \equiv_V{}^{B+}$。

(2) 令 R 是 V^B 上的一个互模拟，并且令 aRb，现在证明：$a \equiv_V{}^B b$ 成立。令

$$R_0 = R \cap (V^B a \times V^B b),$$

不难验证：R_0是 V^B 上满足 aR_0b 的一个互模拟。但 R_0是小的，由$\equiv_V{}^B$的定义可得：$a \equiv_V{}^B b$。

$\equiv_C$具有的一些基本性质。

命题 20 对于任意的 a，$b \in V^B$，$a \equiv b \Leftrightarrow a \equiv_V{}^B b$。

证明 由命题 19，$\equiv_V{}^B$是 V^B 上的极大互模拟。因此从左到右的蕴涵成立。反之，假设 $a \equiv_V{}^B b$。对 V^B上的某个小的互模拟 R 并满足 aRb。定义一个新的布尔系统 C_0如下：C_0的结点是 R 的元素，即：有序对（a，b）满足 aRb。C_0的边被定义为

$$(a,\ b) \to (x,\ y) \text{ 在 } C_0 \text{ 中} \quad \Leftrightarrow \quad x \in a \wedge y \in b。$$

现在，在 C_0上定义 d_1和 d_2满足：

$$d_1(a,\ b) = a \text{ 和 } d_2(a,\ b) = b。$$

那么容易看出 d_1和 d_2是 C_0的两个装饰。但是，$(a,\ b) \in C_0$，所以，布尔典范图 C_0（a，b）既是 a 的布尔图也是 b 的布尔图。因此，由定义，$a \equiv b$。

命题 21 对于系统 V^B，关系$\equiv_V{}^B$是 V^B上的一个等价关系并且对于所有 a，$b \in V^B$，

$$a \equiv_V{}^{B+} b \Leftrightarrow a \equiv_V{}^B b。$$

证明 自返性：因为 V^B上的恒等关系（恒等映射）是一个互模拟，所以，$\equiv_V{}^B$是自返的。

对称性：假设 $a \equiv_V{}^B b$。因此，对某个小的互模拟 R，aRb。令 S 是 R 的逆，即：

$$ySx \Leftrightarrow xRy。$$

显然 S 是一个互模拟。由 bSa 可得：$b \equiv_V{}^B a$。

传递性：假设 $a \equiv_V{}^B b$ 并且 $b \equiv_V{}^B c$。令 R 和 S 是分别满足 aRb 和 bSc 的 V^B 上的小的互模拟。定义 V^B 上的关系 T 如下：

$$xTz \Leftrightarrow \exists y\ (xRy \wedge ySz)。$$

不难验证：T 是 V^B 上的一个互模拟。由 aTc 可得：$a \equiv_V{}^B b$。

因为 $\equiv_V{}^B$ 是一个等价关系并且 $\equiv_V{}^B$ 是一个互模拟，因此，从右到左的蕴涵成立。由算子（ ）$^+$ 是单调的可知：$\equiv_V{}^{B+}$ 也是一个互模拟。由命题 19 可知：$\equiv_V{}^B$ 是一个极大互模拟，由此得到从左到右的蕴涵。

命题 22　对于所有的 a，$b \in V^B$，下面的结论成立：

（1）$a_V{}^B = b_V{}^B \Rightarrow a \equiv_V{}^B b$；

（2）$V^B a \cong V^B b \Rightarrow a \equiv_V{}^B b$。

证明（1）在 V^B 上定义关系 R 如下：

$$R = \{(a, b)\} \cup \{(x, x) \mid x \in V^B a\}。$$

容易证明：R 是 V^B 上满足 aRb 的互模拟。因此，$a \equiv_V{}^B b$。

（2）令 f：$V^B a \cong V^B b$，并且在 V^B 上定义关系 R 如下：

$$xRy \Leftrightarrow x \in V^B a \wedge y \in V^B b \wedge f(x) = y。$$

容易验证：R 是 V^B 上满足 aRb 的互模拟。因此，$a \equiv_V{}^B b$。

定义 23　令 C 是一个布尔系统，如果对于所有的 a，$b \in C$ 使得

$$a_C = b_C \Rightarrow a = b$$

成立，则称 C 是外延的。

令 $\equiv_C$ 是布尔系统 C 上的一个极大互模拟，如果对于所有的 a，$b \in C$ 使

$$a \equiv_C b \Rightarrow a = b$$

成立，则称 C 是强外延的。

定理 24　下面的条件等价：

（1）每一个布尔图至多有一个装饰。

（2）V^B 是强外延的。

证明　假设（1）成立。令 $a \equiv_V^B b$。由命题 20 可得：$a \equiv b$，所以存在一个顶点为 n 的布尔典范图 G，并且 d_1 和 d_2 是 G 的装饰并满足 $d_1(n) = a$，$d_2(n) = b$。由（1），$d_1 = d_2$。因此，$a = b$。

假设（2）成立。令 d_1 和 d_2 是 G 的装饰。如果 $x \in G$，那么 Gx 是 $d_1(x)$ 和 $d_2(x)$ 的布尔典范图，所以 $d_1(x) \equiv d_2(x)$。因此，由命题 20 可得：$d_1(x) \equiv_V^B d_2(x)$。由（2），$d_1(x) = d_2(x)$。因此，$d_1 = d_2$。

定义 25　令 C 和 C′是两个布尔系统，π：C→C′满足对任意的 $a \in C$，有

$$(\pi a)_{C'} = \{\pi b \mid b \in a_C\}。$$

则称映射π是 C 到 C′的一个布尔系统映射。如果π是一个双射，则称它是一个布尔系统同构。如果 C 和 C′之间存在一个布尔系统同构，记作 $C \cong C'$。

布尔典范图 G 的一个装饰 d 就是从 G 到布尔系统 V^B 上的一个布尔系统映射。

引理 26　令 π_1，π_2：C→C′是两个布尔值函数系统映射。

（1）如果 R 是布尔系统 C 上的一个互模拟，则

$$(\pi_1 \times \pi_2) R =_{df} \{(\pi_1 a_1, \pi_2 a_2) \mid a_1 R a_2\}$$

是布尔系统 C′上的一个互模拟。

（2）如果 S′是 C′上的一个互模拟，则

$$(\pi_1 \times \pi_2)^{-1} S' =_{df} \{(a_1, a_2) \in C \times C \mid (\pi_1 a_1) S (\pi_2 a_2)\}$$

是 C 上的一个互模拟。

证明　（1）令 $R' = (\pi_1 \times \pi_2) R$，$b_1 R' b_2$ 并且 $b_1' \in (b_1)_C$。于是，存在 a_1，a_2 使得 $a_1 R a_2$ 并且 $b_1 = \pi_1 a_1$，$b_2 = \pi_2 a_2$。因为 $b_1' \in (\pi_1 a_1)_C$，所以存在 $a_1' \in (a_1)_C$ 使得 $b_1' = \pi_1 a_1'$。又因为 R 是 C 上的互模拟，所以存在 $a_2' \in (a_2)_C$ 使得 $a_1' R a_2'$。取 $b_2' = \pi_2 a_2'$，则 $b_1' R' b_2'$ 并且 $b_2' \in (b_2)_C$。由此可得：如果 $b_1 R' b_2$，那么 $\forall b_1' \in (b_1)_C \exists b_2' \in (b_2)_C b_1' R' b_2'$。同理可证：如果 $b_1 R' b_2$，那么 $\forall b_2' \in (b_2)_C \exists b_1' \in (b_1)_C b_1' R' b_2'$。故，R′是布尔值函数系统 C′上的一个互模拟。

（2）令 $S' = (\pi_1 \times \pi_2)^{-1} S$，$a_1 S' a_2$ 并且 $a_1' \in (a_1)_C$。于是，有 $(\pi_1 a_1) S (\pi_2 a_2)$ 并且 $\pi_1 a_1' \in (\pi_1 a_1)_C$。因为 S 是 C′上的互模拟，所以，存在 $b_2' \in (\pi_2 a_2)_C$ 使得 $(\pi_1 a_1') S b_2'$。于是，存在某个 $a_2' \in (a_2)_C$ 使得 $b_2' = \pi_2 a_2'$。由此可得：存在某个 $a_2' \in (a_2)_C$ 使得 $a_1' S' a_2'$。于是，如果 $a_1 S' a_2$，那么 $\forall a_1' \in (a_1)_C \exists a_2' \in (a_2)_C\ a_1' S' a_2'$。同理可证：如果 $a_1 S' a_2$，那么 $\forall a_2' \in (a_2)_C \exists a_1' \in$

$(a_1)_C a_1'S'a_2'$。故，S′是布尔值函数系统 C 上的一个互模拟。

定义 27　令 C 和 C′是两个布尔系统，令 R 是 C 上的一个互模拟等价关系，如果满射π：C→C′满足对所有的 a，b ∈C，

$$aRb \Leftrightarrow \pi(a) = \pi(b),$$

则称系统 C′是系统 C 相对于 R 的布尔商。

引理 28　令 R 是布尔系统 C 上的一个互模拟等价关系 R，并且令π：C→C′是 C 的一个布尔商，则 C′是强外延的当且仅当 R 是关系$\equiv_C$。

证明　假设 R 是关系$\equiv_C$。令$\pi(a) \equiv_C \pi(b)$。证明：$\pi(a) = \pi(b)$。由引理 26（2），$R' = (\pi_1 \times \pi_2)^{-1}R$ 是 C 上满足 aR′b 的一个互模拟。因此 $a \equiv_C b$。但是π：C→C′是由$\equiv_C$决定的 C 的布尔商（即 R），由此可得：$\pi(a) = \pi(b)$。

反之，假设 C′是外延的，现在证明：如果 S 是 C 上的一个小的互模拟，并且如果 aSb，那么 aRb，由此可得：R 是$\equiv_C$。由引理 26（1），$S' = (\pi_1 \times \pi_2)S$是 C′上满足$\pi(a)\ S'\pi(b)$的一个互模拟。因此$\pi(a) \equiv_C \pi(b)$。再由 C′是强外延的可得：$\pi(a) = \pi(b)$。因此，a = b。

定义 29　如果π：C→C′是布尔系统 C 关于$\equiv_C$的一个布尔商，则称它是 C 的强外延布尔商。

引理 30　布尔系统 V_0^B有一个强外延布尔商。

证明　这里关键的问题是定义一个定义域为布尔系统 V_0^B的映射π，使得对任意的 a_1，$a_2 \in V_0^B$有

$$a_1 \equiv_M a_2 \Leftrightarrow \pi a_1 = \pi a_2。$$

对于布尔系统 V_0^B，π 的标准定义对于等价类是有效的。一般地，为了从每个等价类中选择一个代表，整体选择的加强形式是需要的。这里我们给出一个仅需要使用 AC 的局部形式的一个证明。对于每个 $a \in V_0^B$，可达点向图 $V_0^B a$ 的点的集合和一个序数一一对应，并且这个对应可以导出这个序数上的一个可达结构。这个导出的可达点向图在由良基集合组成的全域中，并和 $V_0^B a$ 同构。对每一个 $a \in V_0^B$，令 Ta 是由这个良基全域中的可达点向图组成的类，其中这些可达点向图与 $V_0^B a'$同构，这里 $a' \in V_0^B$并且满足 $a \equiv_{V_0^B} a'$。由上面可知，每个类 Ta 是非空的，因此 Ta 包含良基全域中极小秩元素，令πa 是 Ta 中这些元素构成的集合。注意到若 $a_1 \equiv_{V_0^B} a_2$，则 $Ta_1 = Ta_2$，从而$\pi a_1 =$

πa_2。反过来，若 a_1，$a_2 \in V_0{}^B$ 且满足 $\pi a_1 = \pi a_2$，则一定存在一个既在 Ta_1 中又在 Ta_2 中的布尔可达点向图。于是存在 a_1'，$a_2' \in V_0{}^B$ 且满足 $a_1 \equiv_{V_0^B} a_1'$，$a_2 \equiv_{V_0^B} a_2'$ 和 $V_0{}^B a_1' \cong V_0{}^B a_2'$。由命题 22，$a_1' \equiv_{V_0^B} a_2'$，所以 $a_1 \equiv_{V_0^B} a_2$。

定理 31　对于任意布尔系统 C，下面的条件是等价的。

（1）C 是强外延的。

（2）对于任意（小）布尔系统 C_0，存在至多一个布尔系统映射 $C_0 \to C$。

（3）对于任意系统 C'，每一个系统映射 $C \to C'$ 是单射。

证明　首先我们证明（1）和（2）是等价的。假定（1），令 π_1，π_2：$C_0 \to C$ 是布尔系统映射。由引理 26（1）$R = (\pi_1 \times \pi_2)(=_C)$ 是 C 上的一个互模拟。如果 $m \in C_0$ 那么 $(\pi_1 m)\ R\ (\pi_2 m)$，从而 $\pi_1 m \equiv_C \pi_2 m$。由 C 是强外延的，所以 $\pi_1 m = \pi_2 m$。因此 $\pi_1 = \pi_2$，我们证明了（2）。现在假定（2），令 C_0 是这样的一个系统，它的点是关系 R 中的有序对，并且在 C_0 中 $(a, b) \to (a', b')$ 当且仅当在 C 中有 $a \to a'$ 和 $b \to b'$。对任意的 a，$b \in C$，定义 π_1，$\pi_2 : C_0 \to C$ 满足下面的式子

$$\pi_1(a, b) = a, \qquad \pi_2(a, b) = b。$$

可以证明：π_1 和 π_2 是系统映射。这里 R 是互模拟 $\equiv_C$。由（2），$\pi_1 = \pi_2$，所以当 $a \equiv_C b$，那么 $(a, b) \in C_0$ 且 $a = \pi_1(a, b) = \pi_2(a, b) = b$。从而 C 是强外延的，即（1）成立。

然后我们证明（1）和（3）是等价的。假定（1），令 π：$C \to C'$ 是一个布尔系统映射。由引理 26（2）$R = (\pi \times \pi)^{-1}(=_{C'})$ 是 C 上的一个互模拟。因此，若 $\pi a = \pi b$，即 aRb，则 $a \equiv_C b$，因为 C 是强外延的，所以 $a = b$。故 π 是单射的，我们证明了（3）。现在假定（3），运用前面的引理，令 π：$C \to C'$ 是 C 的一个强外延商。由（3），π 一定是单射的并且是一个同构映射，则 $C \cong C'$。由 C' 是强外延的，于是 C 也是强外延的。

最后我们证明（2）的局部形式。对于小的布尔系统 C_0 蕴涵不受限制的情况。令 π_1，π_2：$C_0 \to C$ 是布尔系统映射和 $a \in M_0$，那么通过把 π_1 和 π_2 限制到小的布尔系统 $C_0 a$ 上，我们应用（2）可以得到 π_1 和 π_2 在 $C_0 a$ 上是相等的，并且满足 $\pi_1 a = \pi_2 a$。又因 $a \in C_0$ 是任意的，所以有，$\pi_1 = \pi_2$。

定义 32　令 C 是一个布尔系统，布尔图 G 的一个 C－装饰是一个布尔系统映射 π：$G \to C$。

特别地，G 的一个 V^B – 装饰就是 G 的一个装饰。

定义 33 令 C 是一个布尔系统，如果 C 的每一个布尔图都有唯一的 C – 装饰，则称 C 是一个完全的系统。

命题 34 每一个完全的布尔系统都是强外延的。

证明 由定理 31 可得。

令 π_c：$V_0^B \to V_c^B$ 是 V_0^B 的关于 $\equiv_{V_0^B}$ 的强外延商。

引理 35 每一个布尔系统 C 都有唯一的布尔系统映射

$$\pi: C \to V_c^B。$$

证明 如果 $a \in C$，那么 $Ca \in V_0^B$。定义 π：$C \to V_0^B$ 使其满足 $\pi(a) = Ca$。显然，π 是一个布尔系统映射。因此，$\pi_c \circ \pi$：$C \to V_c^B$ 是一个布尔系统映射并且由定理 31 可得 $\pi_c \circ \pi$ 的唯一性。

推论 36 V_c^B 是一个完全的布尔系统。

定义 37 令 C 是一个布尔系统，如果对于每个集合 $x \subseteq C$ 都存在唯一一个 $a \in C$ 使得 $x = a_C$。则称布尔系统 C 是满的。

引理 38 每一个完全的布尔系统是满的。

证明 令 $x \subseteq C$ 是一个集合，其中 C 是一个完全的布尔系统。构作图 G_0，G_0 中的点和边由 C 中位于从 x 中一个点出发的路径上的点和边组成。令布尔图 G 是由在 G_0 中加一个新点 $*$ 和对每个 $y \in x$ 加边（$*$，y）所得到的图。因 C 是完全的，则 G 有唯一 C – 装饰 d。把 d 限制到 G_0 的点上，我们就得到 G_0 的一个 C – 装饰。显然恒等映射是 G_0 的那个唯一的 C – 装饰。所以对任意 $x \in G_0$ 有 $dx = x$。这样若 $a = d(*)$，则 $a \in C$ 并且

$$\begin{aligned} a_C &= \{dy \mid * \to y \text{ 在 } G \text{ 中}\} \\ &= x。\end{aligned}$$

现设 $a' \in C$ 并满足 $a'_C = x$，则我们得到 G 的一个 C – 装饰 d′ 并且满足 $d' * = a'$ 和对任意 $y \in G_0$ 有 $d'y = y$。又因 d 是 G 的唯一的 C – 装饰，$d = d'$ 并且

$$a' = d'(*) = d(*) = a。$$

这样我们就证明了存在唯一一个 $a \in C$ 使得 $a_C = x$。

定理 39 每一个满的布尔系统 C 都是 ZFC⁻ 的一个模型。

证明 令 C 是一个满的布尔系统。由定义 37 可知：对每个集合 $x \subseteq C$ 都

存在唯一一个 $a \in C$ 使得 $x = a_C$。用 x^C 表示这个唯一的集合 a。以下我们将逐次考查 ZFC^- 的每条公理。

外延公理：令 $a, b \in C$ 使得

$$C \models \forall x\ (x \in a \leftrightarrow x \in b)。$$

那么 $a_C = b_C$，但 $a = (a_C)^C$ 并且 $b = (b_C)^C$，因此 $C \models a = b$。

对集公理：如果 $a, b \in C$，那么 $\{a, b\} \subseteq C$，所以令 $c = \{a, b\}^C \in C$。显然，

$$C \models (a \in c \wedge b \in c)$$

成立。

并集公理：令 $a \in C$。那么 $x = \cup\{y_C \mid y \in a_C\}$ 是 C 的一个子集，所以令 $c = x^C \in C$。那么

$$C \models \forall y \in a\ \forall z \in y\ (z \in c)$$

成立。

幂集公理：令 $a \in C$，那么 $x = \{y^C \mid y \subseteq a_C\}$ 是 C 的一个子集，所以，令 $c = x^C$。那么

$$C \models \forall x\ (\forall z \in x\ (z \in a) \rightarrow x \in c)$$

成立。

无穷公理：对于 n = 0，1，…，令

$$\Delta_0 = \varnothing^C,$$

$$\Delta_{n+1} = ((\Delta n)_C \cup \{\Delta n\})^C，对于 n = 0，1，…。$$

那么，对所有的 n，$\Delta_n \in C$，由

$$\Delta_\omega = \{\Delta_n \mid n = 0, 1, \cdots\}^C \in C$$

可得：

$$C \models \Delta_0 \in \Delta_\omega \wedge \forall y\ (y \notin \Delta_0)$$

和

$$C \models \forall x \in \Delta_\omega \exists y \in \Delta_\omega (x \in y)。$$

分离公理：令 $a \in C$，令 $\varphi(x)$ 是一个公式，并且该公式中至多 x 自由出现，对于 C 的元素，可能包含常元，并且集合

$$c = \{b \in a_C \mid C \models \varphi(b/x)\}^C \in C。$$

那么

$$C \models \forall x \in (x \in c \leftrightarrow x \in a \wedge \varphi)。$$

收集公理：令 $a \in C$，令 $\varphi(x, y)$ 是一个公式，该公式中至多 x 和 y 自由出现，且可能包含 C 元素的常元。假定

$$C \models \forall x \in a\ \exists y\ \varphi(x, y),$$

那么

$$\forall x \in a_C \exists y\ (y \in C \wedge C \models \varphi(x, y))。$$

由收集公理模式，存在一个集合 b 使得

$$\forall x \in a_C \exists y \in b\ (y \in C \wedge C \models \varphi(x, y))。$$

令 $c = (b \cap C)^C$，则

$$C \models \forall x \in a\ \exists y \in c\ \varphi(x, y)。$$

选择公理：令 $a \in C$ 并满足

$$C \models \forall x \in a\ \exists y\ (y \in x)$$

和

$$C \models \forall x_1, x_2 \in a\ (\exists y\ (y \in x_1 \wedge y \in x_2) \rightarrow x_1 = x_2),$$

那么

$$\forall x \in a_C\ (x_C \neq \varnothing)$$

并且对于所有的 $x_1, x_2 \in a_C$，

$$(x_1)_C \cap (x_2)_C \neq \varnothing \Rightarrow x_1 = x_2。$$

因此，$\{x_M \mid x \in a_C\}$ 是一个两两不相交的非空集合的集合。由选择公理，存在一个集合 b 使得对于每一个 $x \in a_c$，集合 $b \cap x_C$ 有唯一的元素 $c_x \in C$。因此 $c = \{c_x \mid x \in a_C\} \in C$ 使得下式成立：

$$C \models \forall x \in a\ \exists y \in x\ \forall u \in x\ (u \in c \leftrightarrow u = y)。$$

任意的布尔系统 C 都确定集合论语言的一个解释，其中的变元取 C 中的结点，谓词符号“∈”被解释成关系 $\in_C$，而对于 $a, b \in C$，

$$a \in_C b \Leftrightarrow a \in b_C。$$

定理 40　在上面的解释下，每个完全的布尔系统都是 $ZFC^- + AFA$ 的一个模型。

证明　令 C 是一个完全的布尔系统，那么由定理 38 和定理 39 可得：C 是满的并且它是 ZFC^- 的一个模型。剩下的只要证明 C 是 AFA 的一个模型。

对于 a，b $\in$C，定义 a 和 b 的 C 有序对 $(a, b)_C$为

$$(a, b)_C = \{\{a\}^C, \{a, b\}^C\}^C。$$

因此，在 C 中，$(a, b)_C$具有两个元素 a 和 b 通常有序对的标准集合论的结构。

现在，我们把一个图表示成一个集合和这个集合上的一个二元关系组成的序对。因此，对于 c $\in$C，

$$C \models \text{“c 是一个图”}$$

当且仅当存在 a，b $\in$C 使得 c = $(a, b)_C$并且

$$C \models \text{“b 是 a 上的一个二元关系”},$$

即：$b_C \subseteq \{(x, y)_C \mid x, y \in a_C\}$。因此，如果 c $\in$C 满足 C$\models$“c 是一个布尔典范图”，我们可以取上面的 a，b 并且令 a_C的元素是 G 的结点，满足 $(x, y)_C \in b_C$的有序对（x，y）作为边。由于 C 是完全的，G 有唯一的 C－装饰 d。那么 d：$a_C \to C$ 并且对于所有的 x $\in a_M$，

$$dx = \{dy \mid (x, y)_C \in b_C\}。$$

令

$$f = \{(x, dx)_C \mid x \in a_C\}^C,$$

那么 f $\in$C 并且可以验证

$$C \models \text{“f 是布尔图典范图 G 的唯一装饰”}。$$

（三）基于 V_0^B的 $ZFC^- + AFA^{\sim}$的模型

定义 41　令～是布尔系统 V_0^B上的一个互模拟关系，如果它满足：

（1）～是 V_0^B上的一个等价关系；

（2）$Ga \cong Gb \Rightarrow Ga \sim Gb$；

（3）对任意 a，b $\in$G，$a_G = b_G \Rightarrow Ga \sim Gb$。

则称～是布尔系统 V_0^B上的一个布尔正则互模拟关系。

命题 42　$\equiv_{V_0}{}^B$是布尔系统 V_0^B上的一个布尔正则互模拟，并且对于任意的布尔系统 C，

$$Ca \equiv_{V_0}{}^B Cb \Leftrightarrow a \equiv_C b。$$

其中$\equiv_{V_0}{}^B$ 是$\equiv_{V_0} \restriction V_0^B$。

证明　由第二章第一节定理7可得：$\equiv_{V0}^{B}$ 是 $V_0{}^B$上的一个互模拟。下面证明：$\equiv_{V0}^{B}$ 满足定义41。其证明类似于第二章第二节定理2。

定义43　令C是一个布尔系统，如果对于任意的a，b ∈C，

$$Ca \equiv_{V0}^{B} Cb \Rightarrow a = b,$$

则称它是$\equiv_{V0}^{B}$－布尔外延的。

现在，相对于 $V_0{}^B$的反基础公理 AFA 可以描述为：一个可达点向图是精确图当且仅当它是$\equiv_{V0}^{B}$－布尔外延的。由于$\equiv_{V0}^{B}$是一个正则互模拟并且相对于它的布尔系统映射π_c：$V_0{}^B \rightarrow V_c{}^B$是 $V_0{}^B$的强外延商，而系统映射π：$V^B \rightarrow V_c{}^B$是单射，所以 $V_c{}^B$是 ZFC^- + AFA 的模型并且 $V^B \subseteq V_c{}^B$，$V_c{}^B \cong V^B / \equiv_{V0}^{B}$。即：

$$V^B / \equiv_{V0}^{B} \models ZFC^- + AFA。$$

定理44　$(\cong^t)_{V0}^{B}$ 是 $V_0{}^B$上的一个正则互模拟，并且对于任意的布尔系统C，

$$Ca\ (\cong^t)_{V0}^{B}\ Cb \Leftrightarrow a \equiv_C b。$$

其中 $(\cong^t)_{V0}^{B}$ 是$\cong^t \upharpoonright V_0{}^B$。

证明　类似于命题42。

定义45　令C是一个布尔系统，如果对于任意的a，b ∈C ，

$$Ca\ (\cong^t)_{V0}^{B}\ Cb \Rightarrow a = b,$$

则称它是 $(\cong^t)_{V0}^{B}$ －布尔外延的。

由于相对于 $V_0{}^B$的反基础公理 SAFA 可以描述为：一个可达点向图是精确图当且仅当它是 $(\cong^t)_{V0}^{B}$ －布尔外延的。又由于 $(\cong^t)_{V0}^{B}$是一个正则互模拟并且相对于它的布尔系统映射π_c：$V_0{}^B \rightarrow V_c{}^B$是 $V_0{}^B$的强外延商，而系统映射π:$V^B \rightarrow V_c{}^B$是单射，所以 $V_c{}^B$是 ZFC^- + SAFA 的模型并且 $V^B \subseteq V_c{}^B$，$V_c{}^B \cong V^B / (\cong^t)_{V0}^{B}$。即：

$$V^B /\ (\cong^t)_{V0}^{B} \models ZFC^- + SAFA。$$

命题46　$(\cong^*)_{V_0}{}^B$是 $V_0{}^B$上的一个正则互模拟，并且对于任意的布尔系统C，

$$Ca\ (\cong^*)_{V0}^{B}\ Cb \Leftrightarrow a \equiv_C b。$$

其中 $(\cong^*)_{V0}^{B}$ 是$\cong^* \upharpoonright V_0{}^B$。

证明　类似于命题42。

定义 47 令 C 是一个布尔系统，如果对于任意的 a，b $\in$C ，

$$Ca\ (\cong^*)_{V0}^{B}\ Cb \Rightarrow a = b,$$

则称它是 $(\cong^*)_{V0}^{B}$ －布尔外延的。

由于相对于 $V_0{}^B$的反基础公理 FAFA 可以描述为：一个可达点向图是精确图当且仅当它是 $(\cong^*)_{V0}^{B}$ －布尔外延的。又由于 $(\cong^*)_{V0}^{B}$ 是一个正则互模拟并且相对于它的布尔系统映射π_c：$V_0{}^B \to V_c{}^B$是 $V_0{}^B$的强外延商，而系统映射π:$V^B \to V_c{}^B$是单射（相对于 $(\cong^*)_{V0}^{B}$），所以 $V_c{}^B$是 $ZFC^- + FAFA$ 的模型并且 $V^B \subseteq V_c{}^B$，$V_c{}^B \cong V^B /\ (\cong^*)_{V0}^{B}$ 。即：

$$V^B /\ (\cong^*)_{V0}^{B} \models ZFC^- + SAFA。$$

结论 48 令 B 是一个完全的布尔代数，下面的结论成立：

$$V^B \subseteq V^B/\equiv_{V0}^{B} \subseteq V^B /\ (\cong^t)_{V0}^{B} \subseteq V^B /\ (\cong^*)_{V0}^{B}。$$

证明 由上分析可得和第二章第二节的推论 11。

三 基于 V = L 的一个模型

本节在哥德尔的可构成模型 L 的基础上建立非良基集合的模型。因此，本节的讨论是在增加可构成公理 V = L 的前提下，采用 Aczel 的方法，首先建立 $ZFC^- + AFA$ 的模型，并将它称作 $ZFC^- + AFA$ 的可构成模型。然后，建 $ZFC^- + AFA^{\sim}$ 的一个可构成模型。当正则互模拟 ~ 取$\cong^t$和$\cong^*$时，分别得到 $ZFC^- + SAFA$ 和 $ZFC^- + FAFA$ 的可构成模型。

（一）Gödel 的可构成模型 L①

定义 1 对于任意的序数α_1，α_2，β_1，β_2，令

$(\alpha_1, \alpha_2)\ R\ (\beta_1, \beta_2) = \max\{\alpha_1, \alpha_2\} < \max\{\beta_1, \beta_2\} \vee$

$(\max\{\alpha_1, \alpha_2\} = \max\{\beta_1, \beta_2\} \wedge \alpha_1 < \beta_1) \vee$

$(\max\{\alpha_1, \alpha_2\} = \max\{\beta_1, \beta_2\} \wedge \alpha_1 = \beta_1 \wedge \alpha_2 < \beta_2)$。

定理 2 由定义 1 给出的关系 R 是 $On \times On$ 上的一个良序关系。

① Kurt Gödel, *The Consistency of the Continuum Hypothesis*. Princeton University Press, 1970.

证明　参见文献［21］的第 128 页。

定义 3　对于任意的序数 i，j，α，β，γ和δ，$i<9$，$j<9$，令 S 满足下面的条件

$$(i, \alpha, \beta)\ S\ (j, \gamma, \delta) = ((\alpha, \beta)\ R\ (\gamma, \delta)) \vee ((\alpha, \beta) = (\gamma, \delta) \wedge i<j)。$$

其中，R 是定义 1 中给出的关系。

定理 4　关系 S 是 $9 \times On \times On$ 上的一个良序关系。

证明　参见文献［21］的第 221 页。

定义 5　对于任意的 $i<9$，α，$\beta \in On$，令

$$J(i, \alpha, \beta) = Sup\{J(x, y, z) \mid x<9 \wedge y \in On \wedge z \in On \wedge (x, y, z)\ S\ (i, \alpha, \beta)\}。$$

定义 6　函数 J_0，J_1，J_2，J_3，J_4，J_5，J_6，J_7，J_8的定义如下：

$$J_i(\alpha, \beta) = J(i, \alpha, \beta)$$

其中 $0 \leqslant i \leqslant 8$，α，$\beta \in On$。

定理 7　序数类 $ranJ_i$互不相交，即：当 $i \neq j$ 时，$ranJ_i \cap ranJ_j = \varnothing$；并且它们的并等于所有序数的类 On，即：$(ranJ_0) \cup \cdots \cup (ranJ_8) = On$。

证明　参见文献［21］的第 222 页。

显然，由 J 的定义，对于任意的序数γ，都有三元组$\langle i, \alpha, \beta\rangle$满足

$$\gamma = J(i, \alpha, \beta),$$

其中 $i<9$，α，$\beta \in On$，因此，存在三个运算 K_0，K_1，K_2满足

$K_0(J(i, \alpha, \beta)) = i$，　　　　$K_1(J(i, \alpha, \beta)) = \alpha$，

$K_2(J(i, \alpha, \beta)) = \beta$。

定义 8　哥德尔的八个基本运算如下：

$$F_1(x, y) = \{x, y\};$$

$$F_2(x, y) = \{z_1 \mid \exists z_2 \exists z_3 (z_1 = (z_2, z_3) \wedge z_1 \in x \wedge z_2 \in z_3)\};$$

$$F_3(x, y) = x - y;$$

$$F_4(x, y) = \{(z, u) \mid (z, u) \in x \wedge z \in y\};$$

$$F_5(x, y) = \{z \mid z \in x \wedge \exists u ((z, u) \in y)\};$$

$$F_6(x, y) = \{(z, u) \mid (z, u) \in x \wedge (u, z) \in y\};$$

$$F_7(x, y) = \{(z, u, t) \mid (z, u, t) \in x \wedge (z, t, u) \in y\};$$

$F_8(x, y) = \{(z, u, t) \mid (z, u, t) \in x \wedge (t, z, u) \in y\}$。

定义 9　在类 On 上定义类函数 F 如下：

dom（F）= On 并且对于任意的序数α，令

$$F(\alpha) = \begin{cases} \mathrm{ran}(F \upharpoonright \alpha), & \alpha \in \mathrm{ran}J_0, \\ F_i(F(K_1(\alpha)), F(K_2(\alpha))), & \alpha \in \mathrm{ran}J_i, (0 < i \leq 0)。 \end{cases}$$

定义 10　对于任意的集合 S，如果有一α∈On 使得 S = F（α），则称 S 是可构成的。

令 L = ranF，则一个集合 S 是可构成的当且仅当 S ∈L。特别地，对任意的类 C，如果满足下面的条件

$$C \subseteq L \wedge \forall x (x \in L \rightarrow x \cap C \in L),$$

则称 C 是一个可构成类。显然 L 是一个可构成类。

注意：L 也可以用其他的方法定义，参见文献［21］。

定理 11　（哥德尔，1931 年）　假设 V = L，那么 L⊨ZFC。

证明　参见文献［20］。

（二）基于 V = L 的 ZFC^- + AFA 的模型

定义 12　一个可构成图（G，→）是一个可达点向图，其中 G 和→都是由可构成集合组成的类，即：G ⊆L 并且→⊆L，称 G 是可构成图(G，→)结点的集合，→为 G 上的一个二元关系，并称它为可构成图（G，→）的边集。特别地，如果 x，y ∈G，边关系 x→y 当且仅当 y ∈x。

定义 13　一个可构成典范图 G 是一个有序的三元组（G，→，a），简记作 Ga，其中：G 和→满足定义 12 中的条件，a ∈G 是一个特殊的点，称为可构成典范图 G 的顶点，并满足对 G 中的每一个点，都有一条从顶点 a 出发的路经过它。

定义 14　一个可构成典范图 G 的一个装饰是一个映射 d：G→L 并且满足对于任意的 b ∈G，都有

$$d(b) = \{d(c) \mid b \rightarrow c\}。$$

定理 15（AFA）　每一个可构成典范图都有唯一的装饰。

证明　因为每一个可构成典范图都是一个可达点向图，由 AFA 可得：每一个可构成典范图的可达点向图都有唯一的装饰。

定义 16　一个可构成系统 C 也是由一个结点的类和一个边的类组成的，这些边是结点的有序对。即：C 是一个有序对（C，R），其中 $C \subseteq L$ 是一个结点的类并且 R 是 C 中结点的有序对组成的边的类。有时也常用 C 表示系统。如果（a，b）是 C 的一个边，那么记作 $a \to b$。一个系统 C 需要满足条件：对每一个结点 $a \in C$，a 的所有子结点（孩子）组成的类

$$a_C = \{b \in C \mid a \to b\}$$

是一个集合。

显然，一个可构成典范图就是一个小的可构成系统。当 $b \in a \in L$ 时，记作 $a \to b$。从而（L，→）是一个大的可构成系统。

由于每一个可构成典范图都具有形式 Ga，其中 G 是可构成图，a 是 G 的顶点。因此，令 L_0 是所有可构成典范图组成的类，当 $a \to b$ 是 G 中的一条边时，就刻画出 L_0 中的一条边 $Ga \to Gb$，这样 L_0 也形成一个可构成系统。

一个可构成典范图的装饰的概念也可以扩展到系统中。特别地，我们有

定理 17（假定 AFA）　每一个可构成系统都有唯一的装饰。

证明　令 C 是一个可构成系统。对于每一个 $a \in C$，我们把它和一个如下构造的可构成典范图 Ca 联系起来。Ca 的结点和边是 C 中满足如下条件的结点和边：

1. 它们都位于 C 中从结点 a 出发的路径上，Ca 的始点就是结点 a 本身。

2. Ca 的结点构成一个集合。事实上，令 $X_0 = \{a\}$，并且对于每一个自然数 n，令

$$X_{n+1} = \cup\{x_C \mid x \in X_n\},$$

因为对所有 $x \in C$ 来说，x_C 是一个集合，所以每一个 X_n 也是一个集合，这个集合由 C 中那些从结点 a 开始的、长度为 n 的路径的终点组成。因此，Ca 的结点构成集合 $\cup_n X_n$。

由反基础公理 AFA，每一个可达点向图 Ca 都有唯一的装饰 d_a，因此，Ca 将是集合 $d_a a$ 的图像。对于每一个 $a \in C$，令 $da = d_a a$。我们将证明 d 是 C 唯一的装饰。首先，我们注意到，如果 $a \to x$ 在 C 中，那么 Cx 的每一个结点也是 Ca 的结点，并且 da 到 Cx 的限制将是 Cx 的一个装饰，同时也等于 Cx 的那个唯一的装饰 dx。所以，如果 $a \to x$ 在 C 中，那么 $d_a x = d_x x = dx$。所以，对于每一个 $a \in C$，

$$\begin{aligned} da &= d_a a \\ &= \{d_a x \mid Ca\text{ 中的 } a \to x\} \\ &= \{dx \mid C\text{ 中的 } a \to x\}。\end{aligned}$$

因此，d 是 C 的一个装饰。为了证明这一装饰的唯一性，只需注意：$d_a x = dx$。因为每当受限，因此一定扩张了 da 的时候，C 的任意装饰一定都是每一个 Ca 的装饰，所以它一定是 d 本身。

定义 18　对于任意的集合 a，b ∈L，令

a ≡b，当且仅当，存在一个可达点向图 G 是 a 和 b 的可构成典范图。

定义 19　令 C 是一个可构成系统，R 是 C 上的一个二元关系，如果 $R \subseteq R^+$ 并且 R^+ 满足：对任意 a，b ∈C，

$$aR^+b \Leftrightarrow \forall x \in a_C \exists y \in b_C xRy \wedge \forall y \in b_C \exists x \in a_C xRy,$$

则称 R 是 C 上的一个互模拟。

显然，如果 $R_0 \subseteq R_1$，那么 $R_0{}^+ \subseteq R_1{}^+$，即：运算（ ）$^+$ 是单调的。

命题 20　关系≡是 L 上的一个互模拟。

证明　假设 a ≡b。由定义 18，存在一个顶点为 m 的可构成典范图 G 并且 d_1 和 d_2 是 G 的满足条件：d_1（m） = a 并且 d_2（m） = b 的两个装饰。令 x ∈a。由于 d_1 是一个装饰，

$$x \in \{d_1(n) \mid m \to n\},$$

所以，存在某个 $n \in m_G$ 使得 $x = d_1$（n）。令 $y = d_2$（n）。因此 y ∈b。实际上，刻画 x 和 y 的可构成典范图恰好是 Gn，G 对所有结点的限制都位于从 n 开始的某条路径上。（从这个图产生的 x 和 y 的装饰分别是 d_1 和 d_2 对 Gn 的限制。）

通常，一个可构成系统 C 也有许多互模拟，并且这些互模拟中也一定有一个极大互模拟。

定义 21　令 C 是一个可构成系统并且 R 是 C 上的一个关系，如果 R 是一个集合，则称 R 是小的。定义

$a \equiv_C b$ 当且仅当存在 C 上的某一个小的互模拟 R 使得 aRb。

并称 $\equiv_C$ 是可构成系统 C 上的一个极大互模拟。有时也简称极大互模拟。

命题 22　$\equiv_L$ 是 L 上的唯一的极大互模拟。即：

（1）$\equiv_L$ 是 L 上的一个互模拟；

（2）如果 R 是 L 上任意的互模拟，那么对于任意的 a，b $\in L$，

$$aRb \Rightarrow a \equiv_L b。$$

证明 （1）令 $a \equiv_L b$，那么对 L 上的某个小的互模拟 R，aRb 成立。由 $\equiv_L$ 的定义可得：

$$xRy \Rightarrow x \equiv_L y \quad （对于任意的 x，y \in L）。$$

再由（ ）$^+$ 的单调性可得：

$$xR^+y \Rightarrow x \equiv_L{}^+ y \quad （对于任意的 x，y \in L）。$$

但 R 是一个互模拟，所以 $R \subseteq R^+$。特别地，有 aR^+b。因此可得：$a \equiv_L{}^+ b$。于是，$\equiv_L \subseteq \equiv_L{}^+$。

（2）令 R 是 L 上的一个互模拟，并且令 aRb，现在证明：$a \equiv_L b$ 成立。令

$$R_0 = R \cap (La \times Lb)。$$

不难验证：R_0 是 L 上满足 aR_0b 的一个互模拟。但 R_0 是小的，由 $\equiv_L$ 的定义可得：$a \equiv_L b$。

$\equiv_C$ 具有的一些基本性质。

命题 23 对于任意的 a，b $\in L$，$a \equiv b \Leftrightarrow a \equiv_L b$。

证明 由命题 22，$\equiv_L$ 是 L 上的一个极大互模拟。因此从左到右的蕴含成立。反之，假设 $a \equiv_L b$。对 L 上的某个小的互模拟 R 并满足 aRb。定义一个新的可构成系统 C_0 如下：C_0 的结点是 R 的元素，即：有序对（a，b）满足 aRb。C_0 的边被定义为

$$(a, b) \to (x, y) \text{ 在 } C_0 \text{ 中} \quad \Leftrightarrow \quad x \in a \wedge y \in b。$$

现在，在 C_0 上定义 d_1 和 d_2 满足：

$$d_1(a, b) = a \text{ 和 } d_2(a, b) = b。$$

那么容易看出 d_1 和 d_2 是 C_0 的两个装饰。但是，$(a, b) \in C_0$，所以，可构成典范图 C_0（a，b）既是 a 的可构成图也是 b 的可构成图。因此，由定义，$a \equiv b$。

命题 24 对于系统 L，关系 $\equiv_L$ 是 L 上的一个等价关系并且对于所有的 a，b $\in L$，

$$a \equiv_L{}^+ b \Leftrightarrow a \equiv_L b。$$

证明 自返性：因为 L 上的恒等关系是一个互模拟，所以，$\equiv_L$ 是自

返的。

对称性：假设 $a \equiv_L b$。因此，对某个小的互模拟 R，aRb。令 S 是 R 的逆，即：

$$ySx \Leftrightarrow xRy。$$

显然 S 是一个互模拟。由 bSa 可得：$b \equiv_L a$。

传递性：假设 $a \equiv_L b$ 并且 $b \equiv_L c$。令 R 和 S 是分别满足 aRb 和 bSc 的 L 上的小的互模拟。定义 L 上的关系 T 如下：

$$xTz \Leftrightarrow \exists y\ (xRy \wedge ySz)。$$

不难验证：T 是 L 上的一个互模拟。由 aTc 可得：$a \equiv_L b$。

因为$\equiv_L$是一个等价关系并且$\equiv_L$是一个互模拟，因此，从右到左的蕴涵成立。由算子（ ）$^+$ 是单调的可知：$\equiv_L{}^+$也是一个互模拟。由命题 22 可知：$\equiv_L$ 是一个极大互模拟，由此得到从左到右的蕴涵。

命题 25　对于所有的 a，$b \in L$，下面的结论成立：

（1）$a_L = b_L \Rightarrow a \equiv_L b$；

（2）$La \cong Lb \Rightarrow a \equiv_L b$。

证明（1）在 L 上定义关系 R 如下：

$$R = \{(a, b)\} \cup \{(x, x) \mid x \in La\}$$

容易证明：R 是 L 上满足 aRb 的互模拟。因此，$a \equiv_L b$。

（2）令 f：$La \cong Lb$，并且在 L 上定义关系 R 如下：

$$xRy \Leftrightarrow x \in La \wedge y \in Lb \wedge f(x) = y。$$

容易验证：R 是 L 上满足 aRb 的互模拟。因此，$a \equiv_L b$。

定义 26　令 C 是一个可构成系统，如果对于所有的 a，$b \in C$ 使得

$$a_C = b_C \Rightarrow a = b$$

成立，则称 C 是外延的。

令$\equiv_C$是可构成系统 C 上的一个极大互模拟，如果对于所有的 a，$b \in C$ 使

$$a \equiv_C b \Rightarrow a = b$$

成立，则称 C 是强外延的。

定理 27　下面的条件等价：

（1）每一个可构成图至多有一个装饰。

（2）L 是强外延的。

证明 假设（1）成立。令 $a \equiv_L b$。由命题 23 可得：$a \equiv b$，所以存在一个顶点为 n 的可构成典范图 G，并且 d_1 和 d_2 是 G 的装饰并满足 $d_1(n) = a$，$d_2(n) = b$。由（1），$d_1 = d_2$。因此，$a = b$。

假设（2）成立。令 d_1 和 d_2 是 G 的装饰。如果 $x \in G$，那么 Gx 是 $d_1(x)$ 和 $d_2(x)$ 的可构成典范图，所以 $d_1(x) \equiv d_2(x)$。因此，由命题 23 可得：$d_1(x) \equiv_L d_2(x)$。由（2），$d_1(x) = d_2(x)$。因此，$d_1 = d_2$。

定义 28 令 C 和 C′是两个可构成系统，π：C→C′满足对任意的 $a \in C$，有

$$(\pi a)_{C'} = \{\pi b \mid b \in a_C\}。$$

则称映射π是 C 到 C′的一个可构成系统映射。如果π是一个双射，则称它是一个可构成系统同构。如果 C 和 C′之间存在一个可构成系统同构，记作 $C \cong C'$。

可构成典范图 G 的一个装饰 d 就是从 G 到可构成系统 L 上的一个可构成系统映射。

引理 29 令 π_1，π_2：C→C′是两个可构成系统映射。

（1）如果 R 是可构成系统 C 上的一个互模拟，则

$$(\pi_1 \times \pi_2)\ R =_{df} \{(\pi_1 a_1,\ \pi_2 a_2) \mid a_1 R a_2\}$$

是可构成系统 C′上的一个互模拟。

（2）如果 S 是 C′上的一个互模拟，则

$$(\pi_1 \times \pi_2)^{-1} S =_{df} \{(a_1,\ a_2) \in C \times C \mid (\pi_1 a_1)\ S\ (\pi_2 a_2)\}$$

是 C 上的一个互模拟。

证明 （1）令 $R' = (\pi_1 \times \pi_2) R$，$b_1 R' b_2$ 并且 $b_1' \in (b_1)_C$。于是，存在 a_1，a_2 使得 $a_1 R a_2$ 并且 $b_1 = \pi_1 a_1$，$b_2 = \pi_2 a_2$。因为 $b_1' \in (\pi_1 a_1)_C$，所以存在 $a_1' \in (a_1)_C$ 使得 $b_1' = \pi_1 a_1'$。又因为 R 是 C 上的互模拟，所以存在 $a_2' \in (a_2)_C$ 使得 $a_1' R a_2'$。取 $b_2' = \pi_2 a_2'$，则 $b_1' R' b_2'$ 并且 $b_2' \in (b_2)_C$。由此可得：如果 $b_1 R' b_2$，那么 $\forall b_1' \in (b_1)_C \exists b_2' \in (b_2)_C\, b_1' R' b_2'$。同理可证：如果 $b_1 R' b_2$，那么 $\forall b_2' \in (b_2)_C \exists b_1' \in (b_1)_C\, b_1' R' b_2'$。故，R′是可构成系统 C′上的一个互模拟。

（2）令 $S' = (\pi_1 \times \pi_2)^{-1} S$，$a_1 S' a_2$ 并且 $a_1' \in (a_1)_C$。于是，有 $(\pi_1 a_1)\ S\ (\pi_2 a_2)$ 并且 $\pi_1 a_1' \in (\pi_1 a_1)_C$。因为 S 是 C′上的互模拟，所以，存在 $b_2' \in (\pi_2 a_2)_C$ 使得 $(\pi_1 a_1')\ S b_2'$。于是，存在某个 $a_2' \in (a_2)_C$ 使得 $b_2' = \pi_2 a_2'$。由此

可得：存在某个 $a_2'\in(a_2)_C$ 使得 $a_1'S'a_2'$。于是，如果 $a_1S'a_2$，那么 $\forall a_1'\in(a_1)_C\exists a_2'\in(a_2)_C\ a_1'S'a_2'$。同理可证：如果 $a_1S'a_2$，那么 $\forall a_2'\in(a_2)_C\exists a_1'\in(a_1)_C a_1'S'a_2'$。故，S′是可构成系统 C 上的一个互模拟。

定义 30　令 C 和 C′是两个可构成系统，令 R 是 C 上的一个互模拟等价关系，如果满射π：C→C′满足对所有的 a，b ∈C，

$$aRb\Leftrightarrow\pi(a)=\pi(b),$$

则称系统 C′是系统 C 相对于 R 的商。约定：C′=C/R。

引理 31　令 R 是可构成系统 C 上的一个互模拟等价关系 R，并且令π：C→C′是 C 的一个商，则 C′是强外延的当且仅当 R 是关系$\equiv_C$。

证明　假设 R 是关系$\equiv_C$。令$\pi(a)\equiv_C\pi(b)$。证明：π(a)＝π(b)。由引理 29（2），$R'=(\pi_1\times\pi_2)^{-1}R$ 是 C 上满足 aR′b 的一个互模拟。因此 $a\equiv_C b$。但是π：C→C′是由$\equiv_C$决定的 C 的商（即 R），由此可得：π(a)＝π(b)。

反之，假设 C′是外延的，现在证明：如果 S 是 C 上的一个小的互模拟，并且如果 aSb，那么 aRb，由此可得：R 是$\equiv_C$。由引理 29（1），$S'=(\pi_1\times\pi_2)S$ 是 C′上满足π(a) S′π(b) 的一个互模拟。因此$\pi(a)\equiv_C\pi(b)$。再由 C′是强外延的可得：π(a)＝π(b)。因此，a＝b。

定义 32　如果π：C→C′是可构成系统 C 关于$\equiv_C$的一个商，则称它是 C 的强外延商。

引理 33　可构成系统 L 有一个强外延商。

证明　这里关键的问题是定义一个定义域为可构成系统 L 的映射π，使得对任意的 a_1，$a_2\in L$ 有

$$a_1\equiv_M a_2\Leftrightarrow\pi a_1=\pi a_2。$$

对于可构成系统 L_0，π的标准定义对于等价类是有效的。一般地，为了从每个等价类中选择一个代表，需要使用整体选择的加强形式。这里我们给出的是一个仅需要使用 AC 的局部形式的一个证明。对于每个 $a\in L_0$，可达点向图 L_0a 的点的集合和一个序数一一对应，并且这个对应可以导出这个序数上的一个可达结构。这个导出的可达点向图在由良基集合组成的全域中，并和 L_0a 同构。对每一个 $a\in L_0$，令 Ta 是由这个良基全域中的可达点向图组成的类，其中这些可达点向图与 L_0a'同构，这里 $a'\in L_0$ 并且满足 $a\equiv_{L_0}a'$。由上面的讨论可知，每个类 Ta 是非空的，因此 Ta 包含良基全域中极小秩元

素，令πa是 Ta 中这些元素构成的集合。注意到若 $a_1 \equiv_{L0} a_2$，则 $Ta_1 = Ta_2$，从而$\pi a_1 = \pi a_2$。反过来，若 a_1，$a_2 \in L_0$且满足$\pi a_1 = \pi a_2$，则一定存在一个既在 Ta_1中又在 Ta_2中的可构成可达点向图。于是存在 a_1'，$a_2' \in L_0$且满足 $a_1 \equiv_{L_0} a_1'$，$a_2 \equiv_{L_0} a_2'$和 $L_0 a_1' \cong L_0 a_2'$。由命题 14，$a_1' \equiv_{L_0} a_2'$，所以 $a_1 \equiv_{L_0} a_2$。

定理 34　对于任意可构成系统 C，下面的条件是等价的。

（1）C 是强外延的。

（2）对于任意（小的）可构成系统 C_0，存在至多一个可构成系统映射 $C_0 \to C$。

（3）对于任意系统 C'，每一个系统映射 $C \to C'$是单射。

证明　首先我们证明（1）和（2）是等价的。假定（1），令π_1，π_2：$C_0 \to C$ 是可构成系统映射。由引理 29（1）（$\pi_1 \times \pi_2$）（$=_C$）是在 C 上的一个互模拟 R。如果 $m \in C_0$那么（$\pi_1 m$）R（$\pi_2 m$），从而$\pi_1 m \equiv_C \pi_2 m$。由 C 是强外延的，所以$\pi_1 m = \pi_2 m$。因此$\pi_1 = \pi_2$，我们证明了（2）。现在假定（2），令 C_0是这样的一个系统，它的点是关系 R 中的有序对，并且在 C_0中（a，b）→（a′，b′）当且仅当在 C 中有 $a \to a'$和 $b \to b'$。对任意的 a，b $\in C$，π_1，π_2：$C_0 \to C$ 满足下面的式子

$$\pi_1(a, b) = a, \qquad \pi_2(a', b') = b。$$

可以证明：π_1和π_2是系统映射。这里 R 是互模拟$\equiv_C$。由（2），$\pi_1 = \pi_2$，所以当 $a \equiv_C b$ 那么（a，b）$\in C_0$且 $a = \pi_1(a, b) = \pi_2(a, b) = b$。从而 C 是强外延的，即（1）成立。

然后我们证明（1）和（3）是等价的。假定（1），令π：$C \to C'$是可构成系统映射。由引理 29（2）$(\pi_1 \times \pi_2)^{-1}$（$=_{C'}$）是在 C 上的一个互模拟 R。因此，若$\pi a = \pi b$，即 aRb，则 $a \equiv_C b$，因为 C 是强外延的，所以 $a = b$。故π是单射的，我们证明了（3）。现在假定（3），运用前面的引理，令π：$C \to C'$是 C 的强外延商。由（3），π一定是单射的并且是一个同构映射，则 $C \cong C'$。由 C'是强外延的，于是 C 也是强外延的。

最后我们证明（2）的局部形式。对于小的可构成系统 C_0蕴涵不受限制的情况。令π_1，π_2：$C_0 \to C$ 是可构成系统映射和 $a \in M_0$，那么通过把π_1和π_2限制到小的可构成系统 $C_0 a$ 上，我们应用（2）可以得到π_1和π_2在 $C_0 a$ 上是相等的，并且满足$\pi_1 a = \pi_2 a$。又因 $a \in C_0$是任意的，所以有，$\pi_1 = \pi_2$。

定义 35　令 C 是一个可构成系统，可构成图 G 的一个 C－装饰是一个可构成系统映射π：$G \to C$。

特别地，G 的一个 L－装饰就是 G 的一个装饰。

定义 36　令 C 是一个可构成系统，如果 C 的每一个可构成图都有唯一的 C－装饰，则称 C 是一个完全的可构成系统。

命题 37　每一个完全的可构成系统都是强外延的。

证明　由定理 34 可得。

令π_c：$L_0 \to L_c$是 L_0的关于$\equiv_{L_0}$的强外延商。

引理 38　每一个可构成系统 C 都有唯一的可构成系统映射

$$\pi: C \to L_c。$$

证明　如果 $a \in C$，那么 $Ca \in L_0$。定义π：$C \to L_0$使其满足$\pi(a) = Ca$。显然，π是一个可构成系统映射。因此，$\pi_c \circ \pi$：$C \to L_c$是一个可构成系统映射并且由定理 34 可得：$\pi_c \circ \pi$的唯一性。

推论 39　L_c是一个完全的可构成系统。

定义 40　令 C 是一个可构成系统，如果对于每个集合 $x \subseteq C$ 都存在唯一一个 $a \in C$ 使得 $x = a_C$。则称可构成系统 C 是满的。

引理 41　每一个完全的可构成系统是满的。

证明　令 $x \subseteq C$ 是一个集合，其中 C 是一个完全的可构成系统。构作图 G_0，G_0中的点和边由 C 中位于从 x 中一个点出发的路径上的点和边组成。令可构成图 G 是由在 G_0中加一个新点 $*$ 和对每个 $y \in x$ 增加边（$*$，y）所得到的图。因 C 是完全的，则 G 有唯一 C－装饰 d。把 d 限制到 G_0的点上，我们就得到 G_0的一个 C－装饰。显然恒等映射是 G_0的那个唯一的 C－装饰。所以对任意 $x \in G_0$有 $dx = x$。这样若 $a = d(*)$，则 $a \in C$ 并且

$$\begin{aligned} a_C &= \{dy \mid * \to y \text{ 在 } G \text{ 中}\} \\ &= x。\end{aligned}$$

现设 $a' \in C$ 并满足 $a'_C = x$，则我们得到 G 的一个 C－装饰 d'并且满足 $d' * = a'$和对任意 $y \in G_0$有 $d'y = y$。又因 d 是 G 的唯一的 C－装饰，$d = d'$并且

$$a' = d'(*) = d(*) = a。$$

这样我们就证明了存在唯一一个 $a \in C$ 使得 $a_C = x$。

定理 42　每个满的可构成系统 C 都是 ZFC^- 的一个模型。

证明　令 C 是一个满的可构成系统。由定义 40 可知：对每个集合 $x \subseteq C$ 都存在唯一一个 $a \in C$ 使得 $x = a_C$。用 x^C 表示这个唯一的集合 a。以下我们将逐次考查 ZFC^- 的每条公理。

外延公理：令 a，b ∈C 使得

$$C \models \forall x\ (x \in a \leftrightarrow x \in b)。$$

那么 $a_C = b_C$，但 $a = (a_C)^C$ 并且 $b = (b_C)^C$，因此 $C \models a = b$。

无序对公理：如果 a，b ∈C，那么 $\{a, b\} \subseteq C$，所以令 $c = \{a, b\}^C \in C$。显然，

$$C \models (a \in c \wedge b \in c)$$

成立。

并集公理：令 $a \in C$。那么 $x = \cup\{y_C \mid y \in a_C\}$ 是 C 的一个子集，所以令 $c = x^C \in C$。那么

$$C \models \forall y \in a\ \forall z \in y\ (z \in c)$$

成立。

幂集公理：令 $a \in C$，那么 $x = \{y^C \mid y \subseteq a_C\}$ 是 C 的一个子集，所以，令 $c = x^C$。那么

$$C \models \forall x\ (\forall z \in x\ (z \in a) \rightarrow x \in c)$$

成立。

无穷公理：对于 n = 0，1，…，令

$$\Delta_0 = \varnothing^C,$$

$$\Delta_{n+1} = ((\Delta n)_C \cup \{\Delta n\})^C，对于 n = 0, 1, \cdots。$$

那么，对所有的 n，$\Delta_n \in C$，由

$$\Delta_\omega = \{\Delta_n \mid n = 0, 1, \cdots\}^C \in C$$

可得：

$$C \models (\Delta_0 \in \Delta_\omega \wedge \forall y\ (y \notin \Delta_0))$$

和

$$C \models \forall x \in \Delta_\omega \exists y \in \Delta_\omega (x \in y))。$$

分离公理：令 $a \in C$，令 $\varphi(x)$ 是一个公式，并且该公式中至多 x 自由出现，对于 C 的元素，可能包含常元。并且集合

$$c = \{b \in a_C \mid C \models \varphi(b/x)\}^C \in C。$$

那么

$$C \models \forall x \in (x \in c \leftrightarrow x \in a \wedge \varphi)。$$

收集公理：令 $a \in C$，令 $\varphi(x, y)$ 是一个公式，该公式中至多 x 和 y 自由出现，且可能包含 C 元素的常元。假定

$$C \models \forall x \in a\ \exists y\ \varphi(x, y),$$

那么

$$\forall x \in a_C \exists y\ (y \in C \wedge C \models \varphi(x, y))。$$

由收集公理模式，存在一个集合 b 使得

$$\forall x \in a_C \exists y \in b\ (y \in C \wedge C \models \varphi(x, y))。$$

令 $c = (b \cap C)^C$，则

$$C \models \forall x \in a\ \exists y \in c\ \varphi(x, y)。$$

选择公理：令 $a \in C$ 并满足

$$C \models \forall x \in a\ \exists y\ (y \in x)$$

和

$$C \models \forall x_1, x_2 \in a\ (\exists y\ (y \in x_1 \wedge y \in x_2) \rightarrow x_1 = x_2)。$$

那么

$$\forall x \in a_C\ (x_C \neq \varnothing)$$

并且对于所有的 $x_1, x_2 \in a_C$，

$$(x_1)_C \cap (x_2)_C \neq \varnothing \Rightarrow x_1 = x_2。$$

因此，$\{x_M \mid x \in a_C\}$ 是一个两两不相交的非空集合的集合。由选择公理，存在一个集合 b 使得对于每一个 $x \in a_c$，集合 $b \cap x_C$ 有唯一的元素 $c_x \in C$。因此 $c = \{c_x \mid x \in a_C\} \in C$ 使得下式成立：

$$C \models \forall x \in a\ \exists y \in x\ \forall u \in x\ (u \in c \leftrightarrow u = y)。$$

任意的可构成系统 C 都确定集合论语言的一个解释，其中的变元取 C 中的结点，谓词符号"∈"被解释成关系 $\in_C$，而对于 $a, b \in C$，

$$a \in_C b \Leftrightarrow a \in b_C。$$

定理 43　在上面的解释下，每个完全的可构成系统都是 $ZFC^- + AFA$ 的一个模型。

证明　令 C 是一个完全的可构成系统。那么由定理 41 和定理 42 可得：

C 是满的并且它是 ZFC^- 的一个模型。剩下的只要证明 C 是 AFA 的一个模型。对于 a，b ∈C，定义 a 和 b 的 C 有序对 $(a, b)_C$为

$$(a, b)_C = \{\{a\}^C, \{a, b\}^C\}^C。$$

（因此，在 C 中，$(a, b)_C$具有两个元素 a 和 b 通常有序对的标准集合论的结构）

现在，我们把一个图表示成一个集合和这个集合上的一个二元关系组成的序对。因此，对于 c ∈C，

C⊧"c 是一个图"

当且仅当存在 a，b ∈C 使得 $c = (a, b)_C$并且

C⊧"b 是 a 上的一个二元关系"，

即：$b_C \subseteq \{(x, y)_C \mid x, y \in a_C\}$。因此，如果 c ∈C 满足 C⊧"c 是一个可构成典范图"，我们可以取上面的 a，b 并且令 a_C的元素是 G 的结点，满足 $(x, y)_C \in b_C$的有序对 (x，y) 作为边。由于 C 是完全的，G 有唯一的 C－装饰 d。那么 d：$a_C \to C$ 并且对于所有的 $x \in a_M$

$$dx = \{dy \mid (x, y)_C \in b_C\}。$$

令

$$f = \{(x, dx)_C \mid x \in a_C\}^C,$$

那么 f ∈C 并且可以验证

C⊧"f 是可构成图典范图 G 的唯一装饰"。

（三）基于 L 的 $ZFC^- + AFA^{\sim}$的模型

定义 44　令 ~ 是可构成系统 L_0上的一个互模拟关系，如果它满足：

（1）~ 是 L_0上的一个等价关系；

（2）$Ga \cong Gb \Rightarrow Ga \sim Gb$；

（3）对任意 a，b ∈G，$a_G = b_G \Rightarrow Ga \sim Gb$。

则称 ~ 是可构成系统 L_0上的一个可构成正则互模拟关系。

命题 45　$\equiv_{L_0}$是可构成系统 L_0上的一个可构成正则互模拟，并且对于任意的可构成系统 C，

$$Ca \equiv_{L_0} Cb \Leftrightarrow a \equiv_C b。$$

其中$\equiv_{L_0}$是$\equiv_{L_0} \upharpoonright L_0$。

证明　由第二章第一节定理7可得：$\equiv_{L_0}$是L_0上的一个互模拟。下面证明：$\equiv_{L_0}$满足定义44。其证明类似于第二章第二节定理2。

定义46　令C是一个可构成系统，如果对于任意的a，b $\in$C，

$$Ca \equiv_{L_0} Cb \Rightarrow a = b,$$

则称它是$\equiv_{L_0}$－外延的。

现在，相对于L_0的反基础公理AFA可以描述为：一个可达点向图是精确图当且仅当它是$\equiv_{L_0}$－外延的。由于$\equiv_{L_0}$是一个正则互模拟并且相对于它的可构成系统映射π_c：$L_0 \to L_c$是L_0的强外延商，而系统映射π：$L \to L_c$是单射，所以L_c是$ZFC^- + AFA$的模型并且$L \subseteq L_c$，$L_c \cong L / \equiv_{L_0}$。即：

$$L / \equiv_{L_0} \models ZFC^- + AFA。$$

定理47　$(\cong^t)_{L_0}$是L_0上的一个正则互模拟，并且对于任意的可构成系统C，

$$Ca\ (\cong^t)_{L_0}\ Cb \Leftrightarrow a \equiv_C b。$$

其中$(\cong^t)_{L_0}$是$\cong^t \upharpoonright L_0$。

定义48　令C是一个可构成系统，如果对于任意的a，b $\in$C，

$$Ca\ (\cong^t)_{L_0} Cb \Rightarrow a = b,$$

则称它是$(\cong^t)_{L_0}$－外延的。

由于相对于L的反基础公理SAFA可以描述为：一个可达点向图是精确图当且仅当它是$(\cong^t)_{L_0}$－外延的。又由于$(\cong^t)_{L_0}$是一个正则互模拟并且相对于它的可构成系统映射π_c：$L_0 \to L_c$是L_0的强外延商，而系统映射π：$L \to L_c$是单射，所以L_c是$ZFC^- + SAFA$的模型并且$L \subseteq L_c$，$L_c \cong L/(\cong^t)_{L_0}$。即：

$$L/(\cong^t)_{L_0} \models ZFC^- + SAFA。$$

定理49　$(\cong^*)_{L_0}$是L_0上的一个正则互模拟，并且对于任意的可构成系统C，

$$Ca\ (\cong^*)_{L_0} Cb \Leftrightarrow a \equiv_C b,$$

其中$(\cong^*)_{L_0}$是$\cong^* \upharpoonright L_0$。

定义50　令C是一个可构成系统，如果对于任意的a，b $\in$C，

$$Ca\ (\cong^*)_{L_0} Cb \Rightarrow a = b,$$

则称它是$(\cong^*)_{L_0}$－外延的。

由于相对于 L_0 的反基础公理 FAFA 可以描述为：一个可达点向图是精确图当且仅当它是 $(\cong^*)_{L_0}$ – 外延的。又由于 $(\cong^*)_{L_0}$ 是一个正则互模拟并且相对于它的可构成系统映射 π_c：$L_0 \to L_c$ 是 L_0 的强外延商，而系统映射 π：$L \to L_c$ 是单射（相对于 $(\cong^*)_{L_0}$），所以 L_c 是 $ZFC^- + FAFA$ 的模型并且 $L \subseteq L_c$，$L_c \cong L/(\cong^*)_{L_0}$。即：

$$L/(\cong^*)_{L_0} \models ZFC^- + V = L + SAFA。$$

由以上讨论和第二章第二节的推论 11 可得：

$$L \subseteq L/\equiv_{L_0} \subseteq L/(\cong^t)_{L_0} \subseteq L/(\cong^*)_{L_0}。$$

四　基于 V（A）的一个模型

模型 V（A）（见参考文献［5］）是 1980 年 M. P. Fourman 构造的含有原子的集合 A 的刻画原子和集合的集合论系统 ZFA（＝ZF + A，这里 A：存在原子的集合）的模型。而 ZFA 是 20 世纪 20 年代和 30 年代中，弗兰克尔和莫斯托夫斯基等人为研究选择公理的独立性基于海廷（Heyting）的直觉主义谓词演算系统 HQC 的基础上建立的集合论系统。本节，在 V（A）的基础上，采用 Aczel 的方法，建立非良基集合论系统 $ZFC^- + A + AFA^\sim$ 的一个模型，从而说明反基础公理族 $AFA^\sim$ 相对于集合论系统 $ZFC^- + A$ 的协调性。

（一）直觉主义谓词演算系统 HQC 和公理系统 ZFA①

公理系统 ZFA 的形式语言是 L_{ZFA}。它由下面的九条公理组成：

1. 可决定性公理：$\forall x\ (x \in A \vee x \notin A)$。

可决定性公理表示：x 是原子还是集合是可决定的。

2. 集合公理：$\forall y\ (\exists x\ (x \in y) \to y\ \varepsilon S)$。

这里 $y\ \varepsilon S$ 表示：$y \notin A$，即："y 是一个集合"。集合公理表示：如果 y 中有元素，则 y 是一个集合。

---

① Michael P. Fouramn, Sheaf Models For Set Theory. Jounrnal of Pure and Applied Algebra 19（1980）91 – 101.

3. $\in$ -归纳公理：$\forall x\ (\forall y \in x\ \varphi(y) \rightarrow \varphi(x)) \rightarrow \forall x\ \varphi(x)$。

4. 收集公理：$\forall x\ (\forall y \in x\ \exists w\ \varphi \rightarrow \exists z\ \forall y \in x\ \exists w \in z\ \varphi)$。

下面几条公理与 ZF 系统中的公理相同。

5. 外延公理：$\forall x \in S\ \forall y \in S\ (x = y \leftrightarrow \forall z\ (z \in x \leftrightarrow z \in y))$。

6. 无序对公理：$\forall x\ \forall y\ \exists z\ (x \in z \wedge y \in z)$。

7. 并公理：$\forall x\ \forall y\ \exists z\ (z \in y \leftrightarrow \exists w \in x\ (z \in w))$。

8. 幂集公理：$\forall x\ \exists y\ \forall z\ (z \in y \leftrightarrow \forall w \in z\ (w \in x))$。

9. 无穷公理：$\exists x\ (\exists y\ (y \in x) \wedge \forall y \in x\ (\exists w \in x\ (y \in w)))$。

特别地，公理系统 ZF 是在公理系统 ZFA 的基础上增加公理：

$$A = \varnothing，即：\forall x\ (x \in S)。$$

但是，ZFA 所依赖的逻辑基础是海廷的直觉主义谓词逻辑。为了后面讨论的方便，下面给出海廷的直觉主义谓词逻辑 HQC，但本书有所改动。海廷的直觉主义谓个体变项符号、谓词符号、逻辑联结词符号¬，∧，∨，→以及量词符号∀和∃为初始符号；语形方面的其他概念如：项、公式、子公式和个体变项的自由出现等也都类似于前面介绍的一阶谓词逻辑 QC 中相应的概念。下面给出海廷的直觉主义的谓词逻辑 HQC：

HQC 的公理（模式）：

A_1：$\alpha \rightarrow (\alpha \wedge \alpha)$；

A_2：$(\alpha \wedge \beta) \rightarrow (\beta \wedge \alpha)$；

A_3：$(\alpha \rightarrow \beta) \rightarrow (\alpha \wedge \gamma \rightarrow \beta \wedge \gamma)$；

A_4：$((\alpha \rightarrow \beta) \wedge (\beta \rightarrow \gamma)) \rightarrow (\alpha \rightarrow \gamma)$；

A_5：$\alpha \rightarrow (\beta \rightarrow \alpha)$；

A_6：$(\alpha \rightarrow (\alpha \rightarrow \beta)) \rightarrow \beta$；

A_7：$\alpha \rightarrow (\alpha \vee \beta)$；

A_8：$(\alpha \vee \beta) \rightarrow (\beta \vee \alpha)$；

A_9：$((\alpha \rightarrow \gamma) \wedge (\beta \rightarrow \gamma)) \rightarrow ((\alpha \vee \beta) \rightarrow \gamma)$；

A_{10}：$\neg \alpha \rightarrow (\alpha \rightarrow \beta)$；

A_{11}：$((\alpha \rightarrow \beta) \wedge (\alpha \rightarrow \neg \beta)) \rightarrow \neg \alpha$；

A_{12}：$\alpha(y) \rightarrow \exists x\ \alpha(x)$；

A_{13}：$\forall x\ \alpha(x) \rightarrow \alpha(y)$。

HQC 的推理规则：

R_1：从α和α→β可以推出β；

R_2：从α和β可以推出α∧β；

R_3：从β→α(x) 可以推出β→∀x α(x)，变项 x 不在β中自由出现；

R_4：从α(x) →β(x) 可以推出∃x α(x) →β，变项 x 不在β中自由出现。

系统 HQC 中的推演和证明等的定义也与前面给出的一阶谓词逻辑 QC 中的定义一样。另外，从 HQC 中去掉有关量词的公理和推理规则，就得到了海廷的直觉主义命题逻辑 HPC。需要注意的是：在海廷的直觉主义命题逻辑 HPC 中，双重否定律

$$\neg\neg\alpha\rightarrow\alpha$$

和反证律

$$(\neg\alpha\rightarrow\beta)\rightarrow((\neg\alpha\rightarrow\neg\beta)\rightarrow\alpha)$$

以及排中律

$$\alpha\vee\neg\alpha$$

都不成立。因此，在海廷的直觉主义谓词逻辑 HQC 中，双重否定律和反证律也不成立。由此可得：海廷的直觉主义谓词逻辑 HQC 弱于一阶谓词逻辑 QC。

（二）ZFA 的模型 V（A）

定义 1　模型 V（A）定义如下：令 A 是一个原子的集合，并且令

$S_0(A)=\varnothing$；

$S_{\alpha+1}(A)=\wp(V_\alpha(A))$，这里 $V_\beta(A)=A\cup S_\beta(A)$；

$S_\lambda(A)=\cup\{S_\alpha(A)\mid\alpha<\lambda\}$，如果λ是一个极限序数。

这里℘表示幂运算。并且令

$V(A)=\cup\{V_\alpha(A)\mid\alpha\in On\}$。

显然，A ⊆V（A）并且 V ⊆V（A）并且 V（A）中有两类元素：原子和集合。

V（A）上的隶属关系 $\in_{V(A)}$ 是 V 上的隶属关系 $\in_V$ 的扩张，为方便起见，仍然记作∈。这里 A 中的元素叫原子，原子不是集合，但它可以作为集合的元素出现。

当 A = ∅时，V = V（∅）是V（A）的纯集合部分。因此，ZF 公理系统可以看作公理系统 ZFA 加上不存在原子，即：A = ∅得到的。

模型 V（A）的一些基本性质以及以下的结论可参看文献［4］。

引理 2 如果$\#x \geq \alpha$，那么

$\|x\, \varepsilon V_{\alpha}(A) \rightarrow \varphi\|_{\Delta,\#} =$ 真 当且仅当 $\|\varphi\|_{\Delta,*} =$ 真

这里 * 除了可能在点 x 有 *（x） = α外，其余点上的值都与#一致的。另外，还有

$$\|\exists x\, \varphi\|_{\Delta,\#} = \|\exists x\, \varepsilon V_{\alpha}(A)\ \varphi\|_{\Delta,\#}$$

和

$$\|\forall x\, \varphi\|_{\Delta,\#} = \|\forall x\, \varepsilon V_{\beta}(A)\ \varphi\|_{\Delta,\#},$$

其中，α，β依赖于#。

定义 3 我们称一个公式φ在 V（A）中有效，记作 V（A）$\models \phi$ 当且仅当 $\|\varphi\|_{\Delta,\#} =$ 真，对所有的Δ，#“真值”已被定义。一条规则有效，如果它保持有效性。

引理 4 海廷的直觉主义命题演算 HPC 的所有公理和推理规则在 V（A）中都是有效的。

在一个布尔拓扑斯中，排中律是有效的并且经典逻辑也是有效的。

定理 5 V（A）是公理系统 ZFA 的模型。即：V（A）$\models$ ZFA。

（三）ZFA 的满模型

定义 6 一个 HT（Heyting）图 G =（G，→）是一个 apg，其中 G 和→都是由 V（A）的集合组成的类，即：G ⊆V（A）并且→⊆V（A）。

下面使用的 apg 均为 HT-apg。为了写作方便，简记作 apg。

定义 7 一个良基的 apg 是一个 apg，其中在父结点下的每一个子图在“父结点关系”下都有一个最小元。

定义 8 令 G 是一个 apg，并且令 U 是一个包括空集和（可能的）一个或者多个原子的收集，G 的一个标号是一个函数 t：G→U，它给 G 的每一个无孩子的结点指派 U 中唯一的元素。带有一个标号函数 t 的可达点向图 G 被称为一个加标的可达点向图。

随后，我们将假定存在一个给定的标号为 U 的收集。这里，U 可以是一个真类。

定义 9　一个 apg 的装饰是一个加标的 apgG 和一个定义在每一个 G 的结点 n 上并满足下面的条件的递归可定义函数 d′：

$$d'n=\begin{cases}t'n, & \text{如果 } n \text{ 没有子结点；}\\ \{d'm \mid m\in ch_n\}, & \text{否则。}\end{cases}$$

因此，一个结点 n 的装饰是由所有它的父结点的装饰的集合，或者如果它没有子结点，那么它是它的标号。

显然，一个良基的、加标的 apg 是在定义 9 意义下的一个外延结构，其中外延关系取的是“父亲的”。

命题 10（Mostowski 坍塌原理）　每一个良基的、加标的 apg 都有唯一的装饰。

证明　从定义 9 立可得，其中装饰函数 d′被递归定义在良基关系“父亲的”上。

定义 11　令 G 是一个顶点为 n 的、加标的 apg。如果 d′n 是 n 的一个装饰，则称 G 描述了（画出了）集合 d′n。

推论 12　每一个良基的，加标的 apg 是唯一一个集合的图。

下面将用符号 G_a表示 apgG 描述的集合 a。

命题 13　每一个良基集都有一个图。

证明　令 x 是一个集合，通过给 TC′x（是 x 的传递闭包）里的每一元素指派一个结点来构造一个 apgG，并且把满足条件：u，v ∈ TC′x 并且 v ∈ u 的所有有序对（u，v）作为边，那么集合 x 是 G 的点的唯一装饰。因此，由定义 11，G 描述了 x。

定义 14　令 a ∈V（A）是一个集合，a 的典范图和典范树图的定义类似于第一章第三节定义 9。

从上面的构造可以看出：一个集合 x ∈V（A）的典范图的特点是 G 没有两个结点有相同的装饰。即：装饰函数 d′是单射。这样的图，有时也叫精确图。x 的典范树图 G′的特点是 G′的每一个结点都不存在两个或两个以上的父结点。

如果令 U = ｛∅｝，即，每一个无孩子的结点都将被标记为一个空集。那么第一章第三节图 5 中的两个可达点向图都刻画了冯·诺依曼（Von Neumann）的序数 3。但图 5 右边的可达点向图是典范图，而左边的是典范树图。

现在，我们已经得到：集合“是”图，并且图“是”集合。然而，一般地，我们仍然会有一个集合对应许多图的情况。下面我们将在良基上的apg上定义等价关系。

定义15　令P是所有良基的、加标的apg的类。在G上定义类关系（等价类）$\sim_P$：$G \sim_P G'$，当且仅当，G和G′描述了相同的集合。

现在，由于在类$P/\sim_P$的元素和满足ZF⊧x的集合x之间显然存在着一一对应关系，所以，类$P/\sim_P$是ZF的模型。然而，在我们把这个结果形式的表达出之前，需要把apg的概念推广到真类上。

定义16　令M是一个结点的收集（可能但不一定是一个真类）以及定义在它上面的一个二元关系（分别是类关系）R。我们说M是一个系统，记为<M，R>，如果对每一个结点$n \in M$，关系R被解释为“父亲的”关系并满足一个有始点、加标的apg$G \subseteq M$。即如果结点的集合$n \cup \{m \in M \mid m \in \boxed{ch_n}\}$连同对应到R的边是一个apg。如果每一个$G \subseteq M$是良基的，那么称<M，R>是一个良基的系统。

由定义16，每一个apg是一个系统，但并不是每一个系统都是一个apg。这一点类似于集合和类之间的区别。

定义17　令<M，R>是一个良基的系统。如果从$\{G \subseteq M\}$到$P/\sim_P$满足条件G→[G]的映射是双射，则称M是满的。或者，如果对于每一个集合$x \subseteq M$都有唯一的$a \in M$使得$x = a_M$，则称系统M是满的，并且令x^M是这唯一的$a \in M$。

命题18　每一个良基的、满系统M都是ZFC+A（公理A：存在原子的集合）的模型。

证明　对集公理、并集公理、幂集公理和无穷公理都可以从命题13的结论：每一个良基集都有一个图立刻得到。

因为$x \in A \vee x \notin A$和$\exists x\ (x \in y) \rightarrow y\ \varepsilon S$是永真式，所以，可决定性公理和集合公理显然成立。

外延公理：施归纳于良基关系“父亲的”。假设n，$m \in M$并满足$ch_n = ch_m$，那么$d'n = d'm$。因此，$G_{d'n} \sim_G G_{d'm}$。因为M是满的，这就意味着

$G_{d'n}=G_{d'm}$，所以 $n=m$。

收集公理：令 $a\in M$ 并且φ是一个公式，该公式中至多 x 和 y 自由出现，并且可能包含 M 元素的常元。假定

$$M\vDash \forall x\in a\ \exists y\ \varphi,$$

那么

$$\forall x\in a_M \exists y\ (y\in M \wedge M<\varphi)。$$

由收集公理模式，存在一个集合 b 使得

$$\forall x\in a_M \exists y\in b\ (y\in M\wedge M\vDash\varphi)。$$

由于 $b\cap M$ 是 M 的一个子集，所以，我们可以构造 $c=(b\cap M)^M\in M$ 使得

$$M\vDash \forall x\in a\ \exists y\in c\ \varphi。$$

$\in$－归纳公理：对任意的 $x\in M$ 并且φ是一个公式，该公式中至多 x 自由出现，假定

$$M\vDash \forall x\ (\forall y\in x\ \varphi(y)\rightarrow\varphi(x)),$$

那么

$$\forall x\in M\wedge M\vDash\forall y\in x\ \varphi(y)\rightarrow\varphi(x)。$$

由于 $x\cap M$ 是 M 的一个子集并且由$\forall y\in x_M$，$M\vDash\varphi(y)\Rightarrow M\vDash\varphi(x)$，

所以，

$$M\vDash\forall x\ \varphi(x)。$$

良基公理建立在 M 的定义上。

选择公理：令 $a\in M$ 并且满足

$$M\vDash\forall x\in a\ \exists y\ (y\in x)$$

和

$$M\vDash\forall x_1\in a\ \forall x_2\in a\ (\exists y\ (y\in x_1\wedge y\in x_2)\rightarrow x_1=x_2),$$

那么

$$\forall x\in a_M\ (x_M\neq\varnothing)$$

并且对于所有的 x_1，$x_2\in a_M$

$$(x_1)_M\cap(x_2)_M\neq\varnothing\Rightarrow x_1=x_2。$$

这样，$\{x_M \mid x\in a_M\}$ 是一个两两不相交的非空集合的集合。因此，由选择公理，存在一个集合 b 使得对于每一个 $x\in a_M$，集合 $b\cap x_M$ 有唯一的元素 $c_x\in M$。因此，$c=\{c_x\mid x\in a_M\}\in M$ 使得下式成立：

$$M\vDash\forall x\in a\ \exists y\in x\ \forall u\in x\ (u\in c\leftrightarrow u=y)。$$

命题 18 用可达点向图建立了含有原子的 ZF 集合论的一个模型，这在下面的非良基集合论的讨论中是非常有用的。因为现在我们能够用可达点向图来刻画非良基集合和良基集合。实际上，当我们将模型限制到良基的可达点向图时，我们就回到了经典的集合论理论中。这表明超集理论是对经典集合论的一种扩展而不是一种替换。这说明非良基集理论不会告诉我们任何关于良基集的新东西。

推论 19　每一个满系统 M 都是 $ZFC^{-}+A$（其中公理 A：存在原子的集合）的模型。

（四）非良基集上的外延性

现在，我们将良基的、加标的 apg 的类 P 扩大为包括所有非良基的、加标的 apg 的一个类$\mathcal{H}$。注意：系统 M 的定义将保持不变，但我们的系统不再必须是良基的。而且，在下文中，将使用 Gn 和 Mn 表示一个始点为 n 的图 $G\subseteq M$。（这种记法与 Ga 不同，我们将继续用它表示集合 a 的一个图）。

由于我们将类 P 扩大为类$\mathcal{H}$，所以我们就自然失去了前面所有依赖于基础公理的结果。不过，还保留了一个非常重要的结果：

命题 20　每一个集合有一个图。

证明　与命题 13（每个良基集有一个图）的证明相似，但装饰不必再是唯一的。

为了弥补失去的依赖于基础公理的其他结果，我们需要在系统上定义一个函数类。

定义 21　令 M 和 M′是两个系统，并且映射π：$M\to M'$。如果对于 M 中所有的 n，

$$ch_{\pi n}=\{\pi m\mid m\in ch_{n}\},$$

则称映射π是一个系统映射。如果π是一个双射，那么它是一个系统同构。如果存在这样的映射，记作 $M\cong M'$。

下面的定义，对于后面引入非良基集合上的合理的外延性概念十分重要。

定义 22　令 R 是 M 上的一个二元关系，如果 $R\subseteq R^{+}$ 并且对于 n，$m\in M$，

nR^+m 当且仅当 $\forall x \in ch_n \exists y \in ch_m (xRy) \wedge \forall y \in ch_m \exists x \in ch_n (xRy)$，

则称 R 是一个互模拟。

显然，如果 $R_0 \subseteq R$，则 $R_0^+ \subseteq R^+$，即：算子 $(\ )^+$ 是单调的。

我们现在能够利用互模拟来定义$\mathcal{H}$上的一个等价关系类。

定义 23 如果$\mathcal{H}$上的一个互模拟关系 ~ 满足下面条件：

（1） ~ 是$\mathcal{H}$上的一个等价关系；

（2） $Gn \cong G'n' \Rightarrow Gn \sim G'n'$；

（3） $ch_n = ch_{n'} \Rightarrow$ 对 n，$n' \in G$，$Gn \sim Gn'$，

则称 ~ 是$\mathcal{H}$上的一个正则互模拟。

定义 24 令 ~ 是一个正则互模拟。对所有的 n，$m \in M$，如果

$$Mn \sim Mm \Rightarrow n = m$$

成立，则称系统 M 是一个 ~ －外延的系统。

命题 25 如果 M 是 ~ －外延的，则对于任意的系统 M_0，至多存在一个单射的系统映射π：$M_0 \hookrightarrow M$。其中 $M_0 \hookrightarrow M$ 表示存在 M_0 到 M 的包含映射。

证明 假设π_1，π_2：$M_0 \hookrightarrow M$ 并且令 $n_0 \in M_0$。由于π_1和π_2是单射，所以，$\pi_2 \pi_1^{-1}$：$M(\pi_1 n_0) \to M(\pi_2 n_0)$ 是一个系统同构。因此，$M(\pi_1 n_0) \cong M(\pi_2 n_0)$。根据定义 4 有，$M(\pi_1 n_0) \sim M(\pi_2 n_0)$，所以$\pi_1 n_0 = \pi_2 n_0$。由于 n_0的选取是任意的，所以，$\pi_1 = \pi_2$。

定义 26 如果一个系统 M 是 ~ －外延的并且对于 M 中的某个 n，每一个 ~ －外延图 $G \in \mathcal{H}$系统同构于 Mn，则称系统 M 是 ~ －完全的。（由命题 25，这样的同构一定是唯一的。由此可得：对于一个 ~ －完全的系统 M 中的 n，m，$ch_n = ch_m \Rightarrow n = m$。）

命题 27 每一个 ~ －完全的系统 M 是满的。

证明 由定义 17，如果$G \to [G]$ 的映射是一个双射，则 M 是满的，这里 $G \subseteq M$ 并且 $[G] \in \mathcal{H}/\sim$。要证明这个映射是满射，根据定义 26，只需证明每个等价类 [G] 包含一个 ~ －外延的元素。假设 G 是一个图。我们可以通过满足 $Gn \sim Gm$ 的 G 中所有确定的结点 n，m，构造一个 ~ －外延的图 G′。显然，$G \sim G'$，所以 $G' \in [G]$。假设 Gn，Gm 映射到 G，那么 $Gn \sim Gm$，由于 Gn 和 Gm 是 ~ －外延的，因此 n = m。

这些结果表明我们能够用可达点向图来建立与$\mathcal{H}/\sim$一致的任意集合全域

$V(A)^{\sim}$的一个模型，这里～是所有可达点向图的全域$\mathcal{H}$上的一个正则互模拟。论域$V(A)^{\sim}$上的外延性可以定义为：如果x，y是集合，那么只要集合x，y各自地的典范图G_x，G_y满足$G_x \sim G_y$，则$x = y$。

定义28　令～是可达点向图的收集$\mathcal{H}$上的一个正则互模拟。我们现在用$AFA^{\sim}$表示“一个可达向图是一个精确图当且仅当它是～－外延的”。

定理29（Rieger 定理）　每一个满系统都是$ZFC^{-}+A$的一个模型。

证明　略。

假定已经给定正则互模拟～的集合论语言中的一个定义，称作$\phi(x, y)$，其中没有任何参数并且至多有两个自由变项x和y。

现在令M是一个满系统并且令$\sim_M$是M上的关系，即～定义在M中的定义$\phi(x, y)$。将M中的一个可达点向图c表示为一个三元组$((a, b), u)$，这里a是一个集合，b是a上的一个二元关系并且u是a的一个元素。那么，如果$c \in M$，我们有$M \models$“c是一个点向图”当且仅当对于某些唯一确定的a，b，$u \in M$，$c = ((a, b)^M, u)^M$使得

$$ch_b \subseteq \{(x, y)^M \mid x, y \in ch_a\}$$

并且$u \in ch_a$。由于这样的c在M中，我们现在考虑点向图

$$((ch_a, \{(x, y) \mid (x, y)^M \in ch_b\}), u),$$

称这个点向图为ext_c。

定义30　对于一个系统M，如果任意的c，$d \in M$使得$M \models$“c，d是点向图”，都有

$$c \sim_M d \Leftrightarrow ext_c \sim ext_d,$$

则称正则互模拟～对于系统M是绝对的。

定理31（$AFA^{\sim}$的模型引理）令～是一个正则互模拟并且对于满系统是绝对的，那么每一个～－完全的系统M都是$ZFC^{-}+A+AFA^{\sim}$的一个满模型。

在下面的（五）中，我们将建立三个不同的正则互模拟。但是，对于良基的可达点向图来说，这些正则互模拟的限制都等价于（三）中的关系$\sim_P$。这是良基性的一个推论。（为明确起见，我们将注意力放在所有无孩子的并被标记为空集的结点的情况中。含有原子的情况也同样。）

引理32　在定义15中，所有良基的、加标的apg类P上的关系$\sim_P$是P

上的唯一正则互模拟。

证明　令 M 是一个良基系统，n，$n' \in M$。根据 $\sim_P$ 的定义，$n \sim_P n' \Leftrightarrow d'n = d'n'$。根据装饰函数 d 的定义可得：

$$n \sim_P n' \Leftrightarrow \{dm \mid n \to m\} = \{dm' \mid n' \to m'\}。$$

即，$\sim_P$ 满足

$$n \sim_P n' \Leftrightarrow \forall x \in ch_n \exists y \in ch_{n'}\ (x \sim_P y) \wedge \forall y \in ch_{n'} \exists x \in ch_n\ (x \sim_P y)。$$

$\sim_P$ 显然是一个等价关系。而定义 23 的其他条件也可立刻得到。因此，$\sim_P$ 是一个正则互模拟。

唯一性：对于给定的任意的良基系统 M，无孩子的结点都是不足道地同构的。因此，对于所有无孩子的结点 n，n′，对于任意的正则互模拟 ~ 都有 $n \sim n'$。通过归纳，正则互模拟现在是确定的。因此，一定是 $\sim_P$。

因此，在真包含 ZFA 的论域 V（A）的意义上，每一个 $V(A)^{\sim}$ 都将是一个扩张的论域。

（五）$ZFC^- + A + AFA^{\sim}$ 的模型

定义 33　如果一个系统 M 上的关系 R 是一个集合，称 R 是小的。$\sim_A$ 如下：

对于系统 M 上的小互模拟关系 R，如果 nRm，那么 $\dot{M}n \sim_A Mm$。

命题 34　令 M 是任意的系统，那么 $\sim_A$ 是 M 上的唯一的极大互模拟。而且，$\sim_A$ 是一个正则互模拟。

证明　令 M 中的 m 和 n 满足 $Mn \sim_A Mm$，那么对某个小互模拟关系 R，如果 nRm。根据 $\sim_A$ 的定义和运算（ ）$^+$ 的单调性可得：

$$(nRm \Rightarrow Mn \sim_A Mm) \Rightarrow (nR^+m \Rightarrow Mn \sim_A{}^+ Mm)。$$

但 R 是一个互模拟，因此 $R \subseteq R^+$。特别地，nR^+m 并且因此 $n \sim_A{}^+ m$，这就蕴涵了 $\sim_A \subseteq \sim_A{}^+$。因此，$\sim_A$ 是一个互模拟。

唯一性：令 R 是 M 上的任意互模拟并且满足 nRm。那么 $R' = R \cap (Mn \times Mm)$ 就是一个小互模拟并且满足 $nR'm$，因此 $n \sim_A m$。

$\sim_A$ 是一个正则互模拟：任意系统上的恒等映射是一个明显的互模拟；如果 R 是一个互模拟，那么 R^{-1} 是一个互模拟；两个互模拟的合成是一个互模拟。因此，$\sim_A$是自返的，对称的，传递的，也就是说是一个$\sim_A$等价关系。任意系统同构π定义了 M 上的一个互模拟 R，这里 xRy 当且仅当 $x \in Mn$，$y \in Mm$，并且$\pi x = y$，因此 $Mn \cong Mm \Rightarrow n \sim_A m$。最后，假定 $ch_n = ch_m$。定义 M 上的关系 R 如下：$R = \{(n, m)\} \cup \{(x, x) \mid x \in Mn\}$。那么 nRm，因此 $n \sim_A m$。

命题 35　$\sim_A$对于满系统是绝对的。

$\sim_A$蕴涵了什么样的反良基公理呢？对于典范图 Ga，Gb 来说，我们用 a = b 当且仅当 $Ga \sim_A Gb$ 来定义集合上的外延性。那么$\sim_A$的极大性告诉我们只要有这个可能集合将是相等的。更特别地，它告诉我们集合相等当且仅当它们能够被相同的可及点向图描述。这导致了下面的反基础公理的表达形式：

定义 36（AFA）　一个可达点向图是一个精确图当且仅当它是$\sim_A$外延的。

推论 37　$\mathcal{H}/\sim_A$是 $ZFC^- + A + AFA$ 的模型。

证明　由命题 34 和命题 35 以及定理 31 可得。

定义 38　假设 Mn 是 M 中的一个图。令 $(Mn)^*$ 是 Mn 中从 n 的某个孩子开始的路径上的结点和边并增加上一个新结点*，以及与每个 $m \in ch_n$对应的新边（*，m）而构成的图。注意，如果 n 不在从 n 的孩子开始的任意路径上，那么 $(Mn)^*$ 将通过所有 $m \in \boxed{ch_n}$ 上的恒等映射同构于 Mn，其中把*映射到 n。如果 n 在这样的某个路径上，那么 $(Mn)^*$ 由 Mn 的结点和边加上一个新的结点与相应的边组成。

定义 39　如果 M 是一个系统，$\sim_F$如下：

$$n \sim_F m \text{ 当且仅当 } (Mn)^* \cong (Mm)^*。$$

注意：如果 $ch_n = ch_m$，那么 $(Mn)^* = (Mm)^*$，因此，$(Mn)^* \cong (Mm)^*$。

命题 40　令 M 是一个系统，关系$\sim_F$是一个正则互模拟。

证明　假设 $Mn \sim_F Mm$。那么 $(Mn)^* \cong (Mm)^*$。明显地对每个 $n' \in ch_n$，存在 $m' \in ch_m$，使得 $Mn' \cong Mm'$，并因此 $(Mn')^* \cong (Mm')^*$。再通过对称性，这就证明了$\sim_F$是一个互模拟。

由于$\sim_F$定义在一个同构上，所以直接得出它是一个等价关系。例如，

对于对称性而言，

$$\begin{aligned} Mn \sim_F Mm &\Leftrightarrow (Mn)^* \cong (Mm)^* \\ &\Leftrightarrow (Mm)^* \cong (Mn)^* \\ &\Leftrightarrow \quad Mm \sim_F Mn。\end{aligned}$$

传递性可以类似地得到。

我们已经看到：$ch_n = ch_m \Rightarrow Mn \sim_F Mm$。

最后，假设π：$Mn \cong Mm$，那么我们通过π'（$*$）$= *$，否则$\pi' = \pi$来定义π'：$(Mm)^* \cong (Mn)^*$。因此，$\sim_F$是一个正则互模拟。

命题 41　令 M 是一个系统，$\sim_F$对于满系统 M 是绝对的。

定义 42（FAFA）　一个可达点向图是一个精确图当且仅当它是$\sim_F$外延的。

推论 43　$\mathcal{H}/\sim_F$是 $ZFC^- + A + FAFA$ 的模型。

证明　由命题 40 和命题 41 以及定理 31 可得。

现在，假设一棵树是一个可达点向图并且没有结点会有两个或两个以上的父结点。在系统 M 中的任意图 Mn 可用定义 14 的方式展为一棵树。一个图 Mn 的这种展开记作（$Mn)^t$。

定义 44　如果一棵树没有非平凡的自同构，则称它是一棵非冗余树。

定义 44 等价于：如果存在一个结点 $m \in Mn$ 和结点 x，$y \in ch_m$ 使得 $(Mx)^t \cong (My)^t$，我们称图 Mn 是冗余的。

定义 45　如果 M 是一个系统，$\sim_S$如下：

$$Mn \sim_S Mm \Leftrightarrow (Mn)^t \cong (Mm)^t。$$

命题 46　令 M 是一个系统，M 上的关系$\sim_S$是一个正则互模拟。

证明　与命题 40 的证明类似。

命题 47　令 M 是一个系统，$\sim_S$对于满系统 M 是绝对的。

定义 48（SAFA）　一个可达点向图是一个精确图当且仅当它是$\sim_S$外延的。

推论 49　$\mathcal{H}/\sim_S$是 $ZFC^- + A + SAFA$ 的模型。

证明　由命题 46 和命题 47 以及定理 31 可得。

第Ⅱ编

用方程组刻画的反基础公理

由于非良基集合 $x=\{x\}$ 在 Barwise 等人的著作 Vicious Circles: On the Mathematics of Non-Well-Founded Phenomena（Stanford: CSLI Publications, 1996: pp. 72 – 73.）中是一个平坦方程组，并且利用他的解引理 AFA 证明了平坦方程组

$$x=\{x\}$$

有唯一的解。实际上，当

$\Omega=\{\{\{\{\cdots\{\{\varnothing\}\}\cdots\}\}\}\}$（这里省略号表示有无穷多层括号）时和当

$\Omega'=\{\{\{\{\cdots\{\{\varnothing,\{\varnothing\}\}\}\cdots\}\}\}\}$（这里省略号表示有无穷多层括号）时都是平坦方程组 $x=\{x\}$ 的解，并且 $\Omega\neq\Omega'$。① 因此，Barwise 的解引理 AFA 不符合直观。

为了使解引理 AFA 符合直观，本文基于线性方程组及其解结构的思想，将 Barwise 的平坦方程组划分为齐次平坦方程组和（Barwise – 型的）平坦方程组，并假设齐次平坦方程组有解，假设（Barwise – 型的）平坦方程组有唯一解。按照这样的划分，$x=\{x\}$ 是齐次平坦方程组，根据假设，$x=\{x\}$ 有解而不是有唯一解。

因此，本编利用齐次线性方程组和方程组之间的关系以及它们解之间的关系，完成了下面的工作：

1. 定义了齐次平坦方程组并给出了它的解引理 LAFA：每个齐次平坦方程组都有一个解。然后，在齐次平坦方程组的基础上，定义了（Barwise – 型的）平坦方程组，并给出了它的解引理 AFA：A（原子的集合）上的每个

---

① 这个例子是由评审我们的文章《论基础公理与反基础公理》（《逻辑学研究》2013 年第 2 期）的专家给出的，在此表示衷心的感谢！

（Barwise－型的）平坦方程组都有一个唯一解。最后，给出（Barwise－型的）平坦方程组的一种推广形式。

2. 定义了两个齐次平坦方程组之间的互模拟；给出并证明如果两个或两个以上的齐次平坦方程组有相同解，那么这两个或两个以上的方程组是互模拟的；在此基础上证明了（Barwise－型的）平坦方程组有相同解的充分必要条件；给出并证明了方程组之间互模拟的一些性质；利用这些性质（不用解引理）证明了广义的（Barwise－型的）平坦方程组上的极大互模拟是一个等价关系。

3. 定义了一种广义的齐次方程组；在此基础上，定义了广义方程组并给出了相应的解引理；最后证明了：在 ZFC^- 中，AFA 等价于每个广义方程组都有一个唯一的解。

4. 证明了基于方程组的反基础公理 AFA 与 ZFC^- 的相对协调性。

5. 证明了每个图有一个装饰等价于每个齐次平坦方程组有一个解。

6. 证明了（Barwise－型的）平坦方程组有唯一的解等价于 A 上的每个图有唯一的装饰。

7. 定义 Finsler－齐次平坦方程组；同时给出了 Finsler－齐次平坦方程组的解引理 LFAFA；证明了 Finsler－齐次平坦方程组的解引理与每个 Finsler－图 G 有一个装饰等价。

8. 证明了 Finsler－平坦方程组的解引理与 A 上的每个 Finsler－图 G 有一个唯一的装饰等价。

9. 定义一种不依赖于代入规则的齐次崎岖方程组以及崎岖方程组，给出了它们的解引理，并表明：不用代入，用集合的累积层也能使我们处理一些较复杂的方程组。

第四章
集合方程组与解引理

本章的主要工作是：利用矩阵表示的齐次线性方程组和一般线性方程组的关系，定义集合论中的齐次平坦方程组并给出它的解引理 LAFA：每个齐次方程组都有一个解。然后，在齐次平坦方程组的基础上，定义（Barwise－型的）的平坦方程组并给出相应的解引理 AFA：（A 上的）每个平坦方程组都有一个唯一解。最后，给出（Barwise－型的）平坦方程组的一种推广形式。

一　线性方程组与它的解

（一）线性方程组

一个一般的线性方程组是指形式为

$$\begin{cases} a_{11}x_1+a_{12}x_2+\cdots+a_{1n}x_n=b_1 \\ a_{21}x_1+a_{22}x_2+\cdots+a_{2n}x_n=b_2 \\ \cdots\cdots \\ a_{m1}x_1+a_{m2}x_2+\cdots+a_{mn}x_n=b_m \end{cases} \tag{1}$$

的方程组，其中 x_1，x_2，…，x_n代表 n 个未知数，m 是方程的个数，a_{ij}（i＝1，2，…，m，j＝1，2，…，n）称为方程组的未知数的系数，b_j（j＝1，2，…，m）称为常数项。方程组中未知数的个数 n 与方程的个数 m 不一定相等。未知数的系数 a_{ij}的第一个指标 i 表示它在第 i 个方程，第二个指标 j 表示它是未知数 x_j的系数。因此，a_{ij}表示第 i 个方程中第 j 个未知数的系数。

方程组（1）的一个解就是指由 n 个数 k_1，k_2，…，k_n组成的一个有序数组（k_1，k_2，…，k_n），当 x_1，x_2，…，x_n 分别用 k_1，k_2，…，k_n 代入后，（1）中的每一个等式都变成恒等式。方程组（1）的解的全体称为它的解集合。解方程组实际上就是求出它的解集合，换句话说，找出它的全部解。如果两个方程组有相同的解集合，就称它们为同解的方程组。

显然，下面两个方程组

$$\begin{cases} x_1 - x_2 + 3x_3 = 1 \\ 4x_1 + x_2 + 5x_3 = 4 \\ 2x_1 + x_3 = 6 \end{cases} \tag{2}$$

和

$$\begin{cases} x_1 = 1 + x_2 - 3x_3 \\ x_2 = 4 - 4x_1 - 5x_3 \\ x_3 = 6 - 2x_1 \end{cases} \tag{3}$$

同解。

如果把一般线性方程组（1）的常数项都换成 0，就得到下面的方程组（4）

$$\begin{cases} a_{11}x_1 + a_{12}x_2 + \cdots + a_{1n}x_n = 0 \\ a_{21}x_1 + a_{22}x_2 + \cdots + a_{2n}x_n = 0 \\ \cdots\cdots \\ a_{s1}x_1 + a_{s2}x_2 + \cdots + a_{sn}x_n = 0 \end{cases} \tag{4}$$

并称方程组（4）为齐次线性方程组。方程组（4）也称为方程组（1）的导出组。显然，下面的齐次方程组（5）是方程组（3）的导出组。

$$\begin{cases} x_1 = x_2 - 3x_3 \\ x_2 = -4x_1 - 5x_3 \\ x_3 = -2x_1 \end{cases} \tag{5}$$

定理 1　如果 γ_0 是方程组（1）的一个特解，那么方程组（1）的任意解 γ 可以表示成

$$\gamma = \eta + \gamma_0 \tag{6}$$

其中 η 是导出组（4）的一个解。因此，对于方程组（1）的任一个特解 γ_0，

当η取遍它的导出组的全部解时，（6）就给出（1）的全部解。[①]

（二）线性方程组的一般解

定理2　在齐次线性方程组（4）中，如果 m <n，那么（4）有非零解。

定义3　令

$$A = \begin{pmatrix} a_{11} & a_{12} & \cdots & a_{1n} \\ a_{21} & a_{22} & \cdots & a_{2n} \\ \cdots & \cdots & \cdots & \cdots \\ a_{m1} & a_{m2} & \cdots & a_{mn} \end{pmatrix}$$

为线性方程组（1）的系数矩阵，并且令

$$X = \begin{pmatrix} x_1 \\ x_2 \\ \cdots \\ x_n \end{pmatrix} \qquad B = \begin{pmatrix} b_1 \\ b_2 \\ \cdots \\ b_n \end{pmatrix}$$

那么线性方程组（1）的矩阵表示为

$$AX = B \qquad (1')$$

令

$$C = \begin{pmatrix} a_{11} & \cdots & a_{1n} & b_1 \\ a_{21} & \cdots & a_{2n} & b_2 \\ \cdots & \cdots & \cdots & \cdots \\ a_{m1} & \cdots & a_{mn} & b_m \end{pmatrix}$$

为线性方程组（1）的增广矩阵。

线性方程组有解判别定理[②]　以 r（A）和 r（C）分别表示系数矩阵 A 和增广矩阵 C 的秩，则下面的结论成立：

1. 当 m = n 并且 r（A）= r（C）= n（或者 $|A| \neq 0$，即：A 的行列式不等于0）时，方程组（1）有唯一解；

---

① 北京大学数学力学系几何与代数教研室代数小组编：《高等代数》，人民教育出版社 1978 年版，第 141 页。

② 《数学手册》，人民教育出版社 1979 年版，第 162 页。

2. 当 r（A）<r（C）时，方程组（1）无解，这时（1）称为矛盾方程组；

3. 当 r（A）=r（C）=r<n（或者 $|A|=0$，即：A 的行列式等于 0）时，方程组（1）有无穷多组解；

4. 齐次线性方程组（4）有非零解的充分必要条件是：r（A）<n（$|A|=0$）。

二 齐次平坦方程组与它的解引理

本节利用线性方程组矩阵的表达思想建立用集合表示的齐次平坦方程组和它的解引理。由于在线性方程组的讨论中，未知元的个数和方程的个数都是有穷的，因此，在本文的讨论中，我们也假定所定义的各类方程组中未知元的个数和方程的个数都是有穷的。

（一）齐次平坦方程组

定义 1 （1）一个齐次平坦方程组是一个二元组 $\varepsilon=\langle X, e\rangle$，其中集合 $X\subseteq U$，U 不是集合，它是原子或本元的一个真类，e 是 X 到 $\wp(X)$ 的一个函数，即：$e: X\rightarrow\wp(X)$。亦即：对任意的 $x\in X$，$e(x)=e_x\in\wp(X)$。

（2）称 X 为 ε 的未定元的集合，并且对每个未定元 $v\in X$，称集合 $b_v=e_v\cap X$ 为 v 所直接依赖的未定元的集合。

（3）ε 的一个解是一个定义域 dom（s）= X 的函数 s，并且对每个 $x\in X$，

$$s_x=\{s_y \mid y\in b_x\}。$$

注意：一个方程组可能只有一个方程。当 $X=\varnothing$ 时，齐次平坦方程组的解是一个空函数。另外，在任意的齐次方程组中，$e_x=\varnothing(x\in X)$ 也是可能的。

定义 2 令 $\varepsilon=\langle X, e\rangle$ 是一个任意的齐次平坦方程组，ε 的解集记作：

$$\text{solution-set}(\varepsilon)=\{s_v \mid v\in X\}=s[X],$$

其中，s 是 ε 的解，v 遍历 ε 的所有未定元。

定义 3 令

$$V_{afa} = \cup \{\text{solution-set}(\varepsilon) \mid \varepsilon\text{是一个齐次平坦方程组}\}。$$

也就是说，V_{afa}是所有齐次平坦方程组的解组成的一个类。

显然，$V_{afa} \subseteq V$。

（二）齐次平坦方程组的解引理 LAFA

反基础公理 LAFA：每个齐次平坦方程组都有一个解。

我们有时称这种形式的反基础公理为（齐次平坦方程组的）解引理。

命题 4　如果 LAFA 成立，则齐次平坦方程组 $x = \{x\}$ 有解。

证明　只需构造一个齐次平坦方程组$\varepsilon = \langle X, e \rangle$使得 $X = \{x\}$。

令 $X = \{x\}$，并且令 $e: \{x\} \to \wp(\{x\})$ 是满足 $e_x = \{x\}$ 的函数，即令 $e_x = x$，则 $x = \{x\}$。由 LAFA 可得：存在一个解 s_x满足 $x = \{x\}$，即：$s_x = \{s_x\}$，记这个解 s_x为Ω。所以，$\Omega = \{\Omega\}$。故，齐次平坦方程组 $x = \{x\}$ 有解。事实上，当取$\Omega = \{\{\{\{\cdots\{\{\varnothing\}\}\cdots\}\}\}\}$（这里省略号…表示有无穷多层括号）时，显然$\Omega$满足：$\Omega = \{\Omega\}$。即：$\Omega$是齐次平坦方程组 $x = \{x\}$ 的一个解。

例 5　齐次平坦方程组 $x = \{x\}$ 有无穷多个解。

解　在前面命题 4 的证明中，我们给出过齐次平坦方程组 $x = \{x\}$ 的一个解Ω。但是，当取$\Omega' = \{\{\{\{\cdots\{\{\varnothing, \{\varnothing\}\}\}\cdots\}\}\}\}$（这里省略号…表示有无穷多层括号）时，显然$\Omega'$满足：$\Omega' = \{\Omega'\}$。即：当$\Omega' = \{\{\{\{\cdots\{\{0, 1\}\}\cdots\}\}\}\}$（这里省略号…表示有无穷多层括号）时，$\Omega'$也是齐次平坦方程组 $x = \{x\}$ 的一个解。由此可得：

$$\Omega^{(n)} = \{\{\{\{\cdots\{\{0, 1, \cdots, n\}\}\cdots\}\}\}\}$$

……

$$\Omega^{(\infty)} = \{\{\{\{\cdots\{\{0, 1, \cdots, n, \cdots\}\}\cdots\}\}\}\}$$

也都是齐次平坦方程组 $x = \{x\}$ 的解。因此，齐次平坦方程组 $x = \{x\}$ 有无穷多个解。

显然，如下循环形式的齐次平坦方程组：

$$\begin{cases} x = \{y\} \\ y = \{z\} \\ z = \{x\} \end{cases}$$

也有无穷多个解。于是，我们有下面的推论。

推论 5　如果一个齐次平坦方程组有解，那么它一定有无穷多个解。

命题 6　令 $\varepsilon = <X, e>$ 是一个齐次平坦方程组有解，那么 solution-set（ε）是传递的，即：对任意的集合 b 和 c，如果 $c \in b \in$ solution－set（ε），那么 $c \in$ solution－set（ε）。

定义 7　对于任意的集合 a，如果 a 的任意元素的元素也是 a 的元素，即：

$$\forall c\ \forall b\ (c \in b \wedge b \in a \rightarrow c \in a),$$

那么称集合 a 是传递的。

命题 8　令 $\varepsilon = <X, e>$ 是一个齐次平坦方程组，那么 solution-set（ε）是传递的，即：对任意的集合 b 和 c，如果 $c \in b \in$ solution-set（ε），那么 $c \in$ solution-set（ε）。

证明　令 Z = solution-set（ε）。只需证明 Z 是传递的。

设 $c \in b \in Z$，因为 $Z = \{s_v \mid v \in X\}$，所以，存在 $x \in X$ 使得 $c \in b = s_x$。又因为 $s_x = \{s_y \mid y \in b_x\}$，所以，$c \in \{s_y \mid y \in b_x\}$。由 $c \in \{s_y \mid y \in b_x\}$ 可得：存在 $y \in b_x$ 使得 $c = s_y$，则 $c \in Z$。

定义 9　对于任意的集合 a，包含 a 的最小传递集称为 a 的传递闭包，记作 TC（a）。即：TC（a）是传递的并且 $a \subseteq TC(a)$，如果 b 是满足条件 $a \subseteq b$ 的传递集，那么 $TC(a) \subseteq b$。

TC（a）的存在性可以用∪如下证明：

$$TC(a) = \cup\{a, \cup a, \cup\cup a, \cdots\},$$

由 a 作为一个元素的集合的最小传递集是 TC（{a}）。

例 9　求集合 $a = \{b, \{b, \varnothing\}\}$ 和 $b = \{\{\{a\}\}\}$ 的传递闭包。

解　因为 $a = \{b, \{b, \varnothing\}\}$，所以，

$\cup a = \cup\{b, \{b, \varnothing\}\} = b \cup \{b, \varnothing\} = \{\{\{a\}\}\} \cup \{b, \varnothing\} = \{b, \varnothing, \{\{a\}\}\}$

$\cup\cup a = \cup\{b, \varnothing, \{\{a\}\}\} = b \cup \{\{a\}\} = \{\{\{a\}\}, \{a\}\}$

$\cup\cup\cup a = \cup\{\{\{a\}\}, \{a\}\} = \{\{a\}\} \cup \{a\} = \{\{a\}, a\}$

$\cup\cup\cup\cup a = \cup\{\{a\}, a\} = \{a\} \cup a = \{a, b, \{b, \varnothing\}\}$

$\cup\cup\cup\cup\cup a = \cup\{a, b, \{b, \varnothing\}\} = a \cup b \cup \{b, \varnothing\} = \{b, \{b, \varnothing\},$

$\{\{a\}\}$

由此可以看出：在$\cup\cup\cup\cup$步数之后，增加运算$\cup$的步数就得不到新的集合。因此，

$TC(a) = \{a, \{a\}, \{\{a\}\}, b, \{b, \varnothing\}, \varnothing\}$。

因为 $b = \{\{\{a\}\}\}$，所以，

$\cup b = \cup\{\{\{a\}\}\} = \{\{a\}\}$

$\cup\cup b = \cup\{\{a\}\} = \{a\}$

$\cup\cup\cup b = \cup\{a\} = a$

由此可得：$TC(b) = TC(a)$。

一般地，如果 c 和 d 是两个纯集合并且 $c \in TC(d)$ 并且 $d \in TC(c)$，那么 $TC(c) = TC(d)$。

令

$TC(d) = \cup\{d, \cup d, \cup\cup d, \cdots\} = \cup\{d, \cup d, \cup^2 d, \cdots \cup^n d, \cdots\}$，

那么，对任意的 x，$x \in TC(d)$，因为 $TC(d) = \cup\{d, \cup d, \cup^2 d, \cdots, \cup^n d, \cdots\}$，所以，存在 n 使得 $x \in \cup^n d$。根据$\cup$的定义可得：$x \in d$。由于 $d \in TC(c)$，所以，$x \in d \in TC(c)$。再由 $TC(c)$ 的传递性可得：$x \in TC(c)$，即：$TC(d) \subseteq TC(c)$。同理可证：$TC(c) \subseteq TC(d)$。故，$TC(c) = TC(d)$。

三 （Barwise－型的）平坦方程组与它的解引理

本节在上一节齐次平坦方程组与它的解引理 LAFA 的基础上，利用齐次线性方程组与线性方程组之间的关系，建立（Barwise－型的）平坦方程组和它的解引理 AFA。最后，给出（Barwise－型的）平坦方程组的一种推广形式。需要注意，这里我们建立的（Barwise－型的）平坦方程组和它的解引理 AFA 中，方程组中未知元的个数与方程的个数也是有穷的。

（一）（Barwise－型的）平坦方程组

给定 p，q，假设我们需要集合 x，y 和 z 满足下面的条件：

$$\begin{cases} x = \{x, y\} \\ y = \{p, q, y, z\} \\ z = \{p, x, y\} \end{cases} \tag{1}$$

我们称 p，q 为方程组（1）的原子，并且令 A = {p，q}，称 x，y 和 z 是方程组（1）的未定元，并且令 X 是未定元的集合 {x，y，z}，即：X = {x，y，z}。与第一节的线性方程组相比，我们希望这个方程组的解建立在 p，q 之上。（此时，原子的概念仅与方程组有关，而未定元的概念是初始概念，因此，从现在起，我们将未定元定义为本元）令 e 是定义域为 dom（e）=X = {x，y，z} 上的一个函数，并且满足下面的条件：

$$\begin{cases} e(x) = \{x, y\}, \\ e(y) = \{p, q, y, z\}, \\ e(z) = \{p, x, y\}。 \end{cases}$$

为简单起见，令 e（x）$= e_x$，e（y）$= e_y$，e（z）$= e_z$，于是，由（1）可得：

$$\begin{cases} e_x = \{x, y\}, \\ e_y = \{p, q, y, z\}, \\ e_z = \{p, x, y\}。 \end{cases} \tag{2}$$

由此可得：方程组（2）的解也应该是定义域为 X = {x，y，z} 上的一个函数，令这个函数为 s，则方程组（2）的解可以表示为：

$$\begin{cases} s_x = \{s_x, s_y\}, \\ s_y = \{p, q, s_y, s_z\}, \\ s_z = \{p, s_x, s_y\}。 \end{cases} \tag{3}$$

因为 p 和 q 是固定的对象（原子），因此，p 和 q 不在 s 的定义域中。方程组（2）的解（3）可以统一的表示为：对于任意的未定元 $v \in X$，

$$\begin{aligned} s_v &= \{s_w \mid w \in e_v \cap X\} \cup \{w \mid w \in e_v \cap A\} \\ &= s[e_v \cap X] \cup (e_v \cap A)。 \end{aligned}$$

定义 1　（1）一个（Barwise－型的）平坦方程组或称平坦方程组是一个三元组 $\varepsilon = \langle X, A, e \rangle$，其中集合 $X \subseteq U$，U 不是集合，它是原子或本元的一个真类，$A \neq \varnothing$，而 $X \cap A = \varnothing$，e 是 X 到 $\wp(X \cup A)$ 的一个函数，即：

$$e: X \to \wp(X \cup A)$$

并且

存在一个 $a \in A$ 满足存在 $x \in X$ 使得 $a \in e(x)$。　　　(*)

(2) 称 X 是 ε 的未定元的集合，并且称 A 为 ε 的原子的集合。对每个未定元 $v \in X$，称集合 $b_v = e_v \cap X$ 为 v 所直接依赖的未定元的集合，并称集合 $c_v = e_v \cap A$ 为 v 所直接依赖的原子的集合。

(3) ε 的一个解是一个定义域 dom（s）＝X 的函数 s，并且对每个 $x \in X$，

$$s_x = \{s_y \mid y \in b_x\} \cup c_x。$$

注意：一个（Barwise－型的）平坦方程组可能只有一个方程。当 $X = \varnothing$ 时，平坦方程组的解是空函数。另外，在任意的方程组中，$e_x = \varnothing (x \in X)$ 也是可能的。

令 ε＝＜X，A，e＞是一个平坦方程组，相应的＜X，e＞是一个齐次平坦方程组，我们称＜X，e＞是＜X，A，e＞的导出组。

（二）解引理 AFA

由于 $x = \{x\}$ 的解不是唯一的，所以，LAFA 断言：每个齐次平坦方程组有解。为了与第一节的线性方程组的结论一致，对于（Barwise－型的）平坦方程组，我们给出下面较强的结论。

反基础公理 AFA：A 上的每一个（Barwise－型的）平坦方程组都有一个唯一解。

我们有时称这种形式的反基础公理为（平坦）解引理。

令

$$ZFA = ZFC^- + AFA$$

其中，ZFC^- 是由下面的公理组成的集合论系统。（注：下面给出的 ZFC^- 仅就集合而言，它与第Ⅰ篇中的 ZFC^- 等价，但是，为了更方便的介绍 Barwise 等人的工作，下面给出的是 Barwise 等人使用的含有本原的 ZFC^- 系统。）

ZFC^- 的公理的一个重要特征是它们完全是一阶的。因此，除了使用命题联结词 $\neg$，$\wedge$，$\vee$，$\to$，$\leftrightarrow$ 和等号 $=$ 以及量词 $\forall$ 和 $\exists$ 这些逻辑符号之外，还使用一些非逻辑符号：二元关系符号 $\in$ 和一元关系（性质）符号 U（这里 U

的含义与定义 1 中 U 的含义相同)，一元函数符号 new 和涉及对象的变量。

1. 本元公理：$\forall p\forall q(U(p)\rightarrow\neg(q\in p))$
2. 外延公理：$\forall a\forall b\forall p((p\in a\leftrightarrow p\in b)\rightarrow a=b)$
3. 无序对公理：$\forall p\forall q\exists a(p\in a\wedge q\in a)$
4. 并集公理：$\forall a\exists b\forall c\in a\forall p\in c(p\in b)$
5. 幂集公理：$\forall a\exists b\forall c(c\subseteq a\rightarrow c\in b)$
6. 无穷公理：$\exists a(\varnothing\in a\wedge\forall b(b\in a\rightarrow\exists c\in a(c=b\cup\{b\})))$
7. 收集公理：$\forall a\forall p\in a\exists q\varphi(a,p,q)\rightarrow\exists b\forall p\in a\exists q\in b\varphi(a,p,q)$
8. 分离公理：$\forall a\exists b\forall p(p\in b\leftrightarrow p\in a\wedge\phi(p,a))$
9. 选择公理：$\forall a\exists r$（r 是 a 的一个良序）
10. 强充分公理：

$\forall a\forall b(U(new(a,b))\wedge new(a,b)\notin b\wedge(\forall c\neq a(new(a,b)\neq new(c,b))))$

强充分公理表示：new（a，b）是不属于 b 的一个新的本元并且对于固定 b，给定的新本元运算是单值的。

通常，在集合论的大多数研究中不使用本元（或称原子），这时本元公理和强充分公理可以去掉，由此也使得其他一些公理有一点变化。在这个系统 ZFC^- 上添加基础公理 FA 就是含有本元的 ZFC 系统。

收集公理是一条公理模式，即：对 L_{ZF} 语言中的每一个公式φ(φ中不但允许有前面提到的逻辑符号和$\in$，而且还允许有一元关系符 U 和二元关系符 new，除了公式中出现的变量外，也允许其他变量出现，但 b 除外）都有一条收集公理。

有一条公理模式叫做替换公理模式，它经常出现在集合论的标准化公理系统中。它不同于收集公理，因为在收集公理中，存在量词$\exists q$ 被替换为唯一存在量词$\exists!q$。在 ZF 中，替换公理蕴涵着收集公理。但这个证明用了基础公理。因此，我们的基础集合论必须包含强收集公理。

选择公理的加强形式被称为整体选择公理，它断言：存在一个可定义的双射 $G: On\rightarrow V_{afa}[U]$（$V_{afa}[U]$ 的意义见本节的定义 3）。这种加强平行于充分公理。

现在有了 AFA，我们就可以定义（Barwise - 型的）平坦方程组的解集。

定义2　令三元组$\varepsilon = <X, A, e>$是任意的一个（Barwise－型的）平坦方程组，ε的解集记作：

$$\text{solution-set}(\varepsilon) = \{s_v \mid v \in X\} = s[X],$$

其中，s是ε的解，v遍历ε的所有未定元。

定义3　令

$$V_{afa}[A] = \cup\{\text{solution-set}(\varepsilon) \mid \varepsilon\text{是以}A\text{为原子集的（Barwise－型的）平坦方程组}\}。$$

也就是说，$V_{afa}[A]$是所有以A为原子集的（Barwise－型的）平坦方程组的解组成的类。（在本篇的讨论中，在不产生混淆的情况下，我们既允许$\cup$和$\cap$作用在集合上也允许它们作用在真类上。）

命题4　令$A \subseteq U$并且$A \neq \varnothing$，令$\varepsilon = <X, A, e>$是一个（Barwise－型的）平坦方程组，那么solution-set（ε）$\cup A$是传递的，即：对任意的集合b和c，如果

$$c \in b \in \text{solution-set}(\varepsilon) \cup A,$$

那么$c \in \text{solution-set}(\varepsilon) \cup A$。

证明　令$Z = \text{solution-set}(\varepsilon) \cup A$。只需证明Z是传递的。

设$c \in b \in Z$，因为$Z = \{s_v \mid v \in X\}$，所以，存在$x \in X$使得$c \in b = s_x$。又因为$s_x = \{s_y \mid y \in b_x\} \cup c_x$，所以，$c \in \{s_y \mid y \in b_x\}$或者$c \in c_x$。如果$c \in \{s_y \mid y \in b_x\}$，那么存在一个$y \in b_x$使得$c = s_y$，因此，$c \in Z$；如果$c \in c_x$，则$c \in e_v \cap A$，于是，$c \in A$，由此可得：$c \in Z$。

定义5　对于任意的集合a，a的support是TC（a）$\cap U$，support（a）中的元素是那些在a中的原子。当support（a）$= \varnothing$时，称集合a是纯集合。

定义6　对任意的$A \subseteq U$，定义

$$V[A] = \{a \mid a\text{是一个集合并且support}(a) \subseteq A\}。$$

显然，V［A］是一个真类。如果$A = \varnothing$，我们省略A，记作V，V是所有集合的真类。

命题7　对于所有非空的$A \subseteq U$，$V_{afa}[A] \subseteq V[A]$。即，如果$\varepsilon = <X, A, e>$是一个（Barwise－型的）平坦方程组，它的原子是本原，即：$A \subseteq U$，并且s是ε的解，那么对所有$x \in X$，support（s_x）$\subseteq A$。

证明　设$w \in V_{afa}[A]$，由定义3可得：存在$x \in X$使得$s_x \in$solution-set（ε）并且 $s_x = w$。因为对于所有 $x \in X$，TC（s_x）是包含 s_x 的最小传递集，而由命题 4 可得：$Z =$ solution-set（ε）$\cup A$ 是传递的，所以，TC（s_x）$\subseteq Z$。因此，TC（s_x）$\subseteq Z$。由定义 1 的 3 知：solution-set（ε）的元素 $s_x = \{s_y \mid y \in b_x\} \cup c_x$，即：解集的元素 s_x 不可能是本元，因为它们要么有元素（当 $e_x \neq \varnothing$ 时），要么是空集。所以，

$$\mathrm{TC}(s_x) \cap U \subseteq Z \cap U = A。$$

又 support（s_x）$=$ TC（s_x）$\cap U$，所以，support（s_x）$\subseteq A$，于是，$s_x \in V[A]$，即：$w \in V[A]$。

命题 7 的逆命题是否成立？即：$V[A] \subseteq V_{afa}[A]$？如果命题 7 的逆命题成立，则 $V_{afa}[A] = V[A]$。也就是说，$V[A]$ 中的每个集合都可以作为（Barwise－型的）平坦方程组的解。答案是肯定的，下一章我们证明它。

虽然有些方程组不是（Barwise－型的）平坦方程组，但我们能把它转化成一个（Barwise－型的）平坦方程组后求解。如：方程组 $x = \{\{x, q\}, p\}$ 显然不是一个（Barwise－型的）平坦方程组，因为我们不能把方程组 $x = \{\{x, q\}, p\}$ 的右边分解成未定元的集合和原子集合的并，即：$\{\{x, q\}, p\} \notin \wp(\{x\} \cup \{p, q\})$。但是，我们只需令 $y = \{x, q\}$，因此，$x = \{y, p\}$。这样就将方程组 $x = \{\{x, q\}, p\}$ 转化为（Barwise－型的）平坦方程组

$$\begin{cases} x = \{y, p\} \\ y = \{x, q\} \end{cases} \tag{1}$$

令未定元集 $X = \{x, y\}$，原子集 $A = \{p, q\}$，$e: X \to \wp(X \cup A)$ 满足

$$\begin{cases} e_x = \{y, p\} \\ e_y = \{x, p\} \end{cases}$$

则方程组（1）是一个（Barwise－型的）平坦方程组，从而由解引理可以求出（1）的解。由于方程组 $x = \{\{x, q\}, p\}$ 和方程组（1）同解，因此，（Barwise－型的）平坦方程组（1）的解也是方程组 $x = \{\{x, q\}, p\}$ 的解。本文将在第九章给出一种统一的方法来处理这类方程组的求解。

（三）（Barwise－型的）平坦方程组的一个扩张

在（Barwise－型的）平坦方程组或者平坦方程组中，由于 $X \cap A = \varnothing$

（当 $A \neq \varnothing$ 时），所以没有必要把未定元 X 中的元素看作本元。去掉平坦方程组中的条件 $X \subseteq U$ 后，我们有下面的定义。

定义 8　如果 X 和 $A \neq \varnothing$ 是两个不相交的集合，即：$X \cap A = \varnothing$，$e: X \to \wp(X \cup A)$，则称三元组 $\varepsilon = \langle X, A, e \rangle$ 是一个广义（Barwise－型的）平坦方程组，并称 X 和 A 为方程组 ε 的未定元集和原子集。ε 的一个解仍然是一个定义域为 dom（s）＝X 的函数 s，并且对每个 $x \in X$，

$$s_x = \{s_y \mid y \in b_x\} \cup c_x。$$

定理 9　每个广义的（Barwise－型的）平坦方程组 $\varepsilon = \langle X, A, e \rangle$ 都有一个唯一解 s。并且存在一个具有相同原子集 A 的（Barwise－型的）平坦方程组 $\varepsilon' = \langle Y, A, e' \rangle$ 使得 solution-set（ε）＝solution-set（ε′）。

证明　存在性：由强充分公理，对于每一个 $x \in X$，令 $y_x = new(x, A)$。令

$$Y = \{y_x \mid x \in X\}。$$

那么 $Y \subseteq U$，$Y \cap A = \varnothing$。令 $\varepsilon' = \langle Y, A, e' \rangle$，其中

$$e'(y_x) = \{y_z \mid z \in e_x \cap X\} \cup (e_x \cap A)。$$

那么，ε′ 是一个平坦方程组。由解引理，令 ε′ 的一个解为 s′，令 $s_x = s'(y_x)$，那么 s_x 是广义平坦方程组 ε 的一个解 s。唯一性：ε 的任一解 s 是由 ε′ 的解 s′ 诱导出的，由解引理，s′ 是唯一的，所以 s 也是唯一的。

定义 10　令 a 是一个集合，$\varepsilon = \langle X, A, e \rangle$ 是一个广义平坦方程组，其中，A＝support（a），$X = TC(\{a\}) - A$，并且对于任意的 $x \in X$，$e_x = x$，称这样的广义的（Barwise－型的）平坦方程组 ε 为 a 的典范平坦方程组。特别地，当 a 是一个纯集合时，$A = support(a) = \varnothing$，称这样的广义的（Barwise－型的）平坦方程组 $\varepsilon = \langle X, e \rangle$ 为 a 的典范齐次平坦方程组。

实际上，a 的典范平坦方程组是一个广义的（Barwise－型的）平坦方程组。因为每个 $x \in X$ 是一个集合，并且由传递性：$x \subseteq X$，所以，$e_x = x \subseteq X \subseteq X \cup A$，亦即，$e_x = x \in \wp(X \cup A)$。

另外，未定元集 X 上的恒等函数是 a 的典范平坦方程组的解。因为 $e_x = I_x = x$ 并且对于任意的 $x \in X$，X 是传递的并且 $support(x) \subseteq A$，所以，

$$\begin{aligned} x &= (e_x \cap X) \cup (e_x \cap A) \\ &= (x \cap X) \cup (x \cap A)。\end{aligned}$$

于是我们有下面的结论。

定理 11　对所有的 $A \subseteq U$，$V[A]=V_{afa}[A]$。即，如果 a 是一个集合并且 support（a）$\subseteq A$，那么存在一个（Barwise－型的）平坦方程组$\varepsilon=<X, A, e>$使得 $a \in$solution-set（ε）。特别地，$V[U]=V_{afa}[U]$。

证明　由命题 7 可得：$V_{afa}[A] \subseteq V[A]$。因此，只需证：$V[A] \subseteq V_{afa}[A]$。

令 $a \in V[A]$，对任意的 a，由定义 6 可知：a 是一个集合并且 support（a）$\subseteq A$。令ε_a是 a 的典范平坦方程组（即：a 的广义的（Barwise－型的）平坦方程组），由于未定元集 X 上的恒等函数是 a 的典范平坦方程组的解，由 $a \in X$ 可得：$a=s_a \in$solution-set（ε_a）。由定理 9 可得：存在一个具有用相同原子集 A 的（Barwise－型的）平坦方程组 ε 使得：

$$\text{solution-set}(\varepsilon_a)=\text{solution-set}(\varepsilon)。$$

因此，$a \in$solution-set（ε）。故：$V[A] \subseteq V_{afa}[A]$。当 $A=U$ 时可得：$V[U]=V_{afa}[U]$。

令<是定义在（Barwise－型的）平坦方程组的未定元集 X 上的一个二元关系并且满足下面的条件

$$x<y \text{ 当且仅当 } y \in e_x。$$

如果<在 X 上是良基的，则称这个（Barwise－型的）方程组是良基的。著名的 Mostowski 坍塌引理断言：在 ZFC^- 中，良基的（Barwise－型的）方程组有唯一的解。实际上，这只是 Mostowski 坍塌引理的重述。在 FA 下，只有这类方程组有解。

命题 12　FA 等价于良基的（Barwise－型的）平坦方程组ε有一个唯一的解。

第五章
基于方程组的互模拟

本章主要研究两个或两个以上的齐次平坦方程组在什么情况下有相同的解。在此基础上给出两个或两个以上的（Barwise－型的）平坦方程组有相同的解的条件。

一　互模拟的齐次平坦方程组

考虑下面两个齐次平坦方程组 ε 和 ε'：

令 $\varepsilon = \langle X, e\rangle$，其中，$X = \{x\}$，$e_x = x$，即：$x = \{x\}$。由第四章第二节命题4可知：$\Omega = \{\Omega\}$ 是齐次平坦方程组 ε 的一个解，即：齐次平坦方程组 ε：$x = \{x\}$ 的解。

令 $\varepsilon' = \langle X', e'\rangle$，其中，$X' = \{x, y, z\}$，$e'_x = \{y\}$，$e'_y = \{x, z\}$，$e'_z = \{x\}$。即：

$$\varepsilon': \begin{cases} x = \{y\} \\ y = \{x, z\} \\ z = \{x\}。\end{cases}$$

显然，$\varepsilon \neq \varepsilon'$。但是，如果我们给 ε' 中的每个未定元指派 Ω，那么 $\Omega = \{\Omega\}$ 也是齐次平坦方程组 ε' 的一个解。

定义1　令 $\varepsilon = \langle X, e\rangle$ 和 $\varepsilon' = \langle X', e'\rangle$ 是两个齐次平坦方程组。

1. ε 和 ε' 之间的一个互模拟关系是 $X \times X'$ 上的一个关系 R 并且满足下面的条件：

①假定 xRx'，那么对每个未定元 $y \in e_x \cap X$，存在一个未定元 $y' \in e'_{x'} \cap X'$

使得 yRy'。

②假定 xRx'，那么对每个未定元 $y'\in e'_{x'}\cap X'$，存在一个未定元 $y\in e_x\cap X$ 使得 yRy'。

2. 如果两个齐次平坦方程组ε和 ε′之间存在一个互模拟关系并且满足下面的两个条件：

①对每个 $x\in X$，存在一个 $x'\in X'$使得 xRx'。

②对每个 $x'\in X'$，存在一个 $x\in X$ 使得 xRx'。

则称齐次平坦方程组 ε和 ε′是互模拟的，记作 $\varepsilon\equiv\varepsilon'$。

显然，前面给出的两个齐次平坦方程组ε和ε′是互模拟的。因为令 R 为

$$R=\{<x,x>,<x,y>,<x,z>\},$$

则（1）因为 $<x,x>\in R$，此时，$x'=x$。而 $e_x\cap X=\{x\}\cap\{x\}=\{x\}$ 并且

$$e'_{x'}\cap X'=e'_x\cap X'=\{y\}\cap\{x,y,z\}=\{y\},$$

所以，当取 $y=x\in e_x\cap X=\{x\}$ 时，取 $y'=y\in e'_{x'}\cap X'=\{y\}$ 并且 $<x,y>\in R$。因此，定义 1 中 1 的①成立。反之，因为 $<x,x>\in R$，并且 $e'_{x'}\cap X'=e'_x\cap X'=\{y\}$ 并且 $e_x\cap X=\{x\}$，当取 $y'=y\in e'_{x'}\cap X'$时，取 $y=x\in e_x\cap X$ 并且 $<x,y>\in R$。因此，定义 1 中 1 的②成立。

（2）因为 $<x,y>\in R$，此时，$x'=y$，而 $e_x\cap X=\{x\}$ 并且

$$e'_{x'}\cap X'=e'_y\cap X'=\{x,z\}\cap\{x,y,z\}=\{x,z\},$$

所以，当取 $y=x$ 时，取 $y'=x$ 并且 $<x,x>\in R$。因此，定义 1 中 1 的①成立。反之，因为 $<x,y>\in R$ 并且 $e'_y\cap X'=\{x,z\}$ 并且 $e_x\cap X=\{x\}$，当取 $y'=x\in e'_y\cap X'=\{x,z\}$ 时，取 $y=x\in e_x\cap X=\{x\}$，则 $<x,x>\in R$；当取 $y'=z\in e'_y\cap X'$时，取 $y=x\in e_x\cap X=\{x\}$，则 $<x,z>\in R$。因此定义 1 中的②成立。

（3）因为 $<x,z>\in R$，此时 $x'=z$，而 $e_x\cap X=\{x\}\cap\{x\}=\{x\}$ 并且

$$e'_{x'}\cap X'=e'_z\cap X'=\{x\}\cap\{x,y,z\}=\{x\},$$

所以，当取 $y=x$；取 $y'=x$ 并且 $<x,x>\in R$。因此，定义 1 中 1 的①成立。反之，因为 $<x,z>\in R$ 并且 $e'_{x'}\cap X'=\{x\}$，$e_x\cap X=\{x\}$，当取 $y'=x\in e'_{x'}\cap X'=\{x\}$ 时，取 $y=x$，则 $<x,x>\in R$。因此，定义 1 中 1 的②成立。

显然，定义 1 中的条件 2 也被满足。因此，齐次平坦方程组 ε 和 ε' 是互模拟的。

定理 2　令 $\varepsilon=<X, e>$ 和 $\varepsilon'=<X', e'>$ 是两个齐次平坦方程组。如果 ε 和 ε' 有相同的解集合那么 ε 和 ε' 是互模拟的。

证明　假设 solution-set（ε）= solution-set（ε'）成立，证明：$\varepsilon\equiv\varepsilon'$。令 s 和 s′ 分别是方程组 ε 和 ε' 的解。定义 $X\times X'$ 上的一个关系 R 满足下面的条件：

$$xRx' \text{ 当且仅当 } s(x)=s'(x')。$$

现在只需验证：当方程组 ε 和 ε' 有相同的解集时，上面定义的 R 满足互模拟的所有条件，即：R 是一个互模拟。

首先，假设任意的 $x\in X$ 并且 $s_x\in$ solution-set（ε），因为

$$\text{solution-set}(\varepsilon)=\text{solution-set}(\varepsilon'),\qquad (1)$$

所以，存在某个 $x'\in X'$ 满足 $s_x=s'(x')$（为了可读性，将 s_x 记作 s（x）并且 $s'_{x'}$ 记作 s′（x′））。由 R 的定义可得：xRx'。反之，对任意的 $x'\in X'$ 并且 $s'_{x'}\in$ solution-set（ε'），由（1）可得：存在某个 $x\in X$ 满足 $s'_{x'}=s(x)$，由 R 的定义可得：xRx'。因此，定义 1 中的 2 成立。

其次，假设 xRx' 成立并且对任意的 $y\in e_x\cap X$，由 $s_y\in s_x=s'(x')$ 可得：存在 $y'\in e'(x')$ 使得 $s_y=s'(y')$。因此 yRy'。反之，假设 xRx' 成立并且对任意的 $y'\in e_{x'}\cap X'$，由 $s_{y'}\in s'_{x'}=s(x)$ 可得：存在 $y\in e(x)$ 使得 $s'_{y'}=s(y)$。因此，yRy'。于是，定义 1 中的 1 成立。

由前面的证明可得：$\varepsilon\equiv\varepsilon'$。

二　互模拟的广义平坦方程组

现在，考虑下面两个广义的（Barwise－型的）平坦方程组 $\varepsilon_1=<X, A, e>$，其中，$X=\{x, y, z, w\}$，$A=\{p\}$，$e_x=\{y, z, w\}$，$e_y=\{p, w\}$，$e_z=\{w\}$，$e_w=\{z, w\}$。即：

$$\begin{cases} x=\{y, z, w\} \\ y=\{p, w\} \\ z=\{w\} \\ w=\{z, w\} \end{cases}$$

和$\varepsilon_2 = < X', A, e' >$，其中，$X' = \{x', y', z'\}$，$A = \{p\}$，$e_{x'} = \{y', z'\}$，$e_{y'} = \{p, z'\}$，$e_{z'} = \{z'\}$。即：

$$\begin{cases} x' = \{y', z'\} \\ y' = \{p, z'\} \\ z' = \{z'\} \end{cases}$$

令 s 为（Barwise－型的）方程组ε_1的解，而ε_1的最后两个方程的解为：$s_z = \{s_w\}$ 和 $s_w = \{s_z, s_w\}$。由此可得：$s_w = \{\{s_w\}, s_w\}$。由 $s_w = \{s_w\}$，即：$s_z = s_w$。利用 s 和 $s_z = s_w$，令 $s'(x') = s_x$，$s'(y') = s_y$，并且 $s'(z') = s_z$。于是，s′是（Barwise－型的）方程组ε_2的一个解。确切地说，s 在 $\{x', y', z'\}$ 上的限制是（Barwise－型的）方程组ε_2的一个解。

下面的图 1 是非齐次平坦方程组ε_1：

$$\begin{cases} x = \{y, z, w\} \\ y = \{p, z\} \\ z = \{w\} \\ w = \{z, w\} \end{cases}$$

的一个外延的 apg。图 2 是非齐次平坦方程组ε_2：

$$\begin{cases} x' = \{y', z'\} \\ y' = \{p, z'\} \\ z' = \{z'\} \end{cases}$$

的一个外延的 apg。在图 1 中，由于 $z = \{w\}$ 并且 $w = \{z, w\}$，所以，当 $s_z = s_w$时，图 1 与图 2 将重合。

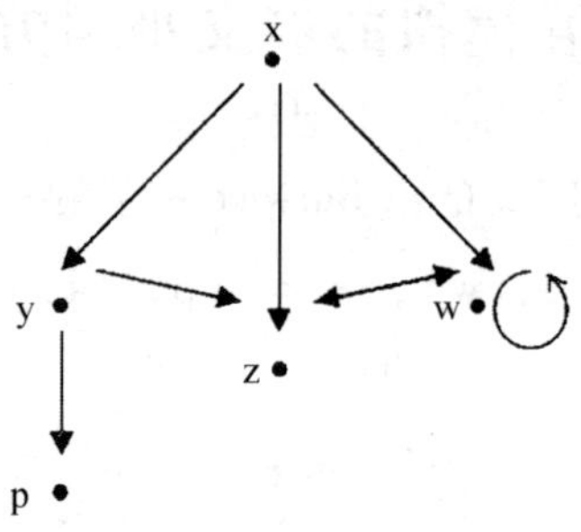

图 1

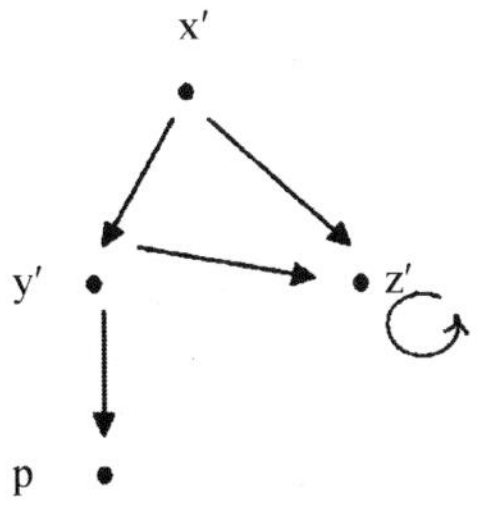

图 2

这个例子表明同解的广义的（Barwise－型的）平坦方程组之间也存在一定的关系，这种关系由下面的定义 1 刻画。

定义 1 令 $A \neq \varnothing$，$A \subseteq U$，并且令 $\varepsilon = \langle X, A, e \rangle$ 和 $\varepsilon' = \langle X', A, e' \rangle$ 是以 A 为相同原子集的两个广义的（Barwise－型的）平坦方程组。

1. ε 和 ε' 之间的一个 A－互模拟关系 $R \subseteq X \times X'$ 满足下面的条件：

①假定 xRx'，那么对每个未定元 $y \in e_x \cap X$，存在一个未定元 $y' \in e'_{x'} \cap X'$ 使得 yRy'。

②假定 xRx'，那么对每个未定元 $y' \in e'_{x'} \cap X'$，存在一个未定元 $y \in e_x \cap X$ 使得 yRy'。

③如果 xRx'，那么 e_x 和 $e'_{x'}$ 包含同样的原子。即：$e_x \cap A = e'_{x'} \cap A$。

2. 如果以 A 为相同原子集的两个广义平坦方程组 ε 和 ε' 之间存在一个 A－互模拟关系并且满足下面的两个性质：

①对每个 $x \in X$，存在一个 $x' \in X'$ 使得 xRx'。

②对每个 $x' \in X'$，存在一个 $x \in X$ 使得 xRx'。

则称方程组 ε 和 ε' 是 A－互模拟的，记作 $\varepsilon \equiv \varepsilon'$，

通常，我们省略“A”，并且只说互模拟关系和互模拟。

显然，前面给出的两个广义（Barwise－型的）平坦方程组 ε_1 和 ε_2 是互模拟的。因为当 R 为

$$R = \{\langle x, x' \rangle, \langle y, y' \rangle, \langle z, z' \rangle, \langle w, z' \rangle\},$$

（1）由 $\langle x, x' \rangle \in R$，而 $e_x \cap X = \{y, z, w\}$ 并且 $e'_{x'} \cap X' = \{y', z'\}$，所以，当取 $y = y \in e_x \cap X = \{y, z, w\}$ 时，取 y' 为 $y' \in e'_{x'} \cap X' = \{y', z'\}$ 并且 $\langle y, y' \rangle \in R$；当取 y 为 $z \in e_x \cap X = \{y, z, w\}$ 时，取 y' 为 $z' \in e'_{x'} \cap$

$X'=\{y', z'\}$ 并且 $<z, z'>\in R$；当取 y 为 $w\in e_x\cap X=\{y, z, w\}$ 时，取 y'为 $z'\in e'_{x'}\cap X'=\{y', z'\}$ 并且 $<w, z'>\in R$。因此，定义 1 中 1 的①成立。反之，因为 $<x, x'>\in R$，并且 $e'_{x'}\cap X'=e'_x\cap X'=\{y', z'\}$ 并且 $e_x\cap X=\{y, z, w\}$，当取 y'为 $y'\in e'_{x'}\cap X'$时，取 y 为 $y\in e_x\cap X$ 并且 $<y, y'>\in R$；当取 y'为 $z'\in e'_{x'}\cap X'$时，取 y 为 $z\in e_x\cap X$ 并且 $<z, z'>\in R$。因此，定义 1 中 1 的②成立。因为 $<x, x'>\in R$，而 $e_x\cap A=\varnothing=e'_{x'}\cap A$；因为 $<y, y'>\in R$，而 $e_y\cap A=\{p\}=e'_{y'}\cap A$；因为 $<z, z'>\in R$，而 $e_z\cap A=\varnothing=e'_{z'}\cap A$；因为 $<w, z'>\in R$，而 $e_w\cap A=\varnothing=e'_{z'}\cap A$。因此，定义 1 中 1 的③成立。

同理可证：当 $<y, y'>$，$<z, z'>$，$<w, z'>\in R$ 时，也满足定义 1 中的条件①—③。

（2）显然，定义 1 中的条件 2 也满足。因此，广义（Barwise－型的）平坦方程组ε_1和ε_2是互模拟的。

一般地，我们有下面的结论：

定理 2　令ε和ε'是以 $A\subseteq U$ 为相同原子集的广义的（Barwise－型的）平坦方程组。ε和ε'有相同的解集合当且仅当ε和ε'互模拟。即：solution-set（ε）＝solution-set（ε'）当且仅当 $\varepsilon\equiv\varepsilon'$。

证明　令 $\varepsilon=<X, A, e>$和 $\varepsilon'=<X', A, e'>$。

1. 假设 solution-set（ε）＝solution-set（ε'）成立，证明 $\varepsilon\equiv\varepsilon'$。令 s 和 s'分别是广义的（Barwise－型的）平坦方程组 ε 和 ε'的解。定义 $X\times X'$上的一个关系 R 满足下面的条件：

$$xRx' \text{ 当且仅当 } s(x)=s'(x')。$$

现在只需验证：当广义的（Barwise－型的）平坦方程组 ε 和 ε'有相同的解集时，上面定义的 R 满足定义 1 的所有条件，即：R 是一个互模拟。

首先，假设任意的 $x\in X$ 并且 $s_x\in$solution-set（ε），因为

$$\text{solution-set}(\varepsilon)=\text{solution-set}(\varepsilon') \qquad (1)$$

所以，存在某个 $x'\in X'$满足 $s_x=s'(x')$（为了书写方便，将 $s'_{x'}$记作 $s'(x')$。）由 R 的定义可得：xRx'。反之，对任意的 $x'\in X'$并且 $s'_{x'}\in$solution-set（ε'），由（1）可得：存在某个 $x\in X$ 满足 $s'_{x'}=s(x)$，由 R 的定义可得：xRx'。因此，定义 1 中的 2 成立。

其次，假设 xRx'成立并且对任意的 $y\in e_x\cap X$，由 $s_y\in s_x=s'(x')$ 可得：

存在 $y'\in e'(x')$ 使得 $s_y = s'(y')$。因此 yRy′。反之，假设 xRx′成立并且对任意的 $y'\in e_{x'}\cap X'$，由 $s_{y'}\in s'_{x'} = s(x)$ 可得：存在 $y\in e(x)$ 使得 $s'_{y'} = s(y)$。因此 yRy′。

最后，如果 $s_x = s'(x')$，那么这些集合必须有相同的本元。因为每个 s_y 是一个集合，所以在 s_x 中的本元的集合是 $e_x\cap A$。同样，对 $s'(x')$ 也同样成立。因此 $e_x\cap A = e'_{x'}\cap A$。因此，R 是一个 A－互模拟。

2. 假设 ε≡ε′成立，证明 solution-set（ε）＝solution-set（ε′）。因为 ε≡ε′，不妨设 R 是 ε和 ε′之间的一个 A－互模拟。现在如果我们能够证明：

"如果 xRx′，那么 $s_x = s'(x')$"，

由此我们可以证明两个给定的广义的（Barwise－型的）平坦方程组的解集合相等。假设 $a\in$solution-set（ε），那么对于某个 $x\in X$，$a = s_x$。由定义 1 中 2 的①可得：存在 $x'\in X'$使得 xRx′。根据假设可得：$s_x = s'(x')$。但另一方面 $a = s_x = s'(x')\in$solution-set（ε′），所以，solution-set（ε）$\subseteq$solution-set（ε′）。同理可证：solution-set（ε′）$\subseteq$solution-set（ε）。

为了证明"如果 xRx′，那么 $s_x = s'(x')$"。我们首先要在相同的 $A\subseteq U$ 上构造一个新的广义平坦组 $\varepsilon^* = \langle X^*, A, e^*\rangle$。其中，$X^*$ 满足：如果 xRx′，则 $\langle x, x'\rangle\in X^*$，并且对于所有的 $\langle u, u'\rangle\in X^*$，

$e^*_{\langle u,u'\rangle} = \{\langle v, v'\rangle\in X^* \mid v\in e_u 并且 v'\in e'_{u'}\}\cup(e^*_u\cap A)$。

对于这个方程组的解，现在有两个候选者。它们分别是如下定义的 X^* 上的函数 s_1 和 s_2：

$$s_{1,\langle u,u'\rangle} = s_u, \qquad s_{2,\langle u,u'\rangle} = s'_{u'}。$$

由于 R 是一个互模拟，下面我们将证明 s_1 和 s_2 都是广义的（Barwise－型的）平坦方程组 ε^* 的解。首先证明 s_1 是 ε^* 的一个解。假设 $\langle u, u'\rangle\in X^*$，我们必须证明

$$s_{1,\langle u,u'\rangle} = \{s_{1,\langle v,v'\rangle} \mid \langle v, v'\rangle\in e^*_{\langle u,u'\rangle}\}\cup(e^*_{\langle u,u'\rangle}\cap A)。\tag{2}$$

为此，取某个元素 $b\in s_{1,\langle u,u'\rangle} = s_u$。因为 s 是 ε的一个解，因此，对于某个 $w\in e(u)\cap X$，b 形如 s_w 或者是一个本元 $z\in e_{1,u}\cap A$。于是，存在 $w'\in e'_v\cap X'$ 满足 wRw′。这意味着 $\langle w, w'\rangle\in X^*$。由此可得：

$$b = s_w = s_{1,\langle w,w'\rangle}\in\{s_{1,\langle v,v'\rangle} \mid \langle v, v'\rangle\in e^*_{\langle u,u'\rangle}\}。$$

即：$s_{1,<u,u'>} \subseteq \{s_{1,<v,v'>} \mid <v, v'> \in e^*_{<u,u'>}\}$。在第二种情况，由 $e^*_{<u,u'>}$ 的定义可得：$z \in e^*_{<u,u'>} \cap A$。

假设 $s_{1,<v,v'>} \in \{s_{1,<v,v'>} \mid <v, v'> \in e^*_{<u,u'>}\}$，这里 $v \in e_u$，$v' \in e'_{u'}$。我们需要证明：$s_{1,<v,v'>} \in s_{1,<u,u'>}$。但是 $s_{1,<v,v'>} = s_v$ 并且 $s_u = s_{1,<u,u'>}$。因为 s 是 ε 的一个解，所以，$s_v \in s_u$。进一步，假设 $z \in e^*_{<u,u'>} \cap A$，由 $e^*_{<u,u'>}$ 的定义可得：$z \in e_u \cap A$。所以，$z \in s_{1,u} = s_{1,<u,u'>}$。

我们现在已经证明了 s_1 和 s_2 都是 ε^* 的解。由第四章第三节定理 9 可得：$s_1 = s_2$。于是，我们证明了：如果 $<u, v> \in R$，则 $s_u = s_v$。

推论 3　以 $A \neq \varnothing$ 为原子集的广义的（Barwise－型的）平坦方程组上的互模拟关系是一个等价关系。即：互模拟关系是自返的，对称的和传递的。

证明　令ε和ε′是以 $A \subseteq U$ 为相同原子集的广义的（Barwise－型的）平坦方程组，即：$\varepsilon = <X, A, e>$，由解引理 AFA，广义的（Barwise－型的）平坦方程组ε有解并且令 s 是ε的解。定义 $X \times X$ 上的一个关系 R 满足下面的条件：

$$xRx' \text{ 当且仅当 } s(x) = s(x')。$$

由定理 2 可知：R 是一个互模拟。

1. 对于任意的 $x \in X$，因为 $s(x) = s(x)$，所以，xRx。即：R 是自返的。

2. 如果 xRx'，由上面的定义可得：$s(x) = s(x')$。由此可得：$s(x') = s(x)$。所以，$x'Rx$。即：R 是对称的。

3. 如果 xRx' 并且 $x'Rx''$，由上面的定义可得：$s(x) = s(x')$ 并且 $s(x') = s(x'')$。由此可得：$s(x) = s(x'')$。所以，xRx''。即：R 是传递的。

由 1－3 可得：互模拟 R 是一个等价关系。

三　互模拟的一些基本性质

在上节定理 2 的推论 3 的证明中，实际上用到了解引理。本节试图给出一个不用解引理的证明。为此，首先，证明互模拟的一些基本性质；其次，定义以 A 为原子集的广义的（Barwise－型的）平坦方程组上的最大互模拟；

最后，证明以 A 为原子集的广义的（Barwise－型的）平坦方程组上的最大互模拟是一个等价关系。

命题 1　令 $A \subseteq U$，$A \neq \varnothing$，并且令 $\varepsilon = <X, A, e>$ 和 $\varepsilon' = <X', A, e'>$ 是以 A 为相同原子集的两个广义的（Barwise－型的）平坦方程组。令 $\varnothing$ 是 ε 和 ε' 上的一个空关系，则 $\varnothing$ 是 ε 到 ε' 上的一个互模拟。

证明　因为 $\varnothing \subseteq X \times X'$，$\varnothing$ 是 ε 到 ε' 上的一个互模拟。

命题 2　令 $A \subseteq U$，$A \neq \varnothing$，并且令 $\varepsilon = <X, A, e>$ 一个广义的（Barwise－型的）平坦方程组。如果 $I \subseteq X \times X'$，则 I 是 $X \times X$ 上的一个互模拟。即：X 上的恒等关系 I 是 ε 上的一个互模拟。

证明　设 I 是 X 上的恒等关系并且设 xIx，显然，I 满足互模拟的定义。

命题 3　令 $A \subseteq U$，$A \neq \varnothing$，并且令 $\varepsilon = <X, A, e>$ 和 $\varepsilon' = <X', A, e'>$ 是以 A 为相同原子集的两个广义的（Barwise－型的）平坦方程组。如果 R 是 ε 和和 ε' 之间的一个 A－互模拟关系，那么 R^{-1} 是 ε' 和 ε 之间的一个互模拟。并且 $(R^{-1})^{-1} = R$。

证明　①假定 $x'R^{-1}x$，则 xRx'。因为 R 是 ε 和 ε' 之间的一个 A－互模拟关系，所以对每个未定元 $y \in e_x \cap X$，存在一个未定元 $y' \in e'_{x'} \cap X'$ 使得 yRy' 成立，所以，$y'R^{-1}y$ 成立。

②假定 $x'R^{-1}x$，则 xRx'。因为 R 是 ε 和 ε' 之间的一个 A－互模拟关系，所以对每个未定元 $y' \in e'_{x'} \cap X'$，存在一个未定元 $y \in e_x \cap X$ 使得 yRy' 成立，所以，$y'R^{-1}y$ 成立。

③如果 $x'R^{-1}x$，则 xRx'，那么 e_x 和 $e'_{x'}$ 包含同样的原子。即：$e_x \cap A = e'_{x'} \cap A$。亦即：$e'_{x'} \cap A = e_x \cap A$。

由①、②和③可得：R^{-1} 是 $X' \times X$ 上的一个 A－互模拟关系。又

①对每个 $x' \in X'$，存在一个 $x \in X$ 使得 xRx'（因为 R 是一个互模拟），所以，$x'R^{-1}x$。

②对每个 $x \in X$，存在一个 $x' \in X'$ 使得 xRx'（因为 R 是一个互模拟），所以，$x'R^{-1}x$。

于是，$\varepsilon' \equiv \varepsilon$。

命题 4　令 $A \subseteq U$，$A \neq \varnothing$，并且令 $\varepsilon = <X, A, e>$、$\varepsilon' = <X', A, e'>$ 和 $\varepsilon'' = <X'', A, e''>$ 都是以 A 为相同原子集的三个广义的（Barwise－型

的）平坦方程组。并且 R_1 是ε和ε′之间的一个 A－互模拟，R_2 是ε′和ε″之间的一个 A－互模拟，则 R_1 和 R_2 的合成 $R_1 \circ R_2$ 是ε和ε″之间的一个 A－互模拟。

证明　①假定 $xR_1 \circ R_2x''$，则存在 x' 使得 xR_1x' 并且 $x'R_2x''$。因为 R_1 是ε和ε′之间的一个互模拟，并且 R_2 是ε′和ε″之间的一个 A－互模拟，所以对每个未定元 $y \in e_x \cap X$，存在一个未定元 $y' \in e'_{x'} \cap X'$ 使得 yR_1y' 成立，并且对每个未定元 $y' \in e'_{x'} \cap X'$，存在一个未定元 $y'' \in e''_{x''} \cap X''$ 使得 $y'R_2y''$ 成立。因此，对每个未定元 $y \in e_x \cap X$，存在一个未定元 $y'' \in e''_{x''} \cap X''$ 使得 $yR_1 \circ R_2y''$ 成立。

②假定 $xR_1 \circ R_2x''$，则存在 x' 使得 xR_1x' 并且 $x'R_2x''$。因为 R_1 是ε和ε′之间的一个 A－互模拟关系，并且 R_2 是ε′和ε″之间的一个 A－互模拟，那么对每个未定元 $y' \in e'_{x'} \cap X'$，存在一个未定元 $y \in e_x \cap X$ 使得 yR_1y'，并且对每个未定元 $y'' \in e''_{x''} \cap X''$，存在一个未定元 $y' \in e'_{x'} \cap X'$ 使得 $y'R_2y''$。所以对每个未定元 $y'' \in e''_{x''} \cap X''$，存在一个未定元 $y \in e_x \cap X$ 使得 $y\ R_1 \circ R_2y''$ 成立。

③如果 $xR_1 \circ R_2x''$，则存在 x' 使得 xR_1x' 并且 $x'R_2x''$。因为 R_1 是ε和ε′之间的一个 A－互模拟关系，并且 R_2 是ε′和ε″之间的一个 A－互模拟，那么 $e_x \cap A = e'_{x'} \cap A$ 并且 $e'_{x'} \cap A = e''_{x''} \cap A$，那么 e_x 和 $e'_{x'}$ 包含同样的原子。即：$e_x \cap A = e''_{x''} \cap A$。即：$e_x$ 和 $e''_{x''}$ 包含同样的原子。

由①、②和③可得：$R_1 \circ R_2$ 是 $X \times X''$ 上的一个 A－互模拟关系。

命题 5　令 $A \subseteq U$，$A \neq \varnothing$，并且令ε＝＜X，A，e＞和ε′＝＜X′，A，e′＞是以 A 为相同原子集的两个广义的（Barwise－型的）平坦方程组。假设 $\{R_i \mid i \in I\}$ 是 ε 到 ε′之间的一个互模拟族，则 $\cup\{R_i \mid i \in I\}$ 也是 ε 到 ε′的一个互模拟。

证明　如果 $\{R_i \mid i \in I\} = \varnothing$，则 $\cup\{R_i \mid i \in I\} = \varnothing$。由命题 1 可得：$\cup\{R_i \mid i \in I\}$ 是一个互模拟。现在假设 $\cup\{R_i \mid i \in I\} \neq \varnothing$，

①假定 $x\ (\cup\{R_i \mid i \in I\})\ x'$，那么存在 $i \in I$ 使得 xR_ix'。因为 R_i 是互模拟并且 $R_i \subseteq \cup\{R_i \mid i \in I\}$，所以，对每个未定元 $y \in e_x \cap X$，存在未定元 $y' \in e'_{x'} \cap X'$ 使得 yR_iy'。由此可得：$y\ (\cup\{R_i \mid i \in I\})\ y'$。

②假定 $x\ (\cup\{R_i \mid i \in I\})\ x'$，那么存在 $i \in I$ 使得 xR_ix'。因为 R_i 是互模拟并且 $R_i \subseteq \cup\{R_i \mid i \in I\}$，所以对每个未定元 $y' \in e'_{x'} \cap X'$，存在未定元 $y \in e_x \cap X$ 使得 yR_iy'。由此可得：$y\ (\cup\{R_i \mid i \in I\})\ y'$。

③如果 $x\ (\cup\{R_i \mid i \in I\})\ x'$，那么存在 $i \in I$ 使得 xR_ix'。因为 R_i 是互模

拟，所以，e_x和$e'_{x'}$包含同样的原子。即：$e_x \cap A = e'_{x'} \cap A$。

又，因为对任意的$i \in I$，R_i是互模拟并且$R_i \subseteq \cup \{R_i \mid i \in I\}$，于是，有

①对每个$x \in X$，存在一个$x' \in X'$使得$xR_i x'$。由此可得：$x\ (\cup \{R_i \mid i \in I\})\ x'$。

②对每个$x' \in X'$，存在一个$x \in X$使得$xR_i x'$。由此可得：$x\ (\cup \{R_i \mid i \in I\})\ x'$。

故，$\cup \{R_i \mid i \in I\}$ 也是ε到ε'的一个互模拟。

命题6　令$A \subseteq U$，$A \neq \varnothing$，并且令$\varepsilon = \langle X, A, e \rangle$和$\varepsilon' = \langle X', A, e' \rangle$是以A为相同原子集的两个广义的（Barwise－型的）平坦方程组，存在唯一一个ε和ε'之间的极大互模拟。

证明　令$\mathfrak{R} = \cup \{R \subseteq X \times X' \mid R$ 是ε个ε'之间的一个互模拟$\}$。由命题5可得：$\mathfrak{R}$是ε和ε'之间的一个互模拟。设R是ε和ε'之间的任意一个互模拟，即：

$$R \in \{R \subseteq X \times X \mid R \text{ 是}\varepsilon\text{和}\varepsilon'\text{之间的一个互模拟}\},$$

则
$$R \subseteq \cup \{R \subseteq X \times X' \mid R \text{ 是}\varepsilon\text{和}\varepsilon'\text{之间的一个互模拟}\}。$$

故：$\mathfrak{R}$是ε和ε'之间的极大互模拟。唯一性显然。

命题7　令$A \subseteq U$，$A \neq \varnothing$，并且令$\varepsilon = \langle X, A, e \rangle$是一个广义的（Barwise－型的）平坦方程组。则ε上的极大互模拟$\mathfrak{R}$是一个等价关系。

证明　令$\mathfrak{R} = \cup \{R \subseteq X \times X' \mid R$ 是ε个ε之间的一个互模拟$\}$。由命题6可知：$\mathfrak{R}$是ε上的一个极大互模拟。

（1）自返性：由命题2和命题6可得：ε上的恒等关系I是一个互模拟并且$I \subseteq \mathfrak{R}$，并且对所有的$x \in X$，xIx，于是，对所有的$x \in X$，$x\mathfrak{R}x$。因此，$\mathfrak{R}$在ε上具有自返性。

（2）对称性：因为$\mathfrak{R}$是ε上的互模拟，命题3可得：$\mathfrak{R}^{-1}$是ε上的互模拟。由$\mathfrak{R}$的极大性得：$\mathfrak{R}^{-1} \subseteq \mathfrak{R}$。因而，对于任意的$x$，$y \in X$，如果$x\mathfrak{R}y$，则$y\mathfrak{R}^{-1}x$并且$y\mathfrak{R}x$。因此，$\mathfrak{R}$在$\varepsilon$上具有对称性。

（3）传递性：对任意的x，y，$z \in X$，如果$x\mathfrak{R}y$并且$y\mathfrak{R}z$，由$\mathfrak{R}$的定义得：存在一个互模拟$R_1 \subseteq \mathfrak{R}$使得$xR_1y$并且存在互模拟$R_2 \subseteq \mathfrak{R}$使得$yR_2z$，于是，$xR_1 \circ R_2 z$并且由命题4可得：$R_1 \circ R_2$是一个互模拟，再由$\mathfrak{R}$的定义可得：$R_1 \circ R_2 \subseteq \mathfrak{R}$，所以$x\mathfrak{R}z$。因此，$\mathfrak{R}$在$\varepsilon$上具有传递性。

由（1）、（2）和（3）可得：$\mathfrak{R}$是一个等价关系。

本节的结论，对齐次平坦方程组也成立，即：当 $A=\varnothing$ 时，命题 1－7 成立。

四 集合的强外延性

我们前面曾经指出，通常的外延公理（这里指 ZFC^- 中的外延公理）并不总能帮助我们决定两个集合 a 和 b 是否相同。例如，如果 $a=\{b\}$ 并且 $b=\{a\}$，那么由通常的外延公理得到的是 $a=b$ 当且仅当 $b=a$。然而，现在我们已经知道这两个集合是相等的，即：$a=b=\Omega$。这是因为它们可以看作方程组 $x=\{y\}$ 和 $y=\{x\}$ 的解。

我们是否能有一个集合相等的统一标准，使得有了这个标准，我们就不需要把集合转换成方程组了？幸运的是，我们在互模拟上所做的工作给了我们这样一个标准。

定义 1 令 a，b 是集合，令二元关系 $R\subseteq a\times b$ 满足下面的条件：如果 aRb，那么

（1）对每个集合 $c\in a$，存在一个集合 $d\in b$ 使得 cRd。

（2）对每个集合 $d\in b$，存在一个集合 $c\in a$ 使得 cRd。

（3）$a\cap U=b\cap U$。

则称 R 是一个互模拟。如果在集合上存在某个互模拟关系 R 使得 aRb 成立，则称集合 a 和 b 是互模拟的。

令 $a=\{p, a\}$ 和 $b=\{p, \{p, b\}\}$，其中，p 是一个本元。容易验证：下面的二元关系 $R\subseteq a\times b$ 是满足 aRb 的一个互模拟。

$$R=\{<a, b>, <a, \{p, b\}>\}。$$

注意：在定义 1 中，R 是集合之间的一个关系。因此，我们不能把 $<p, p>$ 放入 R 中。

定理 2（强外延性） 令 I 是集合上的恒等关系，那么 I 是集合上的最大互模拟关系，即：

（1）I 是集合上的一个互模拟关系；

（2）如果 R 是集合上的一个互模拟关系，那么 R 是恒等关系的一个子关系，即：如果 aRb，那么 $a=b$。

证明　(1) 令 I 是集合上的恒等关系，如果 aIa，那么①对每个集合 c ∈a，存在一个集合 c ∈a 使得 cIc；②对每个集合 d ∈a，存在一个集合 d ∈a 使得 dId。③a ∩U = a ∩U。因此，I 是集合上的一个互模拟关系。

(2) 假设 aRb，构造 a 的典范广义的平坦系统ε= <X，A，e>。取 A = support (a)，X = TC ({a}) − A，并且对于所有的 x ∈X，e_x = x。恒等函数 I 是 ε的解。类似地，可以构造 b 的典范系统ε′ = <X′，A′，e′>。

现在证明：A = A′。假设 p ∈support (a)，对于某个 a′∈TC ({a})，p ∈ a′∈U。因此，存在一个有穷序列

$$a = a_0 \ni a_1 \ni \cdots \ni a_n = a'。$$

在集合上应用 n 次互模拟定义中的 (1)，就可得到存在某个 b′∈TC ({b}) 满足 a′Rb′。但另一方面 p ∈support (b)。这就证明了：A ⊆A′，用类似的方法可以证明 A′⊆A。

令 R^* 为 R 在 X ×X′上的限制。我们将用假设 R 是集合上一个 A－互模拟来证明 R^* 是ε和ε′之间的一个 A－互模拟。令

$$Y = \{x \in X \mid 对于某个 x' \in X'，xR^*x'\}。$$

现在证明：Y = X，这意味着 X 的每个元素都与 X′的某个元素有关。显然，Y ⊆X。因此，只需证：X ⊆Y。由 Y 包含 a，并且如果 x ∈Y 并且 y ∈x，那么 y ∈Y (由 X 的传递性可得：y ∈X。由 x ∈Y 可得：x ∈X 并且对于某个 x′∈X′，xR^*x'。xR^*x'可得：xRx′。因为 R 是一个互模拟，所以，对 y ∈x ∩ X = e_x∩X，存在一个未定元 y′∈$e'_{x'}$∩X′使得 yRy′。于是，yR^*y')。因此 Y 是一个包含 a 的传递集合。由于 TC ({a}) 是最小的这样的集合，所以，X = TC ({a}) ⊆Y。

其次，假设 xR^*y 并且也有 x′∈e_x∩X。这正好意味着 x′∈x ∩X。特别地，x′是一个集合。因此由 R 是集合 A－上的互模拟可得：存在某个集合 y′∈y ∈ X′使得 x′Ry′。根据 X′的传递性，y′∈X′。由此 y′∈e'_y∩X′，$x'R^*y'$。即：R^* 满足互模拟定义中的条件①。

同理可证：R^* 是ε和ε′之间的一个 A－互模拟的另一半，即：R^* 满足互模拟定义中的条件②。

最后，我们检查互模拟定义中的条件③，即：关于本元应满足的条件。令 xR^*y，所以，xRy。因为 R 是集合上的一个互模拟关系，由本节的定义 1

可得：$x \cap U = y \cap U$。但是 $x \cap U$ 是 support（a）$=A$ 的子集，因此 $x \cap U \subseteq A$。同理可得：$y \cap U \subseteq A$。因此

$$e_x \cap A = x \cap A = x \cap U。$$

同理可证：对于 e'_y，有 $e'_y \cap A = y \cap A = y \cap U$。因此 $e_x \cap A = e'_y \cap A$。

这证明了 R^* 是ε和ε′之间的一个 A－互模拟。因为恒等映射是ε和ε′的解，由第二节的定理 2 可得：

$$\begin{aligned} a &= s_a \\ &= s_b \\ &= b \end{aligned}$$

注意：在这一节中，一个互模拟关系可以是一个集合，也可以是一个真类。假设有一个 a 和 b 之间的互模拟关系 R 满足 aRb，那么 R 可以是一个集合。

定义 3　一个点齐次平坦组是一个三元组ε＝＜X，e，x＞。其中，＜X，e＞是一个齐次平坦方程组并且 $x \in X$。一个广义的（Barwise－型的）点平坦组是一个四元组ε＝＜X，A，e，x＞。其中，＜X，A，e＞是一个广义的（Barwise－型的）平坦方程组并且 $x \in X$。

广义的（Barwise－型的）点平坦方程组ε＝＜X，A，e，x＞和ε′＝＜X′，A′，e′，x′＞之间的一个互模拟是：如果 R 是广义的（Barwise－型的）平坦方程组＜X，A，e＞和＜X′，A′，e′＞之间的一个互模拟并且 xRx′。

特别地，当 $A=\varnothing$ 时，广义的（Barwise－型的）点平坦方程组ε＝＜X，A，e，x＞就是点齐次平坦方程组ε＝＜X，e，x＞。

判断两个有穷的广义的（Barwise－型的）点平坦方程组ε＝＜X，A，e，x＞和ε′＝＜X′，A′，e′，x′＞之间是否互模拟（即：假定 X 有 m 个元素，X′有 n 个元素），只要构建一个二元关系 $R \subseteq X \times X'$ 满足下面的条件：

第一步：令 R_1 是 $X \times X'$ 中的所有对＜u，v＞并满足 e_u 和 e_v 在某个原子上不同或者一个是空的并且另一个不是。

第 n＋1 步：给定 R_n，令 R_{n+1} 为 R_n 加上所有的对＜u，v＞满足或者

1. 存在某个 $u_1 \in e_u \cap X$ 满足对于所有的 $v_1 \in e_v \cap X$，$u_1 R_n v_1$；或者

2. 存在某个 $v_1 \in e_v \cap X$ 满足对于所有的 $u_1 \in e_u \cap X$，$u_1 R_n v_1$；或者

直到做到：$R_n = R_{n+1}$。称这个关系为 R，并且令 $\bar{R}$ 为 R 的补集。如果＜x_1，

$x_2 > \in \bar{R}$，那么存在一个关于 x_1 和 x_2 的互模拟；它就是 $\bar{R}$。如果 $< x_1, x_2 > \notin \bar{R}$，那么就不存在这样的互模拟。

我们断言：R 的补集 $\bar{R}$ 是点平坦方程组 ε_{x1} 和 ε'_{x2} 之间的一个极大互模拟。施归纳于 n 可以证明：如果 uR_nv，那么在 ε_u 和 ε'_v 之间不存在互模拟。另外，如果 $R_n = R_{n+1} = R$，那么对于所有的 $< u, v > \in \bar{R}$，$\bar{R}$ 是 ε_u 和 ε'_v 之间的一个互模拟。

第六章

广义方程组与解引理

虽然（Barwise－型的）平坦方程组的解引理是非常简单的，但是在使用时，由于它要求我们根据原子的集合和未定元的集合写出涉及方程组中的每一件事情。因此，在实际的使用中非常不方便。特别地，对那些包括自然数或有序对等熟悉的结构时，目前我们还不能直接使用（Barwise－型的）平坦方程组的解引理。

例如，令集合 $c=\langle p, c\rangle$ 是由 p 和 c 本身组成的一个有序对。根据有序对的定义：

$$\langle p, c\rangle = \{\{p\}, \{p, c\}\},$$

显然，这样的集合也是一个非良基集。然而，我们却不能对它直接使用解引理。但是，我们可以用如下的一个未定元集为 $X=\{x, y, z\}$ 和原子集为 $A=\{p\}$ 的（Barwise－型的）平坦方程组（1）去替换方程组 $x=\langle p, x\rangle$。

$$\begin{cases} x = \{y, z\} \\ y = \{p\} \\ z = \{p, x\} \end{cases} \tag{1}$$

这样一来，对于（Barwise－型的）平坦方程组（1）来说，我们就可以使用（Barwise－型的）平坦方程组的解引理。但是，从形式上来看，方程组 $x=\langle p, x\rangle$ 比（Barwise－型的）平坦方程组（1）简单。所以，我们希望 $x=\langle p, x\rangle$ 等这类方程组也有相应的解引理。因此，本章的任务是在广义平坦方程组概念的基础上推广解引理。因此，本章首先定义了一种广义的齐次方程组；在此基础上，定义广义方程组并给出了相应的解引理；最后证明了：

在 ZFC^- 中，AFA 等价于每个广义方程组都有一个唯一的解。

一　广义方程组

（一）广义方程组

定义 1　一个广义（齐次）方程组是由一个二元组 $\varepsilon = <X, e>$ 组成的。其中，X（$\subseteq U$）是一个集合，并且 e：$X \to V[X]$ 是一个函数。

一个广义方程组是由一个三元组 $\varepsilon = <X, A, e>$ 组成的。其中，X（$\subseteq U$）是一个集合，A（$\subseteq U$）也是一个集合并且 $A \cap X = \varnothing$，而 e：$X \to V[X \cup A]$ 是一个函数。

函数 e 在 $V[X \cup A]$ 中的取值有两点需要注意。第一点，它允许方程组右边的任意集合的 support 包含在 $X \cup A$ 中。第二点，因为 $V[X \cup A]$ 中没有本元，所以禁止本元出现在方程组的右边。禁止的原因是避免出现形如 $x = x$ 这样的方程组，因为这样的方程组的解不是唯一的。此外，我们不处理形如 $x = a$（$a \in A$）的方程组。因为这个方程组的右边是一个原子，而我们规定：解只能是集合。

例 2　令 p 为任意的本元，并且令 $y, z \in U$，定义广义方程组 $\varepsilon = <X, A, e>$ 满足：$X = \{y, z\}$，$A = \{p\}$，$e_y = \{\Omega, p, \{z\}\}$，$e_z = <y, z, z>$。广义方程组 ε 的解是一个定义在 $\{y, z\}$ 上的函数 s，使得

$$s_y = \{\Omega, p, \{s_z\}\},$$

$$s_z = <s_y, s_z, s_z>。$$

需要注意的是，$A = \text{support}\{s\}$。

在广义方程组的定义中，我们规定 X 是本元的集合，这一点非常重要。这也是它与（Barwise - 型的）平坦方程组的差别。稍后我们将给出原因。

（二）代入

广义解引理中的主要问题是：在定义中，一个函数 s 是一个广义方程组的一个解是什么意思。直觉上，我们要求 s 是一个解，如果它把每个 $v \in X$ 指派到一个集合 s_v。以这样的一种方式出现的话，s_v 实际上是代入的结果。因为对于每一个在 e_v 的传递闭包中出现的未定元 x 来说，用 s_v 代入后的值是

s_x。但是，我们首先必须证明代入过程是可定义的。这是一个相当技术的问题，不过这能做到，它的解在 AFA 的使用中是一个很好的说明。

为了表明上面提到的代入过程在 AFA 中可判定，我们只须证明：存在一个代入运算 sub（s，b），它被读作"在 b 中，对 x 的代入结果 s_x"。

定义 3　一个代入是一个函数 s，它的定义域是由本元组成的一个集合。一个代入运算是运算 sub，它的定义域是由有序对 $<s, b>$ 组成的一个类。其中 s 是一个代入并且 $b \in U \cup V[U]$ 使得下面的条件同时成立：

（1）如果 $x \in dom(s)$，那么 $sub(s, x) = s_x$；

（2）如果 $x \in U - dom(s)$，那么 $sub(s, x) = x$；

（3）对于所有的集合 b，$sub(s, b) = \{sub(s, p) \mid p \in b\}$。

通常，sub 被看作最大的代入运算。正如下面定理 5 证明的那样。sub（s,b）被记作 b［s］。因此，［s］表示取每个集合或者对 $b[s] = sub(s, b)$，取本元 b 的运算。

例 4　现在，令 $A = \{x, y, z\}$ 是由三个不同的本元组成的集合，并且令

$$b = \{x, y, \Omega, \{b, x, z\}\}$$

假定我们要用 3 代替 x，用 x 代替 y，z 不变。即：只考虑定义域为 $\{x, y\}$ 的 s，并且定义 $s(x) = 3$，$s(y) = x$，然后计算 b［s］。

首先，让我们考虑一下答案应该是什么。最先想到的可能是集合 $\{3, x, \Omega, \{b, 3, z\}\}$。其次的想法是证明这个结果是不正确的，因为它不满足定义 3 中的（3）。即：考虑 b 的一个元素作为元素时，对 b 进行代入。为了验证定义 2 中的条件（1）-（3）成立，我们需要 b［s］满足下面的方程：

$$b[s] = \{3, x, \Omega, \{b[s], 3, z\}\} \qquad (2)$$

现在，我们就能够看出如何构建这样的集合 b［s］。不过我们打算以一种清晰的和系统的方式，给出 sub 的存在性证明。

我们首先构造 $b \cup \{3\}$ 的典范的（广义的）平坦方程组 $\varepsilon = <X, A, e>$。这个方程组的未定是如下 X 的元素

$$X = (TC(\{b\}) \cup TC(\{3\})) - U$$
$$= \{b, \{b, x, z\}, \Omega, 3, 2, 1, 0\}$$

这个方程组的原子集合 A 是与 A 相同的集合 $A = \{x, y, z\}$，并且这个

方程组为：

$$\begin{cases} e_b = \{x, y, \Omega, \{b, x, z\}\} \\ e_{\{b,x,z\}} = \{b, x, z\} \\ e_\Omega = \{\Omega\} \\ e_3 = \{0, 1, 2\} \\ e_2 = \{0, 1\} \\ e_1 = \{0\} \\ e_0 = 0 \end{cases}$$

当然，这样的 e 是 X 上的恒等映射。就我们所知，X 上的相同的恒等映射是ε的解。需要注意的是：在 e_b 中，集合 $\{b, x, z\}$ 是这个方程组的未定元。

我们现在考虑与方程组ε有相同的未定元集和原子集的方程组ε′ = <X，A，e′>，但是出现在右边的所有 x 都被 3 所代替，出现在右边的所有 y 都被 x 所替换。也就是说，方程组ε′为：

$$\begin{cases} e'_b = \{3, x, \Omega, \{b, x, z\}\} \\ e'_{\{b,x,z\}} = \{b, 3, z\} \\ e'_\Omega = \{\Omega\} \\ e'_3 = \{0, 1, 2\} \\ e'_2 = \{0, 1\} \\ e'_1 = \{0\} \\ e'_0 = 0 \end{cases}$$

注意：e_b中的未定元 $\{b, x, z\}$ 中的 x 不能用 3 替换后，作为 e'_b。只有在最外层出现的 x 和 y 才能被 3 和 x 分别替换。

恒等映射不是方程组ε′的解，由 AFA，这个方程组有解，称它为 sol，我们取 b [s] 为 sol_b，令 $c = sol_{\{b,x,z\}}$ 满足 $c = \{b[s], 3, z\}$。那么

$$b[s] = \{3, x, \Omega, c\} = \{3, x, \Omega, \{b[s], 3, z\}\}。$$

所以，b [s] 实际上满足方程组（2）。

现在，我们用例子说明为什么在广义方程组中，定义域 X 是本元的一个集合。假设 $x = \varnothing$，$y = \{\varnothing\}$，并且 $X = \{x, y\}$。令 s 定义在 X 上并满足

条件 s（x）=y 和 s（y）=y。如果我们计算 sub（s，{∅}），那么将会发生什么。一方面，令 y = {∅}，因为 s（y）=y，即：y ∈dom（s），所以，sub（s，{∅}）=sub（s，y），由定义 3 的（1）可得：

$$\begin{aligned}\mathrm{sub}(s,\{\varnothing\}) &= \mathrm{sub}(s,y)\\ &= s(y)\\ &= y;\end{aligned}$$

另一方面，{∅} 是一个集合，由定义 3 的（3）可得：sub（s，{∅}）= sub（s，{x}）= {sub（s，x）}，又因为 s（x）=y，即：x ∈dom（s），所以 sub（s，x）=s（x）=y，于是，

$$\begin{aligned}\mathrm{sub}(s,\{\varnothing\}) &= \{\mathrm{sub}(s,x)\}\\ &= \{y\}。\end{aligned}$$

这个问题的出现，就是因为它不满足要求的：X ⊆U。

定理 5（sub 的存在性和唯一性） 存在一个唯一的运算 sub（s，b）满足代入定义 3 中的条件（1）-（3），并且定义所有序对 <s，b> 满足条件：dom（s）⊆U 和 b ∈U ∪V［U］。

证明 定义 sub（s，b）=c 满足：s 是一个函数，dom（s）⊆U 并且下面的条件成立：

（1′）b ∈dom（s）并且 $c = s_b$。

（2′）b ∈U - dom（s）并且 c = b。

（3′）b ∈V［U］，并且满足下面的条件：

令 X =（TC（{b} ∪ran（s）））- U，并且令 A =（TC（{b} ∪ran（s）））∩U。

令ε′ = <X，A，e′>是一个广义的平坦方程组，其中

$e'_z = \{s_x \mid x \in z \cap \mathrm{dom}(s)\} \cup \{x \mid x \in z \cap (A - \mathrm{dom}(s))\} \cup (z \cap X)$

令 sol 是ε′的解，那么 c = sol（b）。

关于 sub 的定义，我们需要知道 sub 的定义域以及它应该满足定义 3 中的三个条件。因为 dom（s）⊆U，显然只需验证定义 3 中的三个条件成立。

定义 3 中的（1）成立。因为假设 x ∈dom（s），由上面的（1′）可得：$c = s_x$，所以，sub（s，x）= s_x。

定义 3 中的（2）成立。因为由上面的（2′）可得：b ∈U - dom（s）并

且 c = b，所以，sub（s，b）= b。所以如果 x ∈U − dom（s），那么 sub（s，x）= x。

现在验证定义 3 中的（3）成立。令ε = < X，A，e > 是满足如上条件（1）−（3）广义方程组，其中，X（⊆U）是一个集合，A（⊆U）也是一个集合并且 A ∩X = ∅，而 e：X→V［X ∪A］是一个函数。现在，我们用ε_b和 sol_b表示这个方程组和它的解。对于另一个集合 b′，sub（s，b′）将由另一个方程组$\varepsilon_{b'}$通过它的解 $sol_{b'}$决定。如果 b′∈b − U，那么$\varepsilon_{b'}$是ε_b的一个子系统。因此

$$sol_{b'}(b') = sol_b(b') \in sol_b(b)。$$

（注意：这还要用到 b′属于ε′的 e'_b这个事实。）所以，

$$\begin{aligned} sub(s, b) &= sol_b(b) \\ &= \{s_x \mid x \in b \cap dom(s)\} \cup \{x \mid x \in b \cap (A\text{-}dom(s))\} \cup \\ &\quad \{sub(s, b') \mid b' \in b - A\}。\end{aligned}$$

于是，当 x ∈b ∩dom（s）时，sub（s，x）= s_x，并且当 x ∈b ∩(A-dom（s）) ⊆U-dom（s）时，sub（s，x）= x。因此，sub（s，b）= {sub（s，p）| p ∈b}。因此，定义 3 中的（3）成立。

唯一性的证明：假设 sub′定义在所有有序对 < s，b > 上并且也满足定义 3 中的条件（1）−（3）。固定 s。令 R 是如下的集合和本元之间的一个二元关系：

$$R = \{< sub(s, b), sub'(s, b) > \mid b \in U \cup V[U]\}。$$

现在只需证明：R 在集合上的限制是集合上的一个互模拟。即：我们取 R 中的有序对 < sub（s，b），sub′（s，b）> 并验证 R 满足第五章第 4 节定义 1 的条件。

假设 z ∈U ∩sub（s，b），则 z ∈sub（s，b）。由于 b 是一个集合，由本节的定义 3 可得：对某个 x ∈b ∩U，z 形如 sub（s，x），并且 z = sub（s，x）= s_x（由上面 sub（s，b）的定义）= sub′（s，x），因此，z 也属于 sub′（s，b）。于是，

$$U \cap sub(s, b) \subseteq U \cap sub'(s, b)。$$

反之，假设 z ∈U ∩sub′（s，b），则 z ∈sub′（s，b）。由于 b 是一个集合，由本节的定义 3 可得：对某个 x ∈b ∩U，z 具有 sub′（s，x）的形式，

并且 $z = sub'(s, x) = s_x = sub(s, x)$，因此 z 也属于 sub（s，b）。于是，

$$U \cap sub'(s, b) \subseteq U \cap sub(s, b)。$$

故，$U \cap sub(s, b) = U \cap sub'(s, b)$。即：第五章第四节定义 1 的条件（3）成立。

现在考虑集合的情况。假设 c 是一个集合并且 $c \in sub(s, b)$，那么如果 $b \in U$，我们又有 $c \in s_b = sub'(s, b)$。所以，$sub(s, b) \subseteq sub'(s, b)$。另一方面，如果 b 是一个集合，那么对于某个 $p \in b$，$c = sub(s, p)$。于是，取 $sub'(s, p) \in sub'(s, b)$ 并且 $< sub(s, p), sub'(s, p) >$ 在 R 中是集合的一个对。

反之，同理可证。于是，如果 $b \in U$，则 $sub(s, b) = sub'(s, b)$；如果 b 是集合，那么 R 满足第五章第四节定义 1 的条件（1）和（2）。故，R 在集合上的限制是集合上的一个互模拟。

因此，对于任意的 b，$sub(s, b) = sub'(s, b)$。对于本原，这个断言可以从定义中立刻得出。

注意：有了（3′），前面例 4 中的 $e'_{\{b,x,z\}}$ 可以被化分成三个集合：$\{3\} = \{s_b\}$；　$\{b, 3, z\}$ 中的其他原子集合 $\{z\}$ 以及 $\{b\} = \{b, x, z\} \cap X$。

二　广义方程组的解引理

定义 1　令 $\varepsilon = < X, A, e >$ 是一个广义方程组。ε的解是一个函数 s，它的定义域为 X，即：$dom(s) = X$ 并且满足对每个 $x \in X$，

$$s_x = e_x[s]。$$

这就是我们想要的。现在再来看上节的例 2，通过使用代入的定义，很容易得出 s 是广义方程组ε的解。特别地，有

例 2　令 p 和 q 是本元，并且令ε是一个平坦方程组，其中，$X = \{x, y, z\}$，$A = \{p, q\}$，并且方程组如下：

$$\begin{cases} x = \{p, x, y\} \\ y = \{q, x, z\} \\ z = \{y\} \end{cases}$$

令 s 是 ε 的解，证明 s 在 V_{afa} [A] 中取值。证明 s 也是下面方程组 ε′ 的一个解。

$$\begin{cases} x = \{p, \{p, x, y\}, \{q, x, z\}\} \\ y = \{q, \{p, x, y\}, \{y\}\} \\ z = \{\{p, x, z\}\} \end{cases}$$

解　令 $e: X \to \wp(X \cup A)$ 并满足

$$\begin{cases} e_x = \{p, x, y\}, \\ e_y = \{q, x, z\}, \\ e_z = \{y\}, \end{cases}$$

则 sub (s, b) 被记作 b [s]。

$$s_x = e_x[s] = \text{sub}(s, e_x) = \{p, s_x, s_y\},$$
$$s_y = e_y[s] = \text{sub}(s, e_y) = \{q, s_x, s_z\},$$
$$s_z = e_z[s] = \text{sub}(s, e_z) = \{s_y\}。$$

而　$V_{afa}[\{p, q\}] = \cup\{$solution-set (ε) ∣ ε是以 A 为原子集的平坦方程组$\}$

$= \cup\{s[X]$ ∣ ε是以 $\{p, q\}$ 为原子集的平坦方程组$\}$

$= \cup\{\{s_x, s_y, s_z\}\}$

$= \{s_x, s_y, s_z\}$。

令 $e': X \to \wp(X \cup A)$ 并满足

$$e_x = \{p, \{p, x, y\}, \{q, x, z\}\},$$
$$e_y = \{q, \{p, x, y\}, \{y\}\},$$
$$e_z = \{\{p, x, z\}\},$$

则

$$s_x = e_x[s] = \text{sub}(s, e_x) = \{p, \{p, s_x, s_y\}, \{q, s_x, s_z\}\},$$
$$s_y = e_y[s] = \text{sub}(s, e_y) = \{q, \{p, s_x, s_y\}, \{s_y\}\},$$
$$s_z = e_z[s] = \text{sub}(s, e_z) = \{\{p, s_x, s_z\}\}。$$

而　$V_{afa}[\{p, q\}]$

$= \cup\{$solution-set (ε′) ∣ ε′是以 A 为原子集的平坦方程组$\}$

$= \cup\{s[X]$ ∣ ε′是以 $\{p, q\}$ 为原子集的平坦方程组$\}$

$$= \cup\{\{s_x, s_y, s_z\}\}$$
$$= \{s_x, s_y, s_z\}。$$

定理3（广义解引理） A（≠∅）上的每个广义方程组ε都有一个唯一解s。而且，ε的解集合是 V_{afa}［A］的一个子集，其中A是ε的原子集。

证明 s的存在性和唯一性是下面的引理和（Barwise－型的）平坦解引理的一个直接结论。利用下面的引理和第四章第3节定理9，ε的解集合包含在 V_{afa}［A］中。

由定理3可知：方程组ε

$$\begin{cases} x = \{p, \{p, x, y\}, \{q, x, z\}\} \\ y = \{q, \{p, x, y\}, \{y\}\} \\ z = \{\{p, x, z\}\} \end{cases}$$

和ε′

$$\begin{cases} x = \{\{x, y\}, \{x, z\}\} \\ y = \{\{x, y\}, \{y\}\} \\ z = \{\{x, z\}\} \end{cases}$$

都有一个唯一解。

引理4 令ε= <X，A，e>是一个广义方程组，则存在一个平坦方程组ε′= <Y，A，e′>，其中，$X \subseteq Y$ 并且满足以下条件：

1. 如果s是ε的一个解，那么s可以扩展为平坦方程组ε′的一个解s′。

2. 如果s′是ε′的一个解，并且 $s = s' \upharpoonright X$（s′对X的限制），那么s是ε的一个解。

特别地，在ε的解和ε′的解之间存在一个一一对应。

证明 令

$$Y = (X \cup (\cup_{x \in X} TC(e_x))) - A。$$

注意：

$$Y \cup A = (Y - X) \cup X \cup A。$$

对于 $x \in X$，令 $e'_x = e_x$。注意：每个这样的 e'_x 都是 $Y \cup A$ 的一个子集。每个 $y \in Y - X$ 也是 $Y \cup A$ 的子集，并且我们令 $e'_y = y$。这样就构造出了平坦方程组ε′。

下面验证引理4中的条件1和2成立。

1. 假设 s 是的ε一个解。由

$$s'_y = y[s] \quad (1)$$

定义了 Y 上的一个映射 s′。因为对 $x \in X$，$s_x = x[s]$，所以，s′是 X 上的函数 s 的扩张。下面验证（1）中的 s′是平坦方程组ε′的一个解。

因为 $A \cap X = \varnothing$，所以对所有 $a \in A$，

$$a[s] = a = a[s']。$$

由代入的定义和 Y 的传递性可得：对所有的 $y \in Y - X$，

$$\begin{aligned} s'_y &= y[s] \\ &= \{z[s] \mid z \in y\} \cup (y \cap A) \\ &= \{s'_z \mid z \in y\} \cup (y \cap A) \\ &= e'_y[s']。\end{aligned}$$

对于 $x \in X$，$s'_x = s_x = e_x[s]$。因此，

$$\begin{aligned} s'_x &= \{z[s] \mid z \in e_x\} \\ &= \{z[s] \mid z \in e_x \cap (Y - X)\} \cup \{s_z \mid z \in e_x \cap X\} \cup (e_x \cap A) \\ &= \{s'_z \mid z \in e_x \cap (Y - X)\} \cup \{s'_z \mid z \in e'_x \cap X\} \cup (e'_x \cap A) \\ &= e'_x[s'] \end{aligned}$$

这就证明了 s′是ε′的解。

2. 假设ε′的解是 s′，并且令 $s = s' \mid X$。我们需要证明 s 是原始方程组ε的解。

为此，我们需要证明：对所有的 $y \in Y$，$s'_y = y[s]$。为了得到这个结论，令

$$R = \{<s'_y, y[s]> \mid y \in Y\}。$$

下面首先验证 R 是集合上的互模拟关系。假设 $R(s'_y, y[s])$。

①令 $z \in s'_y \cap U$。那么由平坦方程组的解定义可得：

$$z \in e_y \cap A = y \cap A。$$

因为 $X \cap A = \varnothing$，所以 $z = z[s] \in y[s]$。

②令 $z \in y[s] \cap U$，因为 s 取集合作为它的值，只有当 $p \notin dom(s)$ 时，$p[s] \in U$ 才有可能的。所以，因为 $z = z[s]$，我们得到 $z \notin dom(s)$。于是可得：$z \in A$。因此，$z \in s'_y$。

现在，假设 c 是一个集合并且 $c \in s'_y$，那么对于某个 $v \in Y$，c 必须具有

s'_v的形式。但是 R（c，v［s］），因此我们已经证明了互模拟的部分条件。假设 c 是属于 y［s］的一个集合。由上节的定义 3 的条件（3），对于某个 v $\in$y，c 具有形式 v［s］。因为 v 是一个集合并且 Y 是传递的，所以，v $\in$Y。于是，R（s'_v，v［s］）。

对于所有 y $\in$Y，已经表明 s'_y = y［s］。我们回到 s 是 ε 解的证明上。因为

$$s_x = s'_x = e'_x\ [s'] = s_x\ [s'],$$

对于所有的 x $\in$X，我们有

$$\begin{aligned} s'_x &= \{s'_z \mid z \in e_x - A\} \cup (e_x \cap A) \\ &= \{s'_Z \mid z \in e_x \cap (Y - X)\} \cup \{s'_Z \mid z \in e_x \cap X\} \cup (e_x \cap A) \\ &= \{z\ [s] \mid z \in e_x \cap (Y - X)\} \cup \{z\ [s] \mid z \in e_x \cap (X \cup A)\} \\ &= e_x\ [s]。\end{aligned}$$

例 5　根据上面的证明，利用下面的方程组ε，计算ε′。

$$\begin{cases} x = \{\{\{y\},\varnothing\},x\} \\ y = \{\{y\},p\} \end{cases}$$

解　用上面证明中的符号，

$$X^+ = \{x, y\} \cup \{\{\{y\},\varnothing\},\{y\},\varnothing\}$$

所以，在这种情况下，Y 将包含 x，y 以及新的未定元 $x_{\{\{y\},\varnothing\}}$，$x_{\{y\}}$ 以及 $x_\varnothing$。为了方便，我们将这些未定元分别记作：u，v，w。ε′是如下的平坦方程组：

$$\begin{cases} x = \{u, x\} \\ y = \{v, w\} \\ v = \{y\} \\ w = \varnothing \\ y = \{v, p\}。\end{cases}$$

定理 6　在 ZFC^- 中，AFA 等价于每个有穷的广义方程组有一个唯一解。

证明　AFA 的最初的陈述是平坦解引理。由于在 ZFC^- 和平坦解引理下，我们已经证明了定理 3。因此，每个广义方程组都有一个唯一解。

反之，只需证明每一个平坦方程组有解当且仅当有它扩展的广义方程组也有解。令ε= <X，A，e>是一个平坦方程组。由平坦方程组的定义可知，A 是与 X 不相交的任意集合。令 B = support（A）满足 B $\subseteq$U。如果需要，我

们可以用一个与 B 不相交的新的本元集代替 X；新的方程组有一个解当且仅当原方程组有一个解。由于对每一个 e_x，

$$e_x \in \wp(A \cup X) \subseteq V[X \cup B]。$$

因此，我们可以把 e 看作 X 到 V［X ∪B］的一个映射，即：e：X→V［X ∪ B］。结论是ε′ = <X，B，e>是一个广义方程组。令 s 是它的解。因为 X ∩ support（A）=∅，所以，我们可以证明：对于所有的 a ∈A，a［s］=a。由此可以推出：s 是ε的一个解。反之，如果 s 是任意的这样的解，那么 s 是ε′的解。

一个重要的结论：对于只有一个未定元的广义方程组来说，假定 AFA 成立，那么，我们可以证明对有两个未定元的广义方程组来说，AFA 也成立。这个结果可以扩展到对于所有的有穷方程组，AFA 都成立。但是对无穷的情况，结论不成立。我们看下面的一个无穷方程组的例子。

例 7　考虑广义方程组：

$$\begin{cases} x_0 = (0, x_1)^{①}, \\ x_1 = (1, x_2), \\ x_2 = (2, x_3), \\ \cdots \end{cases} \tag{1}$$

显然，

$$\begin{cases} x_0 = (0, (1, (2, \cdots)))), \\ x_1 = (1, (2, \cdots))), \\ x_2 = (2, (3, \cdots))) \\ \cdots \end{cases}$$

是广义方程组（1）的一个解，下面也是广义方程组（1）的一个解：

$$\begin{cases} x_0 = (0, (1, (2, (\cdots, (0, 0) \cdots)))), \\ x_1 = (1, (2, (\cdots, (0, 0) \cdots))), \\ x_2 = (2, (3, (\cdots, (0, 0) \cdots))) \\ \cdots \end{cases}$$

---

① 这里（0，x_1）表示 0 和 x_1 为有序对，以此类推。

这也就是我们为什么只假定（未知元的个数和方程组的个数）有穷的平坦方程组有唯一解。即：我们把 Barwise 的反基础公理 AFA 限定到有穷的方程组上的原因。

小结：关于解引理，我们已经给出了下面的结论。对于每个有穷的方程组：

1. 反基础公理 LAFA：每个齐次平坦方程组都有一个解。

2. 反基础公理 AFA：A 上的每个（Barwise－型的）平坦方程组都有一个唯一解。

3. 广义解引理：A 上的每一个广义方程组ε都有一个唯一解 s。

以上的结论，考察的都是有穷的方程组。

另外，在第九章，我们将进一步定义其他类型的方程组和它们的解引理。

第七章
反基础公理 AFA 与 ZFC^- 的相对协调性

本章的主要工作是：证明基于方程组的反基础公理 AFA 与 ZFC^- 的相对协调性。

一　一个强外延的模型

（一）一个证明计划

由第 I 篇第三章第三节可知：非良基集合的论域比良基集合的论域更加丰富，更加丰富的原因是我们在良基集合的论域中，增加了非良基集合。换句话说，我们能把前者看作是在良基的可达点向图中通过“添加”强外延的精确图后得到了后者。在这一章中，我们将把由平坦方程组构成的论域看作是由良基的平坦方程组构成的论域的扩张。即：证明 ZFC^- + AFA 的相对协调性。

我们的证明将计划如下进行。我们将从 ZFC^- 的一个模型 M 开始并且表明怎样将 M 扩展到所有有解的平坦方程组的一个论域 M_{afa} 中，并且使 ZFC^- 的所有公理在 M_{afa} 中仍然成立。为了保证 M_{afa} 是 M 的一个扩张，我们将假设 M 是强外延的，即：在 M 中互模拟的集合是相等的。ZFC 的每个模型都是强外延的，并且 ZFC^- 的每个模型都包含 ZFC 的一个模型。因此，本章表明怎样从构造 ZFC^- 的任意模型 M（是或者不是强外延的）出发得到 ZFC^- + AFA 的一个模型 M_{afa}。为了保证 M 能被嵌入到 M_{afa} 中，我们需要 M 是强外延的。

从 M 构建 M_{afa} 的具体步骤如下：

（1）构造 ZFC^- 的一个强外延的模型 M。在这里，我们需要用到隶属关系和本元以及集合论的公理。

（2）将 M 扩展为使所有平坦方程组都有解的一个结构 M_{afa}。

（3）考虑所有的点平坦方程组 $e = <\varepsilon, x> \in M$ 的类。定义

$<\varepsilon, x> \equiv <\varepsilon', x'>$ 当且仅当存在一个 ε_x 和 $\varepsilon'_{x'}$ 的互模拟 R 使得 xRx'。

验证≡是一个等价关系，并将 e 的等价类记作 [e]。

（4）利用 $[<\varepsilon, x>] \in [<\varepsilon', y>]$ 当且仅当存在一个元素 $z \in e'_y \cap X'$ 使得 $<\varepsilon, x> \equiv <\varepsilon', z>$，将等价类的集合转变成一个集合论的结构，并验证这样做不依赖于等价类代表元的选择。M_{afa} 的本元，仍然是 M 中的本元。

（5）验证 M_{afa} 满足 ZFC^- 的所有公理。

（6）找一个 M 到 M_{afa} 的嵌入 $a \to \bar{a}$。这个嵌入必须是单射的，并且它必须具有性质：$a \in b$（在 M 中）当且仅当 $\bar{a} \in \bar{b}$（在 M_{afa} 中）。

（7）最后，验证解引理在 M_{afa} 中成立。即：M_{afa} 满足 AFA。

（二）一个强外延的模型

给定一个平坦方程组 $\varepsilon = <X, A, e>$ 和 ε 的一个未定元 x，我们要去掉所有那些与由解指派给 x 的值无关的未定元。为了做到这一点，令 X_x 是包含 x 的 X 的最小子集，并满足对于所有的 y，如果 $y \in X_x$，那么 $b_y \subseteq X_x$。（这里以及在下面的句子中，所使用符号 b_y 和 c_y 来自于一个平坦方程组的定义。）令 A_x 是出现在任意的 e_y 中的原子集，而 $y \in X_x$。因此，

$$A_x = \cup\{c_y \mid y \in X_x\}。$$

现在令 ε_x 是方程组 $<X_x, A_x, e_x>$，其中 e_x 是 e 到 X_x 上的限制。这个构建的关键反映在下面的命题中。

命题 1　如果 $\varepsilon = <X, A, e>$ 是一个平坦方程组，x 是一个未定元，并且 s 是这个方程组的解，s′是方程组 ε_x 的解，那么 s′是 s 在 X_x 上的限制。特别地，$s'_x = s_x$。

证明　令 t 是定义在 X_x 上并且 $t_y = s_y$。换句话说，t 是 ε 的解 s 在 X_x 上的限制。下面我们证明：t 是方程组 ε_x 的一个解。因为 $y \in X_x$，那么 $b_y \subseteq X_x$ 并且 $e_y \cap A = e_y \cap A_x$。因此，

$$s_y = \{s_z \mid z \in e_y \cap X\} \cup (e_x \cap A)$$
$$= \{s_z \mid z \in e_y \cap X_x\} \cup (e_x \cap A_x)。$$

这意味着 t 实际上是ε_x的一个解。对ε_x应用解引理的唯一性可得：$t = s'$。

现在，我们的模型用有序对 $<\varepsilon, x>$ 来构建，其中$\varepsilon = <X, A, e>$是 A 上的一个方程组，它属于 M，并且 $x \in X$，$X_x = X$，$A_x = A$，并且 $A \subseteq U$。这里我们要求 $X_x = X$ 并且 $A_x = A$，仅仅是为了保证在ε中的任何事物实际上都与 x 有关，因此也与 s_x有关。我们要求 $A \subseteq U$ 是为了简化一些细节。我们称有序对 $<\varepsilon, x>$ 为点平坦方程组。这个定义与我们在第四章第三节的定义 10 实际上是一致的。有时，我们也会用加粗的字母，如**e** 和**e**′等来表示点方程组。而且，我们令 ℘S 是所有点平坦方程组或本元的类。最后，我们令**p** 和**q** 遍历 ℘S。

定义 2　令 $<\varepsilon, x>$ 和 $<\varepsilon', x'>$ 是两个点平坦方程组，定义

$<\varepsilon, x> \equiv <\varepsilon', x'>$ 当且仅当$A = A'$并且存在ε_x和$\varepsilon'_{x'}$的一个 A－互模拟 R 满足 xRx'。

很快我们就会看到：在模型 M_{afa} 中的集合实质上是关于≡的点平坦方程组的等价类。然而，我们遇到了一个问题。因为这些等价类都是真类，但是我们希望 M_{afa} 的元素都是集合。不过，下面的命题能帮助我们解决这个问题。

命题 3　强充分公理蕴涵着存在一个真类 $C \subseteq U$ 并且 C 的元素是由有序对组成的一个真类，并且<是 C 上的一个良序。

证明　假设强充分公理成立，那么我们就可以得到一个本元的良序真类，用超穷递归可以得到具有下面性质的一个序数运算 F：对所有的α，

$$F(\alpha) = new(\varnothing, \{F(\beta) \mid \beta < \alpha\})。$$

那么 F 是 1－1 的并且 F 的像 C 也是一个真类，并且类 C 是由有序对 $<F(\alpha), F(\beta)>$组成的，其中$\alpha < \beta$。

每个 $x \in C$ 给出一个序数α_x。对每个 $X \subseteq C$，我们得到一个序数$\alpha_X = \sup_{x \in X} \alpha_x$。

定义 4　称**e** $= <<X, A, e>, x>$是标准的，如果 $X \subseteq C$，并且如果 $<Y, A, e'> \equiv \varepsilon$，那么$\alpha_X \leq \alpha_Y$。

对于每个点方程组 F，存在唯一一个与之等价的标准点方程组F′。因

此，我们有

定义5　令

$$[e] = \{f \mid f\text{是标准的点平坦方程组并且}f \equiv e\}。$$

为了定义 M_{afa} 中的隶属关系，我们首先给出下面的定义。

定义6　M 的点方程组上的一个关系 E 满足：

$<\varepsilon, x> E <\varepsilon', y>$ 当且仅当存在某个 $z \in e'_y \cap X'$ 使得 $<\varepsilon, x> \equiv <\varepsilon'_z, z>$。

这就意味着我们要考察 $\varepsilon' = <X', A, e'>$，只需考察 $e'_y \cap X'$，特别地，只需考察 e'_y 中的未定元。如果这些未定元中的一个，比如说 z 具有性质 $<\varepsilon, x> \equiv <\varepsilon'_z, z>$，那么我们令 $<\varepsilon, x> E <\varepsilon', y>$。因此，点方程组 $<\varepsilon, x>$ 和 $<\varepsilon', y>$ 是否有 E 关系，不需要要求 $<\varepsilon, x>$ 和 $<\varepsilon', y>$ 有相同的原子。（但是，如果 $<\varepsilon, x>$ 和 $<\varepsilon', y>$ 有关系 E，那么无论哪个 z 证实定义，ε_x 和 ε'_z 都将有相同的原子集。）

有了定义6，我们可以得到：假设 $<\varepsilon, x>$，$<\varepsilon', y> \in M$ 并且 $<\varepsilon, x> E <\varepsilon', y>$。令 s 和 s′分别为是ε和ε′的解，由于≡是一个互模拟，那么集合 s_x 和 s'_z 是相等的。但由于 $s'_z \in s'_y$，所以 $s_x = s'_z \in s'_y$。

现在，关键的问题是用 M 的点方程组去命名 M_{afa} 中的集合。因此，M_{afa} 中的隶属关系将利用 M 中的方程组来定义。这就是 E 要起的作用。

定义7　在 M_{afa} 中，集合之间的从属关系定义如下：

$[<\varepsilon, x>] \in [<\varepsilon', y>]$ 在 M_{afa} 中，

当且仅当，$<\varepsilon, x> E <\varepsilon', y>$ 在 M 中。　　(1)

下面，我们将把≡和 E 扩展到与点方程组有关的本元上。

定义8　如果 $x \in U$ 并且 $p \in \wp S$，那么我们定义

$$x \equiv p \text{ 当且仅当 } x = p。$$

如果p 是 M 中的一个本元，那么我们定义

$$p\, E <\varepsilon, x> \text{当且仅当} p \in c_x。$$

特别地，对 M_{afa} 而言，在我们构建的模型 M_{afa} 中，

$$p \in [<\varepsilon, x>] \text{ 在 } M_{afa} \text{中当且仅当 } p \in e_x。\quad (2)$$

现在，我们需要证明：上面我们关于 M_{afa} 中隶属关系的定义不依赖于等价类代表元的选择。即：下面引理9 中3 和4 的内容。

引理 9　令≡和 E 是如上定义的 $\wp S$ 上的关系，则

1. ≡是一个等价关系。

2. 如果 $y \in e_x \cap X$，那么 $<\varepsilon_y, y>E<\varepsilon, x>$。

3. 如果 $e_1 \equiv e_2$，$f_1 \equiv f_2$，并且 $e_1 E f_1$，那么 $e_2 E f_2$。

4. 如果 $e \equiv f$ 并且 pEe，那么 pEf。

5. $e \equiv f$ 当且仅当下列条件成立：

（1）对每个 $e'Ee$ 存在某个 $f'Ef$ 使得 $e' \equiv f'$。

（2）对每个 $f'Ef$ 存在某个 $e'Ee$ 使得 $e' \equiv f'$。

（3）对于所有的本元 p，pEe 当且仅当 pEf。

证明　1 的证明：令 $<\varepsilon, x>$ 和 $<\varepsilon', x'>$ 是两个点平坦方程组，因为 A = A 并且存在 ε_x 和 ε_x 的一个 A – 互模拟 I（X 上的恒等关系）满足 xIx，所以，$<\varepsilon, x> \equiv <\varepsilon, x>$。因此，≡是自返的。

假设 $<\varepsilon, x> \equiv <\varepsilon', x'>$，由定义 2 可知：A = A′并且存在 ε_x 和 $\varepsilon'_{x'}$ 的一个 A – 互模拟 R 满足 xRx′。因为 R 是一个互模拟，所以，R 是对称的。由此可得：A′ = A 并且存在 $\varepsilon'_{x'}$ 和 ε_x 的一个 A – 互模拟 R 满足 x′Rx。即：$<\varepsilon', x'> \equiv <\varepsilon, x>$。因此，≡是对称的。

假设 $<\varepsilon, x> \equiv <\varepsilon', x'>$ 并且 $<\varepsilon', x'> \equiv <\varepsilon'', x''>$，由定义 2 可知：A = A′并且存在 ε_x 和 $\varepsilon'_{x'}$ 的一个 A – 互模拟 R_1 满足 xR_1x'，并且 A′ = A″并且存在 $\varepsilon'_{x'}$ 和 $\varepsilon''_{x''}$ 的一个 A – 互模拟 R_2 满足 $x'R_2x''$。由此可得：A = A″并且存在 ε_x 和 $\varepsilon''_{x''}$ 的一个 A – 互模拟 $R_1 \circ R_2$ 满足 $x(R_1 \circ R_2)x''$。即：$<\varepsilon, x> \equiv <\varepsilon'', x''>$。因此，≡是传递的。

由以上证明可知：≡是一个等价关系。

2 的证明：如果 $y \in e_x \cap X$，那么 $<\varepsilon, x> \equiv <\varepsilon_y, y>$。由 1 知：≡是对称的，所以，$<\varepsilon_y, y> \equiv <\varepsilon, x>$。由定义 6 可得：$<\varepsilon_y, y>E<\varepsilon, x>$。

3 的证明：因为 e_1Ef_1，由定义 6 可得：存在某个 $z \in e'_y \cap X'$ 使得 $e_1 \equiv f_{1z}$。又因为 $e_1 \equiv e_2$，$f_1 \equiv f_2$，所以，由≡的传递性可得：存在某个 $z \in e'_y \cap X'$ 使得 $e_2 \equiv f_{2z}$。再由定义 6 可得：e_2Ef_2。

4 的证明：不妨设 $e = <\varepsilon, x>$ 并且 $f = <\varepsilon', x'>$，因为 $e \equiv f$，由定义 2 可得：A = A′并且存在 ε_x 和 $\varepsilon'_{x'}$ 的一个 A – 互模拟 R 满足 xRx′。由互模拟的定义可知：$e_x \cap A = e'_{x'} \cap A$。即：$c_x = c_{x'}$。因为 pEe，由定义 8 可得：$p \in c_x$。于

是，$p \in c_{x'}$。因此，pEf。

5的证明：令$e = <\varepsilon, x>$并且$f = <\varepsilon', y>$。首先假设$<\varepsilon, x> \equiv <\varepsilon', y>$。

验证（1）成立。假设$<F, u> E <\varepsilon, x>$，由定义6可得：存在某个$z \in e_x \cap X$使得$<F, u> \equiv <\varepsilon_z, z>$。因为$<\varepsilon, x> \equiv <\varepsilon', y>$，再由$<F, u> E <\varepsilon, x>$和$<F, u> \equiv <\varepsilon_z, z>$以及引理9的3可得：

$$<\varepsilon_z, z> E <\varepsilon', y>。$$

于是，由定义6可得：存在某个$v \in e'_y \cap X'$使得$<\varepsilon_z, z> \equiv <\varepsilon'_v, v>$。由≡的传递性可得：

$$<F, u> \equiv <\varepsilon_v, v>。$$

由$v \in e'_y \cap X'$和引理9的2可得：$<\varepsilon'_v, v> E <\varepsilon', y>$。

验证（2）成立。假设$<F', u> E <\varepsilon', y>$，由定义6可得：存在某个$z \in e'_y \cap X'$使得$<F', u> \equiv <\varepsilon'_z, z>$。因为$<\varepsilon, x> \equiv <\varepsilon', y>$，再由$<F', u> E <\varepsilon', y>$和$<F', u> \equiv <\varepsilon'_z, z>$以及引理9的3可得：

$$<\varepsilon'_z, z> E <\varepsilon, x>。$$

于是，由定义6可得：存在某个$v \in e_x \cap X$使得$<\varepsilon'_z, z> \equiv <\varepsilon_v, v>$。由≡的传递性可得：

$$<F', u> \equiv <\varepsilon_v, v>。$$

由$v \in ex \cap X$和引理9的2可得：$<\varepsilon_v, v> E <\varepsilon, x>$。

由引理9的4可得条件（3）。

反之，假设（1）—（3）成立，定义$X \times X'$上的二元关系R^*满足下面的条件：

$$xR^*x' \text{当且仅当} <\varepsilon_x, x> \equiv <\varepsilon'_{x'}, x'>。$$

（1）假设xR^*x'，由R^*的定义可得：$<\varepsilon_x, x> \equiv <\varepsilon'_{x'}, x'>$。对每个未定元$y \in e_x \cap X$，由引理9的2可得：那么$<\varepsilon_y, y> E <\varepsilon, x>$。由5的（1）可得：存在$f'$使得$f' E <\varepsilon'_{x'}, x'>$并且$<\varepsilon_y, y> \equiv f'$。由$f' E <\varepsilon'_{x'}, x'>$可得：存在某个$y' \in e'_{x'} \cap X'$使得$f' \equiv <\varepsilon'_{y'}, y'>$。由≡的传递性可得：

$$<\varepsilon_y, y> \equiv <\varepsilon'_{y'}, y'>。$$

即：存在某个$y' \in e'_{x'} \cap X'$使得$<\varepsilon_y, y> \equiv <\varepsilon'_{y'}, y'>$。再由$R^*$的定义可得：$yR^*y'$。

（2）假设 xR^*x'，由 R^* 的定义可得：$<\varepsilon_x, x> \equiv <\varepsilon'_{x'}, x'>$。对每个未定元 $y' \in e'_{x'} \cap X'$，由引理 9 的 2 可得：$<\varepsilon'_{y'}, y'> E <\varepsilon', x'>$。由 5 的（2）可得：存在 e' 使得 $e' E <\varepsilon_x, x>$ 并且 $e' \equiv <\varepsilon'_{y'}, y'>$。由 $e' E <\varepsilon_x, x>$ 可得：存在某个 $y \in e_x \cap X$ 使得 $e' \equiv <\varepsilon_y, y>$。由≡的传递性可得：

$$<\varepsilon_y, y> \equiv <\varepsilon'_{y'}, y'>。$$

即：存在某个 $y' \in e'_{x'} \cap X'$ 使得 $<\varepsilon_y, y> \equiv <\varepsilon'_{y'}, y'>$。再由 R^* 的定义可得：yR^*y'。

（3）如果 xR^*x'，由 R^* 的定义可得：$<\varepsilon_x, x> \equiv <\varepsilon'_{x'}, x'>$。由引理 9 的 5 的（3）可得：

对于所有的本元 p，$pE <\varepsilon_x, x>$ 当且仅当 $pE <\varepsilon'_{x'}, x'>$。

由定义 8 可得：$pE <\varepsilon, x>$ 当且仅当 $p \in c_x$。由第四章第三节定义 1 的（2）可得：

$$c_x = e_x \cap A \text{ 并且 } c_{x'} = e'_{x'} \cap A。$$

于是，有

$p \in c_x$ 当且仅当 $p \in <\varepsilon_x, x>$ 当且仅当 $p \in <\varepsilon'_{x'}, x'>$ 当且仅当 $p \in c_{x'}$。

即：$e_x \cap A = e'_{x'} \cap A$。

因此，第五章第二节定义 1 可知：R^* 是 ε 和 ε' 之间的一个互模拟并且 xR^*x'。

可以看出，M_{afa} 中的集合是 M 中的点方程组的等价类集，M_{afa} 的本元就是 M 中的那些本元，M_{afa} 中的隶属关系由定义 7 中的（1）式和定义 8 中的（2）式定义。到目前为止，我们已经有一个强外延模型 $M \models ZFC^-$ 和在 M 的基础上构造的一个模型 M_{afa}。但是，我们还没有证明模型 M_{afa} 有哪些性质。不过，我们将在本章的第三节和第四节中证明

$$M_{afa} \models ZFC^- \quad 和 \quad M_{afa} \models AFA$$

都成立。下一节，我们将进一步讨论点平坦方程组。

二　一些互模拟的方程组

本节，我们将继续讨论点方程组。

（一）一个重要结论

我们首先需要一个一般的结构，它是点平坦方程组或本元的一个集合，由此我们可以得到另一个点平坦方程组。

命题 1 令 $S \subseteq \wp S$。存在一个点平坦方程组 S^+ 使得对所有的 $p \in \wp S$，

pES^+ 当且仅当对于某个 $q \in S$，$p \equiv q$。 （＊）

而且，如果e 是任意的具有性质（＊）的点平坦方程组，那么e 与 S^+ 是互模拟的，即：$e \equiv S^+$。亦即：点平坦方程组 S^+ 在互模拟下是唯一的。

证明 首先构造 S^+。令 $S_0 = S - U$。由充分性公理，我们可以假设用在 S_0的平坦方程组中未定元的集合是两两不相交的。我们需要的点平坦方程组 S^+ 的未定元集是 S 中每个平坦方程组的未定元集合的并，同时，还加进了一个新未定元 z。将这个大集合记作 X。即：

$$X = (\cup\{x \mid x \in X_\varepsilon \wedge \varepsilon \in S\}) \cup \{z\}。$$

S^+ 的原子是 S_0中方程组的原子的并，以及所有在 $S \cap U$ 中的本元。即：

$$A = (\cup\{c \mid c \in A_\varepsilon \wedge \varepsilon \in S_0\}) \cup (S \cap U)。$$

S^+ 的方程组是$\varepsilon \in S_0$的方程组的并，加上至少一个：

$$z = \{x_\varepsilon \mid \varepsilon \in S_0\} \cup (S \cap U)$$

的方程组。这里 x_ε 是点平坦方程组ε的特殊的未定元。令 e^+：$X \to \wp(X \cup A)$ 的一个函数。由上面的定义可得：$e^+ = (\cup\{e_x \mid x \in X_\varepsilon \wedge \varepsilon \in S_0\}) \cup \{e_z\}$。因此，

$$S^+ = \langle \varepsilon_{S^+}, z \rangle，并且 \varepsilon_{S^+} = \langle X, A, e^+ \rangle。$$

现在，令任意的$p \in \wp S$，p 是一个点平坦方程组或者p 是一个本元。

（1）如果p 是一个本元并且pES^+，不妨设 $S^+ = \langle \varepsilon_{S^+}, z \rangle$，由上节的定义 8 可得：

$$p E \langle \varepsilon_{S^+}, z \rangle 当且仅当 p \in c_z。$$

于是，存在一个$q \in c_z \in S$ 使得$p = q$。由定义 8 可得：$p \equiv q$。

（2）如果p 是一个点平坦方程组并且pES^+，不妨设 $S^+ = \langle \varepsilon_{S^+}, z \rangle$，由上节的定义 6 可得：

$$p E \langle \varepsilon_{S^+}, z \rangle 当且仅当存在某个 y \in e_z \cap X 使得 p \equiv \langle \varepsilon_y, y \rangle。$$

如果 $y = z$，则 $y \in e_y$。而 $e_y \neq e_z$，矛盾！$y \neq z$。因此，$y \neq z$。因为 $y \neq z$ 并且 $y \in X$，所以，$<\varepsilon_y, y> \in S$。取 $q = <\varepsilon_y, y>$，于是，$p \equiv q$。

反之，如果存在某个 $q \in S$，$p \equiv q$，那么由上节的定义 8 可得：存在一个 $q \in c_z \in S$ 使得 $p = q$。再由上节的定义 8 可得：$p \in c_z$。即：$pE<\varepsilon_{S^+}, z>$。亦即：pES^+。

其次证明具有性质（*）的点平坦方程组都与 S^+ 互模拟。

假设 e 是任意的具有性质（*）的点平坦方程组，那么对所有的 $p \in \wp S$，

$$p\,E\,e \text{ 当且仅当对于某个 } q \in S,\ p \equiv q。$$

又由于点平坦方程组 S^+ 满足对所有的 $p \in \wp S$，

$$p\,ES^+ \text{ 当且仅当对于某个 } q' \in S,\ p \equiv q'。$$

由互模拟的传递性可得：$q \equiv q'$。于是，对所有的 $p \in \wp S$，

$$p\,E\,e \text{ 当且仅当 } p\,ES^+。$$

再由上节引理 9 第 5 部分的 3，$e \equiv S^+$。

例 2　考虑平坦方程组 $\varepsilon = <\{x, y\}, \{a, b\}, e>$，其中 e 由下面两个方程确定

$$\begin{cases} x = \{a, y\}, \\ y = \{b, x\}。\end{cases}$$

令 $e_x = <\varepsilon, x>$，并且令 $e_y = <\varepsilon, y>$，则下面的点方程组是互模拟的。

$$\begin{cases} e_x \equiv \{a, e_y\}^+, \\ e_y \equiv \{b, e_x\}^+。\end{cases}$$

解　令 $S = \{a, e_y\}$，$S_0 = S - U = \{e_y\}$。$\{a, e_y\}^+$ 的点方程组为 $<\varepsilon^+, z>$，其中

$$\begin{aligned} X^+ &= (\cup\{x \mid x \in X_\varepsilon \wedge \varepsilon \in S\}) \cup \{z\} \\ &= \{x, y\} \cup \{z\} \\ &= \{x, y, z\}, \end{aligned}$$

$$\begin{aligned} A^+ &= (\cup\{c \mid c \in A_\varepsilon \wedge \varepsilon \in S_0\}) \cup (S \cap U) \\ &= \{c \mid c \in A_\varepsilon \wedge \varepsilon \in S_0\} \cup (S \cap U) \\ &= \{a, b\} \cup \{a\} \end{aligned}$$

$= \{a, b\},$

$e^+ = (\cup\{e_x \mid x \in X_\varepsilon \wedge \varepsilon \in S_0\}) \cup \{e_z\}$

$= \{e_x \mid x \in X_\varepsilon \wedge \varepsilon \in S_0\} \cup \{e_z\}$

$= \{e_x, e_y\} \cup \{e_z\}$

$= \{e_x, e_y, e_z\},$

其中，$e_x = \{a, y\}$，$e_y = \{b, x\}$，$e_z = \{a, y\}$。

$z = \{x_\varepsilon \mid \varepsilon \in S_0\} \cup (S \cap U)$

$= \{x, y\} \cup \{a\}$

$= \{x, y, a\}$。

令$e_x ES^+$，由于$e_x \equiv e_y$，所以，取$q = e_y$使得$e_x \equiv e_y$。即：存在$q \in S$使得$e_x \equiv q$；反之，因为$e_y \in S$并且$e_x \equiv e_y$，即：$<\varepsilon, x> \equiv <\varepsilon, y>$。又因为$y \in e_z^+ \cap X$，由上节定义6可得：$e_x ES^+$。由命题1可得：$e_x \equiv \{a, e_y\}^+$。

令$S = \{b, e_x\}$，$S_0 = S - U = \{e_x\}$。$\{b, e_x\}^+$的点方程组为$<\varepsilon^+, z>$，其中

$X^+ = (\cup\{x \mid x \in X_\varepsilon \wedge \varepsilon \in S\}) \cup \{z\}$

$= \{x, y\} \cup \{z\}$

$= \{x, y, z\},$

$A^+ = (\cup\{c \mid c \in A_\varepsilon \wedge \varepsilon \in S_0\}) \cup (S \cap U)$

$= \{c \mid c \in A_\varepsilon \wedge \varepsilon \in S_0\} \cup (S \cap U)$

$= \{a, b\} \cup \{b\}$

$= \{a, b\},$

$e^+ = (\cup\{e_x \mid x \in X_\varepsilon \wedge \varepsilon \in S_0\}) \cup \{e_z\}$

$= \{e_x \mid x \in X_\varepsilon \wedge \varepsilon \in S_0\} \cup \{e_z\}$

$= \{e_x, e_y\} \cup \{e_z\}$

$= \{e_x, e_y, e_z\},$

其中，$e_x = \{a, y\}$，$e_y = \{b, x\}$，$e_z = \{b, x\}$。

$z = \{x_\varepsilon \mid \varepsilon \in S_0\} \cup (S \cap U)$

$= \{x, y\} \cup \{b\}$

$= \{x, y, b\}$。

令$e_y ES^+$，由于$e_y \equiv e_x$，所以，取$q = e_x$使得$e_y \equiv e_x$。即：存在$q \in S$ 使得$e_y \equiv q$；反之，因为$e_x \in S$ 并且$e_y \equiv e_x$，即：$<\varepsilon, y> \equiv <\varepsilon, x>$。又因为 $x \in e_z^+ \cap X$，由上节定义 6 可得：$e_y ES^+$。由命题 1 可得：$e_y \equiv \{a, e_x\}^+$。

不过，e_x与 $\{a, e_y\}^+$ 以及e_y与 $\{b, e_x\}^+$ 之间的互模拟，也可以分别用关系

$$R_x = \{<x, x>, <y, y>, <x, z>\}$$

和

$$R_y = \{<x, x>, <y, y>, <y, z>\}$$

来证明。

（二）一些互模拟的方程组

现在，我们要把上面例 2 中的结果推广到一般情况。用一个互模拟方程组代替某个平坦方程组。这里的一些相关定义，类似于第四章第三节的定义。

定义 3　1. 一个平坦互模拟方程组是由一个三元组$\varepsilon = <X, A, e>$组成的。其中 $X \subseteq U$ 是一个集合，$A \subseteq U$ 是一个非空集，即：$A \neq \varnothing$，并且 $A \cap X = \varnothing$，e 是满足条件

$$e: X \rightarrow \wp(X \cup A)$$

的一个函数。

2. 称 X 为ε的未定元集，并且称 A 为ε的原子集。对每个 $v \in X$，令

$$b_v =_{df} e_v \cap X \quad 并且 \quad c_v =_{df} e_v \cap A。$$

3. ε的一个互模拟解是一个定义域为 X 的函数 s，对每个 $x \in X$，有一个点方程组并且在互模拟

$$s_x \equiv (\{s_y \mid y \in b_x\} \cup c_x)^+$$

的意义上满足每个方程组。

令ε是任意的平坦方程组。在没有 AFA 的集合论中，我们不可能解ε。不过，当ε是一个平坦互模拟方程组时，情况就不同了。我们有下面的结论。

定理 4（ZFC^-）　令$\varepsilon = <X, A, e>$是一个平坦互模拟方程组，那么ε有一个互模拟解 s。而且，在互模拟的意义下，s 是唯一的。即：

如果 t 是 ε 的任意互模拟解，那么对所有 $x \in X$，$t_x \equiv s_x$。

证明　ε的互模拟解由 $s_x = \varepsilon_x$给出。为了验证这一结果，我们必须证明对

于所有 $x \in X$，

$$\varepsilon_x \equiv (\{\varepsilon_y \mid y \in b_x\} \cup c_x)^+。$$

这个证明是例 2 的一种推广。

存在性的证明：令 $S_x = \{\varepsilon_y \mid y \in b_x\} \cup c_x$，$S_0 = S_x - U = \{\varepsilon_y \mid y \in b_x\}$。$(\{\varepsilon_y \mid y \in b_x\} \cup c_x)^+$ 的点方程组为 $<\varepsilon^+, z>$，其中

$$\begin{aligned} X_x^+ &= (\cup\{x \mid x \in X_\varepsilon \wedge \varepsilon \in S\}) \cup \{z\} \\ &= X \cup \{z\}, \\ A_x^+ &= (\cup\{c \mid c \in A_\varepsilon \wedge \varepsilon \in S_0\}) \cup (S \cap U) \\ &= \{c \mid c \in A_\varepsilon \wedge \varepsilon \in S_0\} \cup (S \cap U) \\ &= A, \\ e_x^+ &= (\cup\{e_x \mid x \in X_\varepsilon \wedge \varepsilon \in S_0\}) \cup \{e_z\} \\ &= \{e_x \mid x \in X\} \cup \{e_z\}, \\ z &= \{x_{\varepsilon_y} \mid \varepsilon_y \in S_0\} \cup (S \cap U)。 \end{aligned}$$

令 $\varepsilon_x E S_x^+$，由上节定义 6 可得：存在某个 $z \in e_x^+ \cap X^+$ 使得 $\varepsilon_x \equiv <\varepsilon_z^+, z>$。取 $q = <\varepsilon_z^+, z> \in S_x$ 使得 $\varepsilon_x \equiv q$。即：存在 $q \in S_x$ 使得 $\varepsilon_x \equiv q$；反之，如果存在 $q \in S_x$ 使得 $\varepsilon_x \equiv q$，则 $q \in \{\varepsilon_y \mid y \in b_x\}$。因此，存在 $y \in b_x$ 使得 $q = \varepsilon_y$。于是，$\varepsilon_x \equiv \varepsilon_y$。即：$<\varepsilon, x> \equiv <\varepsilon, y>$。由 $y \in b_x$ 可得：$y \in e_x \cap X$。于是，$y \in e_x^+ \cap X^+$。由上节定义 6 可得：$\varepsilon_x E S_x^+$。由上节的命题 1 可得：$\varepsilon_x \equiv (\{\varepsilon_y \mid y \in b_x\} \cup c_x)^+$。因此，$\varepsilon$ 有一个互模拟解 s 并且在互模拟

$$s_x \equiv (\{s_y \mid y \in b_x\} \cup c_x)^+$$

的意义上满足每个方程组。

唯一性的证明：唯一性的证明思想通过下面的例子说明。

假设我们有下面的互模拟方程组 ε：

$$\begin{cases} x = \{p, y, z\} \\ y = \{q, x\} \\ z = \varnothing \end{cases} \tag{3}$$

它的一个互模拟解给出了三个点方程组 F，G 和 H 并满足

$$\begin{cases} \mathbf{F} \equiv \{p, \mathbf{G}, \mathbf{H}\}^+, \\ \mathbf{G} \equiv \{q, \mathbf{F}\}^+, \\ \mathbf{H} \equiv \varnothing^+。 \end{cases}$$

令

$$F = <<X, A, e>, x'>,$$
$$G = <<Y, B, f>, y'>,$$
$$H = <<Z, C, g>, z'>。$$

可以验证：$A = B = \{p, q\}$ 并且 $C = \varnothing$。

现在，我们将F，G 和H 看作变量，并且假设集合 X，Y 和 Z 满足下面的等式：

$$X \cap Y = X \cap Z = Y \cap Z = \varnothing。$$

于是，我们就能把所有的点方程组放在一起组成一个大的方程组。令这个大的方程组为s。这样一来，$s_{x'} = F$，$s_{y'} = G$，并且$s_{z'} = H$。

令 T 是下面关系：

$$T = \{<u, v> \mid <u, v> \in (X \cup Y \cup Z) \times \{x, y, z\} \wedge (s_u \equiv s_{v'})\},$$

其中的初始字母 x，y，z 是互模拟方程组ε的未定元。而且，如果 $<u, x> \in T$，那么$s_u \equiv s_{x'}$。由于≡是对称的，即：如果$s_u \equiv s_{x'}$，则$s_{x'} \equiv s_u$，所以，$<x, u> \in T$。特别地，T 包含有序对$<x', x>$，$<y', y>$和$<z', z>$。

令

$$T_x = T \cap (X \times \{x, y, z\}),$$
$$T_y = T \cap (Y \times \{x, y, z\}),$$
$$T_z = T \cap (Z \times \{x, y, z\})。$$

不难验证：

1. T_x是s_x和ε_x之间的一个互模拟。
2. T_y是s_y和ε_y之间的一个互模拟。
3. T_z是s_z和ε_z之间的一个互模拟。

下面是关于 T_x是s_x和ε_x之间的一个互模拟的证明。

假设$<u, x> \in T_x$。由 T_x的定义可得：$<u, x> \in T$ 并且 $<u, x> \in X \times \{x, y, z\}$。由$<u, x> \in T$ 可得：$s_u \equiv s_{x'}$。因为$s_{x'} \equiv \{p, s_{y'}, s_{z'}\}^+$，又因为 $u \in X$，所以，$e_u \cap U = \{p\}$，并且对每一个 $v \in e_u$，如果 v 不是本元，那么 v 与$s_{y'}$是互模拟的或者 v 与$s_{z'}$是互模拟的。

现在考察非初始字母的情况。如果对每个 e_u 中不是本元的 v（$\in e_u$），则有

$$<v, y> \in T_x 或者 <v, z> \in T_x。$$

反之，如果 v 满足 $<v, y> \in T_x$ 或者 $<v, z> \in T_x$，则 $v \in e_u$ 并且 v 不是 e_u 中的本元。因此，T_x 具有向前和向后的性质。

其次，验证 T_x 以正确的方式保持原子。这只需注意：$s_{x'}$ 的原子集与 ε_x 的原子集相同，即：$\{p, q\}$。这意味着如果 $<u, x> \in T$，那么 $s_{x'}$ 的原子是与 ε_x 相同的那些原子。

下面是关于 T_y 是 s_y 和 ε_y 之间的一个互模拟的证明。

假设 $<u, x> \in T_y$。由 T_y 的定义可得：$<u, x> \in T$ 并且 $<u, x> \in Y \times \{x, y, z\}$。由 $<u, x> \in T$ 可得：$s_u \equiv s_{x'}$。因为 $s_{x'} \equiv \{p, s_{y'}, s_{z'}\}^+$，又因为 $u \in Y$，所以，$e_u \cap U = \{p\}$，并且对每一个 $v \in e_u$，如果 v 不是本元，那么 v 与 $s_{y'}$ 是互模拟的或者 v 与 $s_{z'}$ 是互模拟的。

现在考察非初始字母的情况。如果对每个 e_u 中不是本元的 v（$\in e_u$），则有

$$<v, y> \in T_y 或者 <v, z> \in T_y。$$

反之，如果 v 满足 $<v, y> \in T_y$ 或者 $<v, z> \in T_y$，则 $v \in e_u$ 并且 v 不是 e_u 中的本元。因此，T_y 具有向前和向后的性质。

其次，验证 T_y 以正确的方式保持原子。这只需注意：$s_{y'}$ 的原子集与 ε_y 的原子集相同，即：$\{p, q\}$。这意味着如果 $<u, x> \in T$，那么 $s_{y'}$ 的原子是与 ε_y 相同的那些原子。

下面是关于 T_z 是 s_z 和 ε_z 之间的一个互模拟的证明。

假设 $<u, x> \in T_z$。由 T_z 的定义可得：$<u, x> \in T$ 并且 $<u, x> \in Z \times \{x, y, z\}$。由 $<u, x> \in T$ 可得：$s_u \equiv s_{x'}$。因为 $s_{x'} \equiv \{p, s_{y'}, s_{z'}\}^+$，又因为 $u \in Z$，所以，$e_u \cap U = \varnothing$，即：e_u 中没有本元。并且对每一个 $v \in e_u$，那么 v 与 $s_{y'}$ 是互模拟的或者 v 与 $s_{z'}$ 是互模拟的。

现在考察非初始字母的情况。由于每个 e_u 中不含本元，所以，当 $v \in e_u$ 时，则有

$$<v, y> \in T_z 或者 <v, z> \in T_z。$$

反之，如果 v 满足 $<v, y> \in T_z$ 或者 $<v, z> \in T_z$，则 $v \in e_u$。因此，T_z 具有向前和向后的性质。

由于，$C = \varnothing$，所以，$s_{z'}$ 的原子集是与 ε_z 相同的那些原子，即：$\varnothing$。

由 T_x 是 s_x 和 ε_x 之间的一个互模拟，T_y 是 s_y 和 ε_y 之间的一个互模拟以及 T_z 是 s_z 和 ε_z 之间的一个互模拟可得：

如果 $<u, v> \in T$，则 s_u 的原子是与 ε_v 相同的那些原子。

最后，因为 X，Y 和 Z 的每个元素都与 $\{x, y, z\}$ 的某个元素有关，所以，T_x，T_y 和 T_z 是互模拟。这是一个显然的结论，因为我们的点方程组都是合理的，并且每个变量都得到了使用。

定理 4 在证明 ZFC^- + AFA 的相对协调性中是最重要的步骤。它断言：在没有 AFA 的集合论中，我们已经能解互模拟方程组，并且解是“接近唯一的”。为了得到实际的并且是唯一的解，模型构造的余下部分将转到商。

三　ZFC^- 的协调性

本节，验证 ZFC^- 的公理在 M_{afa} 中成立。要证明某个公理 φ 在 M_{afa} 中成立，只需把 φ 翻译成一个在 M 中关于点方程组的语句 φ^{tr}。然后我们证明 φ^{tr} 在 M 中成立。

（一）翻译

将 φ 翻译为 φ^{tr} 的步骤如下：

1. 写出仅用符号 $\in$ 和 = 表示的 φ。
2. 用 E 替换 $\in$ 并且用 $\equiv$ 替换 = 。
3. 用“对所有的点方程组e ”替换量词“对所有的集合 x”；
   用“存在点方程组e ”替换量词“存在集合 x”。

例 1　令 φ 为 ZFC^- 集合论中的公理，即：

1. 本元公理：$\forall p \forall q (U(p) \to \neg(q \in p))$
2. 外延公理：$\forall a \forall b \forall p ((p \in a \leftrightarrow p \in b) \to a = b)$
3. 无序对公理：$\forall p \forall q \exists a (p \in a \wedge q \in a)$
4. 并集公理：$\forall a \exists b \forall c \in a \forall p \in c (p \in b)$
5. 幂集公理：$\forall a \exists b \forall c (c \subseteq a \to c \in b)$
6. 无穷公理：$\exists a (\varnothing \in a \wedge \forall b (b \in a \to \exists c \in a (c = b \cup \{b\})))$
7. 收集公理：$\forall a \forall p \in a \exists q \varphi(a, p, q) \to \exists b \forall p \in a \exists q \in b \varphi(a, p, q)$

8. 分离公理：$\forall a \exists b \forall p\ (p \in b \leftrightarrow p \in a \wedge \phi\ (p,\ a))$

9. 选择公理：$\forall a \exists r$（r 是 a 的一个良序）

10. 强充分公理：

$$\forall a \forall b\ (U\ (new\ (a,\ b))\ \wedge new\ (a,\ b)\ \notin b \wedge (\forall c \neq a\ (new\ (a,\ b)\ \neq new\ (c,\ b))))$$

将φ翻译为φ^{tr}后的形式分别为：

1. 本元公理^{tr}：$(\forall p \forall q\ (U\ (p)\ \rightarrow \neg (q \in p)))^{tr}$，

即：$\forall p \forall q (U\ (p)\ \rightarrow \neg (qEp))$。

2. 外延公理^{tr}：$(\forall a \forall b \forall p\ (\ (p \in a \leftrightarrow p \in b)\ \rightarrow a = b))^{tr}$，

即：$\forall e \forall f (\forall p (pEe \leftrightarrow pEf)\ \rightarrow e \equiv f)$。

3. 无序对公理^{tr}：$(\forall p \forall q \exists a\ (p \in a \wedge q \in a))^{tr}$，

即：$\forall p \forall q \exists e (pEe \wedge qEe)$。

4. 并集公理^{tr}：$(\forall a \exists b \forall c \in a \forall p \in c\ (p \in b))^{tr}$，

即：$\forall e \exists f \forall gEe \forall pEg (pEf)$。

5. 幂集公理^{tr}：$(\forall a \exists b \forall c\ (c \subseteq a \rightarrow c \in b))^{tr}$，

即：$\forall e \exists f \forall e' (\forall e'' (e''Ee' \rightarrow e''Ee)\ \rightarrow e'Ef)$。

6. 无穷公理^{tr}：$(\exists a\ (\varnothing \in a \wedge \forall b\ (b \in a \rightarrow \exists c \in a\ (c = b \cup \{b\}))))^{tr}$，

即：$\exists e (\varnothing Ee \wedge \forall f (fEe \rightarrow \exists e'Ee (\forall e'' (e''Ee' \rightarrow e''Ef \vee e'' \equiv f)\ \wedge \forall e'' (e''Ef \vee e'' \equiv f \rightarrow e''Ee'))))$。

7. 收集公理^{tr}：$(\forall a \forall p \in a \exists q\ \varphi(a,\ p,\ q)\ \rightarrow \exists b \forall p \in a \exists q \in b\ \varphi(a,\ p,\ q))^{tr}$，

即：$\forall e \forall pEe \exists q\ \varphi(e,\ p,\ q)\ \rightarrow \exists f \forall pEe \exists qEf\ \varphi(e,\ p,\ q)$。

8. 分离公理^{tr}：$(\forall a \exists b \forall p\ (p \in b \leftrightarrow p \in a \wedge \phi\ (p,\ a)))^{tr}$，

即：$\forall e \exists f \forall p (pEf \leftrightarrow pEe \wedge \phi\ (p,\ e))$。

9. 选择公理^{tr}：（$\forall a \exists r$（r 是 a 的一个良序））^{tr}，

即：$\forall e \exists f$（f 是e 的一个良序）。

10. 强充分性公理^{tr}：

$$(\forall a \forall b\ (U\ (new\ (a,\ b))\ \wedge new\ (a,\ b)\ \notin b \wedge (\forall c \neq a\ (new\ (a,\ b)\ \neq new\ (c,\ b)))))^{tr},$$

即：$\forall p \forall q (U\ (new\ (p,\ q))\ \wedge \neg (new\ (p,\ q)\ Eq)\ \wedge$

$(\forall p'(\neg(p'\equiv a) \rightarrow \neg(new(p, q) \equiv new(p', q)))))$。

现在，我们已经将集合变元 a 和 b 改为表示点方程组的黑体字母**e** 和**f** 。而p 和q 的取值范围是 $\wp S$，因此，p 和q 可能是本元，也可能是点方程组。

（二）ZFC^- 的协调性

为什么这个转换过程起作用呢？由于 M_{afa}是点方程组（和本元）的等价类的集合，因此，M_{afa}中每条公理的形式证明都要求我们用等价类来处理。我们首先必须证明在集合论语言中的任意公式的真或假是独立于等价类的代表元的选择。使用归纳法不难证这一点，而且，对任意的公式

$$M_{afa} \models \varphi([e_1], \ldots, [e_n]) \text{ 当且仅当 } M \models \varphi^{tr}(e_1, \ldots, e_n)。$$

因此给定 $ZFC^- + AFA$ 的一条公理φ，我们将考虑它的转换φ^{tr}。我们将在 ZFC^- 中证明φ^{tr}。由此得出 M 将满足φ^{tr}，并且 M_{afa}将满足φ。所以从现在起，我们常将忘记 M 并仅仅证明公理的转换。

验证外延公理^{tr}：从第一节引理 9 可以推出：如果**e** 和**f** 有相同的 E－元素，那么由≡的自返性和第一节引理 9 的 5 可得：**e** ≡**f** 。

验证无序对公理^{tr}：注意无序对公理^{tr}是

$$(\forall e)(\forall f)(\exists g)(e\,E\,g \wedge f\,E\,g),$$

由上节定理 4 可得。

验证并集公理^{tr}：令 **e** = < <X, A, e>, x>是一个点方程组。令

$$S = \{y \in X \mid \exists z \in e_x (y \in e_z)\},$$

并且令**f** = $\{e_y \mid y \in S\}^+$，那么 $(f = \cup e)^{tr}$。即：$(f = \cup e)^{tr}$：$(f \equiv \cup e)$。

验证幂集公理^{tr}：首先，我们给出一个一般的定义：

定义 2　如果e_1的每一个 E－元素与e_2的某个 E－元素是互模拟（≡）的，那么称点方程组e_1是e_2的一个 E－子集。即：$(e_1 \subseteq e_2)^{tr}$。

假定**e** = <ε, x>是一个点方程组，其中，ε= <X, A, e>。我们需要**e** 的 E－元素也是 **e** 的 E－子集。对于每一个 Y ⊆X, B ⊆A，令

$$e_{Y,B} = (\{e_y \mid y \in Y\} \cup B)^+。$$

每一个$e_{Y,B}$都是**e** 的一个 E－子集。更重要的是，对于某个 Y ⊆X, B ⊆ A，**e** 的每一个 E－子集都是$e_{Y,B}$形式。这是由第二节命题 1 和 E－子集的定

义得出的。由收集公理，我们还可以考虑

$$f = \{e_{Y,B} \mid Y \subseteq X, B \subseteq A\}^{+}。$$

这里f是一个点方程组，并且

$$(\forall g\ (g \subseteq e \to g \in f))^{tr}。$$

由于e是一个任意的点方程组，所以我们已经验证了幂集公理的转换。

验证收集公理^{tr}和分离公理模式^{tr}的关键是：在M中，作为一个类，M_{afa}是“本质可定义的”。但是，我们省略这些细节的证明。

对于选择公理^{tr}的验证，由于需要建立更多的技术，我们将留在下一节完成。

对无穷公理^{tr}的验证：我们需要一个重要的结果，即M_{afa}是M的一个扩展。用集合论的语言来说，这意味着集合的类被嵌入在点方程组的类中。要看清这一点，我们现在令a是一个集合。由第四章第三节定理11可得：存在一个平坦系统ε使得a ∈solution-set（ε）。事实上，由第四章第三节定理11产生的ε是一个与a的典范方程组同构的平坦方程组。对于每个集合a，固定这样的一个平坦方程ε_a。然后令$\bar{a}$为点方程组$<\varepsilon_a, a>$。对于所有集合b ∈a，$\bar{b}E\bar{a}$。反过来，如果$fE\bar{a}$，那么对于某个b ∈a，$f \equiv \bar{b}$。

现在回到无穷公理^{tr}的证明中。令ω是所有自然数的集合。在公理中ω的性质是

$$\varnothing \in \omega \wedge \forall b\ (b \in \omega \to \exists c \in \omega c = b \cup \{b\})。$$

所以，$\bar{\varnothing}E\,\bar{\omega}$，并且每个e，如果$eE\,\bar{\omega}$，那么对某个n，$e \equiv \bar{n}$。

令e是一个满足条件$eE\,\bar{\omega}$的点方程组。那么对某个n ∈ω，$e \equiv \bar{n}$，并且$\bar{n}$有如下的性质：对于所有点方程组f，$fE\,\overline{n+1}$当且仅当$f \equiv \bar{n}$或者$fE\bar{n}$。

由此得出：$(\overline{n+1} = \bar{n} \cup \{\bar{n}\})^{tr}$。由此可得：$(\overline{n+1} = e \cup \{e\})^{tr}$。

这就证明了$\bar{\omega}$满足无穷公理^{tr}：

$$\exists a\ (\varnothing \in a \wedge \forall b\ (b \in a \to \exists c \in a\ (c = b \cup \{b\})))^{tr}。$$

现在，我们考察一下映射$a \to \bar{a}$的性质。可以证明满足下面条件：

$$aSb \text{ 当且仅当 } \bar{a} \equiv \bar{b}$$

的关系S是集合上的互模拟。在模型M和M_{afa}中，由于我们已经假定初始的M是强外延的，所以，$a \to [\bar{a}]$是一个从M到M_{afa}的单射。而且，容易验证

在 M 中，$a\in b$ 当且仅当在 M_{afa} 中，$[\bar{a}]\in[\bar{b}]$。
把模型 M 嵌入到模型 M_{afa} 的存在性构造是我们构造的目标之一。

验证强充分性公理^{tr}：在强充分性公理中，有一个二元函数符号 new，现在我们将需要某个函数，比方说 n，使得我们能够用 n（a，b）翻译 new（a，b）。这个函数 n 应该取包含点方程组和本元组成的对，即：

$$n(e,f)=new([e],support([f])),$$

其中 $[e]=\{g\mid g$ 是标准的并且 $g\equiv e\}$。

映射 n 具有如下的性质：

1. 如果 $e\equiv e'$，$f\equiv f'$，那么 $n(e,f)\equiv n(e',f')$。
2. 如果 $\neg(e\equiv e')$，那么 $n(e,f)\neq(e',f')$。
3. 如果 $(f\subseteq U)^{tr}$，那么 support（f）是 f 的所有 E－元素的集合。

性质 1 表明用新函数 n 翻译函数 new 是合适的；性质 2 表明新函数 n 具有函数 new 类似的性质；性质 3 表明并且它应该返回一个本元。

由性质 1－3 可得：$(n(e,f)\notin f)^{tr}$。

四　AFA 的协调性

本节的工作主要是验证解引理 AFA 在 M_{afa} 中成立。要证明解引理 AFA 在 M_{afa} 中成立，也只需要把解引理 AFA 翻译成一个在 M 中关于点方程组的语句 AFA^{tr}。然后证明 AFA^{tr} 在 M 中成立。

现在我们将证明 M_{afa} 满足平坦解引理 AFA。第四章中的平坦解引理断言：每个平坦方程组都有唯一的解。我们将根据已定义的概念：无序对、有序对、函数和定义域来陈述这条公理。在将 AFA 翻译成我们能处理的形式之前，这些概念将不得不完全的写出来。下面，我们将不给出正式的陈述或翻译，但我们将指出这一切是如何起作用的。

我们需要下面的一些定义。

令 $a,b\in\wp S$，则 $S=\{a,b\}$。由第二节命题 1 可得：存在一个点方程组 $\{a,b\}^{+}$ 并且这个点方程组有 a 和 b 作为它的 E－元素。

定义 1　令

$$<a, b>^{+} = \{\{a\}^{+}, \{a, b\}^{+}\}^{+}。$$

$$<a, b, c>^{+} = <a, <b, c>^{+}>^{+}。$$

其中，$<a, b>^{+}$是 a 和 b 的有序对的一个点方程组。$<a, b, c>^{+}$是将运算$<a, b>^{+}$扩展到 a、b 和 c 的有序三元组的一个点方程组。

定义 2　如果 $f: \wp S \rightharpoonup \wp S$，那么 f^{+} 是下面给出点方程组

$$f^{+} = \{<a, f(a)>^{+} \mid a \in dom(f)\}^{+}。$$

其中，$\wp S \rightharpoonup \wp S$ 表示从 $\wp S$ 到 $\wp S$ 的所有部分函数的集合，即：如果 $f \in \wp S \rightharpoonup \wp S$，则 f 是一个函数并且 $dom(f) \subseteq \wp S$ 并且 $ran(f) \subseteq \wp S$。习惯上，如果 $f \in \wp S \rightharpoonup \wp S$，记 $f: \wp S \rightharpoonup \wp S$。+在有序对上的定义取自定义 1。

定义 3　如果$\varepsilon = <X, A, e>$是 M 中的一个平坦方程组，那么ε^{+}是 M 的如下的点方程组

$$\varepsilon^{+} = <X^{+}, A^{+}, \{<x, (e_x)^{+}>^{+} \mid x \in X\}>^{+}。$$

其中，X^{+} 和 A^{+} 以及每个 $(e_x)^{+}$ 的定义取自第二节命题 1 证明中对集合的运算。+在有序对和三元有序组上的定义取自定义 1。

引理 4　令 e，f，g 和 h 为点方程组。

1. $(“g = \{e, f\}”)^{tr}$当且仅当$g \equiv \{e, f\}^{+}$。

2. $(“g = <e, f>”)^{tr}$当且仅当$g \equiv <e, f>^{+}$。

3. $(“g = <e_1, e_2, e_3>”)^{tr}$当且仅当$g \equiv <e_1, e_2, e_3>^{+}$。

4. $(“e \subseteq U”)^{tr}$当且仅当 对于某个 $A \subseteq U$，$e \equiv A^{+}$。

证明　我们简述证明。在所有的部分中，右到左方向是容易的，我们省略它。

1 的证明：假设$(“g = \{e, f\}”)^{tr}$成立，由于“$g = \{e, f\}$”，所以，$e \in g$，$f \in g$，并且对每个$h \in g$，$h = e$ 或者$h = f$。它的翻译$(“g = \{e, f\}”)^{tr}$为：eEg，fEg，并且对每个hEg是$h \equiv e$ 或者$h \equiv f$。现在考虑互模拟方程组$x = \{e, f\}$，由第二节定理 4 可得：$g \equiv \{e, f\}^{+}$。

反之，因为$g \equiv \{e, f\}^{+}$，由第二节命题 1 的证明可得：$g \equiv \{e, f\}$。根据翻译，$(“g = \{e, f\}”)^{tr}$为$g \equiv \{e, f\}$。所以，如果$g \equiv \{e, f\}^{+}$，则$(“g = \{e, f\}”)^{tr}$。

2 的证明：假设$(“g = <e, f>”)^{tr}$成立，由于$<e, f> = \{\{e, e\}, \{e, f\}\}$。所以，存在$h_1$和$h_2$使得$(“h_1 = \{e, e\}”)^{tr}$，$(“h_2 =

{e ,f}")^{tr}，并且（"g = {h_1，h_2}")^{tr}。由 1 可得：h_1≡{e，e}$^+$，h_2≡{e ,f}$^+$，并且g≡{h_1，h_2}$^+$。令 R_1是h_1和 {e，e}$^+$ 之间的一个互模拟，R_2是h_2和 {e，f}$^+$ 之间的一个互模拟，令 R 是 R_1和 R_2的一个毗联，则 R 是g 和<e，f>$^+$之间的一个互模拟。因此，g≡<e，f>$^+$。

反之，因为g≡<e，f>$^+$，并且<e，f> = {{e，e}，{e，f}}。所以，

$$<e, f>^+ = \{\{e, e\}^+, \{e, f\}^+\}^+。$$

于是，g≡{ {e，e}$^+$，{e，f}$^+$}$^+$。由 1 的证明可知：g≡{ {e，e}$^+$，{e，f}$^+$}。再由 1 的证明可得：g≡{{e，e}，{e，f}}，即：g≡<e，f>。根据翻译，（"g = <e，f>")^{tr}为g≡<e，f>。所以，如果g≡<e，f>$^+$，则（"g = <e，f>")^{tr}。

3 的证明：假设（"g = <e_1，e_2，e_3>")^{tr}成立，因为<e_1，e_2，e_3> = <e_1，<e_2，e_3>>，所以，

（"g = <e_1，e_2，e_3>")^{tr}当且仅当（"g = <e_1，<e_2，e_3>>")^{tr}。

由 2 可得：

（"g = <e_1，<e_2，e_3>>")^{tr}当且仅当g≡<e_1，<e_2，e_3>>$^+$

当且仅当g≡<e_1，e_2，e_3>$^+$。

于是，

（"g = <e_1，e_2，e_3>")^{tr}当且仅当g≡<e_1，e_2，e_3>$^+$。

反之，证明类似于 2。

4 的证明：假设（"e⊆U")^{tr}。即：对于所有p∈℘S，如果pEe，那么p∈U。

如果e = <X，A，e，x>，则 e（x）∩X = ∅。

因为如果 e（x）∩X ≠∅，则存在 y ∈e（x）∩X，由第一节引理 9 的 2 可得：e_yEe。这与假设（"e⊆U")^{tr}矛盾！因此，e（x）∩X = ∅。因为 e（x）∩X = ∅，则 X = X_x = {x}。根据℘S 的定义，存在 A，A 是本元的一个集合，即：A⊆U。因此，e≡A^+。

反之，因为对于某个 A⊆U，e≡A^+，由第二节命题 1 的证明可得：e≡A。而（"e⊆U")^{tr}为e 的每一个 E－元素与 U 的某个 E－元素是互模拟(≡)

的，则$e \subseteq U$。

引理5　令e，f，g和h为点方程组。

1.（“f是一个函数”）^{tr} 当且仅当 存在一个函数f：$\wp S \to \wp S$满足下面的条件

①如果$p \equiv q$，那么$f(p) \equiv f(q)$。

②$f^+ \equiv f$。

2. 假设f：$\wp S \to \wp S$和$f^+ \equiv f$。那么

（“$f(g) = h$”）^{tr}当且仅当存在某个$g' \equiv g$和$h' \equiv h$使得$f(g') = h'$。

3. 令$S \subseteq \wp S$，并且令f：$S \to \wp S$和g：$S \to \wp S$。那么

对所有$p \in S$，$f(p) \equiv g(p)$当且仅当$f^+ = g^+$。

4.（“e是一个原子是本元的平坦方程组”）^{tr}当且仅当存在一个平坦互模拟方程组ε满足$e \equiv \varepsilon^+$。

5.（“e是一个平坦方程组并且s是e的一个解”）^{tr}当且仅当存在一个平坦互模拟方程组ε使得$e \equiv \varepsilon^+$并且存在ε的一个互模拟解s满足$s^+ \equiv s$。

证明　我们继续给出一些左到右方向的细节。

1的证明：令$f = \langle \langle X, A, e \rangle, x \rangle$。对每个$y \in e_x$，

$$(\text{“}f_y\text{是一个有序对”})^{tr}。$$

由引理4的2可得：对每个$y \in e_x$，存在一个点方程组的有序对$\langle p_y, q_y \rangle$满足$\langle p_y, q_y \rangle^+ \equiv f_y$；由收集公理，令S是满足下面条件的集合，

$$S = \{\langle p_y, q_y \rangle \mid \text{对每个} y \in e_x\}。$$

由选择公理，我们可以找到一个子集$f \subseteq S$满足下面两个条件：

（1）对每个$\langle p, q \rangle \in S$，存在某个$\langle p', q' \rangle \in f$使得$p \equiv p'$。

（2）如果$\langle p, q \rangle$和$\langle p', q' \rangle$是f的不同元素，那么$\neg(p \equiv p')$。

条件（2）保证f是一个函数并且1的①成立。由（2）可得：如果$p \equiv p'$，则$\langle p, q \rangle$和$\langle p', q' \rangle$是f的相同元素。即：$q = q'$，亦即：$f(p) = f(p')$。由此可得：$f(p) \equiv f(p')$。因此，1的①成立。下面证明1的②成立。实际上，只需证明：对每个$y \in e_x$，存在某个$\langle p, q \rangle \in f$使得$\langle p, q \rangle^+ \equiv f_y$即可。由上面的讨论，我们已经知道存在某个$\langle p_y, q_y \rangle \in S$使得$\langle p_y, q_y \rangle^+ \equiv f_y$。由条件（1），存在某个$\langle p, q \rangle \in f$使得$p \equiv p_y$。对于这

个 $<p, q>$，存在某个 $z \in e_x$ 使得 $<p, q>^+ \equiv f_z$。那么

$(\text{“}f$ 是一个函数，$p_y \equiv p$，$<p_y, q_y>^+ \in f\text{”}$ 并且 $<p, q>^+ \in f\text{”})^{tr}$。

由 1 的①可得：$q_y \equiv q$。因此，$<p, q>^+ \equiv <p_y, q_y>^+ \equiv f_y$。

在（2）中，由于（“$f(g) = h$”$)^{tr}$，即：（“$<g, h> \in f$”$)^{tr}$ 并且 $f^+ \equiv f$。所以，当 $f^+ \equiv f$ 时，存在一个有序对 $<g', h'> \in f$ 使得 $<g, h> \equiv <g', h'>$。由引理 4 的 2 可得：$g \equiv g'$ 并且 $h \equiv h'$。

3 的证明：令 eEf^+。那么存在某个 $p \in S$ 使得 $e \equiv <p, f(p)>^+$。因为 $f(p) \equiv g(p)$，$e \equiv <p, g(p)>^+ Eg^+$。反之，同理可证。所以，我们可以结论 f^+ 和 g^+ 有相同的 E－元素，因此，$f^+ \equiv g^+$。即：$f^+ = g^+$。

4 的证明：我们知道存在 e_1，e_2 和 e_3 使得 $e = <e_1, e_2, e_3>^+$。而且，存在 X，$A \subseteq U$ 使得 e_1 使得 $e_1 \equiv X^+$ 并且 $e_2 \equiv A^+$。由 1 可得：存在一个函数 e 使得 $e^+ \equiv e_3$。现在对每个 $x \in X$，（“$e_3(x) \subseteq e_1 \cup e_2$”$)^{tr}$。所以，对于每个 x 存在某个 $b_x \subseteq X \cup A$ 使得 $e_3(x) \equiv (b_x)^+$。令 e 是 X 上满足条件 $e_x = b_x$ 的函数。所以，$\varepsilon = <X, A, e>$ 是一个平坦方程组。那么

$$\{<x, (e_x)^+>^+ \mid x \in X\} \equiv e_3。$$

因此，

$$\varepsilon^+ = <X^+, A^+, e^+>^+ \equiv <e_1, e_2, e_3>^+ = e。$$

5 的证明：这一部分是引理 5 的最重要的结论，并且由它可以证明定理 6。5 的内容与一个平坦方程组的解的概念和一个互模拟解的概念有关。由引理 5 的 4，我们可以找到一个平坦方程组 $\varepsilon = <X, A, e>$ 使得 $\varepsilon^+ \equiv e$。由引理 5 的 1，我们可以找到 X 上的函数 s 使得 $s^+ \equiv s$。

对所有的 $x \in X$，

$$(\text{“}s_x = \{s_y \mid y \in b_x\} \cup c_x\text{”})^{tr}。$$

这意味着对所有 $p \in \wp S$，pEs_x 当且仅当对某个 $y \in b_x$，$s_y \equiv p$ 或者 $p \in c_x$。由第二节的命题 1 可得：

$$s_x \equiv (\{s_y \mid y \in b_x\} \cup c_x)^+。$$

由引理 5 的 2，对每个 $x \in X$，$s_x \equiv s_x$。因此，对于所有 $x \in X$，

$s_x \equiv (\{s_y \mid y \in b_x\} \cup c_x)^+$。

这就证明了 s 是 ε 的一个互模拟解。

定理6 反基础公理^{tr}：对所有的点方程组e，如果（“e是一个平坦方程组”）^{tr}，那么存在s使得（“s是e的一个解”）^{tr}，并且对所有的f，如果（“f是e的一个解”）^{tr}，那么$s\equiv f$。

证明 我们知道ZFA^{tr}，并且由第六章第二节的定理6，我们只需要考虑原子是本元的那些平坦方程组。

假设

（“e是一个原子是本元的平坦方程组”）^{tr}，

那么由引理5的4，令ε是与它等价的一个平坦互模拟方程组；令X是ε的未定元的集合。由第二节定理4，令s是ε的一个互模拟解。由引理5的5，（“s^+是ε的一个解”）^{tr}。而且，如果（“f是一个解”）^{tr}，那么存在一个ε的互模拟解t使得$t^+\equiv f$。但是，由第二节定理4的唯一性可得：对所有的$x\in X$，$t_x\equiv s_x$。由引理5的3可得：$t^+\equiv s^+$。由于$f\equiv t^+$，所以，$f\equiv s^+$。

命题7 用选择公理证明（选择公理）^{tr}。

证明 假设（“f是一个关系”）^{tr}。与在引理5的1证明中所做的那样，对于每一个$y\in e_x$，令S是一个包含对$<p_y, q_y>$的集合。由选择公理，我们可以找到一个子集$f\subseteq S$使得f具有引理5的1中①和②的性质。然后应用引理5的1中从右向左的方向可得：

（“e是一个与f有相同定义域的函数”）^{tr}。

命题8 假设M满足解引理，证明M和M_{afa}同构。

作为命题8的一个结论，我们可以看到：如果我们取任意模型M，然后把它扩张到M_{afa}，再把它扩展得到（M_{afa}）$_{afa}$，那么在第二次扩张中，我们将不能得到任何新的东西。

证明 令映射f：$M\to M_{afa}$满足f（a）$=\bar{a}$，显然，映射f是1-1的并且满足下面的条件：

对于任意的$a, b\in M$，$a\in b$当且仅当$\bar{a}\in\bar{b}$。

由解引理可得：每个平坦方程组都与一个集合是互模拟的。因此，每个点平坦方程组与某个集合的典范平坦方程组是互模拟的。由于M_{afa}的元素是形如$\bar{a}$（这里$a\in M$）的等价类，因此，满足f（a）$=\bar{a}$的映射f：$M\to M_{afa}$是一个同构。

命题9 如果ϕ是集合论语言中的一个公式，令ϕ^{wf}是用良基集合上的量词替换集合上的量词得到的公式。证明下面的结论：

1. 如果 $b \in M_{afa}$是良基的，那么对某个 a，b = [$\bar{a}$] 是良基的。

2. 如果 ZFA ：ϕ^{wf}，那么 ZFC^-：ϕ^{wf}。

3. 如果 ZFA 能够证明连续统假设（CH），那么 ZFC^- 也能。（并且我们知道如果 ZFC^- 是协调的，那么它不能证明 CH。

命题 9　说明：AFA 将不会帮助我们解决像 CH 的这类问题，CH 只与良基集合有关。

证明　1 的证明：用归纳法可以证明：在 E 的良基部分中的每个点方程组与某个良基 a 的形如 $\bar{a}$ 的方程组互模拟。

2 的证明：假设 ZFA $\vdash \phi^{wf}$，但是 $ZFC^- \nvdash \phi^{wf}$。令 M 是满足$\neg\phi$ 的 ZFC^- 模型。由于扩张后的模型 M_{afa}满足 ZFA。而且，由 1，M_{afa}满足 ϕ^{wf}。即：M_{afa} 中的良基集都属于 M。那么此与假设 ZFA $\vdash\phi^{wf}$矛盾！

3 的证明：只需证明：ZFA $\vdash CH \leftrightarrow CH^{wf}$。这个证明的核心是在两个良基集合之间的一个函数是它自身的良基。这里略去某些标准的绝对性的讨论，我们证明：如果 ZFA $\vdash$CH，那么 ZFA $\vdash CH^{wf}$。由 1 可得：$ZFC^- \vdash CH^{wf}$。于是，由我们的观察可得：$ZFC^- \vdash$CH。

第八章

两种反基础公理之间的关系

在 Barwise 给出用方程组表示的解引理之前，Aczel 已用图将反基础公理 AFA 表述为：每个图都有唯一的装饰。随后，Barwise 等人将反基础公理 AFA 表述为：每个平坦方程组都有唯一的解。Barwise 等人还证明了：A 上的每个图有唯一的装饰等价于 A 上的每个平坦方程组都有唯一的解。但是，在我们的讨论中，我们将 Barwise 等人定义的平坦方程组分为了两类：齐次平坦方程组和（Barwise－型的）平坦方程组，并且给出了每个齐次平坦方程组有一个解，而每个平坦方程组有一个唯一解。这样一来，方程组 $x = \{x\}$ 是一个齐次平坦方程组而不是（Barwise－型的）平坦方程组。在第四章中，我们还给出了 $x = \{x\}$ 的两个不同的解。

本章的目的是证明：如果每个图有一个装饰，那么每个齐次平坦方程组有解。在此基础上证明：A 上的每个图有唯一的装饰等价于 A 上的每个（Barwise－型的）平坦方程组有一个唯一的解。因此，本章主要是对文献［17］中 Barwise 等人在第 10 章中给出的两种反基础公理之间关系的修正和完善。

一　图与集合

本节首先证明：Aczel 用图刻画的弱形式的反基础公理（即：每个图 G 有一个装饰）等价于 A 上的每个齐次平坦方程组有唯一的解。然后证明：A 上的每个图有唯一的装饰等价于 A 上的每个有穷的（Barwise－型的）平坦方程组有唯一的解。为此，我们需要重新刻画图。

（一）图

定义1 一个图是由集合或未定元组成的一个集合 G 以及 G 上的一个二元关系 E，即：$E \subseteq G \times G$，集合的元素被称为“结点”。如果（a，b）$\in E$，则称有一条从 a 到 b 的边。习惯上，我们常用 $a \to_G b$ 或者 $a \to b$ 来代替（a，b）$\in E$。从形式上讲，我们的图将是形如 $< G, \to_G >$ 的一个有序对。

例2 在下面的图1中，图 $< G_1, \to_1 >$ 有两个结点 u 和 v，并且只有一条边 $u \to v$。

图1 图 G_1

其中所有结点的集合为 $G_1 = \{u, v\}$。因此，形式上，图 $< G_1, \to_1 >$ 可以表示为：

$$< \{u, v\}, \{< u, v >\} >。$$

约定：以后我们常用图的结点集表示图。因此，在例2中，$G_1 = < G_1, \to_1 >$，即：

$$G_1 = < \{u, v\}, \{< u, v >\} >。$$

定义3 一个图 G 的一个装饰是一个函数 $d: G \to V_{afa}$ 并满足下面的条件：

$$d(a) = \{d(b) \mid a \to_G b\}。 \quad (1)$$

如果 $b = \{d(a) \mid a \in G\}$，那么称 G 是 b 的一个描述。

在例2中图1的一个装饰 d 是 $\{u, v\}$ 上满足条件 $d(v) = \varnothing$ 并且 $d(u) = \{\varnothing\}$ 的一个函数。事实上，因为 $G_1 = \{u, v\}$，所以，我们首先计算 $d(v) = \{d(b) \mid v \to b\}$。由于 v 后面没有元素，所以不存在满足 $v \to b$ 的 b。因此，$d(v) = \varnothing$。其次，计算 $d(u) = \{d(b) \mid u \to b\}$。因为 $u \to v$，所以，

$$d(u) = \{d(b) \mid u \to b\} = \{d(v) \mid u \to v\}$$
$$= \{d(v)\} = \{\varnothing\}。$$

根据以上描述的定义，G_1是 {∅，{∅}} 的一个描述。而 {∅，{∅}} 恰好是 von ·Neumann 序数 2。

例 4　现在考虑有三个结点 x，y，z 的一个图 8 – 2，其中 y 和 z 是 x 的孩子。这个描述是什么样的集合呢？如果 d 是一个装饰，那么

d（y）=d（z）=∅

并且 d（x）={d（y），d（z）}={∅，∅}={∅}。

所以，这个图也描述了序数 2 = {∅，{∅}}。

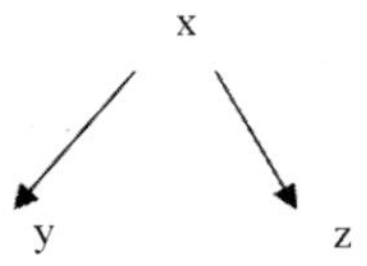

图 2　一个描述序数 2 的图

例 5　对超集理论而言，最具有代表性的例子的图是 G = {g} 并且g→g 的“奇怪的”图。如图 3 所示。

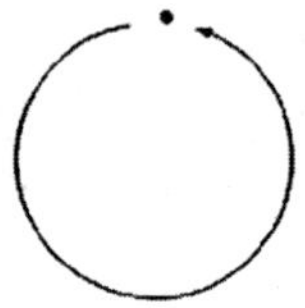

图 3　一个描述Ω的图

令 d 是这个图的装饰，那么 d（g），即：g 的孩子们的装饰集是 {d（g）}。亦即：

$$d(g) = \{d(g)\}。$$

在第四章中，我们已经证明了Ω是方程 x = {x} 的一个解，所以就有：Ω = {Ω}。下面的图，也描述了Ω。

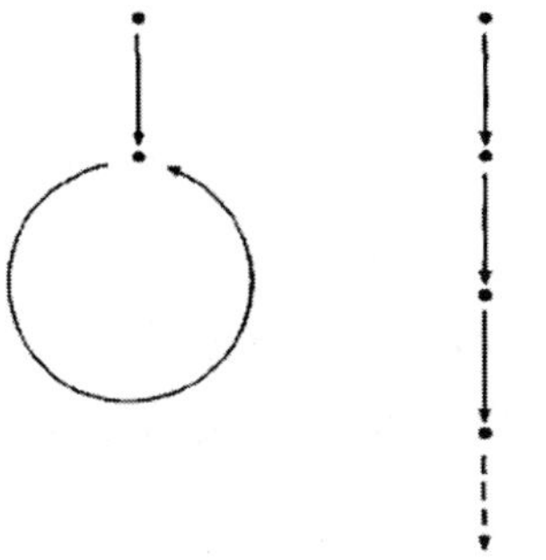

图 4　描述Ω的两个图

定义 6　如果 $a \to_G b$，则称在 G 中，b 是 a 的一个孩子。

由定义 6，定义 3 中装饰的定义条件（1）可以重新表述为：一个结点的装饰是这个结点的所有孩子的装饰的集合。

例 7　观察下面的图 G_3。

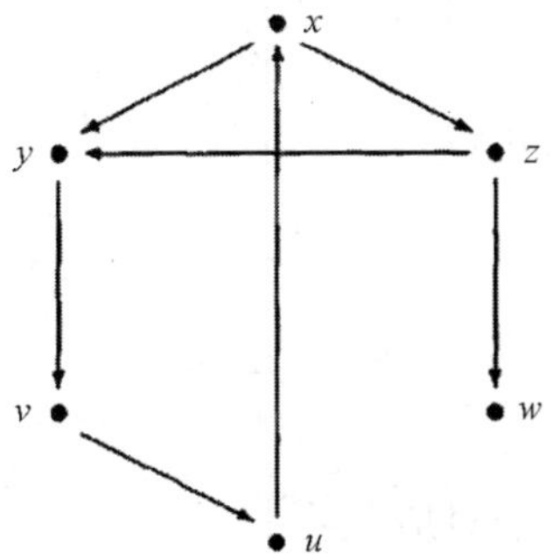

图 5　图 G_3

图 G_3有六个结点，分别是集合：u，v，w，x，y 和 z，并且有七条边：$x \to y$，$x \to z$，$y \to v$，$v \to u$，$u \to x$，$z \to y$ 和 $z \to w$。现在，我们不能很容易看出它的装饰所具有的性质。但是，显然 d（w）$= \varnothing$，而且我们还能给出所有点的装饰。然而，装饰函数给出了 d 必须满足如下的一些方程：

$$d(u) = \{d(x)\},$$
$$d(v) = \{d(u)\},$$

$$d(w) = \varnothing,$$
$$d(x) = \{d(y), d(z)\}, \qquad (2)$$
$$d(y) = \{d(v)\},$$
$$d(z) = \{d(w), d(y)\}。$$

在这一点上，人们注意到：我们不能给出任何理由认为存在这样的一个装饰 d。进一步地，即使我们用某种方法给出了一个装饰 d，我们没有给出任何理由说明它为什么是唯一的。

例 8　令 G_4 是一个与例 7 中图 G_3 有关的一个图，图 G_4 的结点的集是 {34，76，0，3，6，83}，它的边具有如下的关系：

{<34，76>，<76，0>，<76，6>，<0，3>，<0，6>，<6，83>，<83，34>}。

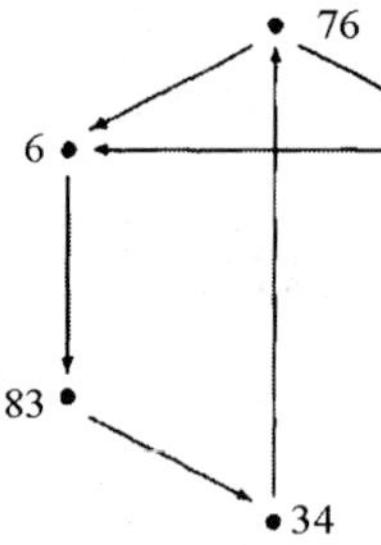

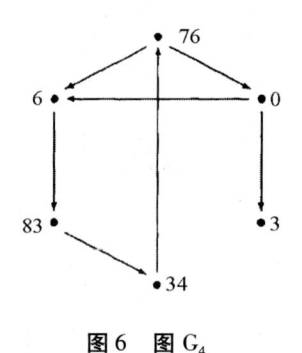

图 6　图 G_4

图 G_4 和图 G_3 之间的一个对应关系是

f = {<u，34>，<v，83>，<w，3>，<x，76>，<y，6>，<z，0>}。　　(3)

实际上，f 是图 G_3 到图 G_4 的一个函数并且是 1 - 1 到上的。f 还具有性质：

对所有的 a，b $\in G_3$，$a \to b$（在 G_3 中）

当且仅当 $f(a) \to f(b)$（在 G_4 中）。

通常，我们称这样的函数是图 G_3 和图 G_4 之间的一个同构。

图 G_4 的装饰 d′满足下面的方程：

$$d'(34) = \{d'(76)\},$$
$$d'(83) = \{d'(34)\},$$
$$d'(3) = \varnothing,$$
$$d'(76) = \{d'(6), d'(0)\},$$
$$d'(6) = \{d'(83)\},$$
$$d'(0) = \{d'(3), d'(83)\}。$$

在第四章第三节的定义 6 中，我们曾经定义：如果 support（a）$=\varnothing$，则称 a 是一个纯集合。对于图来说，我们有下面的定义。

定义 9　令 G 是一个图并且 a 是任意的纯集合，令 Ga 是一个图，它的结点集是 TC（$\{a\}$）并且它的边满足关系

$$b \to c \text{ 当且仅当 } c \in b。$$

注意：定义 9 中的边关系是 Ga 上的隶属关系的逆。

定义 10　令 G 是一个图，如果 G 的结点集是一个纯集合的传递集并且它的边关系是 G 上的隶属关系的逆，则称 G 是一个典范图。

例 11　令 G_1 是图 $<\{u, v\}, \{<u, v>\}>$，G_2 是图 $<\{w, x\}, \{<w, x>\}>$。令 0 和 1 是 von·Neumann 序数并且 $0=\varnothing$，$1=\{0\}=\{\varnothing\}$。这些集合都是纯集合并且 TC（$\{1\}$）$=\{0, 1\}$。当 $a=1$ 时，Ga 是图

$$Ga = <\{0, 1\}, \{<0, 1>\}>。$$

而满足条件：$d(0)=0$，$d(1)=1$ 的函数 d 是 Ga 的一个装饰。于是，我们有

命题 12　如果 G 是一个典范图，那么 G 上的恒等函数是 G 的一个装饰。反之，如果图 G 的装饰是一个恒等函数，则 G 一定是一个典范图。

证明　令 I 是 G 上的恒等函数，我们必须验证下面的条件成立：

$$\text{对所有的 } b \in G,\ I(b) = \{I(c) \mid c \to_G b\}。$$

由于 I 是 G 上的恒等函数，我们必须验证下面的条件成立：

$$\text{对所有的 } b \in G,\ b = \{c \mid c \to b\}。 \quad (*)$$

现在固定某个 $b \in G$。由于 G 是传递的和纯的，那么 G 包含 b 的所有元素。事实上，对所有的集合 c，c 是 b 的一个孩子（在 G 中）当且仅当 $c \in b$。所以，（*）式右边的集合是

$$\{c \mid c \to b\} = \{c \mid c \in b\}。$$

由外延公理，（*）式成立。再由 b 的任意性可得：I 是 G 的一个装饰。

反之，首先证明：G 中的每个元素都是纯集合。令 G 有恒等函数 I 作为它的一个装饰，因此，对每个 $a \in G$，$I(a) = a$。所以，每个 $a \in G$ 是一个集合，没有一个本元。由装饰的定义可得：$I(a)$ 是其他 $d(b)$ 的一个集合。由此可得：每一个 $a = I(a)$ 是集合的集合。而 a 中的每个集合 b 也具有 $b = I(b)$ 的性质。由此可得：每个 $a \in G$ 是纯集合。其次证明：G 是传递的。假设 $a \in G$ 并且 $b \in a$。那么由 $a = I(a)$ 可得：$b \in I(a)$。所以，对某个 $c \in G$ 使得 $a \to c$，$b = I(c) = c$。另外，$b = I(c) \in I(a) = a$。所以，$b \in a$。

例 13　令 x，y 是集合并且满足下面的方程组：

$$\begin{cases} x = \{y, \{y, \varnothing\}\}, \\ y = \{\{\{x\}\}\}。\end{cases}$$

由第四章第二节的例 8 知：

$$TC(x) = \{y, \{y, \varnothing\}, \varnothing, \{\{x\}\}, \{x\}, x\}。$$

同理可得：$TC(y) = TC(x) = \{y, \{y, \varnothing\}, \varnothing, \{\{x\}\}, \{x\}, x\}$。

现在，令 $u = \{x\}$，$v = \{\{x\}\}$，$w = \varnothing$，$z = \{y, \varnothing\}$。因此，我们得到方程组：

$$\begin{cases} x = \{y, \{y, \varnothing\}\} \\ y = \{\{\{x\}\}\} \\ u = \{x\} \\ v = \{\{x\}\} \\ w = \varnothing \\ z = \{y, \varnothing\} \end{cases}$$

由于这些集合都是纯集合，所以，现在我们可以考虑 Gx。它的结点集是 $\{u, v, w, x, y, z\}$，它的边关系为：

$E = \{<x, y>, <x, z>, <z, y>, <z, w>, <y, v>, <v, u>, <u, x>\}$。

如果我们将 Gx 的结点集 $\{u, v, w, x, y, z\}$ 作如上的限制，则例 7 中的图 8－5 描述了 Gu。再由命题 12 可得：恒等映射也是 Gu 的一个装饰。实际上，我们可以验证：对所有的 u，v，w，x，y，z，恒等映射满足例 7 中的所有方程组。

例 14　给出例 8 中图 G_4 的一个装饰。

令 d 是例 8（3）中 f 的逆，虽然我们要检查六个方程，但下面仅详细地给出元素 76 的原因。所以我们证明 d（76） = {d（6），d（0)}。由于

$$d(76)=x,$$
$$d(6)=y,$$
$$d(0)=z。$$

因此，我们现在检查的这个方程是

$$x=\{y,z\}。$$

由于它是恰好是例 13 中方程组的一部分，所以，d（76） = {d（6），d（0)}。由于

$$d(34)=u,$$
$$d(83)=v,$$
$$d(3)=0。$$

同理可得：d（6） = {d（83)}，d（0） = {d（3），d（83)}，d（34） = {d（76)}，d（83） = {d（34)} 和 d（3） = ∅。（它们分别满足方程：$y=\{v\}$，$z=\{w,v\}$，$u=\{x\}$，$v=\{u\}$，$w=\varnothing$。由于它是恰好是例 13 中方程组的一部分）所以，d 是 G_4 的一个装饰。

（二）两种反基础公理之间的关系

每个图有一个装饰和每个齐次平坦方程组有解之间有下面的关系。

定理 14　在 ZFC^- 中，下面的两个结论是等价的。

1. 每个齐次平坦方程组 $\varepsilon=\langle X,e\rangle$ 有一个解，这里 $e: X\to\wp(X)$。

2. 每个图 G 有一个装饰。

证明　现在，我们将表明怎样取一个没有原子的齐次平坦方程组 ε，并且把一个图 G_ε 与 ε 联系起来，用这种方法，使得 ε 的解与 G 的装饰一样。令 $G=\langle G,\to\rangle$ 是一个图，令 X 是与 G 对应的未定元的集合。令 x_a 是与 a 对应的未定元，令 e 满足

$$e_{x_a}=\{x_b \mid a\to_G b\}。$$

由定义，ε_G 的一个解 s 用下面的方法给出了 G 的一个装饰 d：

$$d(a)=s(x_a)。$$

反之，如果 d 是 G 的一个装饰，那么令 $s(x_a)=d(a)$，这样我们就得到了ε_G的一个解 s。由此可得：解和装饰之间的关系是一个双射。

因为 X 是与 G 对应的未定元的集合，所以，G 的结点是 ε 的未定元。令

$$x\rightarrow y（在 G 中）当且仅当 y\in e_x（在\varepsilon中）。$$

如果 d 是 G 的一个装饰，那么令 $s(x_a)=d(a)$，我们得到ε_G的一个解 s。

二　加标图

第一节中，定理 14 在方程组和图之间建立了一个重要的联系。然而，在这个结构中，还稍有一点不足。由于在前面的讨论中，我们允许使用原子构建方程组。然而，在对图的讨论中，我们缺少这些内容。现在，我们推广图和装饰的概念，使得方程组和图的概念之间匹配。

（一）加标图

定义 1　令 $A\subseteq U$。A 上的一个加标图 $G=\langle G,\rightarrow,l\rangle$是一个三元组，其中$\langle G,\rightarrow\rangle$是一个图，并且 $l: G\rightarrow\wp(A)$ 是一个加标函数并且对每个 $g\in G$，称 $l(g)$ 是一个标号。A 上的一个图 G 的一个装饰是一个函数 $d: G\rightarrow V[A]$ 并满足对所有的 $g\in G$，

$$d(g)=\{d(h)\mid g\rightarrow h\}\cup l(g)。$$

例 2　在画加标图示时，我们必须小心。因为加标函数 l 很容易与我们常常放在图中的结点的名字混淆。下面的图 7 给出了一个加标图 G。

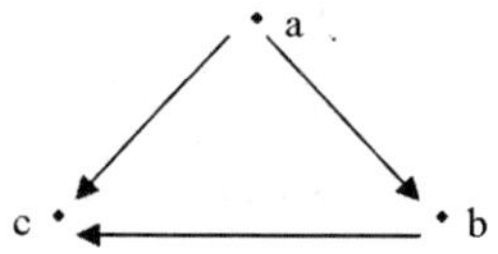

图 7　一个加标图

其中，它的结点是 a，b 和 c，它的加标函数 l 定义如下：

$$l(a) = \{x\},\ l(b) = \varnothing,\ l(c) = \{x, y\}。$$

这里，尽管 a，b 和 c 看起来像标号，但它们不是标号。

在例 2 中，装饰 d 是满足下面方程组的集合：

$$d(a) = \{d(h) \mid a \to h\} \cup l(a) = \{d(b), d(c)\} \cup \{x\} = \{d(b), d(c), x\},$$

$$d(b) = \{d(h) \mid b \to h\} \cup l(b) = \{d(c)\} \cup \varnothing = \{d(c)\},$$

$$d(c) = \{d(h) \mid c \to h\} \cup l(c) = \varnothing \cup \{x, y\} = \{x, y\}。$$

于是，我们现在在一个平坦方程组和加标图之间有一个等价的结果。

定理 3　令 $A \subseteq U$，在 ZFC^- 中，下面的两个结论是等价的。

1. 每个 Barwise 型的平坦方程组 $\varepsilon = \langle X, A, e \rangle$，这里 $e: X \to \wp(X \cup A)$，有一个唯一解。

2. A 上的每个加标图 G 有一个唯一的装饰。

证明　给定 ε，我们构造 G_ε，令 X 是与 G 对应的未定元的集合，所以，G 的结点是 ε 的未定元或者是 A 中的元素。令 x_a 是与 a 对应的未定元，并且用 $l(b) = e_b \cap A$ 来标号。我们现在令 G_ε 是 $\langle G, e, l \rangle$，其中

$$e_g = \{h \mid g \to h\} \cup l(g)。$$

需要注意：图 G 在 A 上的一个装饰是 G 的结点到 $V_{afa}[A]$ 的元素的一个映射，这是因为 A 上的方程组的解也做同样的事情。令

$$x \to y\ (\text{在 G 中})\ 当且仅当\ y \in e_x\ (\text{在}\varepsilon\text{中}),$$

$$g \in G\quad 当且仅当\ g \in A\ (\text{在}\varepsilon\text{中})。$$

由定义，ε_G 的一个解 s 用下面的方法给出了 G 的一个装饰 d：

$$d(a) = s(x_a)。$$

反之，如果 d 是 G 的一个装饰，那么令 $s(x_a) = d(a)$。这样，我们就得到 ε_G 的一个解 s。由于装饰和解之间的关系是一个双射。因此，由 1 的假设告诉我们：平坦方程组 ε_G 有一个唯一的解 s。由此可得：A 上的加标图 G 有唯一的装饰。反之，由 2 的假设告诉我们：A 上的加标图 G 有唯一的装饰。因此，平坦方程组 ε_G 有一个唯一的解 s。

（二）根据∈定义的二元关系

定理 3 的证明表明：在非良基集合中，每一个二元关系都同构于某个集

合上的隶属关系。

现在，令 < A，R > 和 < B，S > 都是由一个集合和集合上的一个二元关系组成的结构。那么从 < A，R > 到 < B，S > 的同构 f 是一个从 A 到 B 的双射函数 f，并且满足下面的条件：

对所有的 x，y ∈A，xRy 当且仅当 f（x） Sf（y）。

于是，我们有下面的命题。

命题 4　对于每个二元关系 < A，R >，存在一个集合 B，使得 < A，R > 同构于 < B，$\ni_B$ >，其中 $\ni_B$ 是 B 上隶属关系的逆。

证明　根据充分性公理，我们可以假设 A 是本元的一个集合。我们还可以认为 A 是一个加标图 G 的结点的集合。在 G 中的边关系满足：

n→m 当且仅当 nRm。

（即：R 是 G 上的边关系）。对每个结点 n，用 {n} 作为它的标号。现在取这个图的装饰 d 和令 B 是 d 的值域。由于对每个 n ∈A，n 是 d（n） 中的唯一本元。所以，d 是 1 - 1 的。又，对每个结点 n，d（n） 是一个集合，因此，d（n） 不是一个本元。

现在，我们验证：nRm 当且仅当 d（n） ∋d（m）。由装饰的定义可得：

如果 nRm，那么 d（n） ∋d（m）。

反之，假设 d（n） ∋d（m）。因为 d 是一个装饰，所以

d（n） = {d（m′） | nRm′} ∪{n}。

作为一个集合，d（m） 不可能是 n，所以对某个 m′使得 nRm′，它必须具有 d（m′） 的形式。但是因为 d 是 1 - 1 的，所以，m = m′。因此，nRm。故，d 是一个同构。

推论 5　对于每个二元关系 < A，R >，存在一个集合 B 使得 < A，R > 同构于 < B，$\in_B$ >，其中 $\in_B$ 是 B 上的隶属关系。

证明　对于结构 < A，R^{-1} > 应用命题 4 即可。

（三）一些互模拟的图

定理 3 说明集合和图之间有密切的联系。其实，集合和图之间存在一种向前和向后的方法。在给出这种方法之前，我们先证明下面的一个简单的结论。

引理6　如果G是一个任意的加标图并且d是它的一个装饰，那么d［G］是一个传递集合。即：如果a ∈b ∈d［G］，并且a是一个集合（不是一个本元），那么a ∈d［G］。

证明　对G的某些结点g，如果b ∈d［G］那么b = d（g）。令a ∈b = d（g），由于

$$d(g) = \{d(h) \mid g \to h\},$$

所以，对某些h ∈G，a = d（h）。因此a ∈d［G］。

定义7　一个典范加标图是一个图G = <G，→，l>，其中G是集合上的传递集合的一个集合，→被定义为

$$a \to b \text{ 当且仅当 } b \text{ 是一个集合并且 } b \in a$$

并且l（a）= a ∩U。

注意：如果G是一个典范加标图，那么它的装饰d是恒等映射：d（b）= b。

给定任意的集合a，对于a，存在一个典范方程组，用support（a）作为它的原子。我们可以用下面的方法将这个方程组转化为support（a）上的典范加标图Ga：

1. Ga的结点是属于TC（{a}）的集合。

2. 如果c ∈b，则在这个图中有一条从b到c的边。

3. 加标函数l被定义为：l（b）= b ∩support（a）。

假设AFA，根据装饰，我们也有一种从图到集合的方法。这种说法不是十分严格的，因为装饰的图并没有真正给我们一个单独的集合。也就是，给定一个图G和它的装饰d，像集d［G］=｛d（g）| g ∈G｝是一个集合的集合。但是把得到的每个集合作为某个图的像的集合，这是不可能的。例如，考虑单元集｛x｝⊆U。如果｛x｝= d［G］，那么G一定是非空的（因为d［空图］= ∅）。令g ∈G，所以d（g）= x。但是这是不可能的，因为一个装饰函数必须将结点映射到集合上。

另一方面，对每个集合a来说，存在一个图G和一个结点g ∈G使得d（g）= a。（对于a的典范图而言也如此）。在集合和图之间做匹配，我们引入了可达点向图或apg。这些是带有特殊结点⊤的加标图，这个特殊的结点称作G上的顶点。从它可以达到每一个结点。所以，形式上的，一个apg

是一个四元组 <G，→，l，$\top$>，其中$\top \in G$，并且具有性质：每一个点都可以从$\top$开始，经过有穷路径到达。现在给定一个 apg G，我们有一个集合 d（$\top_G$）。我们称 G 描述了集合 d（$\top_G$），并将 d（$\top_G$）记为 pict（G）。

在这种方式下，我们有运算：G→pict（G），它将可达点向图映入集合，并且 a→Ga 使集合又返回到可达点向图。我们可以证明：pict（Ga）=a，因为恒等映射装饰任意集合的典范图。另一方面，一般情况下，G_{pict}（G）=G，不成立。因为有无穷多种方法可以描述∅（实际上，存在一个真类），但是 $G_{\varnothing}$ 是只有一个点的图。

假设我们给定 U 上的两个加标图 G 和 G′，并且令 d 和 d′是它们的装饰。我们现在要问的是：在什么条件下，在图上可以得到 d［G］=d［G′］？这个问题类似于两个方程组之间有相同的解集，并且答案也非常相似。

定义 8　令 G 和 G′是 U 上的加标图，G 和 G′之间的一个互模拟关系是 $R \subseteq G \times G'$满足下面的条件：

（1）如果有 gRg′和 $g \to_G h$，那么存在 h′使得 hRh′并且 $g' \to_{G'} h'$。

（1′）如果有 gRg′和 $g' \to_{G'} h'$，那么存在 h 使得 hRh′并且 $g \to_G h$。

（2）如果有 gRg′，那么 l（g）=l′（g′）。

另外，如果下面的条件成立，互模拟 R 被称为 G 和 G′的完全的互模拟：

（3）对每个 $g \in G$，存在 $g' \in G'$使得 gRg′。

（3′）对每个 $g' \in G'$，存在 $g \in G$ 使得 gRg′。

如果存在一个从 G 到 G′的完全的互模拟，那么加标图 G 和 G′是互模拟的。

命题 9　令 g 和 g′分别是 U 上的加标图 G 和 G′的结点，那么存在 G 和 G′之间的一个互模拟关系 R 满足：

gRg′当且仅当 d（g）=d′（g′），

其中 d，d′是分别是 G 和 G′的装饰。因此，G 和 G′是互模拟的当且仅当 d［G］=d′［G′］。

证明　假设 R 是 G 和 G′之间的一个互模拟。在集合上定义一个关系 R′满足：

aR′b 当且仅当分别存在 G 和 G′的结点 g 和 g′使得 gRg′，a=d（g）并且 b=d′（g′）。

不难验证 R'是在集合上的一个互模拟关系，由第五章第四节定理 2 可得结果。

反之，定义 gRg'当且仅当 $d(g)=d'(g')$。容易验证 R 是加标图上的互模拟关系。

推论 10　每个加标图与一个唯一的典范加标图互模拟。

定理 3 表明：除了加标图和方程组表面的区别以外，加标图和方程组实质上是一样的。然而，这些不同也很重要。图容易掌握，特别是对一些简单的例子。另一方面，方程组的概念便于推广。

第九章
两种方程组和它们的解引理

本章的目的主要是将结论 Aczel 用图刻画的带有原子的反基础公理等价于每个（Barwise - 型的）平坦方程组有唯一解，推广到 Aczel 用图刻画的带有原子的 Finsler 反基础公理等价于每个 Finsler - 平坦方程组有唯一解。因此，第一节首先定义了典范齐次平坦方程组并给出 Finsler - 齐次平坦方程组的定义和 Finsler - 平坦方程组的定义；然后给出相应的 Finsler - 齐次平坦方程组的解引理以及 Finsler - 平坦方程组的解引理；最后证明：Aczel 用图刻画的带有原子的 Finsler 反基础公理等价于 Finsler - 平坦方程组的解引理。第二节进一步推广齐次平坦方程组——建立一种齐次崎岖方程组并给出了它的解引理。第三节在第二节建立的齐次崎岖方程组的基础上定义崎岖方程组并给出了它的解引理，并表明：用集合的累积层（不用代入）也能使我们处理一些较复杂的方程组。

一　齐次平坦方程组的一种扩张

（一）齐次平坦方程组的一种扩张

定义1　1. 令 a 是一个集合，$\varepsilon=\langle X, e\rangle$ 是 a 的一个典范齐次平坦方程组。令$\varepsilon_a=\langle \varepsilon, a\rangle$是 a 的一个点典范齐次平坦方程组。如果增加一个新的元素$*\notin X$ 使得 $e^*: X\cup\{*\}\to\wp(X)$ 并且满足下面的条件：

$$e^*(x)=\begin{cases} e(x), & \text{当 } x\in X \text{ 时;}\\ \{y\mid y\in ch(a)\}, & \text{当 } x=* \text{时,}\end{cases}$$

（其中$\varepsilon^* = \langle X \cup \{*\}, e^*, a\rangle$是一个点方程组。）则称$\varepsilon^* = \langle X \cup \{*\}, e^*, *\rangle$是$\varepsilon_a$的一个 Finsler－齐次平坦方程组。

2. 称$X \cup \{*\}$为ε^*的未定元的集合，并且对每个未定元$v \in X \cup \{*\}$，称集合$b_v^* = e_v^* \cap (X \cup \{*\})$为 v 所直接依赖的未定元的集合。特别地，当$v \in X$时，$b_v^* = e_v^* \cap (X \cup \{*\}) = e_v \cap X = b_v$。

3. ε^*的一个解是一个定义域为$dom(s^*) = X \cup \{*\}$的函数s^*，并且对每个$y \in X \cup \{*\}$，

$$s_y^* = \{s_z^* \mid z \in b_y^*\}。$$

特别地，当$y \in X$时，$s_y^* = \{s_z^* \mid z \in b_y^*\} = \{s_z \mid z \in b_y\} = s_y$。

由定义 1 可得以下一些事实：

1. $e^* \upharpoonright X = e$；

2. $X \cap \{*\} = \varnothing$；

3. ε的一个扩张$\varepsilon^* = \langle X \cup \{*\}^*, e^*, *\rangle$仍然是一个齐次平坦方程组。

定义 2　令$\varepsilon = \langle X, e\rangle$是集合 a 的一个典范齐次平坦方程组，$\varepsilon^* = \langle X \cup \{*\}, e^*\rangle$是$\varepsilon$的一个 Finsler－齐次平坦方程组。$\varepsilon^*$的解集记作：

$$\text{solution-set}(\varepsilon^*) = \{s_v^* \mid v \in X \cup X^*\} = s^*[X \cup \{*\}],$$

其中，s^*是ε^*的解，v 遍历ε^*的所有未定元。

令$\varepsilon = \langle X, A, e\rangle$是集合 a 的一个典范平坦方程组，$\varepsilon^* = \langle X \cup \{*\}, A, e^*\rangle$是$\varepsilon$的一个 Finsler－平坦方程组。$\varepsilon^*$的解集记作：

$$\text{solution-set}(\varepsilon^*) = \{s_v^* \mid v \in X \cup X^*\} = s^*[X \cup \{*\}],$$

其中，s^*是ε^*的解，v 遍历ε^*的所有未定元。

定义 3　令

$$V_{Fafa} = \cup\{\text{solution-set}(\varepsilon^*) \mid \varepsilon^*\text{是一个 Finsler－齐次平坦方程组}\}。$$

也就是说，V_{Fafa}是所有 Finsler－齐次平坦方程组的解组成的一个类。

显然，$V_{Fafa} \subseteq V$。

例 4　如图 1 所示，

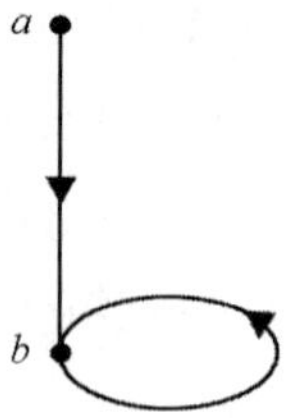

图 1

它所对应的方程组ε为：

$$\varepsilon:\begin{cases}a=\{b\}\\ b=\{b\}\end{cases}$$

其中 $X\subseteq U$ 并且 $X=TC(\{a\})=\{a,b\}$，e 是 X 到 $\wp(X)$ 的一个函数，即：$e: X\to\wp(X)$。

现在增加一个新的结点 $*\notin X$ 使得对于任意的 $x\in X$ 都有 $*=\{x\mid x\in ch(a)\}$，即：$e^*: X\cup\{*\}\to\wp(X)$。于是，

$$\varepsilon^*:\begin{cases}a=\{b\}\\ b=\{b\}\\ \{*\}=\{b\}\end{cases}$$

$e^*(a)=e(a)=\{b\}$，$e^*(b)=e(b)=\{b\}$，$e^*(*)=\{b\}$。

因此，$\varepsilon^*=<X\cup\{*\}, e^*, a>$是$\varepsilon_a$的一个 Finsler－齐次平坦方程组。

(二) Finsler－齐次平坦方程组的解引理 FAFA

反基础公理 LFAFA：每个 Finsler－齐次平坦方程组都有一个解。

我们有时称这种形式的反基础公理为（Finsler－齐次平坦）解引理。

命题 5　令$\varepsilon_a=<X, e, a>$是点 a 的一个典范齐次平坦方程组，$\varepsilon^*=<X\cup\{*\}, e^*, a>$是$\varepsilon_a$的一个 Finsler－齐次平坦方程组，那么 solution-set (ε^*)是传递的，即：对任意的集合 b 和 c，如果 $c\in b\in$ solution-set (ε^*)，那么 $c\in$ solution-set (ε^*)。

证明　令 $Z=$ solution-set (ε^*)。只需证明 Z 是传递的。

设 $c\in b\in Z$，因为 $Z=\{s_v\mid v\in X\}$，所以，存在 $x\in X$ 使得 $c\in b=s_x$。又因为 $s_x=\{s_y\mid y\in b_x\}$，所以，$c\in\{s_y\mid y\in b_x\}$。由 $c\in\{s_y\mid y\in b_x\}$，则

$c \in Z$。

反基础公理 FAFA：每个 Finsler – 平坦方程组有一个唯一的解。

我们有时称这种形式的反基础公理为（Finsler – 平坦）解引理。

命题 6 令 $\varepsilon_a = <X, A, e, a>$ 是点 a 的一个典范平坦方程组，$\varepsilon^* = <X \cup \{*\}, A, e^*, a>$ 是 ε_a 的一个 Finsler – 平坦方程组，那么 solution-set（ε^*）是传递的，即：对任意的集合 b 和 c，如果 $c \in b \in$ solution-set（ε^*），那么 $c \in$ solution-set（ε^*）。

（三）两种反基础公理的等价性

Aczal 在《Non-Well-Founded-Sets》一书①中指出：Finsler1926 年给出的一种非良基集合论中有三条公理，他的公理如下：

1. $\in$是可判定的；
2. 同构集合相等；
3. 该论域没有真扩张可以满足 1 和 2。

而 Finsler 集合论是由集合组成的一个类作为论域以及这些对象之间的一个二元关系$\in$构成。需要注意的是：在第 I 编中介绍的 Finsler 反基础公理，实际上采用的是 Aczal 改造后的 Finsler 反基础公理。由 Aczal 改造后的 Finsler 反基础公理，通常称作 Finsle-Aczal 反基础公理 FAFA。

如果采用第 I 编中介绍的 Finsler 的论域，那么我们可以忽略 Finsler 的公理 1 从他的公理 2 开始。直观上，在一个系统 M 中，Finsler 的同构概念可以表达为：

$a, b \in M$，如果由 a 和 b 决定的可达点向图 Ma 和 Mb 是同构，那么 a 和 b 是同构的。

按照这一观点可得：M 是公理 2 的模型当且仅当 M 是≅ – 外延的；即：

$$Ma \cong Mb \Rightarrow a = b。$$

但实际上，Finsler 把他的公理 2 作为一种加强的外延公理。但是，≅ – 外延的系统不一定是外延的。例如，考虑例 4 中的图 9 – 1，图 9 – 1 是有两个元素的一个图 G。这个图有两个结点 a 和 b 以及两条边 $a \rightarrow b$ 和 $b \rightarrow b$。显然，

① Peter Aczel, Non-well-founded sets. Stanford: CSLI Publications, 1988. p. 47.

$Ga \not\cong Gb$。但是 $ch_G(a) = \{b\} = ch_G(b)$。因此，G 是≅-外延的但不是外延的。

因此，Finsler 同构概念的一种正确描述是：令 M 是一个系统，如果 $a \in M$，令 $(Ma)^*$ 是一个可达点向图：它由 Ma 中的、位于从 a 的某一个后继出发的路径上的结点和边组成，另外还有一个新的结点∗以及对于 a 的每一个后继 x，都有一条新的边 $* \to x$。我们取∗为 $(Ma)^*$ 的始点。注意，如果 a 不在从 a 的某个后继出发的任何一条路径上，那么 $(Ma)^*$ 将由一个除了把∗映到 a 之外其余皆相等的同构映射而同构于 Ma。如果 a 位于这样一条路径上，那么 $(Ma)^*$ 将由 Ma 的结点和边以及新的结点和新的边组成。

定义 7　令 M 是一个系统，$a, b \in M$，如果 $(Ma)^* \cong (Mb)^*$，则称 a 和 b 在 Finsler 的意义上是同构的。

注意：如果 $ch_M(a) = ch_M(b)$，那么 $(Ma)^* = (Mb)^*$。因此，有 $(Ma)^* \cong (Mb)^*$。

定义 8　令 $\cong^*$ 是 V_0 上如下定义的关系：

$$Ga \cong^* G'a' \Leftrightarrow (Ga)^* \cong (G'a')^*。$$

令 M 是一个系统，如果它是 $\cong^*$ -外延的；即

$$Ma \cong^* Mb \Rightarrow a = b,$$

称系统 M 是 Finsler-外延的。

如果一个图 G 是 Finsler-外延的，则称图 G 是 Finsler-图。

命题 9　一个系统 M 是 Finsler-外延的当且仅当它既是外延的又是≅-外延的。

证明　假设系统 M 是 Finsler-外延的，即：它是 $\cong^*$ -外延的；亦即：

$$Ma \cong^* Mb \Rightarrow a = b$$

由 $Ma \cong^* Mb$ 可得：$(Ma)^* \cong (Mb)^*$。又因为 $a = b$，所以，$Ma \cong Mb$ 并且 $ch_M(a) = ch_M(b)$。反之，显然。

定理 10　在 ZFC^- 中，下面的两个结论是等价的。

1. 每个 Finsler-齐次平坦方程组 $\varepsilon = \langle X, e, * \rangle$ 都有一个解，这里 $e: X \to \wp(X)$。

2. 每个 Finsler-图 G 有一个装饰。

证明　1 ⇒2。令 $G = \langle G, \to, * \rangle$ 是一个 Finsler-图，令 X 是与 G 对

应的未定元的集合，令 x_a 是与 a 对应的未定元，令 e 满足

$$e_{x_a} = \{x_b \mid a \to_G b\}。$$

并且 e^* 满足

$$e^*(x) = \begin{cases} e(x)，当 x \in X 时； \\ \{y \mid y \in ch(a)\}，当 x = * 时。\end{cases}$$

由定义，ε_G 的一个解 s 用下面的方法给出了 G 的一个装饰 d：

$$d(a) = s(x_a)。$$

而 $\varepsilon_G{}^*$ 的一个解是 s^* 用下面的方法给出了 G 的一个装饰 d^*：

$$d^*(a) = s(x_a) \cup \{*\}。$$

反之，如果 d^* 是 G 的一个装饰，那么令 $s^*(x_a) = d^*(a)$，我们得到 $\varepsilon_G{}^*$ 的一个解 s^*。装饰和解之间的关系是一个双射。因此，由 1 中的假设告诉我们：$\varepsilon_G{}^*$ 有一个解。由此可得 G 有一个装饰。

2 ⇒1。对于另一个方向，利用 Finsler－图 G，我们可以取一个没有原子的 Finsler－齐次平坦方程组 ε^*，并且把一个图 $G_\varepsilon{}^*$ 与 ε^* 联系起来，用这种方法，使得 ε^* 的解与 G 的装饰一样。因为 X 是与 G 对应的未定元的集合，所以，G 的结点是 ε^* 的未定元。令

$$x \to y（在 G 中）当且仅当 y \in e_x（在 \varepsilon^* 中）。$$

特别地，

$$* \to y（在 G 中）当且仅当 y \in e_x{}^*（在 \varepsilon^* 中）。$$

其余的证明是上面的逆。

定理 11　在 ZFC^- 中，下面的两个结论是等价的

1. 每个 Finsler－平坦方程组 $\varepsilon = <X, A, e, *>$ 有一个唯一解。

2. A 上的每个 Finsler－图 G 有一个唯一的装饰。

证明　证明方法类似于定理 10。

1 ⇒2。令 $G = <G, \to, *>$ 是一个 Finsler－图，令 X 是与 G 对应的未定元的集合，令 x_a 是与 a 对应的未定元，令 e 满足

$$e_{x_a} = \{x_b \mid a \to_G b\}。$$

并且 e^* 满足

$$e^{*}(x)=\begin{cases}e(x)，当 x\in X 时；\\ \{y\mid y\in ch(a)\}，当 x=*时。\end{cases}$$

由定义，ε_G的一个解 s 用下面的方法给出了 G 的一个装饰 d：

$$d(a)=s(x_a)。$$

而$\varepsilon_G{}^{*}$的一个解是 s^{*} 用下面的方法给出了 G 的一个装饰 d^{*}：

$$d^{*}(a)=s(x_a)\cup\{*\}。$$

反之，如果 d^{*} 是 G 的一个装饰，那么令 $s^{*}(x_a)=d^{*}(a)$，我们得到$\varepsilon_G{}^{*}$的一个解 s^{*}。装饰和解之间的关系是一个双射。因此，由 1 中的假设告诉我们：$\varepsilon_G{}^{*}$有一个唯一解。由此可得 G 有一个唯一的装饰。

2 ⇒1。对于另一个方向，利用 Finsler－图 G，我们可以取一个没有原子的 Finsler－齐次平坦方程组ε^{*}，并且把一个图 $G_{\varepsilon}{}^{*}$ 与ε^{*}联系起来，用这种方法，使得ε^{*}的解与 G 的装饰一样。因为 X 是与 G 对应的未定元的集合，所以，G 的结点是ε^{*}的未定元。令

$$x\to y（在 G 中）当且仅当 y\in e_x（在\varepsilon^{*}中）。$$

特别地，

$$*\to y（在 G 中）当且仅当 y\in e_x{}^{*}（在\varepsilon^{*}中）。$$

其余的证明是上面的逆。

二　齐次崎岖方程组和它的解引理

由于第六章第二节定理 3 断言：每一个有穷的广义方程组ε(即：ε=<X，A，e>。其中，X（⊆U）是一个集合，而 e：X→V［X ∪A］是一个函数）都有一个唯一解 s。而且，ε的解集合是 V［A］的一个子集。但是，这个定理的证明依赖于代入，因此，不用代入，下面的方程组的解不能直接得到。

$$\begin{cases}x=\{\{x,y\},\{x,z\}\}\\ y=\{\{x,y\},\{y\}\}\\ z=\{\{x,z\}\}\end{cases}$$

由于在建立逻辑系统时，有些逻辑系统有代入规则，有些没有。这说明

代入规则是独立于逻辑系统的。本节试图在第四章第二节（齐次）平坦方程组的基础上建立一种（齐次）崎岖方程组，并给出相应的解引理，使得它在处理非（齐次）平坦方程组时不依赖于代入。

（一）齐次崎岖方程组

定义1　1. 一个齐次崎岖方程组是一个二元组$\varepsilon = \langle X, e \rangle$，其中$X \subseteq U$，e是X到$\wp(X) \cup \wp\wp(X)$的一个函数，即：$e_{\wp}$：$X \to \wp(X) \cup \wp\wp(X)$。

2. 称X为ε的未定元的集合，并且对每个未定元$v \in X$，称集合$b_v = e_v \cap X$为v所直接依赖的未定元的集合。

3. ε的一个解是一个定义域dom（s）＝X的函数s，并且对每个$x \in X$，

$$s_x = \{s_y \mid y \in b_x\}。$$

注意：一个方程组可能只有一个方程。当$X = \varnothing$时，崎岖方程组的解是一个空函数。另外，在任意的方程组中，$e_x = \varnothing (x \in X)$也是可能的。特别是，当rane $\subseteq \wp(X)$中，齐次崎岖方程组ε退化成一个齐次平坦方程组ε。

定义2　令$\varepsilon = \langle X, e \rangle$是一个任意的齐次崎岖方程组，ε的解集记作：

$$\text{solution-set}(\varepsilon) = \{s_v \mid v \in X\} = s[X],$$

其中，s是ε的解，v遍历ε的所有未定元。

定义3　令

$$V_{\wp\,afa}[\varnothing] = \cup\{\text{solution-set}(\varepsilon) \mid \varepsilon\text{是一个齐次崎岖方程组}\}。$$

也就是说，$V_{\wp\,afa}[\varnothing]$是所有齐次崎岖方程组的解组成的类。也记作$V_{\wp\,afa}$。

显然，$V_{afa}[\varnothing] \subseteq V_{\wp\,afa}[\varnothing]$，$V_{\wp\,afa}[\varnothing] \subseteq V$。

（二）解引理 QQAFA

反基础公理QQAFA：每个齐次崎岖方程组都有一个解。

有时我们称这种形式的反基础公理为（齐次崎岖）解引理。

例4　证明下面的方程组ε有解。

$$\varepsilon: \begin{cases} x = \{\{y\}\} \\ y = \{\{z\}\} \\ z = \{\{x\}\} \end{cases}$$

解　令 $X=\{x, y, z\}$，因为 $\{x\}$，$\{y\}$，$\{z\}\subseteq X$，所以 $\{x\}$，$\{y\}$，$\{z\}\in\wp(X)$。因此，$\{\{x\}\}$，$\{\{y\}\}$ 和 $\{\{z\}\}\subseteq\wp(X)$。故，

$$\{\{x\}\}, \{\{y\}\} \text{ 和 } \{\{z\}\}\in\wp\wp(X)。$$

即：$e_{\wp}: X\rightarrow\wp(X)\cup\wp\wp(X)$。因此，$\varepsilon=<X, e_{\wp}>$是一个齐次崎岖方程组。由齐次崎岖解引理可知：该方程组有解。而且令 $x=y=z=\Omega=\{\cdots\{\varnothing\}\cdots\}$ 就是所给齐次崎岖方程组的一个解。显然，该齐次崎岖方程组有无穷多解。

例 5　证明下面的方程组ε有解。

$$\varepsilon: \begin{cases} x=\{\{x, y\}, \{x, z\}\} \\ y=\{\{x, y\}, \{y\}\} \\ z=\{\{x, z\}\} \end{cases}$$

解　令 $X=\{x, y, z\}$，因为 $\{x, y\}$，$\{x, z\}$，$\{y\}\subseteq X$，所以 $\{x, y\}$，$\{x, z\}$，$\{y\}\in\wp X$。因此，$\{\{x, y\}, \{x, z\}\}$，$\{\{x, y\}, \{y\}\}$ 和 $\{\{x, z\}\}\subseteq\wp X$。故，

$\{\{x, y\}, \{x, z\}\}$，$\{\{x, y\}, \{y\}\}$ 和 $\{\{x, z\}\}\in\wp\wp X$。

即：$e_{\wp}: X\rightarrow\wp(X)\cup\wp\wp(X)$。因此，$\varepsilon=<X, e_{\wp}>$是一个齐次崎岖方程组。由齐次崎岖解引理可知：该方程组有解，而且令 $x=y=z=\Omega=\{\cdots\{\varnothing\}\cdots\}$ 就是所给齐次崎岖方程组的一个解。

命题 6　令$\varepsilon_{\wp}=<X, e>$是一个齐次崎岖方程组，那么 solution-set（$\varepsilon_{\wp}$）是传递的，即：对任意的集合 b 和 c，如果 $c\in b\in$solution-set（$\varepsilon_{\wp}$），那么$c\in$ solution-set（$\varepsilon_{\wp}$）。

证明　令 $Z=$solution-set（$\varepsilon_{\wp}$）。只需证明 Z 是传递的。

设 $c\in b\in Z$，因为 $Z=\{s_v \mid v\in X\}$，所以，存在 $x\in X$ 使得 $c\in b=s_x$。又因为 $s_x=\{s_y \mid y\in b_x\}$，所以，$c\in\{s_y \mid y\in b_x\}$。由 $c\in\{s_y \mid y\in b_x\}$，则 $c\in Z$。

定义 7　令 a 是一个集合，$\varepsilon_{\wp}=<X, e>$是一个齐次崎岖方程组，其中，$X=TC(\{a\})$，并且对于任意的 $x\in X$，$e_x=x$，称这样的齐次崎岖方程组$\varepsilon_{\wp}$为 a 的典范齐次崎岖方程组。

三　崎岖方程组和它的解引理

（一）崎岖方程组

定义1　1. 一个崎岖方程组是一个三元组$\varepsilon=\langle X, A, e\rangle$，其中$X\subseteq U$，$X\cap A=\varnothing$，e是X到$\wp(X\cup A)\cup\wp\wp(X\cup A)$的一个函数，即：$e: X\rightarrow\wp(X\cup A)\cup\wp\wp(X\cup A)$，并且满足下面的条件：

存在一个$a\in A$满足存在$x\in X$使得$a\in e(x)$

并且$e(x)\in\wp\wp(X\cup A)$。　　（*）

2. 称X为ε的未定元的集合，并且称A为ε的原子的集合。对每个未定元$v\in X$，称集合$b_v=(e_v\cap X)\cup((\cup e_v)\cap X)$为v所直接依赖的未定元的集合，称集合$c_v=(e_v\cap A)\cup((\cup e_v)\cap A)$为v所直接依赖的原子的集合。

3. ε的一个解是一个定义域$dom(s)=X$的函数s，并且对每个$x\in X$，

$$s_x=\{s_y \mid y\in b_x\}\cup c_x。$$

例2　我们曾在第六章第二节例2中证明了如下的崎岖方程组

$$\begin{cases}x=\{p,\{p,x,y\},\{q,x,z\}\}\\y=\{q,\{p,x,y\},\{y\}\}\\z=\{\{p,x,z\}\}\end{cases}$$

有解并且它与下面的方程组有相同的解：

$$\begin{cases}x=\{p,x,y\}\\y=\{q,x,z\}\\z=\{y\}\end{cases}$$

定义3　令三元组$\varepsilon=\langle X, A, e\rangle$是任意的一个崎岖方程组，ε的解集记作：

$$\text{solution-set}(\varepsilon)=\{s_v \mid v\in X\}=s[X],$$

其中，s是ε的解，v遍历ε的所有未定元。

定义4　定义

$V_{afa}[A]=\cup\{\text{solution-set}(\varepsilon)\mid \varepsilon$是以A为原子集的崎岖方程组$\}$。

也就是说，$V_{afa}[A]$是所有以A为原子集的崎岖方程组的解组成的类。

(二) 解引理 QAFA

反基础公理 QAFA：每一个崎岖方程组有一个唯一的解。

我们有时称这种形式的反基础公理为（崎岖）解引理。

这里仍然要注意的是，第六章第二节例 7 中给出的方程组

$$\begin{cases} x_0 = (0, x_1), \\ x_1 = (1, x_2), \\ x_2 = (2, x_3), \\ \cdots\cdots \end{cases} \tag{1}$$

虽然它是一个崎岖方程组，但它的未知元的个数是无穷的，所以，反基础公理 QAFA 的断言不适用于它。实际上，这类方程组类似于齐次方程组，它有解且有无穷多个解。

例 5　上面的方程组（1）有无穷多个解。

解　由第六章第二节的例 7 可知：

$$\begin{cases} x_0 = (0, (1, (2, \cdots))), \\ x_1 = (1, (2, \cdots)), \\ x_2 = (2, (3, \cdots)) \\ \cdots\cdots \end{cases}$$

和

$$\begin{cases} x_0 = (0, (1, (2, (\cdots, (0, 0) \cdots)))), \\ x_1 = (1, (2, (\cdots, (0, 0) \cdots))), \\ x_2 = (2, (3, (\cdots, (0, 0) \cdots))) \\ \cdots\cdots \end{cases}$$

都是方程组（1）的解。显然，

$$\begin{cases} x_0 = (0, (1, (2, (\cdots, (1, 1) \cdots)))), \\ x_1 = (1, (2, (\cdots, (1, 1) \cdots))), \\ x_2 = (2, (3, (\cdots, (1, 1) \cdots))) \\ \cdots\cdots \end{cases}$$

$\cdots\cdots$

$$\begin{cases} x_0 = (0, (1, (2, (\cdots, (n, n) \cdots)))), \\ x_1 = (1, (2, (\cdots, (n, n) \cdots))), \\ x_2 = (2, (3, (\cdots, (n, n) \cdots))) \\ \cdots\cdots \end{cases}$$

$\cdots\cdots$

是（1）的无穷多个解。

特别地，我们有如下类似于第六章第二节引理4的结果：

定理6　令$\varepsilon = \langle X, A, e\rangle$是一个崎岖方程组，则存在一个平坦方程组$\varepsilon' = \langle Y, A, e'\rangle$，其中，$X \subseteq Y$并且满足以下条件：

1. 如果s是ε的一个解，那么s可以扩展为平坦方程组ε′的一个唯一解s′。

2. 如果s′是ε′的一个解，并且$s = s' \upharpoonright X$（s′对X的限制），那么s是ε的一个解。

特别地，在崎岖方程组ε的解和平坦方程组ε′的解之间存在一个一一对应。

这里我再次强调：本章定义崎岖方程组的目的是要表明：不用代入，我们可以用集合的累积层来定义广义方程组。

本节定义的齐次崎岖方程组和崎岖方程组实际上是第六章定义的广义方程组的一种最基本的形式。在此基础上，我们还可以如下地定义方程组。

定义7　一个二次崎岖方程组是一个三元组$\varepsilon = \langle X, A, e\rangle$，其中$X \subseteq U$，$X \cap A = \varnothing$，而

$$e: X \to \wp(X \cup A) \cup \wp\wp(X \cup A) \cup \wp\wp\wp(X \cup A)$$
$$= \cup\{\wp^n(X \cup A): n \leqslant 3\}$$

并且

存在一个$a \in A$满足存在$x \in X$使得

$a \in e(x)$并且$a \in \wp\wp\wp(X \cup A)$。　　（*）

一般地，令

$\wp^0(X \cup A) = \varnothing$；

$\wp^1(X \cup A) = \wp(X \cup A)$；

$\wp^{\alpha+1}(X\cup A)=\wp(\wp^{\alpha}(X\cup A))$，如果α是一个序数；

$\wp^{\beta}(X\cup A)=\cup\{\wp^{\lambda}(X\cup A):\lambda<\beta\}$，如果β是一个极限序数；

……

$V[A]=\cup\{\cup\wp^{\alpha}(X\cup A):\alpha\in On\}$。

于是，我们有

定义8　一个（n-1）次崎岖方程组是一个三元组ε=<X，A，e>，其中 $X\subseteq U$，$X\cap A=\varnothing$，而

$$e: X\to\cup\{\wp^{n}(X\cup A): n\in N$$

并且

存在一个 $a\in A$ 满足存在 $x\in X$ 使得

$$a\in e(x)\text{ 并且 }a\in\wp^{n}(X\cup A)。\qquad(*)$$

定义9　一个超崎岖方程组是一个三元组ε=<X，A，e>，其中 $X\subseteq U$，$X\cap A=\varnothing$，而

$$e: X\to V[A]。$$

另外，有关方程组的其他概念可根据第四章的定义依次类推。同样的，我们还可以给出相应崎岖方程组的解引理。关于这些内容这里不再一一赘述。

（三）一个一览表

现在，我们给出第四至第九章基于各类集合方程组的反基础公理一览表。

集合方程组的反基础公理一览表

集合方程组	反基础公理
齐次平坦方程组	LAFA：每个齐次平坦方程组都有一个解。
平坦方程组	AFA：每一个（Barwise-型的）平坦方程组都有一个唯一解。
广义平坦方程组	定理：每一个广义平坦方程组都有一个唯一解。
广义齐次方程组	定理：每一个广义齐次方程组ε都有一个解。
广义方程组	定理：每一个广义方程组ε都有一个唯一解。
Finsler-齐次平坦方程组	LFAFA：每个 Finsler-齐次平坦方程组都有一个解。

续表

集合方程组	反基础公理
Finsler－平坦方程组	FAFA：每个 Finsler－平坦方程组都有一个唯一的解。
齐次崎岖方程组	QQAFA：每个齐次崎岖方程组都有一个解。
崎岖方程组	QAFA：每个崎岖方程组有一个唯一的解。

总之，对于我们在第四章至第九章定义的各类方程组，我们有如下概括的反基础公理。

弱的反基础公理 AFAw：如上定义的各类方程组都有一个解。

类似于第四章第一节线性方程组有解判别定理，对于集合方程组，我们有下面的结果。

定理 10　1. 如果 LAFA 成立，那么每一个齐次平坦方程组有解且有无穷多个解。

2. 如果 AFA 成立，那么每一个（Barwise－型的）平坦方程组有唯一解。

3. 如果 QQAFA 成立，那么每一个齐次崎岖方程组有解且有无穷多个解。

4. 如果 QAFA 成立，那么每一个崎岖方程组有解且有无穷多个解。

第Ⅲ编

附　录

本编给出两个附录。在附录1中：

1. 在两个框架之间，给出一种比满同态弱的概念——满模拟，并在这种定义下证明了两个结构之间的一些保持性。

2. 在两个框架之间，给出一种比同构弱的概念——互模拟，并在这种定义下证明了两个结构之间的一些不变性。

在附录2中：给出四篇已发表的论文，其中：

1. 两篇讨论基础公理与反基础公理的文章。

2. 一篇给出一种能够刻画计算机科学、模态逻辑和集合论中互模拟概念的一个统一定义，并在这种定义下证明互模拟的一些基本性质的文章。

3. 一篇介绍解悖方法研究的新进展的文章。

附录 1

结构之间的互模拟

附录的第一节在两个框架之间，给出一种比满同态弱的概念——满模拟，并在这种定义下证明两个结构之间的一些保持性。第二节在两个框架之间，给出一种比同构弱的概念——互模拟，并在这种定义下证明两个结构之间的一些不变性。

一　满模拟下的一些保持性

令 F 和 F′是两个模态框架，本节首先（不用对应理论）证明当 f 是 F 到 F′上的满同态时，那么 f 保持自返性、对称性、传递性、等价性、确定性、持续性、欧性、孤立性、稠密性等；第二，（不用对应理论）证明了如果 Z 是框架 F 到 F′上的一个满模拟关系，那么 Z 同样保持前面所提到的性质；第三，证明了模拟的等价条件和互模拟的等价条件以及满模拟和互模拟关系；第四，定义了生成子框架并证明了：如果 F′是 F 的生成子框架并且 F 具有前面提到的性质，那么 F′也具有前面提到的性质；第五，定义了 F 和 F′的不交并 F ⊎F′并证明了：如果 F ⊎F′具有前面提到的性质，那么 F 和 F′也具有。最后，证明了任意的非空模型 M 与一个禁自返模型之间存在一个满模拟。

（一）引言

数学家和逻辑学家都很少孤立地考察两个集合 A 和 A′之间的关系。而是考察带有运算∘和∘′的两个集合 <A，∘ >和 <A′，∘′>，这样的集合通常称为结构。他们不仅对不同结构之间的关系感兴趣，而且还对结构本身所具有的各种不同的性质感兴趣。他们研究哪些结构的性质在这样的关系或运算下保持？例如，如果两个代数结构 $<A, \circ>$ 与 $<A', \circ'>$ 是同态的，那么当∘满足结合律时，∘也满足结合律，并称同态保持运算的结合性。本文在模态逻辑的框架中讨论，对于两个框架（结构）$F=<W, R>$ 和 $F'=<W', R'>$，在什么样的条件下，当 R 具有某种性质φ时，R′也具有。特别地，给出比同态弱的概念——满模拟关系，证明：当 R 具有某些性质φ时，R′也具有。即：框架的自返性、对称性、传递性、等价性、确定性、持续性、欧性、孤立性、稠密性等在满模拟下保持。

（二）基本概念

定义 1　设 $F=<W, R>$ 是任意的一个二元组，$F=<W, R>$ 是一个框架，当且仅当，W 是任意的一个非空集合，R 是 W 上的任意的一个二元关系，即 $R\subseteq W\times W$。

定义 2　令 $F=<W, R>$ 是一个任意的框架，

（1）称框架 $<W, R>$ 是自返－框架，如果对于任意的 $w\in W$，都有 wRw。

（2）称框架 $<W, R>$ 是对称－框架，如果对于任意的 $w, w'\in W$，$wRw'\Rightarrow w'Rw$。

（3）称框架 $<W, R>$ 是传递－框架，如果对于任意的 $w, w', w''\in W$，wRw' 并且 $w'Rw''\Rightarrow w'Rw''$。

（4）称框架 $<W, R>$ 是等价－框架，如果 R 是自返的、对称的和传递的。

（5）称框架 $<W, R>$ 是确定－框架，如果对于任意的 $w, w', w''\in W$，wRw' 并且 $wRw''\Rightarrow w'=w''$。

（6）称框架 $<W, R>$ 是持续－框架，如果对于任意的 $w\in W$，存在 $u\in W$ 使得 wRu。

（7）称框架 $<W, R>$ 是欧性－框架，如果对于任意的 $u, v, w\in W$，uRv 并且 $uRw\Rightarrow vRw$ 或者 wRv。

（8）称框架 $<W, R>$ 是孤立－框架，如果对于任意的 $x, a\in W$，aRx

$\Rightarrow x = a$。

（9）称框架 < W，R > 是稠密 - 框架，如果对于任意的 a，b ∈W，aRb，存在一个 x ∈W 使得 aRx 并且 xRb。

（10）称框架 < W，R > 是树状 - 框架，如果对于任意 a，b，c ∈W 使得

bRa 并且 cRa ⇒bRc 或者 cRb。

（11）框架 < W，R > 的一个关系→是良基的，如果不存在如下的元素序列（a_r | γ<ω）：

$$a_0 \to a_1 \to \cdots \to a_\gamma \to \cdots \ (\gamma<\omega)。$$

（三）一些基本的保持性

定义3　令 F = < W，R > 和 F′ = < W′，R′ > 是两个框架。f 是一个从 W 到 W′的映射并且具有性质：如果 wRu 那么 f（w）R′f（u）（同态条件），则称 f 是框架 F 到框架 F′的一个同态映射，记作 f：< W，R > → < W′，R′ >。

定义4　令 F = < W，R > 和 F′ = < W′，R′ > 是两个框架。f 是一个从 W 到 W′的满射并且具有性质：对任意的 w，u ∈W，如果 wRu，那么 f（w）R′f（u）（同态条件）。则称 f 是框架 F 到框架 F′的一个满同态并称框架 F 和框架 F′同态，记作 F ~ F′。如果存在一个从 F 到 F′的一个双射的同态，则称 F 同构于 F′，记作 F ≅F′。

在定义4 中，f（R） = {f（w）R′f（u） | wRu，对任意的 w，u ∈W}。

定理5　令 F = < W，R > 和 F′ = < W′，R′ > 是两个框架。若 F ~ F′，则下面的结论成立：

（1）如果关系 R 在 F 中是自返的，那么关系 R′在 F′中也是自返的。

（2）如果关系 R 在 F 中是对称的，那么关系 R′在 F′中也是对称的。

（3）如果关系 R 在 F 中是传递的，那么关系 R′在 F′中也是传递的。

（4）如果关系 R 在 F 中是等价的，那么关系 R′在 F′中也是等价的。

（5）如果关系 R 在 F 中是确定的，那么关系 R′在 F′中也是确定的。

（6）如果关系 R 在 F 中是持续的，那么关系 R′在 F′中也是持续的。

（7）如果关系 R 在 F 中是欧性的，那么关系 R′在 F 中也是欧性的。

（8）如果关系 R 在 F 中是孤立的，那么关系 R′在 F′中也是孤立的。

（9）如果关系 R 在 F 中是稠密的，那么关系 R′在 F′中也是稠密的。

（10）如果关系 R 在 F 中是树状的，那么关系 R′在 F′中也是树状的。

（11）如果转换关系→在 F 中是传递的、良基的，那么转换关系→′在 F′中也是传递的、良基的。

证明　因为 F ~ F′，所以，不妨设 f 是一个从 W 到 W′的满射并且满足同态条件。

（1）对于任意的 w′∈W′，因为 f 是一个从 W 到 W′的满射，所以存在 w∈W 使得 f（w）=w′。因为关系 R 在 F 中是自返的，即：wRw，再由 f 的同态性可得：f（w）R′f（w）。即：w′Rw′，故：关系 R′在 F′中也是自返的。

（2）对于任意的 u′，v′∈W′，假设 u′R′v′成立，因为 f 是一个从 W 到 W′的满射，所以存在 u，v∈W 使得 f（u）=u′并且 f（v）=v′。由 R′=f（R）可得：uRv。再由 R 的对称性可得：vRu。再由 R′=f（R）可得：f（v）R′f（u）。即：v′R′u′，故：关系 R′在 F′中是对称的。

（3）对于任意的 u′，v′，w′∈W′，假设 u′R′v′并且 v′R′w′成立，因为 f 是一个从 W 到 W′的满射，所以存在 u，v，w∈W 使得 f（u）=u′并且 f（v）=v′并且 f（w）=w′。又因 R′=f（R），所以，uRv 并且 vRw 成立。由 R 在 F 中是传递的可得：uRw。再由 R′=f（R）可得：f（u）R′f（w），即：u′R′w′。故：关系 R′在 F′中是传递的。

（4）由（1）—（3）可得。

（5）对于任意的 u′，v′，w′∈W′，假设 u′R′v′并且 u′R′w′成立，因为 f 是一个从 W 到 W′的满射，所以存在 u，v，w∈W 使得 f（u）=u′并且 f（v）=v′并且 f（w）=w′。又因 R′=f（R），所以，uRv 并且 uRw 成立。由 R 在 F 中是确定的可得：v=w。再由 f 是一个从 W 到 W′的映射可得：f（v）=f（w），即：v′=w′。故：关系 R′在 F′中是确定的。

（6）对于任意的 u′∈W′，因为 f 是一个从 W 到 W′的满射，所以存在u∈W 使得 f（u）=u′。因为 R 是持续的，所以存在 v∈W 使得 uRv 成立。又因 f 是一个从 W 到 W′的映射，所以 f（v）∈W′。在利用 uRv 可得：f（u）R′f（v）。故：关系 R′在 F′中是持续的。

（7）对于任意的 u′，v′，w′∈W′，假设 u′R′v′并且 u′R′w′成立，因为 f 是一个从 W 到 W′的满射，所以存在 u，v，w∈W 使得 f（u）=u′并且

f（v）=v′并且f（w）=w′。又因R′=f（R），所以，uRv并且uRw成立。由R是欧性的得：vRw或者wRv。由f是一个从W到W′的映射并且R′=f（R)可得：f（v）R′f（w）或者f（w）R′f（v）成立，即：v′R′w′或者w′R′v′。故：关系R′在F′中是欧性的。

（8）对于任意的a′，x′∈W′，假设a′R′x′成立，因为f是一个从W到W′的满射，所以存在a，x∈W使得f（a）=a′并且f（x）=x′。又因R′=f（R），所以，aRx。由R在F中是孤立的可得：x=a。由f是一个从W到W′的映射可得：f（x）=f（a），即：x′=a′。故：关系R′在F′中是孤立的。

（9）对于任意的a′，b′∈W′，假设a′R′b′成立，因为f是一个从W到W′的满射，所以存在a，b∈W使得f（a）=a′并且f（b）=b′。又因R′=f（R），所以，aRb。因为R在F中是稠密的，所以存在x∈W使得aRx并且xRb。又因R′=f（R），所以，f（a）R′f（x）并且f（x）R′f（b）成立，即：a′R′x′并且x′R′b′。故：关系R′在F′中是稠密的。

（10）对于任意的a′，b′，c′∈W′，假设b′R′a′并且c′R′a′成立，因为f是一个从W到W′的满射，所以存在a，b，c∈W使得f（a）=a′并且f（b）=b′并且f（c）=c′。又因R′=f（R），所以，bRa并且cRa。由R在F中是树状的可得：bRc或者cRb成立。因为R′=f（R），所以f（b）R′f（c）或者f（c）R′f（b）成立，即：b′R′c′或者c′R′b′。故：关系R′在F′中是树状的。

（11）由（3）可得传递性成立。假设在W′中存在如下的元素序列：

$$a_0{}'\to'a_1{}'\to'\cdots\to'a_\gamma{}'\to'\cdots\ (\gamma<\omega)$$

因为f是一个从W到W′的满射，所以存在W中的元素$a_\gamma\in W$（$\gamma<\omega$）使得f（a_γ）=$a_\gamma{}'$。又因→′=f（→），所以有$a_0\to a_1\to\cdots\to a_\gamma\to\cdots$（$\gamma<\omega$），此与已知矛盾。于是，在W′中不存在如下的元素序列：

$$a_0{}'\to'a_1{}'\to'\cdots\to'a_\gamma{}'\to'\cdots\ (\gamma<\omega)$$

故：转换关系→′在F′中也是良基的。

推论6 令F=＜W，R＞和F′=＜W′，R′＞是两个框架。若F≅F′，则下面的结论成立：

（1）关系R在F中是自返的，当且仅当，关系R′在F′中也是自返的。

（2）关系R在F中是对称的，当且仅当，关系R′在F′中也是对称的。

（3）关系 R 在 F 中是传递的，当且仅当，关系 R′在 F′中也是传递的。

（4）关系 R 在 F 中是等价的，当且仅当，关系 R′在 F′中也是等价的。

（5）关系 R 在 F 中是确定的，当且仅当，关系 R′在 F′中也是确定的。

（6）关系 R 在 F 中是持续的，当且仅当，关系 R′在 F′中也是持续的。

（7）关系 R 在 F 中是欧性的，当且仅当，关系 R′在 F′中也是欧性的。

（8）关系 R 在 F 中是孤立的，当且仅当，关系 R′在 F′中也是孤立的。

（9）关系 R 在 F 中是稠密的，当且仅当，关系 R′在 F′中也是稠密的。

（10）关系 R 在 F 中是树状的，当且仅当，关系 R′在 F′中也是树状的。

（11）转换关系→在 F 中是传递的、良基的，当且仅当，转换关系→′在 F′中也是传递的、良基的。

证明　由 $F \cong F'$可得：$F \sim F'$。利用本节的定理 5 可得本推论的证明。

定义 7　令 $F = \langle W, R \rangle$和 $F' = \langle W', R' \rangle$是两个框架。令 $Z \subseteq W \times W'$是一个非空二元关系，如果 W′的每一个元素 w′至少由 W 中的一个元素 w 使得 wZw'，那么称 Z 为 W 到 W′的满关系。特别地，当 Z 是集合 W 到集合 W′上的一个映射时，并且 W′的每一个元素 w′至少由 W 中的一个元素 w 使得 wZw'，那么 Z 叫做 W 到 W′的满射。

定义 8　令 $F = \langle W, R \rangle$和 $F' = \langle W', R' \rangle$是两个框架，令 $Z \subseteq W \times W'$是一个非空二元关系，如果下面的条件成立：

wZw'并且对所有的 $v \in W$，wRv，那么存在 $v' \in W'$使得 $w'R'v'$并且 vZv'（向前条件），

则称 Z 是从 F 到 F′的模拟。如果 Z 是一个从 F 中的 w 到 F′中的 w′的一个模拟，记作 Z：F，$w \Rightarrow F'$，w′或者 F，$w \Rightarrow F'$，w′。特别地，对于任意的 $w \in W$，都有 Z：F，$w \Rightarrow F'$，w′，则称 Z 是 F 到 F′的模拟，记作 $F \Rightarrow F'$。

定义 9　令 $F = \langle W, R \rangle$和 $F' = \langle W', R' \rangle$是两个框架，令 $Z \subseteq W \times W'$是一个非空的二元关系，如果下面的条件成立，则称 Z 是从 F 到 F′的一个互模拟。

（1）如果 wZw'并且 wRv，那么存在一个 $v' \in W'$使得 $w'R'v'$并且 vZv'（向前条件）。

（2）如果 wZw'并且 $w'R'v'$，那么存在一个 $v \in W$ 使得 wRv 并且 vZv'（向后的条件）。

当 Z 是链接 W 的状态 w 和 W′的状态 w′的一个互模拟关系时，则称 w 和 w′互模拟并记作 Z：F，w ↔F′，w′或者 F，w ↔F′，w′。同样地，如果 F 和 F′之间存在一个互模拟 Z，记作 Z：F ↔F′或者 F ↔F′。

定理 10　令 F = < W，R > 和 F′ = < W′，R′ > 是两个框架。令 Z ⊆W × W′是一个非空的二元关系，则下面的条件等价：

（1）Z 是 F 到 F′的一个模拟；

（2）Z（R）⊆R′，其中 Z（R） = {Z（w）R′Z（v）| wRv}。

证明　（1）⇒(2)。设（Z（w），Z（v））∈Z（R），因为 Z 是 F 到 F′的一个模拟，由定义定义 8 得：如果 wZw′并且对所有的 v ∈W，wRv，那么存在 v′∈W′使得 w′R′v′并且 vZv′。由 wZw′得：w′ = Z（w）并且由 vZv′得：v′ =Z（v）。再由 w′R′v′得：Z（w）R′Z（v）。故，Z（R）⊆R′。

（2）⇒(1)。如果 wZw′并且对所有的 v ∈W，wRv，可得Z（w）R′Z（v）。取 v′ =Z（v），即：w′R′v′并且 vZv′。故，于 Z 是 F 到 F′的一个模拟。

定理 11　令 F = < W，R > 和 F′ = < W′，R′ > 是两个框架。令 Z 是 W 到 W′的一个非空满的二元关系，则下面的条件等价：

（1）Z 是 F 到 F′上的一个互模拟；

（2）Z（R） =R′，其中 Z（R） = {Z（w）R′Z（v）| wRv}；

证明　（1）⇒(2)。因为 Z 是 F 到 F′上的一个互模拟，由定义 9 的条件（1）可得：如果 wRv，则 Z（w）R′Z（v）；由定义 9 的条件（2）可得：如果 Z（w）R′Z（v），则 wRv。

（2）⇒(1)。如果 wZw′并且 wRv，由（2）可得：Z（w）R′Z（v）。取 v′ =Z（v）∈W′并且 w′ =Z（w），于是，w′R′v′并且 vZv′。即：互模拟定义的条件（1）满足。如果 wZw′并且 w′R′v′，取 w′ =Z（w）。由于 Z 是满的，所以对于任意的 v′∈W 都存在 v ∈W 使得 v′ =Z（v）。即：Z（w）R′Z（v）。由（2）可得：wRv。于是，互模拟定义的条件（2）满足。

定理 12　令 F = < W，R > 和 F′ = < W′，R′ > 是两个框架，并且令 Z 是 W 到 W′的一个非空的二元关系，如果 Z 是 F 到 F′上的一个满模拟，那么 Z 是 F 到 F′上的一个互模拟。

证明　因为 Z 是 F 到 F′上的一个模拟，由定义 8，向前的条件成立；又因为 Z 是 F 到 F′上的一个满关系，所以对于任意的 w′∈W′，都存在一个 w ∈

W 使得 wZw′成立。如果 wZw′并且 w′R′v′，那么对于 v′取存 v ∈W 使得 vZv′成立。因为 w′R′v′，即：Z（w）R′Z（v），所以 wRv。因此，向后的条件。故，Z 是 F 到 F′上的一个互模拟。

由定理 12 可知：满模拟关系要比互模拟关系强。但是，作者将（另文）利用对应定理证明：在互模拟下，框架 F = <W，R>具有性质φ当且仅当框架 F′ = <W′，R′>也具有性质φ。

令 Z = {（a，1），（b，2），（c，3），（d，3），（e，4），（f，5），（f，6）}，下图是框架<W，R>到<W′，R′>的一个满的互模拟。其中：W = {a，b，c，d，e，f}，R = {（a，b），（b，c），（b，d），（c，e），（d，e），（e，f）}，W′ = {1，2，3，4，5，6}，R′ = {（1，2），（2，3），（3，4），（4，5），（4，6）}。

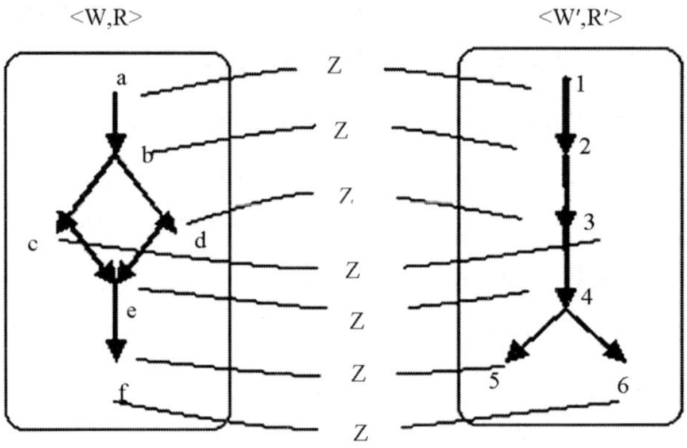

互模拟框架

上图中，Z 是 W 到 W′的一个满的关系并且 Z（R） = {（1，2），（2，3），（3，4），（4，5），（4，6）} = R′。

命题 13（不用对应理论）令 F = <W，R>和 F′ = <W′，R′>是两个框架。令 Z 是 F 到 F′的一个满模拟，那么下面的结论成立：

（1）关系 R 在 F 中是自返的，那么关系 R′在 F′中也是自返的。

（2）关系 R 在 F 中是对称的，那么关系 R′在 F′中也是对称的。

（3）关系R在F中是传递的，那么关系R′在F′中也是传递的。

（4）关系R在F中是等价的，那么关系R′在F′中也是等价的。

（5）关系R在F中是确定的，那么关系R′在F′中也是确定的。

（6）关系R在F中是持续的，那么关系R′在F′中也是持续的。

（7）关系R在F中是欧性的，那么关系R′在F′中也是欧性的。

（8）关系R在F中是孤立的，那么关系R′在F′中也是孤立的。

（9）关系R在F中是稠密的，那么关系R′在F中也是稠密的。

（10）关系R在F中是树状的，那么关系R′在F′中也是树状的。

（11）转换关系→在F中是传递的、良基的，那么转换关系→′在F′中也是传递的、良基的。

证明 （1）对于任意的w′∈W′，因为Z是F到F′的一个从W到W′的满关系，所以存在w∈W使得wZw′。又因关系R在M中是自返的，所以wRw。由于Z是F到F′的模拟，由定义8，取v′=Z（w）=w′并且w′R′w′。故，关系R′在M′中也是自返的。

（2）对于任意的w′，v′∈W′，假设w′R′v′，因为Z是一个从W到W′的满关系，所以，存在w，v∈W使得wZw′并且vZv′。因为R是对称的，所以，如果wRv，那么vRw。又因为Z是一个模拟，由vZv′并且vRw可得：存在w′∈W′使得wZw′并且v′R′w′。故，关系R′在F′中也是对称的。

（3）对于任意的u′，w′，v′∈W′，假设u′R′w′并且w′R′v′，因为Z是一个从W到W′的满关系，所以，存在u，w，v∈W使得uZu′并且wZw′并且vZv′。因为R是传递的，所以，如果uRw并且wRv，那么uRv。又因为Z是一个模拟，由uZu′并且uRv可得：存在v′∈W′使得vZv′并且u′R′v′。故，关系R′在F′中也是传递的。

（4）由（1）-（3）可得。

（5）对于任意的u′，v′，w′∈W′，假设u′R′v′并且u′R′w′成立，因为Z是一个从W到W′的满关系，所以存在u，v，w∈W使得uZu′并且wZw′并且vZv′。因为R是确定的，所以，如果uRv并且uRw，那么v=w。又因为Z是一个模拟，由uZu′并且uRv（=w）可得：存在v′（=w′）∈W′使得u′R′v′（=w′）。即：v′=w′。故，R′是确定的。

（6）对于任意的w′∈W′，因为Z是一个从W到W′的满关系，所以，存

在 $w \in W$ 使得 wZw'。因为 R 是持续的，所以，对于 $w \in W$，存在 $u \in W$ 使得 wRu。因为 Z 是一个模拟，由 wZw' 并且 wRu 可得：存在 $u' \in W'$ 使得 $w'R'u'$。故，R′是持续的。

（7）对于任意的 u′，v′，$w' \in W'$，假设 $u'R'v'$ 并且 $u'R'w'$ 成立，因为 Z 是一个从 W 到 W′的满关系，所以存在 u，v，$w \in W$ 使得 uZu' 并且 wZw' 并且 vZv'。因为 R 是欧性的，所以，对于任意的 u，v，$w \in W$，uRv 并且 $uRw \Rightarrow vRw$ 或者 wRv。因为 Z 是一个模拟，由 vZv' 并且 vRw 可得：存在 $w' \in W'$ 使得 $v'R'w'$；或者，由 wZw' 并且 wRv 可得：存在 $v' \in W'$ 使得 $w'R'v'$。故，R′是欧性的。

（8）对于任意的 x′，$a' \in W'$，如果 $a'R'x'$ 成立，因为 Z 是一个从 W 到 W′的满关系，所以存在 x，$a \in W$ 使得 xZx' 并且 aZa'。因为 R 是孤立的，所以，对于任意的 x，$a \in W$，$aRx \Rightarrow x = a$。因为 $x = a$，所以，aRa。因为 Z 是一个模拟，由 aZa' 并且 aRa 可得：存在 $a' \in W'$ 使得 aZa' 并且 $a'R'a'$；由 xZx' 并且 xRx 可得：存在 $x' \in W'$ 使得 xZx' 并且 $x'R'x'$。由 x′和 a′的任意性可得：$x' = a'$。故，R′是孤立的。

（9）对于任意的 a′，$b' \in W'$，假设 $a'R'b'$ 成立，因为 Z 是一个从 W 到 W′的满关系，所以存在 x，$a \in W$ 使得 aZa' 并且 bZb'。因为 R 是稠密的，所以，对于任意的 a，$b \in W$，aRb，存在一个 $x \in W$ 使得 aRx 并且 xRb。因为 Z 是一个模拟，由 aZa' 并且 aRx 可得：存在 $x' \in W'$ 使得 $a'R'x'$；由 xZx' 并且 xRb 可得：存在 $b' \in W'$ 使得 $x'R'b'$。于是，任意的 a′，$b' \in W'$，当 $a'R'b'$ 成立时，存在 $x' \in W'$ 使得 $a'R'x'$ 并且 $x'R'b'$。故，R′是稠密的。

（10）对于任意的 a′，b′，$c' \in W'$，如果 $b'R'a'$ 并且 $c'R'a'$ 成立，因为 Z 是一个从 W 到 W′的满关系，所以存在 a，b，$c \in W$ 使得 aZa' 并且 bZb' 并且 cZc'。因为 R 是树状的，所以，对于任意 a，b，$c \in W$，bRa 并且 $cRa \Rightarrow bRc$ 或者 cRb。因为 Z 是一个模拟，由 bZb' 并且 bRc 可得：存在 $c' \in W'$ 使得 $b'R'c'$;或者，由 cZc' 并且 cRb 可得：存在 $b' \in W'$ 使得 $c'R'b'$。故，R′是树状的。

（11）对于任意的 a_0'，a_1'，…，a_γ'，$\cdots \in W'$（$\gamma<\omega$），如果存在如下的元素序列（$a_r' \mid \gamma<\omega$）：

$$a_0' \rightarrow' a_1' \rightarrow' \cdots \rightarrow' a_\gamma' \rightarrow' \cdots \quad (\gamma<\omega)$$

由于 Z 是一个从 W 到 W′的满关系，所以存在 a_0，a_1，…，a_γ，…∈W（γ<ω）使得 a_0Za_0'并且 a_1Za_1'并且…并且 $a_\gamma Za_\gamma'$…（γ<ω）。即：

$$Z(a_0)\to'Z(a_1)\to'\cdots\to'Z(a_\gamma)\to'\cdots(\gamma<\omega)$$

因为 Z 是一个模拟，由 Z（→）⊆→′可得：是良基的，因此，不存在如下的元素序列（a_r | γ<ω）：

$$a_0\to a_1\to\cdots\to a_\gamma\to\cdots(\gamma<\omega)。$$

此与→是良基的矛盾。故，→′是良基的。

定义 14　令 F = < W，R > 和 F′ = < W′，R′ > 是两个框架。如果 W′⊆W，R′是 R 在 W′上的限制（即：R′ = R ∩(W′×W′)），那么称 F′是 F 的一个子框架。如果 F′是 F 的一个子框架并且对所有的 w ∈W，下面的条件成立：

如果 w ∈W′并且 Rwv，那么 v ∈W′，

那么称 F′是 F 的一个生成子框架，记作 F′↣ F。

命题 15　令 F = < W，R > 和 F′ = < W′，R′ > 是两个框架。如果 F′↣ F，那么下面得结论成立

（1）关系 R 在 F 中是自返的，那么关系 R′在 F′中也是自返的。

（2）关系 R 在 F 中是对称的，那么关系 R′在 F′中也是对称的。

（3）关系 R 在 F 中是传递的，那么关系 R′在 F′中也是传递的。

（4）关系 R 在 F 中是等价的，那么关系 R′在 F′中也是等价的。

（5）关系 R 在 F 中是确定的，那么关系 R′在 F′中也是确定的。

（6）关系 R 在 F 中是持续的，那么关系 R′在 F′中也是持续的。

（7）关系 R 在 F 中是欧性的，那么关系 R′在 F′中也是欧性的。

（8）关系 R 在 F 中是孤立的，那么关系 R′在 F′中也是孤立的。

（9）关系 R 在 F 中是稠密的，那么关系 R′在 F′中也是稠密的。

（10）关系 R 在 F 中是树状的，那么关系 R′在 F′中也是树状的。

（11）转换关系→在 F 中是传递的、良基的，那么转换关系→′在 F′中也是传递的、良基的。

证明　因为 F′↣ F，所以 W′⊆W。对于每一个 w′∈W′，w′∈W。由 R 在 F 中是自返的可得：w′R w′。再由 R′ = R ∩(W′×W′) 可得：w′R′w′。故，R′在 F′是自返的。(2) —（11）的证明类似于（1），因此，略去详细证明。

定义 16　令 F_1 = < W_1，R_1 > 和 F_2 = < W_2，R_2 > 是两个框架。如果 W_1∩

$W_2=\varnothing$，称框架 F_1 和 F_2 不相交。对于不相交的框架 F_1 和 F_2，它们的不交并是 $F_1 \uplus F_2=<W, R>$，这里 $W=W_1 \cup W_2$，$R=R_1 \cup R_2$。

命题 17　令 $F_1=<W_1, R_1>$ 和 $F_2=<W_2, R_2>$ 是两个框架。如果 $F_1 \uplus F_2$，那么下面得结论成立

（1）如果关系 R 在 $F_1 \uplus F_2$ 中是自返的，那么关系 R_i 在 F_i 中是自返的（$i \in \{0, 1\}$）。

（2）如果关系 R 在 $F_1 \uplus F_2$ 中是对称的，那么关系 R_i 在 F_i 中是对称的（$i \in \{0, 1\}$）。

（3）如果关系 R 在 $F_1 \uplus F_2$ 中是传递的，那么关系 R_i 在 F_i 中是传递的（$i \in \{0, 1\}$）。

（4）如果关系 R 在 $F_1 \uplus F_2$ 中是等价的，那么关系 R_i 在 F_i 中是等价的（$i \in \{0, 1\}$）。

（5）如果关系 R 在 $F_1 \uplus F_2$ 中是确定的，那么关系 R_i 在 F_i 中是确定的（$i \in \{0, 1\}$）。

（6）如果关系 R 在 $F_1 \uplus F_2$ 中是持续的，那么关系 R_i 在 F_i 中是持续的（$i \in \{0, 1\}$）。

（7）如果关系 R 在 $F_1 \uplus F_2$ 中是欧性的，那么关系 R_i 在 F_i 中是欧性的（$i \in \{0, 1\}$）。

（8）如果关系 R 在 $F_1 \uplus F_2$ 中是孤立的，那么关系 R_i 在 F_i 中是孤立的（$i \in \{0, 1\}$）。

（9）如果关系 R 在 $F_1 \uplus F_2$ 中是稠密的，那么关系 R_i 在 F_i 中是稠密的（$i \in \{0, 1\}$）。

（10）如果关系 R 在 $F_1 \uplus F_2$ 中是树状的，那么关系 R_i 在 F_i 中是树状的（$i \in \{0, 1\}$）。

（11）如果转换关系→在 $F_1 \uplus F_2$ 中是传递的、良基的，那么转换关系 $\rightarrow_i$ 在 F_i 中是传递的、良基的（$i \in \{0, 1\}$）。这里 $\rightarrow=\rightarrow_1 \cup \rightarrow_2$。

证明　（1）对于任意的 $w_1 \in W_1$，因为 $W=W_1 \cup W_2$，所以 $w_1 \in W$ 并且 $w_1 R w_1$。因为 $F_1 \uplus F_2$，所以，$w_1 R_1 w_1$。即：关系 R_1 在 F_1 中是自返的。同理可证：关系 R_2 在 F_2 中是自返的。（2）—（11）的证明也类似。

（四）满模拟下的模型性

定义18　设 < W，R > 是任意的框架，V 是 < W，R > 上对 L_{PM} 公式的一个赋值，当且仅当，V 是 L_{PM} 公式集 Form（L_{PM}）与 W 的笛卡尔乘积 Form（L_{PM}）×W 到集合｛0，1｝上的映射，即

$$V: \text{Form}(L_{PM}) \times W \rightarrow \{0, 1\}$$

并且满足下面的条件：对任意的 L_{PM} 公式φ，ϕ，ψ和任意的 w ∈W，

（1）如果φ是命题变项 p，那么 V（p，w）=1 或者 V（p，w）=0，且二者只居其一。

（2）如果φ是¬ϕ，那么 V（¬ϕ，w）=1 当且仅当 V（ϕ，w）=0。

（3）如果φ是 ϕ∨ψ，那么 V（ϕ∨ψ，w）=0 当且仅当 V（ϕ，w）=0 并且 V（ψ，w）=0。

（4）如果φ是 ϕ∧ψ，那么 V（ϕ∧ψ，w）=1 当且仅当 V（ϕ，w）=1 并且 V（ψ，w）=1。

（5）如果φ是 ϕ→ψ，那么 V（ϕ→ψ，w）=0 当且仅当 V（ϕ，w）=1 并且 V（ψ，w）=0。

（6）如果φ是◊ϕ，那么 V（◊ϕ，w）=1 当且仅当存在一个 w′∈W，若 wRw′，则 V（ϕ，w′）=1。

由定义18可得：

V（□ϕ，w）=1 当且仅当对任意的 w′∈W，若 wRw′，则 V（ϕ，w′）=1。

定义19　令 M = < W，R，V > 和 M′ = < W′，R′，V′ > 是两个模型，令 Z ⊆W × W′是一个非空二元关系，如果下面的条件成立：

（1）对所有命题变项 p，w ∈V（p）当且仅当 w′∈V′（p）；

（2）wZw′并且对所有的 v ∈W，wRv，那么存在 v′∈W′使得 w′R′v′并且 vZv′（向前条件）；

则称 Z 是从 M 到 M′的一个模拟。如果 Z 是一个从 M 中的 w 到 M′中的 w′的一个模拟，记作 Z：M，w ⇒M′，w′或者 M，w ⇒M′，w′。特别地，对于任意的 w ∈W，都有 Z：M，w ⇒M′，w′，则称 Z 是 M 到 M′的模拟，记作 M ⇒M′。

定义 20　令 M = < W，R，V > 和 M′ = < W′，R′，V′ > 是两个模型，令 Z 是 W 到 W′上的一个非空的二元关系，并且满足定义 19 中的（1）和（2）以及下面的条件：

对于任意的 w′∈W′，都存在一个 w ∈W 使得 wZw′成立，

则称 Z 是从 M 到 M′的一个满模拟。

定理 21　令 M = < W，R，V > 和 M′ = < W′，R′，V′ > 是两个模型，并且令 Z 是 W 到 W′的一个非空的二元关系，如果 Z 是 M 到 M′上的一个满模拟，那么 Z 是 M 到 M′上的一个互模拟。

证明由定义 19 和定理 20 可得。

定理 22　令 M =〈W，R，V〉是任意的非空模型，则它与一个禁自返模型之间存在一个满模拟。

证明　令 M =〈W，R，V〉是已知模型，如果 M 本身是禁自返的，那么取 M 上的自同构即可。如果 M 不是禁自返的，那么构造模型 M^* =〈W^*，R^*，V^*〉满足：

（1）$W^* = W^+ \cup W^- = \{w^+ \mid$ 对每个 $w \in W\} \cup \{w^- \mid$ 对每个 $w \in W\}$。

（2）R^* 定义为：①对每个 w ∈W，如果 Rww，那么 $R^*w^+w^-$ 和 $R^*w^-w^+$，此时 $R^*w^+w^+$ 和 $R^*w^-w^-$ 不成立；②对每个 w ∈W，如果并非 Rww，那么 $R^*w^+w^-$ 和 $R^*w^-w^+$ 不成立，同时，$R^*w^+w^+$ 和 $R^*w^-w^-$ 也不成立；③对任意的 w，w′ ∈ W 如果 Rww′ 并且 w ≠ w′，那么 $R^*w^+w'^+$，$R^*w^-w'^-$，$R^*w^+w'^-$，$R^*w^-w'^+$。

（3）对所有命题变项 p，w ∈V（p）当且仅当 $w^+ \in V^*$（p）或者 $w^- \in V^*$（p）；

显然，模型 M^* =〈W^*，R^*，V^*〉是禁自返的。现在定义从 M 到 M^* 上的一个关系：

$Z = \{(w, \alpha) \mid$ 对于任意的 $w \in W$ 存在 $\alpha \in W^*$ 使得 $\alpha = w^+$ 或者 $\alpha = w^-\}$，

现在只需验证：Z 是从 M 到 M^* 上的一个满模拟。

（1）根据 V^* 定义，对于每一个变元 p 和每一个 w ∈W，都有 w ∈V（p）$\Leftrightarrow \alpha \in V^*$（p），这里 $\alpha = w^+$ 或者 $u = w^-$，因此 Z 满足互模拟定义 19 的条件（1）。

（2）对于任意的 w，w′∈W，wZ α（$\alpha = w^+$ 或者 $\alpha = w^-$）并且 Rww′，如

果 $w = w'$，根据 R^* 定义可得：$R^*w^+w^-$ 和 $R^*w^-w^+$。如果 $\alpha = w^+$，则取 $R^*w^+w^-$，并且 wZw^- 成立；如果 $\alpha = w^-$，则取 $R^*w^-w^+$，并且 wZw^+ 成立。如果 $w \neq w'$，并且 $\alpha = w^+$，因为 Rww'，根据 R^* 的定义可得：存在 w'^+（w'^-）并且 $R^*w^+w'^+$（$R^*w^+w'^-$），由 Z 的定义可知：$w'Zw'^+$（$w'Zw'^-$）；如果 $w \neq w'$，并且 $\alpha = w^-$，因为 Rww'，根据 R^* 定义可得：存在 w'^+（w'^-）并且 $R^*w^-w'^+$（$R^*w^-w'^-$），由 Z 的定义可知：$w'Zw'^+$（$w'Zw'^-$）。因此，Z 是 W 到 W^* 的一个模拟。

（3）由 W^* 的定义可知，对于每一个 $w \in W$，都存在 $\alpha \in W^*$（$\alpha = w^+$ 或者 $\alpha = w^-$）并且 $wZ\alpha$，由此可得：Z 是 W 到 W^* 上的一个模拟。反之，由 Z 的构造可知：对于每一个 $\alpha \in W^*$（$\alpha = w^+$ 或者 $\alpha = w^-$），存在 $w \in W$ 并且 $wZ\alpha$，由此可得：Z 是 W 到 W^* 上的一个满模拟。

推论 23　一个模型与一个禁自反模型之间存在一个互模拟。

证明　由定理 21 和 22 可得。

二　互模拟下的一些不变性

令 F 和 F′是两个模态框架，本节首先在框架 F 和 F′之间建立了模态等价、互模拟和有界态射像的概念，并证明了：如果框架 F 与框架 F′同构，那么框架 F′是框架 F 的有界态射像；如果框架 F′是框架 F 的有界态射像，那么框架 F 和框架 F′是互模拟的；如果框架 F 和框架 F′是互模拟的，那么框架 F 和框架 F′是模态等价的；第二，利用对应原理证明了：自返性、对称性、传递性、等价性、确定性、持续性、欧性、孤立性、稠密性等是模态等价下的不变量，因而它们也是互模拟、有界态射像和同构下的不变量；第三，给出了框架上的像有穷概念并证明了在像有穷条件下，互模拟等价于模态等价。

（一）引言

数学家和逻辑学家很少孤立地考察两个集合 A 和 A′之间的关系。而是考察带有运算∘和∘′的集合 <A，∘>和<A′，∘′>，这样的集合通常称为结构。他们不仅对不同结构之间的关系感兴趣，而且还对结构本身所具有的各种不同的性质感兴趣。他们除了研究哪些结构的性质在这样的关系或运算下保持，他们还研究哪些结构的性质在这样的关系或运算下具有不变的性质。例如，如果两个代数结构 $< A, \circ >$ 与 $< A', \circ' >$ 是同构的，那么当$\circ$满足结合律时，$\circ'$也满足结合律，反之，$\circ'$满足结合律，$\circ$也满足结合律，并称结合律在同构运算下具有不变性。本文在模态逻辑的框架中，给出了比同构弱的概念——模态等价、互模拟和有界态射像，并证明了在模态等价或者互模拟或者有界态射像的条件下，R 具有自返性（对称性、传递性、等价性、确定性、持续性、欧性、孤立性、稠密性等）当且仅当 R′也具有。即：自返性、对称性、传递性、等价性、确定性、持续性、欧性、孤立性、稠密性等是模态等价下的不变量，因而它们也是互模拟、有界态射像和同构下的不变量。特别地，如果 R 具有一阶性质φ并且存在与它对应的模态公式α当且仅当 R′也具有一阶性质φ。另外，本文定义的有界态射像是比同构弱但比同态强的一个概念。

（二）基本概念

令 L_P 是一个具有可数无穷多个命题变项、联结词¬，∨，∧和→以及技术性符号（,）的命题语言。L 是一个在 L_P 的基础上增加关系词 R，P，Q 等和量词∀，∃的一阶语言，L_{PM} 是在 L_P 的基础上增加一元模态算子◊得到的一个模态语言。即：L_{PM} 有可数无穷多个命题变项，L_{PM} 的命题变项通常用 p，q，r 等表示，并且它还有联结词¬，∨，∧和→以及一元模态算子◊和□。L_{PM} 的合式公式φ具有如下形式

$$\varphi ::= p \mid \neg\phi \mid \phi \vee \psi \mid \phi \wedge \psi \mid \phi \rightarrow \psi \mid \Diamond\phi$$

特别地，$\Box\phi =_{df} \neg\Diamond\neg\phi$

定义 1　设 $F = < W, R >$ 是任意的一个二元组，$F = < W, R >$ 是一个框架，当且仅当，W 是任意的一个非空集合，R 是 W 上的任意的一个二元关系，即 $R \subseteq W \times W$。

定义 2　设 $< W, R >$ 是任意的框架，V 是 $< W, R >$ 上对 L_{PM} 公式的一个赋值，当且仅当，V 是 L_{PM} 公式集 Form（L_{PM}）与 W 的笛卡尔乘积 Form（L_{PM}）×W 到集合｛0，1｝上的映射，即

$$V: \text{Form}(L_{PM}) \times W \rightarrow \{0, 1\}$$

并且满足下面的条件：对任意的 L_{PM} 公式φ，ϕ，ψ和任意的 w ∈W，

（1）如果φ是命题变项 p，那么 V（p，w）=1 或者 V（p，w）=0，且二者只居其一。

（2）如果φ是¬ϕ，那么 \ w）=1 当且仅当 V（ϕ，w）=0。

（3）如果φ是 ϕ ∨ψ，Ｆ ∕ψ，w）=0 当且仅当 V（ϕ，w）=0 并且 V（ψ，w）=0。

（4）如果φ是 ϕ ∧ψ，那么 V（ϕ ∧ψ，w）=1 当且仅当 V（ϕ，w）=1 并且 V（ψ，w）=1。

（5）如果φ是 ϕ→ψ，那么 V（ϕ→ψ，w）=0 当且仅当 V（ϕ，w）=1 并且 V（ψ，w）=0。

（6）如果φ是◊ϕ，那么 V（◊ϕ，w）=1 当且仅当存在一个 w′∈W，若 wRw′，则 V（ϕ，w′）=1。

由定义 2 可得：

V（□ϕ，w）=1 当且仅当对任意的 w′ ∈W，若 wRw′，则 V（ϕ，w′）=1。

定义 3　设 M = <W，R，V>是任意的一个三元组，M 是一个 L_{PM} 模型（简称模型），当且仅当，<W，R>是一个框架，V 是在<W，R>上的一个 L_{PM} 赋值。

定义 4　设 M = <W，R，V>是任意的一个模型，φ是任意的 L_{PM} 公式，w 是 W 中的任意元素（w ∈W），

（1）如果 V（φ，w）=1，又记作 M，w⊨φ，则称φ在 w 上真；如果 V（φ,w）=0，又记作 M，w ⊭φ，则称φ在 w 上假。

（2）如果存在 w ∈W 使得 M，w⊨φ，则称φ在模型 M 上可满足，并将 TH（M，w）= {φ | M，w ⊭φ} 称作 M 在 w 的理论。

（3）如果对于任意的 w ∈W，都有 M，w⊨φ，则称φ在模型 M 上有效，记作 M⊨φ，并将 TH（M）= {ϕ | M⊨φ} 称作 M 的理论。

定义 5　设 F = <W，R>是任意的框架，φ是任意的 L_{PM} 公式，如果存在<W，R>上的赋值 V 使得<W，R，V>⊨φ，则称φ在 F = <W，R>上可满足，记作 TH（F，V）= {φ | F，V⊨φ}。

定义 6　设 F = <W，R>是任意的框架，φ是任意的 L_{PM} 公式，φ在 F =

< W，R > 上有效，记作 < W，R > ⊨ φ，当且仅当，对 < W，R > 上的任意赋值 V 都有 < W，R，V > ⊨ φ，并将 TH（F） = {φ | F ⊨ φ} 称作 F 的理论。

一般地，对于任意的框架 < W，R >，L_{PM} 可以描述关系 R 的各种一阶性质。对任意的 *L* 公式α，定义 < W，R > ⊨ α，使得

< W，R > 是α－框架⇔ < W，R > ⊢

定义 7　设φ是任意的模态公式，α是任意的一阶公式，如果对于任意的框架 < W，R > 都有

< W，R > ⊨ φ⇔ < W，R > ⊨ α，

则称φ与α对应。

（三）一些基本的对应结果

2.3 中的结论可看参文献［8］的第五章对应理论，因此，略去证明。

定义 1　我们称框架 < W，R > 是自返－框架，如果对于任意的 w ∈W，都有 wRw。

对应定理 1　对于任意的框架 < W，R >，下面的条件相互等价

（1）关系 R 是自返的。

（2）对任意公式φ，< W，R > ⊨ □φ→φ。

下面给出的其他对应结果都与命题 1 的形式相同。

定义 2　我们称框架 < W，R > 是对称－框架，如果对于任意的 w，w′∈W，

wRw′⇒w′Rw。

对应定理 2　对于任意的框架 < W，R >，下面的条件相互等价

（1）关系 R 是对称的。

（2）对任意公式φ，< W，R > ⊨ φ→□◊φ。

定义 3　我们称框架 < W，R > 是传递－框架，如果对于任意的 w，w′，w″∈W，

wRw′并且 w′Rw″⇒w′Rw″。

对应定理 3　对于任意的框架 < W，R >，下面的条件相互等价

（1）关系 R 是传递的。

（2）对任意公式φ，$<W, R> \models \Box\varphi \rightarrow \Box\Box\varphi$，

定义4　我们称框架$<W, R>$是确定－框架，如果对于任意的 w，w′，w″∈W，

$$wRw' \text{并且} wRw'' \Rightarrow w' = w''。$$

对应定理4　对于任意的框架$<W, R>$，下面的条件相互等价

（1）关系 R 是确定的。

（2）对任意公式φ，$<W, R> \models \Diamond\varphi \rightarrow \Box\varphi$。

定义5　我们称框架$<W, R>$是持续－框架，如果对于任意的 w∈W，存在 w′∈W 使得 wRw′。

对应定理5　对于任意的框架$<W, R>$，下面的条件相互等价

（1）关系 R 是持续的。

（2）对任意公式φ，$<W, R> \models \Box\varphi \rightarrow \Diamond\varphi$。

定义6　我们称框架$<W, R>$是欧性－框架，如果对于任意的 w，w′，w″∈W，

$$wRw' \text{并且} wRw'' \Rightarrow w'Rw'' \text{或者} w''Rw'。$$

对应定理6　对于任意的框架$<W, R>$，下面的条件相互等价

（1）关系 R 是欧性的。

（2）对任意公式φ，$<W, R> \models \Diamond\varphi \rightarrow \Box\Diamond\varphi$。

定义7　我们称框架$<W, R>$是孤立－框架，如果对于任意的 x，a∈W，

$$aRx \Rightarrow x = a。$$

对应定理7　对于任意的框架$<W, R>$，下面的条件相互等价

（1）关系 R 是孤立的。

（2）对任意公式φ，$<W, R> \models \varphi \rightarrow \Box\varphi$。

定义8　我们称框架$<W, R>$是稠密－框架，如果对于任意的 a，b∈W，aRb，

$$\text{存在一个} x \in W \text{使得} aRx \text{并且} xRb。$$

对应定理8　对于任意的框架$<W, R>$，下面的条件相互等价

（1）关系 R 是稠密的。

（2）对任意公式φ，$<W, R> \models \Box\Box\varphi \rightarrow \Box\varphi$。

定义 9　我们称框架 $<W, R>$ 是树状－框架，如果对于任意 a，b，c $\in W$

$$bRa \text{ 并且 } cRa \Rightarrow bRc \text{ 或者 } cRb。$$

对应定理 9　对于任意的框架 $<W, R>$，下面的条件相互等价

(1) 关系 R 是树状的。

(2) 对于任意公式 φ，ψ，

$$<W, R> \models \Box(\Box\varphi \to \psi) \vee \Box(\Box\psi \to \varphi)$$

引理 1　对于框架 $<W, R>$ 和命题变项 p，假设

$$<W, R> \models \Box(\Box p \to p) \to \Box p$$

那么对应的转换关系→是传递性的。

定义 10　框架 $<W, R>$ 的一个关系→是良基的，如果不存在如下的元素序列 $(a_r \mid \gamma<\omega)$：

$$a_0 \to a_1 \to \cdots \to a_\gamma \to \cdots \qquad (\gamma<\omega)。$$

对应定理 10　对于任意的框架 $<W, R>$，下面的条件相互等价

(1) 转换关系→是传递的、良基的。

(2) 对任意公式 φ，$<W, R> \models \Box(\Box\varphi \to \varphi) \to \Box\varphi$。

(四) 一些基本的不变性

定义 1　令 $F = <W, R>$ 和 $F' = <W', R'>$ 是任意的两个框架。F 到 F′的一个强同态是指一个同态 f：F→F′并且具有下面的性质：

对于任意的 w，u $\in W$，如果 wRu 当且仅当 f (w) R′f (u) (强同态条件)。

定理 2　f 是 F 到 F′的一个同构当且仅当 f 是 F 到 F′的一个双射的强同态。

证明　设 f 是 F 到 F′的一个双射的同态并且对于任意的 w′，u′$\in W'$，w′R′u′。因为 f 是 F 到 F′的一个双射，所以存在唯一的 w $\in W$ 和 u $\in W$ 使得 f (w) ＝w′并且 f (u) ＝u′。如果¬(wRu)，那么¬(f (w) f (R) f (u)) 并且 f (w) R′f (u)。于是，f (R) ≠R′矛盾。反之，显然。

定理 3　令 $F = <W, R>$ 和 $F' = <W', R'>$ 是两个框架。如果 $F \cong F'$，则下面的结论成立：

（1）关系 R 在 F 中是自返的，当且仅当，关系 R'在 F'中也是自返的。

（2）关系 R 在 F 中是对称的，当且仅当，关系 R'在 F'中也是对称的。

（3）关系 R 在 F 中是传递的，当且仅当，关系 R'在 F'中也是传递的。

（4）关系 R 在 F 中是等价的，当且仅当，关系 R'在 F'中也是等价的。

（5）关系 R 在 F 中是确定的，当且仅当，关系 R'在 F'中也是确定的。

（6）关系 R 在 F 中是持续的，当且仅当，关系 R'在 F'中也是持续的。

（7）关系 R 在 F 中是欧性的，当且仅当，关系 R'在 F'中也是欧性的。

（8）关系 R 在 F 中是孤立的，当且仅当，关系 R'在 F'中也是孤立的。

（9）关系 R 在 F 中是稠密的，当且仅当，关系 R'在 F'中也是稠密的。

（10）关系 R 在 F 中是树状的，当且仅当，关系 R'在 F'中也是树状的。

（11）转换关系→在 F 中是传递的、良基的，当且仅当，转换关系$\rightarrow'$在 F'中也是传递的、良基的。

证明　利用条件 $F \cong F'$和上节的定理 3 可获得本定理的证明。

定义 4　令 $F = <W, R>$ 和 $F' = <W', R'>$ 是两个框架。如果框架 F 和 F'有相同的理论，即：$TH(F) = TH(F')$，则称 F 和 F'是模态等价的，记作 $F \leftrightsquigarrow F'$。

定理 5　令 $F = <W, R>$ 和 $F' = <W', R'>$ 是两个框架。如果 $F \cong F'$，那么 $F \leftrightsquigarrow F'$。

证明　由 $F \cong F'$，令 f 是 F 到 F'的一个同构映射。由此可得下面的条件成立：

（1）对于任意的 $w, u \in W$，如果 wRu 当且仅当 $f(w) R' f(u)$，即：$f(R) = R'$。

（2）对于任意的 $w \in W$，存在唯一的 $w' \in W'$使得 $f(w) = w'$，即：$f(W) = W'$。

因此，对每个命题变项 p 和 F 的每个元素 w，令 V 满足

$$w \in V(p) \text{ 当且仅当 } f(w) \in V'(p)。$$

施归纳于φ，可以证明：对于任意的公式φ，$<W, R, V> \vDash \varphi$当且仅当 $<W', R', V'> \vDash \varphi$。由 V 的任意性可得：$F \vDash \varphi$当且仅当 $F' \vDash \varphi$。故，$F \leftrightsquigarrow F'$。

定理 6　令 $F = <W, R>$ 和 $F' = <W', R'>$ 是两个任意的框架。如果

$F\leftrightsquigarrow F'$，那么下面的结论成立：

（1）关系 R 在 F 中是自返的，当且仅当，关系 R′在 F′中也是自返的。

（2）关系 R 在 F 中是对称的，当且仅当，关系 R′在 F′中也是对称的。

（3）关系 R 在 F 中是传递的，当且仅当，关系 R′在 F′中也是传递的。

（4）关系 R 在 F 中是等价的，当且仅当，关系 R′在 F′中也是等价的。

（5）关系 R 在 F 中是确定的，当且仅当，关系 R′在 F′中也是确定的。

（6）关系 R 在 F 中是持续的，当且仅当，关系 R′在 F′中也是持续的。

（7）关系 R 在 F 中是欧性的，当且仅当，关系 R′在 F′中也是欧性的。

（8）关系 R 在 F 中是孤立的，当且仅当，关系 R′在 F′中也是孤立的。

（9）关系 R 在 F 中是稠密的，当且仅当，关系 R′在 F′中也是稠密的。

（10）关系 R 在 F 中是树状的，当且仅当，关系 R′在 F′中也是树状的。

（11）转换关系→在 F 中是传递的、良基的，当且仅当，转换关系→′在 F′中也是传递的、良基的。

证明　（1）如果 R 是自返的，由对应定理 1 可得：对任意公式φ，$\langle W,R\rangle\models\Box\varphi\to\varphi$，因为 $F\leftrightsquigarrow F'$，所以对任意公式φ，$\langle W',R'\rangle\models\Box\varphi\to\varphi$，再利用对应定理 1 可得：R′是自返的。同理可证：如果 R′是自返的，那么 R 是自返的。

（2）如果 R 是对称的，由对应定理 2 可得：对任意公式φ，$\langle W,R\rangle\models\varphi\to\Box\Diamond\varphi$，因为 $F\leftrightsquigarrow F'$，所以对任意公式φ，$\langle W',R'\rangle\models\varphi\to\Box\Diamond\varphi$，再利用对应定理 2 可得：R′是对称的。同理可证：如果 R′是对称的，那么 R 是对称的。

（3）如果 R 是传递的，由对应定理 3 可得：对任意公式φ，$\langle W,R\rangle\models\Box\varphi\to\Box\Box\varphi$，因为 $F\leftrightsquigarrow F'$，所以对任意公式φ，$\langle W',R'\rangle\models\Box\varphi\to\Box\Box\varphi$，再利用对应定理 3 可得：R′是传递的。同理可证：如果 R′是传递的，那么 R 是传递的。

（4）由（1）—（3）可得。

（5）如果 R 是确定的，由对应定理 4 可得：对任意公式φ，$\langle W,R\rangle\models\Diamond\varphi\to\Box\varphi$，因为 $F\leftrightsquigarrow F'$，所以对任意公式φ，$\langle W',R'\rangle\models\Diamond\varphi\to\Box\varphi$，再利用对应定理 4 可得：R′是确定的。同理可证：如果 R′是确定的，那么 R 是确定的。

（6）如果 R 是持续的，由对应定理 5 可得：对任意公式φ，$<W, R> \models \Box\varphi\to\Diamond\varphi$，因为 $F \leftrightsquigarrow F'$，所以对任意公式$\varphi$，$<W', R'> \models \Box\varphi\to\Diamond\varphi$，再利用对应定理 5 可得：R′是持续的。同理可证：如果 R′是持续的，那么 R 是持续的。

（7）如果 R 是欧性的，由对应定理 6 可得：对任意公式φ，$<W, R> \models \Box\varphi\to\Diamond\varphi$，因为 $F \leftrightsquigarrow F'$，所以对任意公式$\varphi$，$<W', R'> \models \Diamond\varphi\to\Box\varphi$，再利用对应定理 6 可得：R′是欧性的。同理可证：如果 R′是欧性的，那么 R 是欧性的。

（8）如果 R 是欧性的，由对应定理 7 可得：对任意公式φ，$<W, R> \models \varphi\to\Box\varphi$，因为 $F \leftrightsquigarrow F'$，所以对任意公式$\varphi$，$<W', R'> \models \varphi\to\Box\varphi$，再利用对应定理 7 可得：R′是欧性的。同理可证：如果 R′是欧性的，那么 R 是欧性的。

（9）如果 R 是稠密的，由对应定理 8 可得：对任意公式φ，$<W, R> \models \Box\Box\varphi\to\Box\varphi$，因为 $F \leftrightsquigarrow F'$，所以对任意公式$\varphi$，$<W', R'> \models \Box\Box\varphi\to\Box\varphi$，再利用对应定理 8 可得：R′是稠密的。同理可证：如果 R′是稠密的，那么 R 是稠密的。

（10）如果 R 是树状的，由对应定理 9 可得：对任意公式φ，$<W, R> \models \Box(\Box\varphi\to\psi)\vee\Box(\Box\psi\to\varphi)$，因为 $F \leftrightsquigarrow F'$，所以对任意公式$\varphi$，$<W', R'> \models \Box(\Box\varphi\to\psi)\vee\Box(\Box\psi\to\varphi)$，再利用对应定理 9 可得：R′是树状的。同理可证：如果 R′是树状的，那么 R 是树状的。

（11）如果 R 是传递的、良基的，由对应定理 10 可得：对任意公式φ，$<W, R> \models \Box(\Box\varphi\to\varphi)\to\Box\varphi$，因为 $F \leftrightsquigarrow F'$，所以对任意公式$\varphi$，$<W', R'> \models \Box(\Box\varphi\to\varphi)\to\Box\varphi$，再利用对应定理 10 可得：R′是传递的、良基的。同理可证：如果 R′是传递的、良基的，那么 R 是传递的、良基的。

定义 7　令 $M = <W, R, V>$ 和 $M' = <W', R', V'>$ 是两个模型。$Z \subseteq W \times W'$ 并且 $Z \neq \varnothing$，如果下面的条件成立，$Z \subseteq W \times W'$ 被称为 M 和 M′之间的一个互模拟：

（1）如果 wZw' 并且 wRv，那么存在一个 $v' \in W'$ 使得 vZv' 并且 $w'R'v'$（向前的条件）。

（2）如果 wZw' 并且 $w'R'v'$，那么存在一个 $v \in W$ 使得 vZv' 并且 wRv（向

后的条件)。

(3) 如果 wZw′，那么 w 和 w′满足相同的命题变项，即：w ∈V (p) 当且仅当 w′∈V′ (p)。

当 Z 是链接 M 的状态 w 和 M′的状态 w′的一个互模拟关系时，称 w 和 w′互模拟并记作 Z：M，w ↔M′，w′。如果存在一个互模拟关系 Z 满足 Z：M，w ↔M′，w′，也可简记作 M，w ↔M′，w′。类似地，如果 M 和 M′之间存在一个互模拟 Z（记作 Z：M ↔M′），也可简记作 M ↔M′。

定义 8 令 F = <W，R> 和 F′ = <W′，R′> 是两个框架。Z ⊆W ×W′并且 Z ≠∅，如果下面的条件成立，Z ⊆W ×W′被称为 F 和 F′之间的一个互模拟：

(1) 如果 wZw′并且 wRv，那么存在一个 v′∈W′使得 vZv′并且 w′R′v′(向前的条件)。

(2) 如果 wZw′并且 w′R′v′，那么存在一个 v ∈W 使得 vZv′并且 wRv (向后的条件)。

当 Z 是链接 F 的状态 w 和 F′的状态 w′的一个互模拟关系时，称 w 和 w′互模拟并记作 Z：F，w ↔F′，w′。如果存在一个互模拟关系 Z 满足 Z：F，w ↔F′，w′，也可简记作 F，w ↔F′，w′。类似地，如果 F 和 F′之间存在一个互模拟 Z（记作 Z：F ↔F′），也可简记作 F ↔F′。

定理 9 令 M = <W，R，V> 和 M′ = <W′，R′，V′> 是两个模型。那么对每一个 w ∈W，w′∈W′，如果 w ↔w′，那么 w ⇝ w′。换句话说，模态公式在互模拟下是不变的。

证明 本定理的证明可参看文献［9］第 67 页定理 2.20。为完整起见，本文给出一个较详细的证明。施归纳于公式φ。

当φ是命题变项时，由定义 7 的条件（3）可得；当φ是⊥时，也可直接得到。

当φ形如¬ϕ 时，由 M，w⊨¬ϕ 当且仅当并非（M，w⊨ϕ）当且仅当并非（M′，w′⊨ϕ）当且仅当 M′，w′⊨¬ϕ。

当φ形如 ϕ ∨ψ时，由 M，w⊨ϕ ∨ψ当且仅当 M，w⊨ϕ 或者 M，w⊨ψ当且仅当 M′，w′⊨ϕ 或者 M′，w′⊨ψ(由归纳假设）当且仅当 M′，w′⊨ϕ ∨ψ，即：M′，w′⊨φ。

其他联结词的情况也可类似得出。

当φ形如◇ϕ时，由M，w⊨◇ϕ当且仅当在M中存在一个v满足Rwv并且M，v⊨ϕ。因为w↔w′，根据定义7的条件（1）可知，在M′中存在一个v′满足Rw′v′并且v↔v′，由归纳假设可得：M′，v′↔ϕ，因此M′，v′↔◇ϕ。反之，如果M′，v′⊨◇ϕ当且仅当在M′中存在一个v′满足R′w′v′并且M′，v′⊨ϕ。因为w↔w′，根据定义7的条件（2）可知，在M中存在一个v满足Rwv并且v↔v′，由归纳假设可得：M，v⊨ϕ，因此M，v⊨◇ϕ。

推论10　令M=<W，R，V>和M′=<W′，R′，V′>是两个模型。如果M↔M′，那么M⇝M′。

证明 施归纳于φ。

①当φ是命题变项时，由定义7的条件（3）可得：M，w⊨p当且仅当M′，w′⊨p。

②当φ是¬，∧，∨和→时，由归纳假设可直接得出。

③当φ是◇ϕ时，因为M↔M′，不妨设Z是M到M′上的一个互模拟并且对于每一个w∈W，都有M，w ⊩◇ϕ当且仅当在M中存在一个v使得wRv并且M，v ⊩ϕ。因为Z是M到M′上的一个互模拟，所以存在w′∈W′使得w↔w′，根据互模拟定义的条件（1）可知，在M′中存在一个v′使得Rw′v′并且v↔v′，有归纳假设可得M′，v′ ⊩ϕ，因此M′，v′ ⊩◇ϕ，对于逆蕴涵来说使用互模拟定义的条件（2）。即：TH（M，w）=TH（M′，w′）。

于是，对于所有的w∈W，w′∈W′并且w↔w′，都有TH（M，w）=TH（M′，w′）。所以，TH（M）=TH（M′）。故：M⇝M′。

定理11　F=<W，R>和F′=<W′，R′>是两个框架。如果F↔F′，那么F⇝F′。

证明　因为F↔F′，不妨设Z是F到F′的互模拟。对于<W，R>上的任意赋值V和<W′，R′>上的任意赋值V′，w∈W和w′∈W′，如果w↔w′，令w∈V（p）当且仅当w′∈V′（p），则Z：M，w↔M′，w′，这里M=<W，R，V>并且M′=<W′，R′，V′>。由w∈W的任意性可得：Z：M↔M′。由推论10可得：M⇝M′。由此可得：F⇝F′。

定理12　F=<W，R>和F′=<W′，R′>是两个框架。如果F↔F′，那么下面的结论成立：

(1) 关系 R 在 F 中是自返的，当且仅当，关系 R′在 F′中也是自返的。

(2) 关系 R 在 F 中是对称的，当且仅当，关系 R′在 F′中也是对称的。

(3) 关系 R 在 F 中是传递的，当且仅当，关系 R′在 F′中也是传递的。

(4) 关系 R 在 F 中是等价的，当且仅当，关系 R′在 F′中也是等价的。

(5) 关系 R 在 F 中是确定的，当且仅当，关系 R′在 F′中也是确定的。

(6) 关系 R 在 F 中是持续的，当且仅当，关系 R′在 F′中也是持续的。

(7) 关系 R 在 F 中是欧性的，当且仅当，关系 R′在 F′中也是欧性的。

(8) 关系 R 在 F 中是孤立的，当且仅当，关系 R′在 F′中也是孤立的。

(9) 关系 R 在 F 中是稠密的，当且仅当，关系 R′在 F′中也是稠密的。

(10) 关系 R 在 F 中是树状的，当且仅当，关系 R′在 F′中也是树状的。

(11) 转换关系→在 F 中是传递的、良基的，当且仅当，转换关系→′在 F′中也是传递的、良基的。

证明　因为 $F \leftrightarrow F'$，由定理 11 可得：$F \leftrightsquigarrow F'$。由定理 3 可得：(1) — (11)。

定义 13　令 M = <W，R，V>是一个模型，如果对于每一个 $w \in W$，集合 {v | wRv} 是有穷的，则称 M 是像有穷的。

定理 14 (Hennessy-Mliner 定理)　令 M = <W，R，V>和 M′ = <W′，R′，V′>是两个像有穷模型。那么，对任意的 $w \in W$ 和 $w' \subset W'$，$w \leftrightarrow w'$当且仅当 $w \leftrightsquigarrow w'$。

证明　参见文献 [9] 第 69 页定理 2. 24。

推论 15　令 M = <W，R，V>和 M′ = <W′，R′，V′>是两个像有穷模型，那么

$$M \leftrightarrow M'，当且仅当，M \leftrightsquigarrow M'。$$

定义 16　令 F = <W，R>是一个框架，如果对于每一个 $w \in W$，集合 {v | wRv} 是有穷的，则称 F 是像有穷的。

推论 17　令 F = <W，R>和 F′ = <W′，R′>是两个像有穷框架。那么

$$F \leftrightarrow F'，当且仅当，F \leftrightsquigarrow F'。$$

证明　类似于定理 14 和 15。

定义 18　令 F = <W，R>和 F′ = <W′，R′>是两个框架。如果映射 f：F→F′满足下面的条件

（1）f是一个关于关系R的同态，即：如果wRv，那么f（w）R′f（v）。

（2）如果f（w）R′v′，那么存在v使得wRv并且f（v）=v′（向后的条件）。

则称f是一个有界态射。如果存在一个从F到F′的满射的有界态射，则称F′是F的一个有界态射的像，记作：F↠F′。

定理19 令F=<W，R>和F′=<W′，R′>是两个框架。如果F↠F′，那么下面的结论成立：

（1）关系R在F中是自返的，当且仅当，关系R′在F′中也是自返的。

（2）关系R在F中是对称的，当且仅当，关系R′在F′中也是对称的。

（3）关系R在F中是传递的，当且仅当，关系R′在F′中也是传递的。

（4）关系R在F中是等价的，当且仅当，关系R′在F′中也是等价的。

（5）关系R在F中是确定的，当且仅当，关系R′在F′中也是确定的。

（6）关系R在F中是持续的，当且仅当，关系R′在F′中也是持续的。

（7）关系R在F中是欧性的，当且仅当，关系R′在F′中也是欧性的。

（8）关系R在F中是孤立的，当且仅当，关系R′在F′中也是孤立的。

（9）关系R在F中是稠密的，当且仅当，关系R′在F′中也是稠密的。

（10）关系R在F中是树状的，当且仅当，关系R′在F′中也是树状的。

（11）转换关系→在F中是传递的、良基的，当且仅当，转换关系→′在F′中也是传递的、良基的。

证明 因为F↠F′，不妨设f是F到F′的满的有界态射。

（1）如果wfw′并且wRv，因为F↠F′，所以，f（w）R′f（v）。因此取f（v）=v′∈W′。于是，vfv′并且w′R′v′。因此，向前的条件成立。

（2）如果wfw′并且w′R′v′，即：f（w）R′v′，因为f是F到F′的满的，所以，存在一个v使得f（v）=v′（即：vfv′）并且wRv。因此，向后的条件成立。

由（1）和（2）可得：F↔F′。根据定理12可得：（1）-（11）成立。

命题20 令F=<W，R>和F′=<W′，R′>是两个框架。如果F≅F′，那么F↠F′。

证明 因为F≅F′，不妨设f是F到F′的满射并且f满足：（1）对任意的w，u∈W，如果wRu，那么f（w）R′f（u）。（2）如果f（w）R′v′，因为

f是F到F′的满射，那么存在v ∈F使得f（v） = v′成立并且wRv（如果¬(wRv)，那么¬(f（w） f（R） f（v)），但f（R） = R′，所以，f（w） R′f（v)矛盾!)。故，F ↠F′。

命题20的逆不成立。例如，令Z = {（a，1)，(b，2)，(c，3)，(d，3)，(e，4)}，并且Z是框架 <W，R> 到框架 <W′，R′> 的一个满射的有界态射，即：<W，R> ↠ <W′，R′>。其中：W = {a，b，c，d，e，f}，R = {（a，b)，(b，c)，(b，d)，(c，e)，(d，e)}，W′ = {1，2，3，，4，5，6}，R′ = {（1，2)，　(2，3)，　(3，4)}。但 <W，R> ≇ <W′，R′>。如下图所示。

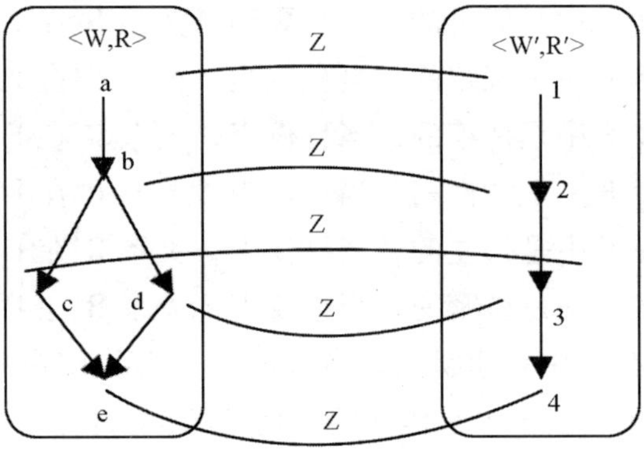

像有穷但不同构的图

附录 2

已发表的部分论文

集合论的反基础公理

[**中图分类号**] B81　[**文献标识码**] A　[**文章编号**] 1002－8862（2009）01－0100－06

我们从两方面介绍集合论的反基础公理（AFA）以及非良基集合的广泛应用。一方面，根据阿克采尔（P. Aczel）的思想，集合可以看做是可达点向图，在这个意义上，AFA 是说每个图都有唯一的装饰；由此，每个集合都有一个典范图。另一方面，根据巴威斯（J. Barwise）等人的思想，集合可以看做是方程组的解，在这个意义上，AFA 是说每个方程组都有唯一的解。在图的装饰与方程组的解之间存在“一一对应”这种意义上，反基础公理的两种表述是等价的。反基础公理表明了存在着非良基的集合，而非良基集合可以用来构造循环现象的模型，因此在哲学、计算机科学、数学等领域中有广泛的应用。在逻辑学中，由于非良基集合可以用来处理图，所以它能够作为模态逻辑的模型。

一　非良基集合的定义

集合产生于人们把许多事物放在一起思考的能力。正因为人们的思维具有抽象能力，可以把相同性质的对象组成一个作为单一对象的集合。但是如果我们在集合论之外使用集合，比如小鱼的集合等是集合，但是它们的元素既不是集合也不是类，自身没有元素。这样一些对象称为构成集合的本元，U 是本元组成的类。在抽象的集合论中，一般不考虑构成集合的本元的种类，也就是说，集合论研究的是“集合”，不管这样的集合是由什么对象组成的。但是我们这里要注意区别一些不是集合或类的东西。

我们首先引入集合论的一些概念。一个集合 a 是传递的，是说集合 b 是 a 的元素蕴涵 b 的所有元素也属于 a，即 $\cup a \subseteq a$。集合 a 的传递闭包 TC（a）$=\cup\{a, \cup a, \cup\cup a, \cdots\}$，它是包含 a 的最小传递集合。对每个集合 a，定义与 a 有关的本元集合 support（a）= TC（a）$\cap$U。一个集合 a 称为纯集合，是说 support（a）$=\varnothing$。我们使用字母 a、b、c 等等表示集合，而使用 p、q、r 等表示本元或集合。最后，对所有子集 $A \subseteq U$，定义 V_{afa}［A］=｛a：a 是集合并且 support（a）$\subseteq$A｝，注意 V_{afa}［A］不含本元，对所有 $A \subseteq U$，$A \cap V_{afa}$［A］$=\varnothing$。如果 $A=\varnothing$，那么 V_{afa}［$\varnothing$］写成 V_{afa}，它是所有纯集合的类，也就是标准集合论中的论域 V。V_{afa}［U］是所有集合的类，它不含本元，但本元属于 V_{afa}［U］和 U 的并。这样，在引入了本元的背景下，集合论公理就是关于 V_{afa}［U］$\cup$U 的逻辑表述。U 可以作为一元关系符，比如“x 是一个集合”可以表示为：$\neg$U（x）或 $x \notin U$。这样，标准集合论的公理就需要调整，从而适合本元的引入。比如外延公理通常用来判定两集合相等，它是说具有相同元素的两个集合 a、b 相等，表示为 $\forall a \forall b[\forall c(c \in a \leftrightarrow c \in b) \rightarrow a=b]$。为了适合本元，外延公理就变成，对于所有 a、$b \notin U$ 和所有 p，如果 $p \in a \leftrightarrow p \in b$，那么 $a=b$。这里 p 可以是本元。

集合论公理中的正则公理是说，任意集合系统上$\in$－关系是良基的，即每个非空集合有$\in$－极小元。那么该集合作为一个序列不存在无穷降链：$x_0 \rightarrow x_1 \rightarrow x_2 \rightarrow \cdots$，也不存在形如 $x \in x$ 的集合和形如 $x_0 \in x_1 \in \cdots \in x_n \in x_0$ 的“循环”。良基公理是说，所有集合都是良基的，即对于每个集合 a，结构 $<a, \in>$ 是良基的。假设集合 a 具有性质$\varphi(a)$，那么对于所有良基集合 a 和所有 $b \in a$，如果$\varphi(b)$，那么$\varphi(a)$。集合 a 上的二元关系 R 是良基的，是说 a 的元素不存在无穷序列 b_0、b_1、b_2、…使得 $b_{n+1}Rb_n$（n=0，1，2，…），如果 a 的元素存在这样的无穷序列，那么 R 是非良基的，把这样的序列称作 R 的降序列。R 是循环的，是说存在一个有穷序列 b_0、b_1、…、b_k 使得 $b_nR_{b_n-1}$（n=0，1，2，…，k，而且 $b_n=b_0$）。把这种序列称作 R 的一个循环序列。

如果不存在这种循环序列，那么R是非循环的。

此外，罗素悖论说明，并非所有的性质都能确定一个集合，因此集合论的研究者尝试着确定了一些简单的能够确定一个集合的数学性质作为显然真的公理，从这些公理逻辑地推出结论，那么这些结论也是真的，这样就形成了公理集合论。但这并不是说公理集合论穷尽了所有关于集合的事实，哥德尔不完全性定理表明，比如ZFC这样的集合论系统很可能是不完全的。这里主要关心良基公理是很自然的。因为似乎直觉上不能有这样的集合，一个集合不能属于它自己。在ZFC中，正则公理（或良基公理）把集合限制到良基的情况，也就是说，一个集合的元素不能有无穷下降的序列，因此排除了满足形如 $x=\{x,\{x,\{\cdots\}\}\}$ 这样条件的集合，如果有这样的集合，它就是非良基的。

现在对以上理论做一个简要的历史注记。阿克采尔在1988年发表了《非良基集合》[1]这本著作，该书从图和集合关系的角度引入了集合论的反基础公理，他在ZFC自然模型基础上构造了一个完全模型，并给出了一个相对于 ZFC^-（ZFC^- 是有选择公理但是没有基础公理的系统）的协调性证明，讨论了反基础公理的各种变形公理。非良基理论作为经典集合论的扩充，远在阿克采尔之前就有了相关的研究。福斯特在其著作《带一个全域集合的集合论》[2]中甚至认为："……集合论与生俱来就是非良基的（要不然，罗素悖论和康托尔悖论在他们的时代就不会被发现，或者毋宁说，根本就不会被发现），而良基集合论仅仅是集合论中被娇纵的部分。"1996年，巴威斯和莫斯合作出版了《恶性循环：非良基现象的数学》[3]，博采循环实例，概述了非良基集合论ZFA并用几乎一半篇幅来讨论非良基集合论的应用。1998年，安东尼利使用修正规则构造了含非良基集的集合论模型；[4]史密斯给出了含有原子的ZFA模型并证明了ZFA与ZFC具有一致性；[5]鲁瑞认为，阿克采尔的非良基集理论和ZFC可以相互解释，ZFC的任意模型都有一个到非良基全域的标准"扩张"。[6]罗森于2001年证明了含非良基公理AFA的ZF集合论子系统Kripke—Platek（不含良基公理FA）集合论KPA和基于概括的二阶算术子系统有相同的表达能力。[7]2006年范登伯格构造了终结共代数，并证明它是各种含有非良基公理的集合论模型。[8]2003年，尼塔等人证明，在阿克采尔的全域中，存在无穷递降序列；所有具有极大路径的非良基集是循环的；这些集合形成了 ZFC0（在 ZFC 中去掉良基公理 FA 和空集）的传递内模型。[9] 2004 年，简妮证明对每个不可达基数κ，都存在二阶 ZFA 的（κ，κ）–模型。”[10]2007 年，范登伯格和马迟为依赖选择公理的小映射类提供了各种非良基集合论模型。[11]

尽管 20 世纪初开始非良基集合论的研究，但近 20 年来，集合论的研究已从良基集合扩展到了非良基集合。借助于非良基集，非良基理论揭示了现代科学中的众多循环现象，展示了广阔的应用前景。

二　非良基集合与图

根据阿克采尔的看法，集合可以用图来表示。在集合论中与此相关的一条重要定理是莫斯托夫斯基坍塌引理，即每个良基图都有唯一装饰。这里的装饰是一个映射，给图的每个结点指派一个集合。那么哪些集合有图呢？答案是每个集合都有图（典范图）。反基础公理保证每个图都有唯一的装饰，也就是每个可达点向图（apg）有唯一的装饰，这说明非良基集合是存在的。下面首先给出一些定义，详细介绍阿克采尔提出的反基础公理的思想。

首先，集合可以看成是树图，比如用树图 1 来表示自然数 3：

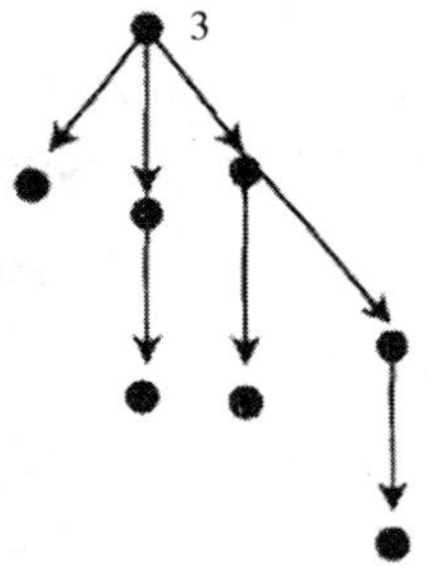

图 1

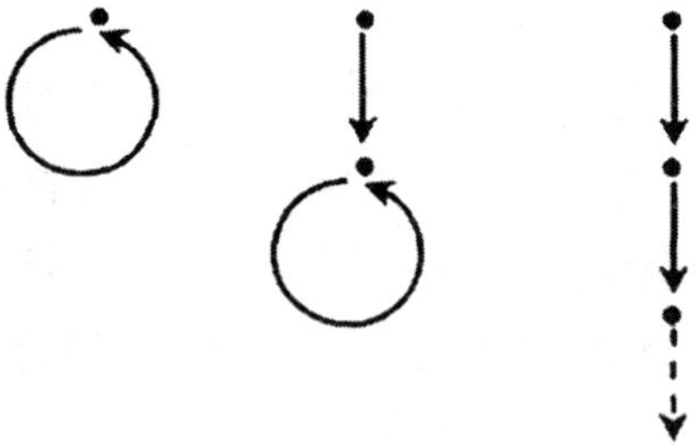

图 2

一个图是有序对（G，E），C 是结点集；E 是 G 上的二元关系，如果（m，n）∈E，那么存在一条从 m 到 n 的边（记号：$m\rightarrow_G n$ 或 mEn）。一个图可以表示为（G，$\rightarrow_G$）。如果 $m\rightarrow_G n$，则称 n 是 m 的一个子结点。一个结点的子结点可以有子结点，一个结点的子结点的子结点也可以有子结点等，称作结点的后继结点。一个结点可以是它自己的子结点或它自己的后继结点。一个可达点向图（apg）是三元组（G，→，⊤），⊤∈G 称作 G 的顶点。一个点向图是可达的，如果对于每个结点 n，存在一条从顶点 n_0 到结点 n 的路径 $n_0 \to n_1 \to \cdots \to n$。如果该路径总唯一，那么该点向图是树，顶点是树的根。我们使用可达点向图作为我们的图。图（G，E）的装饰是一个函数 d：G→V_{afa} 使 d（a）＝｛d（b）：aEb｝。若 b＝｛d（a）：a∈G｝，那么称 G 是 b 的一个图示。对每个结点都指派唯一的集合，这个集合恰好是指派给它的子结点的集合所组成的集合。指派给 a 这个结点的集合，就是指派给 a 的子结点的集合所组成的集合。如果 a 没有子结点，那么 a 的装饰是空集。注意这里 V_{afa} 是所有纯集合的类，要求所有的集合都是纯集合，其中的元素不含本元。在标准集合论中与此相关的一个重要结论是莫斯托夫斯基坍塌引理：每个良基图有唯一的装饰。因此，每个良基图是唯一集合的图，这个集合就是它的结点装饰所组成的集合。每个集合都有图，任给集合 a，我们可以构造它的典范图。给定集合 a，令 G_a＝（TC（｛a｝），→）是一个图使得边关系→是属于关系的逆关系，即 b→c 当且仅当 c∈b；称 G 是典范图，如果它的结点集是一个纯传递集并且它的边关系是 G 上属于关系的逆关系。在典范图 G 中，结点 n 的子结点是纯集合 n 的元素。G 上的恒等函数是 G 的一个装饰。反过来，如果图 G 上的恒等函数是 G 的一个装饰，那么 G 必然是典范图。对于每个集合 n 的典范图，它的结点形成序列 n_0，n_1，n_2，使得 $\cdots \in n_2 \in n_1 \in n_0 \in n$。图的边是结点的有序对（x，y）使 y∈x。如果 n 是顶点，就得到一个可达点向图，它显然是 n 的图，它的装饰是对每个结点 x 指派集合 x。这个构造的对象是任意集合，不要求集合 n 是良基的。

集合的每个图可以展开为同一个集合的树图。给定一个 apg，就能够形成树，树的结点是 apg 的有穷路径，边是形式（$n_0 \to \cdots \to n$，$n_0 \to \cdots \to n \to n'$）为使得两个路径的最后一个分量在原来的图中是可及的。树根是长度为 0 的路径 n_0。apg 的任意装饰诱导它的展开图的装饰。因此展开树图可以刻画任意集合。集合的典范图的展开称为集合的典范树图。对每个良基集，莫斯托夫斯基坍塌引理保证每个良基图有唯一装饰。那么非良基集的图如何呢？例如图 2 中这三个图显然都是非良基图。将第一个图展开得到第三个无穷树图，展开式是 Ω＝｛x，｛x，｛x，…｝｝｝。以上说明 Ω 有许多图。接下来的反基础公理说明非良基集存在："每个图有唯一的装饰。"这是阿克采尔于1988年借助于集合与图的联系做出的反基础公理的最初表述。每个apg是一个唯一集合的图，反基础公理又表明每个非良基集合都是存在的，那么任意的非良基的apg都刻画一个非良基集合。非良基集的系统是用反基础公理AFA替换ZFC中的基础公理FA得到的公理系统：ZFC^{-} + AFA，其中的ZFC^{-}是不含FA的ZFC。

三 方程组的解

巴威斯等人的思想与阿克采尔的不同，他把集合看做方程组的解。比如方程u＝{p，u}，这个方程展开得到u＝{p，{p，{p，…}}}，因此这个方程没有良基集合的解，满足这个方程的集合存在（解存在）等价于非良基集存在。在数学中，对于某个论域，方程在其中无解，可以通过扩大论域使得方程有解，比如从自然数扩充到整数，从整数扩充到有理数，从有理数扩充到实数，从欧几里得平面扩充到射影平面，从拓扑空间扩充到不同的紧拓扑空间等，这是数学中常见的基本思想。同样，为了使u＝{p，u}有解，可以扩充良基集的一般论域，解形如x＝{p，x}的方程组，把集合看做方程组的解。

这样做就产生了一个问题：方程组的解是否唯一？集合论中的外延公理通常用来判定两集合相等。但是，如果集合a和b满足条件a＝{a}和b＝{b}，直观上它们都是集合Ω，但是使用外延公理无法证明a＝b。这是因为，根据外延公理，如果给定的集合a和集合b具有相同的元素，那么a等于b。但为了知道集合a和b具有相同的元素，则必须知道a的每个元素（即a）等于b的某个元素（只能是b）。所以在应用外延公理之前必须已知a＝b，那么要证明a＝b，必须假设已经证明了a＝b，这是不可能的。因此，外延公理在判定两个非良基集合相等时失效。

很显然，外延公理的本质是判断一个方程组的不同解是否相等，即每个方程组的解是否唯一。但由于外延公理在非良基集中判定两非良基集相等失效，所以在非良基集中引入解引理，说明每个方程组有唯一解，这样就得到了巴威斯对反基础公理的解引理表述："每个平坦方程组有一个唯一解。"每个平坦方程组ε有唯一的解s；有时把这种形式的反基础公理称作平坦解引理。基础公理 FA 断言只有良基的平坦方程组ε有解，而 AFA 保证每个方程组有唯一解。一个平坦方程组是三元组ε=（X，A，e），其中 X 是ε中不定元的集合，A 是ε中原子的集合；$X \subseteq U$，$X \cap A = \varnothing$；e 是函数 $e: X \to \prod (X \cup A)$。对每个不定元 $v \in X$，令 $b_v = e_v \cap X$，称 b_v 是 v 所取的不定元的集合；令 $c_v = e_v \cap A$，称 c_v 是 v 所取的原子的集合。ε的解是一个函数 s，dom（s）=X，对每个 $x \in X$，$s_x = \{s_y: y \in b_x\} \cup c_x$。根据 AFA，平坦方程组ε的解集是形如 s_v 的所有集合的集合，记为 s（ε）=$\{s_v: v \in X\}$ =s［X］。V_{afa}［A］是以 A 为原子的平坦方程组解集中的所有集合组成的类，令 V_{afa}（A）=｛s（ε）：ε是以 A 为原子的平坦方程组｝。把平坦方程组的一个条件 $X \subseteq U$ 去掉，就得到广义方程组。对任意的集合 a 和广义平坦方程组ε=（X，A，e），A=support（a），X=TC（｛a｝）\ A，对所有 $x \in X$ 有 $e_x = x$，则称这样的方程组是 a 的典范平坦方程组。每个 $x \in X$ 是集合，由传递性得 $x \subseteq X$。X 上的恒等函数是 a 的典范方程组的解，对任意 $x \in X$，$x = (x \cap X) \cup (x \cap A)$，X 是传递的，support（x）$\subseteq$A。一般方程组是一个三元组ε=（X，A，e），由集合 $X \subseteq U$ 和集合 $A \subseteq U$、$x \cap A \neq \varnothing$ 以及函数 $e: X \to V_{afa}$［XUA］组成。ε的解是函数 s，它的定义域是 X，对于每个 $x \in X$，$s_x = e_x$［s］。方程组的解是集合，不定元不属于 V_{afa}［$X \cup A$］。这样就避免形如 x=x 的方程组，它的解不唯一；也避免形如 x=a（$a \in A$）的方程组，它的解是一个原子。与平坦方程组相比，一般方程组严格要求 $X \subseteq U$，而平坦方程组允许不定元 X 是任意集合。考虑方程组：x=｛x，y，z｝；y=｛p，r，y，z｝；z=｛q，x，y｝。p、q 和 r 是不变集，它们是方程组的原子，令 A=｛p，q，r｝。x、y 和 z 是方程组的不定元，令 X=｛x，y，z｝。这里的 x、y 和 z 不是集合，也不是方程组的解。用函数 e 模拟方程：dom（e）=X；e_x=｛x，y，z｝，e_y=｛p，r，y，z｝，e_z=｛q，x，y｝。用函数 s 模拟方程组的解：dom（s）=X；对于每个不定元 $v \in X$，集合 s_v 是定义在 X 上的函数：当 v=x，$s_x = \{s_x, s_y, s_z\}$；当 v=y，$s_y = \{p, r, s_y, s_z\}$；当 v=z，$s_z = \{q, s_x, s_z\}$。s_v 也可统一表示为：$s_v = \{s_w: w \in e_v \cap X\} \cup \{w: w \in e_v \cap A\}$ = s［$e_v \cap X$］∪（$e_v \cap A$）。解引理由两部分组成：（a）平坦解引理：每个平坦方程组有唯一解。（b）如下推广平坦解引理：每个广义平坦方程组ε=（X，A，e）有唯一解。ε中的 X 与 A 不交，$e: X \to \wp (X \cup A)$，ε的本元、原子以

及解 s 的定义都与平坦方程组相同。

我们现在有这样一些结论：（1）在 ZFC^- 中，每个一般方程组有一个唯一的解。（2）在 ZFC^- 中，下列等价：（a）每个无原子平坦方程组 $\varepsilon =$（X，∅，e）有解，其中 e：X→∏（X）。（b）每个图 G 有一个装饰。假设（a）成立。令（G，→）是图，X 是对应于 G 的初始元的集合。由定义 ε_G 的解 s 给出 G 的装饰 d 使得 d（a）=s（x_a）。相反，如果 d 是 G 的装饰，可得 ε_G 的解 s 使 s（x_a）=d（a）。图的装饰和方程组的解之间是双射。根据（a），ε_G 有解。所以，G 有装饰。反之假设（b）成立。因为图 G 的结点是 ε 的未知元，那么 $x \rightarrow_G y$ 当且仅当 $y \in e_x$。G 的装饰给出 ε 的解 s 使得 d（x）=s（x）。相反，ε 的解 s 给出 G 的装饰 d 使得 s（x）=d（x）。图的装饰和方程组的解之间是双射，所以 ε 有解。

阿克采尔和巴威斯分别用图和方程组的解来刻画 AFA，这说明 AFA 可以用不同方式表述。AFA 还有多种不同的表述，除以上表述外，还可以表述为：对每个关系结构（A，R）都存在它到传递集上的同态映射；对于每个真代换 e，存在唯一真代换 s 使得 $s = s * e$；对于每个真代换 e，存在唯一真代换 s 使 $s = s' \cdot c$，$s' = s \cup \{(z, z): z \in cod(e) \setminus dom(e)\}$。

四 非良基集的应用

非良基集合在许多领域中有广泛的应用。这里选择哲学和逻辑、理论计算机科学、语言学等领域的例子，这些例子都涉及循环现象，而且都不能使用经典的集合论来描述。

哲学中存在大量循环问题，比如笛卡儿认为，怀疑一切可以怀疑的，唯独不怀疑自己在思考，因为对自己思考的怀疑也要求思考，也涉及怀疑，因此思考的自身循环帮助他做出了他的著名论断，即“我思故我在”。另外，哲学中最令人注目的循环现象还出现在一些著名的逻辑悖论和语义悖论中，比如罗素悖论、说谎者悖论、指称悖论、沈有鼎悖论等。但是这些悖论都可以使用所谓非 n 次循环类的类（n 是任意自然数），甚至使用所有非循环类的类来刻画，由此产生的集合都是非良基集合。这里，0 次循环类是指具有自属性的类；对于非零自然数 n，一个类 X 是 n 次循环的，仅当有 n 个类 X_1，X_2，…，X_n（不一定都不相同）使得 $X \in X_n \in \cdots \in X_1 \in X$ 成立。[12] 如果一个类 X 对于某个自然数 n 是 n 次循环的，则称 X 为循环的，由此产生的集合就是非良基集合。循环与否定相结合就会产生悖论，罗素悖论中的集合就是0次循环类与否定相结合产生的非良基集合。因此，要排除这类悖论，就要排除所有非 n 次循环类的类、甚至所有非循环类的类所产生的非良基集。进而需要开创“反基础模型论”，研究那些以非良基方式使个体域含有其他模型的模型，尤其是“自反模型”（即自身也是其个体域中元素的模型），并用它探讨自指的语义悖论。这里的目的不是“解决”悖论，而是要构建一个能在其中清晰地弄清哪些假定会引发悖论的框架。

一个群体的公共知识就是这个群体每个成员知道的命题使得每个成员都知道每个成员知道这个命题，还有每个成员都知道每个成员知道每个成员知道这个命题等。一个群体与另一群体的不同在于两者有不同的公共知识。令 A、B 两人组成一个群体，A、B 均知道命题 p，此时，p 是 A 的知识，p 也是 B 的知识，但 p 不是 A 与 B 的公共知识；若 A 知道 B 知道 p，反之 B 也知道 A 知道 p，并且，双方各自都知道对方知道自己知道 p，……如此以至无穷，那么，p 是 A 与 B 这一群体的公共知识。这里明显存在循环现象，如果使用常规方法构造模型，那么就必须形成以自身为元素的集合，这是一个非良基集合。采用 AFA 提供的工具较容易构造出严格的模型，并深入研究模型的性质。

非良基集和非良基理论在逻辑学中的主要应用领域之一是模态逻辑。最基本的语义概念就是“集合 a 满足公式φ”，一个命题变元 p（看作初始元）在 a 上真，如果它属于 a；布尔情况与基本的模态逻辑相同；$\Diamond\varphi$在集合 a 上是真的，如果存在某个集合 $b \in a$ 使得φ在 b 上是真的。这样，我们就得到了模态逻辑的非良基集合论语义。称一个集合 a 是自返的，如果 $a \in a$。自返集合是非良基的。很容易证明公理 T 与自返集合之间有某种对应关系。这样我们就可以把非良基集合论推广到模态逻辑，重新研究模态逻辑的语义。阿克采尔最先表述了无穷模态逻辑和非良基集之间的联系。在随后的几年中，莫斯等人发现利用非良基公理 AFA，可以通过典范的克里普克结构来发展通常的模态逻辑。巴威斯在非良基集合论的背景下，提出了不动点模型化定义。1999 年，巴尔塔赫在博士论文中证明非良基集关于无穷模态逻辑的特征，每一个非良基集都被无穷模态语言的某个公式所刻画。如果将其限制到有穷语言，这一特征将不再成立。但是，一个非良基集可以被有穷命题变号等构造的模态语言的某个公式所刻画，它的充分必要条件是这个变号等是良基的并且它的传递闭包是有穷的。所以，模态公式对集合的刻画依赖于所使用的语言。[13]

在语言学中，非良基集和反基础公理 AFA 的应用领域之一是情境语义学。该应用是模型论方法对自然语言语义在近期发展的一个新方向，巴威斯最早认识到非良基公理 AFA 对于情境理论的重要性。最初，情境语义学把集合论作为元理论来刻画情境，以集合论为工具刻画不同时空条件下事物是否具有某种性质以及事物之间是否具有某种关系。由于集合悖论的存在，巴威斯等发现，用标准集合论来刻画情境概念使得集合论中已经建立起来的公理在解释情境过程中产生了许多困难。问题之一与集合论模型中“集合不能涉及自身”的规定相冲突。之后，他们将情境视为基本实体并对情境进行数学分析，继而创建了情境语义学元理论。然而，在日常交流中，话语所涉及的情境完全可以与自我相关。于是，1990 年阿克采尔以非良基集合论为工具开始结构对象研究，提出情境理论的研究思路：从结构对象理论到结构命题理论再到数学。用非良基集合论的模型来刻画循环情境，有效地解决了循环或自我指涉现象，使得情境与自我相关。

在埋论计算机科学中，加标转换系统和字串的概念是非常重要的。令 A 是某个集合，A 上的一个字串是一个有序对 $s_0=(a, s_1)$，这里 s_1 又是另一个字串。比如定义自然数上的函数 f 使得 $f(n)=(n, f(n+1))$，这样 $f(0)=(0, (1, (2, \cdots)))$。但是考虑常串 $c_a=(a, c_a)$，它不是良基的。这样字串的概念就很容易导致非良基集合的概念。一个加标转换系统是由一些状态的集合 S 和状态之间的转换关系 δ：$S\rightarrow\wp(Act\times S)$ 组成的，这里 Act 是行为集，对每个状态 s，$\delta(s)$ 是在 s 上运行 Act 中的行为而得到的状态的集合。这样对于指向自身的状态和行为，就会出现循环现象和非良基集合。

注 释

[1] P. Aczel, Non - Well - Founded Sets, CSLI, Stanford, 1988.

[2] T. E. Forster, Set Theory with a Universal Set: Exploring an Untyped Universe, New York: Oxford University Press, 1992.

[3] J. Barwise and L. Moss, Vicious Circles: On the Mathematics of Non-well-founded Phenomena, CSLI, Stanford, 1996.

[4] C. A. Antonelli, "Extensional Quotients for Type Theory and the Consistency Problem for NF," Journal of Symbolic Logic, 63 (1), 1998.

[5] B. Sidney Smith, "Hypersets," PhD Dissertation, University of Cambridge, 1996.

[6] J. Lurie. "Anti - Admissible Sets," Journal of Symbolic Logic 64 (2), 1999.

[7] M. Rathjen, "Kripke - Platek Set Theory and the Anti - Foundation Axiom," Mathematical Logic 4, 2001.

[8] B. Van den Berg & F. De Marchi, "Non-well-founded Trees in Categories," Annals of Pure and Applied Logicl 46 (1), 2006.

[9] T. Nitta & T. Okada, "Classifcation of Non-well-founded Sets and an Application," Mathematical Logic Quarterly 49 (2), 2003.

[10] I. Jane & G. Uzquiano, "Well-and Non-well-founded Fregean Extensions," Journal of Philosophical Logic 33 (5), 2004.

[11] B. van den Berg & F. De Marchi, "Models of Non-Well-Founded Set s via an lndexed Final Coalgebra Theorem," Journal of Symbolic Logic 72 (3), 2007.

[12] 张清宇:《所有非 Z—类的类的悖论》,《哲学研究》1993 年第 10 期。

[13] A. Baltag, "STS: A Structural Theory of Sets," Logic Journal of IGPL 7 (4), 1999.

论基础公理与反基础公理①

摘要:"循环并不可恶。"本文在此基础上讨论基础公理和反基础公理。首先指出基础公理原本就是一条有争议的公理;第二,说明基础公理的局限性;第三,详细论述反基础公理家族中的三个成员,并给出它们两两不相容的一个证明;第四,分析反基础公理导致集合论域在 V = WF 上不断扩张的方法,并指出这种扩张的方法与数系扩张的方法相同;最后结论:良基集合理论(ZFC)与非良基集合理论($ZFC^- + AFA$(或者 ZFC 和 $ZFC^- + FAFA$ 或者 ZFC 和 $ZFC^- + SAFA$))之间的关系类似于欧几里得几何学与非欧几何

① 基金项目:国家哲学社科基金项目(08BZX049)、2012 年上海高校青年教师培养资助计划(ZZHDZF12004)、2012 年华东政法大学级项目(12HZK005)和 2013 年高校学校青年骨干教师国内访问学者项目。

学之间的关系。

关键词：非良基集合；基础公理；反基础公理

中图分类号：B81　　**文献标示码**：A

"循环并不可恶"（［7］，p. 59）。本文在此基础上讨论基础公理和反基础公理。首先指出基础公理原本就是一条有争议的公理；第二，说明基础公理的局限性；第三，详细论述反基础公理家族中的三个成员，并给出它们两两不相容的一个证明；第四，分析反基础公理导致集合论域在 V = WF 上不断扩张的方法，并指出这种扩张的方法与数系扩张的方法相同；最后结论：良基集合理论（ZFC）与非良基集合理论（ZFC^- + AFA（或者 ZFC 和 ZFC^- + FAFA 或者 ZFC 和 ZFC^- + SAFA））之间的关系类似于欧几里得几何学与非欧几何学之间的关系。

一　良基集合和非良基集合

20 世纪初，罗素悖论和其他几个集合论悖论的出现曾引起了众多数学家的震惊，并由此引发了第三次数学危机。人们曾围绕"集合到底是什么"进行了大量的争论，特别是当罗素提出：是否存在这样的集合，它是自身的一个成员？或者令 $T = \{x: x \notin x\}$，问 T 是集合吗？如果肯定的回答这个问题，就将导致悖论，它后来被人们称为罗素悖论。为了在康托尔的集合论中排除罗素悖论以及其他悖论，人们提出了许多方法。公理化的方法是人们找到排除悖论重建康托尔集合论的一种重要方法。这样的理论体系被称为公理化集合论系统。在公理化集合论系统中，最成熟的系统是 1908 年 Zermelo 提出，后经 Fraenkel 和 Skolem 等人的改进，现在称为 ZF 的系统。ZF 公理系统是建立在等词"="和属于关系"∈"的狭谓词演算的基础上，加上关于集合基本性质的非逻辑公理组成的形式演算系统。它的非逻辑公理包括：外延公理、空集存在公理、对集公理、并集公理、幂集公理、子集公理、无穷公理、替换公理、良基公理（又称正则公理或基础公理，简记为 FA）。如果加上选择公理 AC 就得到 ZFC（ZF + AC）。其中，基础公理 FA 保证了 ZFC 系统中的集合都是良基的。

然而，早在 1917 年，Miramanoff 就对良基集合和非良基集合进行了区分，不过当时他把良基集合称为普通集，把非良基集合称为不寻常集。他认为如果集合 X 中任意两两不同的元素 x_0，x_1，…，x_n，…不存在∈－无穷降链关系，即：$\ldots \in x_{n+1} \in x_n \in \ldots \in x_2 \in x_1 \in x_0$，那么 X 是良基的，否则 X 是非良基的。除此以外，非良基集合还允许包含自身作为集合的元素，如，满足方程$\Omega = \{\Omega\}$的集合Ω就是包含自身为元素的集合，因此也是非良基的。因为这类集合都满足条件：$x \in x$。因此，人们称这类集合为循环集合。1926 年 Finsler 提出了一条反基础公理 FAFA 用来消除悖论；1960 年 Scott 受计算机科学研究的驱动，利用非冗余树给出了另一条反基础公理 SAFA；1972 年 Boffa 也提出了一条反基础公理 BAFA。然而，由于非良基集合一直都被认为是病态的、毫无用处的、反直觉的东西。所以，长期以来，关于非良基集合的理论研究一直没有受到重视。直到 20 世纪 80 年代，特别是 1988 年 Aczel 的著作《非良基集合》（Non-Well-Founded Sets）问世，非良基集合理论的研究才真正引起重视。在此之前，集合论研究的基础都是建立在包含基础公理 FA 的 ZFC 之上。

二 关于基础公理之争

基础公理有许多不同的表述，下面给出的是本文讨论中需要用到的几种。

（1）不存在满足∈－无穷降链条件：$\ldots \in x_{n+1} \in x_n \in \ldots \in x_2 \in x_1 \in x_0$的集合 x_0，x_1，…，x_n，…。

（2）V＝WF，其中 V 是所有集合组成的类 $\{x: x = x\}$，WF 是所有良基集合构成的类，即：

当$\alpha = 0$时，$V_0 = \varnothing$；当$\alpha = \beta + 1$时，$V_\alpha = \wp(V_\beta)$；当α是一个极限序数时，$V_\alpha = \cup\{V_\beta: \beta<\alpha\}$，$WF = \cup\ \{V_\alpha: \alpha \in On\}$。

（3）对每个非空集合 x，都存在一个集合 $y \in x$ 使得 $y \cap x = \varnothing$。

（4）每个良基图都有唯一的装饰。

基础公理与其他公理不同，它不是断言某些对象的整体是集合，而是刻画集合性质的一条公理。把它加入到 ZF 中，仅仅是为了排除 $a = \{a\}$ 这类集合。因为这类集合对于定义通常的数学（数、函数、关系等）是不需要的，所以，FA 被加进来清理“全域”。它的加入使得在 ZF 中可定义的对象都不以自身为元素，即：排出了满足条件 $x \in x$ 的集合，从而也排除了满足条件：$x \notin x$ 的集合。1925 年 von Neumann 称它为正则公理，并证明了它与 ZFC 系统中的其他公理的相对一致性。1930 年 Zermelo 也独立地引入了这条公理，并称它为基础公理。

对于基础公理，集合论学者持有两种不同的观点。一部分学者认为基础公理是集合论的基础，是最基本的公理之一。他们按照下面步骤来论证基础公理的重要性：（1）罗素悖论说明不存在包含所有集合的集合，即类 V 不是它自身的一个成员；（2）集合迭代概念表明没有集合是它自身的元素；（3）集合迭代的过程还表明：每个集合都属于某个 V_α（这里 α 是任意的序数）；（4）基础公理限制循环集合的出现。（[2]，pp. 21 – 22）所以，支持基础公理是明智之举。例如，Fraenkel 等人认为：……为了给“集合”这个词更多的限制意义，人们接受基础公理不是出于一种信念而是一种约定。假如放弃基础公理，那么它将影响以后的数学研究。Shoenfield 认为：我们只相信一个集合把先于它形成的集合作为自己的成员。当然，有可能存在一种完全不同的集合，并且产生一套不同的公理。但是，我们这里给出的集合已经具有一套令人满意的公理，到目前为止，还不存在与这本质上不同的集合。（[2]，p. 33）的确，事实已经证明：ZFC 对于发展集合论是足够的，它能避免已知的集合论悖论，并在数学基础的研究中提供了一种较为方便的语言和工具。在 ZFC 中，诸如有序对、关系、等价关系、线序、良序、函数、自然数、有理数、实数及其运算、顺序等都可以被定义。也就是说，几乎所有基本的数学概念都能用集合论的语言表达。数学定理也大都可以在 ZFC 系统内得到证明。因而作为整个数学的基础（至多范畴论例外），ZFC 是完备的。数学的一致性（无矛盾性）可以归结为 ZFC 的一致性。

然而，另一部分学者认为，基础公理不像 ZFC 的其他公理，它不是一条大家共同认可的数学原理。所以，在这个意义上，他们认为基础公理只是一条“无害”的逻辑公理，而这种“无害性”由基础公理的相对一致性和相对独立性来保证。我们可以放弃基础公理对集合的限制，得到一个更宽广的集合概念。例如，Cohen 认为：“基础公理只是一个矫揉造作的公理，我们包含这个公理只是为了技术性的目的。”（[2]，p. 33）Kunen 认为：“我们采纳基础公理并不能说明满足 $x = \{x\}$ 的集合 x 是真正的不存在，我们只不过是简单地阻止了这样的集合。不像 ZFC 中的其他公理，基础公理在通常的数学中没有任何应用，接受它只是为了使所有的数学在所有良基集合构成的类 WF 中能正常进行下去。”（［4］，p. 56）

在集合论中，非良基集合被排斥的主要原因是人们希望把数学还原成集合论、把集合论还原成逻辑，从而实现数学理论的逻辑完美性。如果允许非良基集合的存在，将会使这种还原成为不可能。人们愿意在公理集合论中加入基础公理，是因为良基集合能够排除循环现象和∈－无穷降链，使得它们在构造模型时，能够迭代的或者累积的一层一层的去做。并且，那些表达现代数学中的基本对象的集合，如：自然数、有理数、实数等的集合，实际上都是良基集合。所以，大部分集合论学者都非常愿意接受基础公理，也深信基础公理是无懈可击的。

三 基础公理的局限性

在将 FA 加入 ZF 之前，循环集合在 ZF 中是否存在是不能断定的。将 FA 加入 ZF 之后，它不但排除了罗素悖论使得经典集合论中的所有对象都是良基的，同时，它也排除了满足循环条件 $x \in x$ 和∈－无穷递降链条件构成的集合。但是，近年来随着科学的发展，人们发现循环现象无处不在。如，人体中的血液循环现象；在自然界中白天和黑夜的循环现象，年复一年的春、夏、秋、冬四季的循环现象，还有时间中年月和日的循环现象。特别是最近二十年来，在计算机科学、哲学、语言学、经济学以及数学等众多的领域中出现的许多问题都涉及循环现象。例如，在计算机科学中，有一种称之为自我产生或自我应用的程序，在运行该程序时，它的输出却还是自己本身。（［3］，p. 42）在哲学中，公共知识的概念涉及了“知道”结构的循环（p. 49）。公共知识是指：一个群体中的每个人不仅知道这个事实，而且每个人知道该群体的其他人知道这个事实，并且其他人也知道其他的每个人都知道这个事实……这涉及一个无穷的知道过程。然而，这些循环现象我们现在都可以用一个源于计算机科学中的概念——“流”来刻画。令 A 是一个集合，集合 A 上的一个流是一个有序对 $s = (a, s')$，其中 $a \in A$，s' 是另一个流。也就是说，可以把流看成是由 A 中一个元素后面紧跟另一个流组成的对象（［2］，p. 34）。如，上午、下午和晚上这个循环现象用流可以表示为：天 = （上午，（下午，（晚上，天）））；每年有 12 个月，每个月又分上旬、中旬和下旬，于是月份中这种循环现象用流可以表示为：月 = （上旬，（中旬，（下旬，月）））。再如公路上车辆、行人川流不息，人们根据交通灯的颜色由红、黄、绿循环交替的变化有序而行。交通信号也可以表示为这样一个流：交通信号 = （红灯，（黄灯，（绿灯，交通信号）））。用数学语言可以将这些现象统一表述为：令 A 是一个集合，St（A）是满足：如果 $s \in St(A)$，那么存在 $a \in A$ 和 $s' \in St(A)$ 使得 $s = (a, s')$ 的流 s 组成的最大集合。然而，在基础公理下，$St(A) = \varnothing$（［2］p. 34）。因此，在包含 FA 的集合论 ZFC 中，我们不能刻画流，不能为这些循环现象建立数学模型。为了给各种循环现象建立数学模型，我们需要考虑那些曾经被大多数人遗弃的不寻常的集合或者非良基集合。为此，我们不仅要放弃基础公理，而且要否定基础公理。

正是出于这种目的，人们开始尝试用各种能够刻画循环现象的数学命题来代替基础公理。1988 年 Aczel 在为计算机科学中的进程构建数学模型时，提出了反基础公理，记作 AFA，建立了非良基集集合论理论。从此，人们对基础公理和经典集合论系统 ZFC 的认识发生了根本性的改变。基础公理是很重要的，但它也是有局限的。从某种意义上说，基础公理仅仅是出于排除罗素悖论的目的而使用的一种“限制性”假设。不仅如此，Aczel 的工作还告诉我们，刻画集合的全域不一定非要依赖于基础公理。他给出的非良基集合的全域恰恰是良基集合全域 WF 的扩张。

四　反基础公理

（一）AFA 的提出

要刻画非良基集合，就要放弃基础公理，或者否定基础公理。基础公理（3）的否定可表述为：存在集合，它的每一个元素与它的交集都是非空的。这样满足关系 $x = \{x\}$ 的 x 就可称之为集合。而基础公理（1）的否定可以表述为：存在具有 ∈ - 无穷降链性质：$\ldots \in x_{n+1} \in x_n \in \ldots x_2 \in x_1 \in x_0$ 的集合 x_0，x_1，…，x_n，…。这样满足关系 $x = \{x\}$ 的 x 也具有 ∈ - 无穷降链性质：$\ldots \in x \in x \ldots x \in x \in x$。同样，满足方程组 $x = \{y\}$ 和 $y = \{x\}$ 的 x，y 都是集合，因为它们满足 $\ldots \in x \in y \ldots x \in y \in x$ 并且 $\ldots \in x \in y \ldots y \in x \in y$。只不过这些集合都

是非良基集合。1954 年 Bernays 证明了循环集合的存在不会在没有基础公理的 ZF 系统中导致矛盾。

然而，要建立完整的非良基集合论，并不是在原有的 ZFC 中把基础公理换成它的否定即可。这里要解决的一个主要问题是：因为在 ZF 中，基础公理存在，因此，所有的集合都是良基的。在良基集合上，相等的概念是用 Zermelo 的外延公理定义的。外延公理断言具有相同元素的集合是相等的。但是，既然我们承认基础公理的否定成立，那么也就承认了 $a=\{a\}$ 和 $a=\{b\}$ 以及 $b=\{a\}$ 都是集合，但是，它们是否相等呢？Zermelo 的外延公理无法回答这个问题。因为根据外延公理得到的是一个重言式：$a=b$ 当且仅当 $b=a$，即：外延公理在判断两个非良基合是否相等失效。但在整个二十世纪中，关于非良基集合的相等有一些不同描述。如：Mirimanoff，Finsler，Forti、Honsell，Scott 和 Aczel 等，他们中的一些人利用这些描述，不仅给出了刻画非良基集合相等的标准，还给出了相应的反基础公理，这些后来都被 Aczel 在他的著作《非良基集合》中做了统一的刻画。特别是，Aczel 借助图理论将 Forti 和 Honsell 的反基础公理 X_1 重新描述为：每一个图都有唯一装饰，并称它为 AFA（[1]，p. 6）。

（二）AFA 的等价形式

反基础公理 AFA 有许多等价的表述形式，这里我们给出两个最重要的等价形式。Forti 和 Honsel 在他们 1983 年的文章中研究了大量的反基础公理，其中关于 AFA 的原始陈述 X_1 是：对于每一个关系结构，都存在唯一的一个到传递集合上的同态。（[6]，pp. 15－27）Barwise 等人在他们 1996 年的文章中，考虑了 $x=\{x\}$ 和 $x_0=(0,\ x_1)$，$x_1=(1,\ x_2)$，$x_3=(2,\ x_3)$，…这类方程组，引入了平坦方程组的概念。在此基础上给出了与 AFA 等价的解存在公理：每一个平坦方程组有唯一解。这种形式的反基础公理又称为平坦解引理（[3]，pp. 67－76）。因此，对于形如 $x=\{x\}$ 和$x_0=(0,\ x_1)$，$x_1=(1,\ x_2)$，$x_3=(2,\ x_3)$，…这类方程组，要说明它们有解，只需说明它们是平坦方程组，再利用解引理就可以结论：方程 $x=\{x\}$ 有解，其中一个解就是集合$\Omega=\{\Omega\}$；并且方程组 $x_0=(0,\ x_1)$，$x_1=(1,\ x_2)$，$x_3=(2,\ x_3)$，…也有解，且其中一个解是集合 $x_0=(0,\ (1,\ (2,\ \ldots)))$，$x_1=(1,\ (2,\ (3,\ \ldots)))$，$x_3=(2,\ (3,\ (4,\ \ldots)))$，…。

（三）外延性和反基础公理

Mirimanoff 不仅区别了良基集合和非良基集合，他还在含有原子（也称本元）的集合之间定义了一个同构概念：两个集合 E 和 E′是同构的，如果集合 E 和 E′是等价的。这里的等价是指，在 E 和 E′的元素之间存在一个完全对应。这种对应要求：E 的每个原子 e 对应于 E′的一个原子 e′，反之，E′的每一个原子 e′也对应于 E 的一个原子 e；E 的每个集合元素 F 对应于 E′的一个集合元素 F′（集合 G 的一个集合元素指它是 G 的一个元素同时也是一个集合），反之，E′的每个集合元素 F′对应于 E 的一个集合元素 F。F 和 F′之间的对应满足：F 中的每个原子对应于 F′的一个原子；F 中的每个集合元素对应于 F′的一个集合元素，等等。（[6]，pp. 15：30）然而 Mirimanoff 没有进一步提出比 Zermelo 的外延公理更强的外延公理。因此，也没有给出他的反基础公理。

首先给出非良基集合外延公理和反基础公理的是 Finsler。1926 年 Finsler 为具有隶属于关系∈的集合论域提出了三条公理。其中第二条就是外延公理。它假定同构的集合是相等的。但是，他关于两个集合 X 和 Y 之间的同构是指单元集 {X} 和 {Y} 的传递闭包之间的同构。因此，Finsler 的同构概念不同于 Mirimanoff 的同构概念。Finsler 的这三条公理现在称作 Finsler 反基础公理，记作 FAFA。

然而，1988 年 Aczel 在他的著作《非良基集合》中（[1]），用可达点向图（G，→）来表述反基础公理 AFA。这种图是由两个集合组成的，一个是结点的集合，另一个是边的集合。并且每一条边是一个由结点组成的有序对。如果（a，b）是一条边，记作 a→b。在此基础上，递归地给可达点向图的每一结点 a 指派一个集合 da = {db：a→b}，这个集合的元素就是该结点 a 的所有直接后继 b 被指派的集合 db。Aczel 称这个指派 d 为装饰。当它是一个单射时，称这样的可达点向图是精确图。因此，AFA 又等价于每一个精确图有唯一的装饰。由于 AFA 断言每一个可达点向图都有唯一的装饰，这样一来，不仅每一个良基的图有唯一的装饰，而且每一个非良基的图也有唯一的装饰。在此基础上，Aczel 把可达点向图的概念推广到系统。一个系统 M 也是一个有序对（M，→），这里 M 和→分别表示结点的类和边的类，并且要求对任意结点 a ∈M，a_M = {b ∈M：a→b} 是一个集合，即每个结点的所有直接后继构成一个集合。因此，AFA 等价于每一个系统有唯一的装饰。Aczel 不仅把具有相同元素的两个集合 a 和 b 看作相等的，仍然用符号 a = b 表示，而且还把具有相同可达点向图的图像的两个集合 a 和 b 定义为 a ≡ b。此后，将计算机科学中的互模拟概念移植到集合论中，定义了系统 M 上的互模拟关系。称系统 M 上的一个二元关系 R 在 M 上是互模拟的，如果 $R \subseteq R^+$，当 a，b ∈M 时，aR^+b 当且仅当 $\forall x \in a_M \exists y \in b_M xRy \wedge \forall y \in b_M \exists x \in a_M xRy$。简单地说，互模拟关系 R 要求具有关系 R 的任意两个元素的元素也具有关系 R。相等关系 = 是一种互模拟关系。因此，互模拟关系是一种比一般的二元关系强但又比相等关系 = 弱的一种二元关系。紧接着证明了：对每一个系统 M，存在唯一的极大互模拟 $\equiv_M$。利用 $a_M = b_M$ 和 $a \equiv_M b$ 分别定义了系统的外延性和强外延性。利用系统 M 的极大互模拟 $\equiv_M$，Aczel 给出了 AFA 的一些等价说法。如：AFA 等价于一个可达点向图是一个精确图当且仅当它是强外延的，即：$\equiv_M$ – 外延的。不仅如此，Aczel 还定义了 Finsler – 外延（即：$\cong^*$ – 外延），并用 Finsler – 外延给出了 Finsler 反基础公理 FAFA 的一种等价描述：FAFA 等价于一个可达点向图是一个精确图当且仅当它是 Finsler – 外延的。此后，Aczel 定义了 Scott – 外延（即：$\cong^t$ – 外延），用 Scott – 外延给出了 Scott 反基础公理 SAFA 的一种等价描述：SAFA 等价于一个可达点向图是一个精确图当且仅当它是 Scott – 外延。

（四）各种反基础公理与 ZFC^- 的一致性

Rieger 1957 年证明了：如果系统 M 的每个子集 x 在 M 中存在一个结点 a 使得集合 x 恰好是 a 的所有子结点（元素）组成的，那么 M 是 ZFC^-（在 ZFC 中去掉 FA）的模型。这样的模型 M 在 Aczel 那里被称为满（full）系统。因此，Rieger 定理可以简单地表述为：每一个满系统都是 ZFC^- 的模型。特别的，（V，→）就是一个满模型。为了证明反基础公理 AFA 与 ZFC^- 的一致性，Aczel 把一个图看作一个小系统；对于任意的 a，b ∈V，按照前面的约定，将 b ∈a 记作 a→b，那么（V，→）就是一个大系统。于是，在假设 AFA 成立的前提下可以得到：每个系统都有唯一的装饰。

为了构造使 AFA 与 ZFC^- 都为真的模型，Aczel 把从 M 到 M′的两个系统之间满足条件：对 a ∈M，$(\pi a)_{M'} = \{\pi a: b \in a_M\}$ 的映射π叫作系统映射；还把图 G 到系统 M 的映射叫作 M – 装饰。如果系统 M 的每一个图都有唯一的 M－装饰，称 M 是完全的。在此基础上，他构造了系统 V_0。V_0中的元素形如 Ga，Ga 是由可达点向图 G 和 G 的一个结点 a 形成的可达点向图；V_0中的边形如（Ga，Gb）并且在 G 中，a→b。由于$\equiv_{V0}$是一种等价关系，Aczel 利用它构造了 V_0的强外延商 $V_0/\equiv_{V0}$，证明了它是一个完全系统并且 AFA 在 $V_0/\equiv_{V0}$中成立。特别的，在同构的意义下，ZFC^-＋AFA 有唯一的完全模型。至此，反基础公理 AFA 与 ZFC^-一致。

由于在 AFA 的强外延商模型 $V_0/\equiv_{V0}$中，$\equiv_{V0}$是一个极大互模拟关系。Aczel 称 AFA 的模型 $V_0/\equiv_{V0}$为$\equiv_{V0}$－完全模型。为了得到 FAFA 的模型，Aczel 在互模拟的基础上定义了正则（regular）互模拟~。~满足：（1）~是 V_0上的一个等价关系；（2）如果 Ga ≅Gb，则 Ga ~Gb，简称~是同构外延的；（3）如果 $a_M = b_M$，则 Ga ~Gb，简称~是外延的。

特别的，$\equiv_{V0}$是正则外延的。如果 Ga ~Gb，那么 a = b，则称 M 是~－外延系统。为了得到一个~－外延系统，Aczel 构造了 V_0的一个子系统 $V_0^{\sim}$。$V_0^{\sim}$是由~－外延的可达点向图组成的并且这些可达点向图之间的边是 V_0中的边。于是，$V_0^{\sim}/\sim$是~－完全系统。

为了得到 FAFA 的一个模型，Aczel 以一个新的结点＊为始点，定义了一个新的可达点向图（$Ma)^*$，把 V_0上的关系$\cong^*$定义为：Ga $\cong^*$G′a′当且仅当$(Ga)^* \cong (G'a')^*$，并用$\cong^*$定义了 Finsler－外延（即：$\cong^*$－外延）。证明了两个重要的结论。（1）$\cong^*$是一个正则互模拟并且一个系统 M 是 Finsler－外延等价于$\cong^*$是＝－外延并且是≅－外延。（2）如果~是 V_0上的一个关系满足：Ga ~G′a′当且仅当存在一个双射ψ：$a_G \cong a'_{G'}$使得当 $x \in a_G$时，Gx ≅G′（ψx），那么（ⅰ）当 Ga $\cong^*$G′a′，则 Ga ~G′a′；（ⅱ）~是一个正则互模拟；（ⅲ）M 是~－外延的当且仅当 M 是 Finsler－外延的。

于是，$V_0^{\cong^*}/\cong^*$是$\cong^*$－完全系统。因此，FAFA 在 $V_0^{\cong^*}/\cong^*$中成立。特别的，在同构的意义下，ZFC^-＋FAFA 有唯一的完全模型。至此，反基础公理 FAFA 与 ZFC^-一致。

为了得到 SAFA 的一个模型，Aczel 仍然利用了 Scott 的非冗余树，构造了 V_0的一个子系统 V_0^t以及系统 V_0^t到 $V_0^t/\cong^t$的一个系统映射π。而把$\cong^t$－外延定义为：Ga $\cong^t$G′a′当且仅当（$Ga)^t \cong (G'a')^t$。这样，$V_0^t/\cong^t$就是一个完全

的模型并且它也满足：一个可达点向图是一个精确图当且仅当它是 Scott－外延的。类似的，在同构的意义下，ZFC^- + SAFA 有唯一的完全模型。至此，反基础公理 SAFA 与 ZFC^-一致。

（五）反基础公理族 AFA 之间的关系

基础公理有许多表述，但这些表述都是等价的。虽然反基础公理是基础公理的否定，但反基础公理却有很多不同种类，也就是说存在很多互不等价的反基础公理。虽然 Aczel 用正则互模拟~统一地描述了反基础公理 AFA、FAFA 和 SAFA，并且证明了每个强（$\equiv_{V0}$）－外延图都是 Scott（$\cong^t$）－外延图，而每个 Scott（$\cong^t$）－外延图都是 Finsler（$\cong^*$）－外延的图，但这三个反基础公理却是两两不等价的，即 AFA 与 FAFA 不等价、AFA 与 SAFA 不等价、FAFA 与 SAFA 不等价，因为我们可以找到一个这样的图，它是$\cong^t$－外延的，却不是$\equiv_{V0}$－外延的，也可以找到一个这样的图，它是$\cong^*$－外延的，却不是$\cong^t$－外延的，从而更不是$\equiv_{V0}$－外延的。对于这一点，下面是我们给出两个例子，并加以证明。

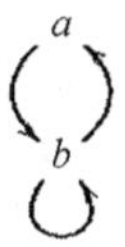

图 1

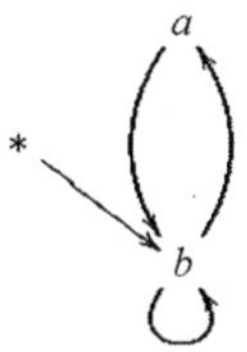

图（Ma）*

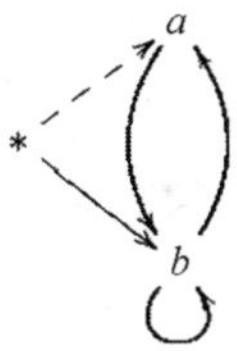

图（Mb）*

图 1 在 AFA 成立的假设下，不是$\equiv_{V0}$－外延的，因为它的每个结点都有子结点。但是$\cong^t$－外延的。因为由图（Ma）^{t}和（Mb）^{t}可知：（Ma）^{t}和（Mb）^{t}是不同构的。同时，图 1 也是$\cong^*$－外延的。因为由图（Ma）* 和（Mb）* 可知：（Ma）* 和（Mb）* 是不同构的。

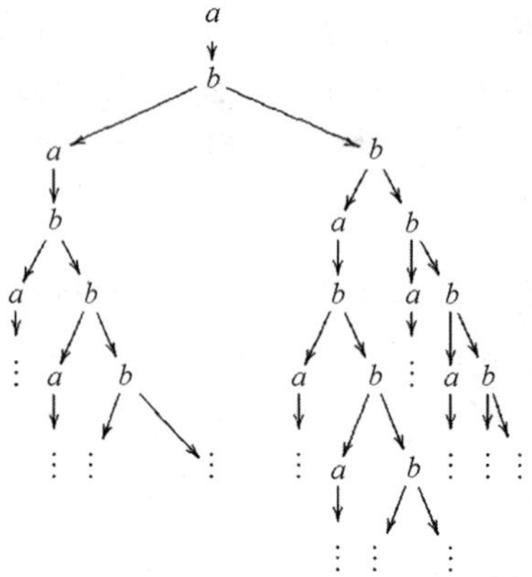

图 $(Ma)^t$

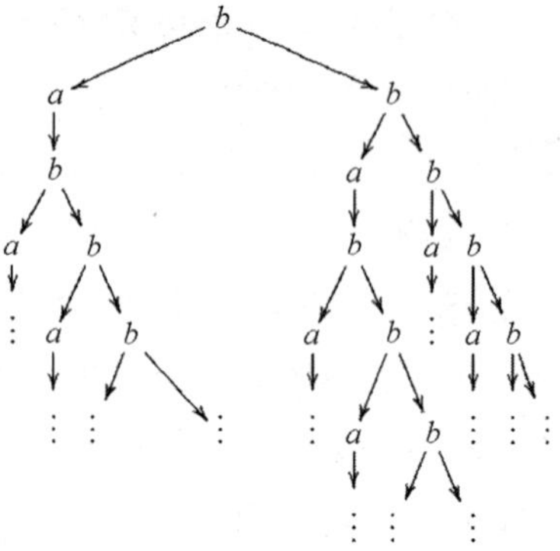

图 $(Mb)^t$

图 2 在 AFA 成立的假设下，不是$\equiv_{V0}$－外延的。因为它的每个结点都有子结点，即：这 3 个点每个点都将被装饰自返集 $\Omega = \{\Omega\}$。因此，它不是精确图。图 2 也不是$\cong^{t}$－外延的。图 $(Ma)^t$、$(Mb)^t$和 $(Mc)^t$如下。显然，$(Mb)^t \cong (Mc)^t$。

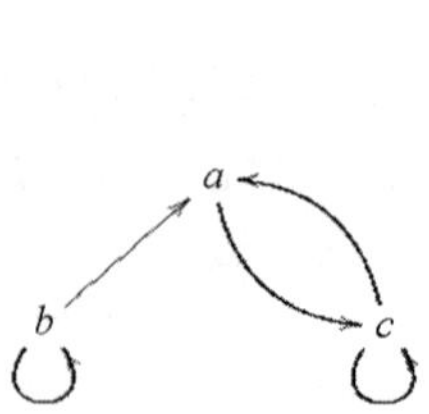

图 2

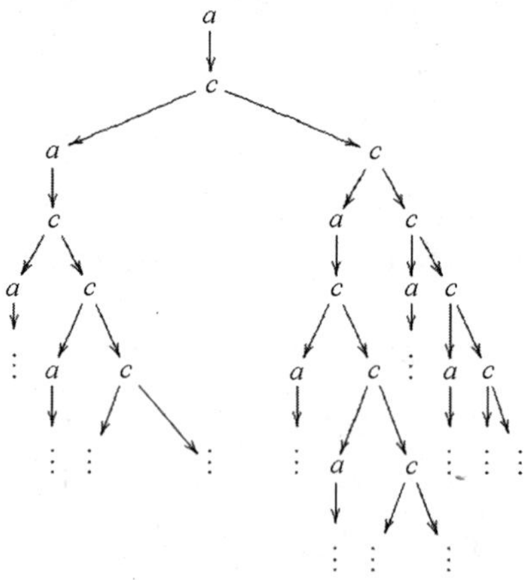

图 $(Ma)^t$

但图 2 是$\cong^{*}$－外延。图 $(Ma)^*$、$(Mb)^*$ 和 $(Mc)^*$ 如下，显然它们是两两不同构的。

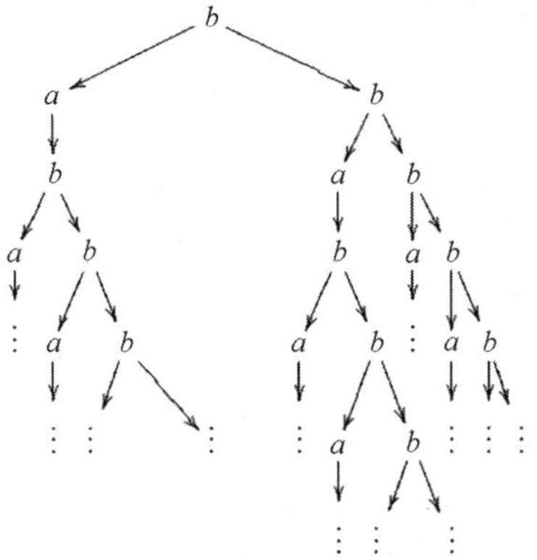

图（Mb）^{t}

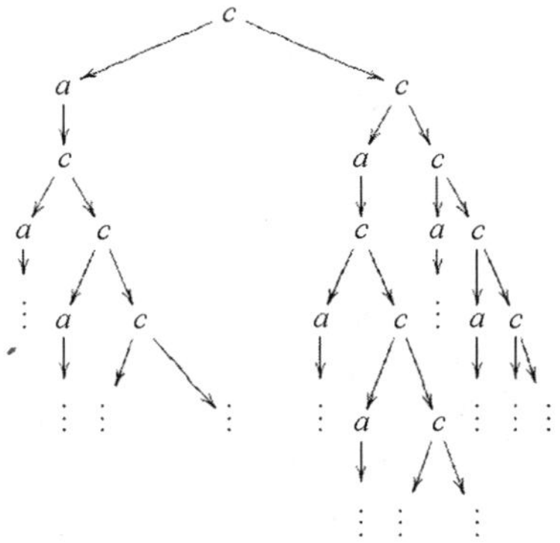

图（Mc）^{t}

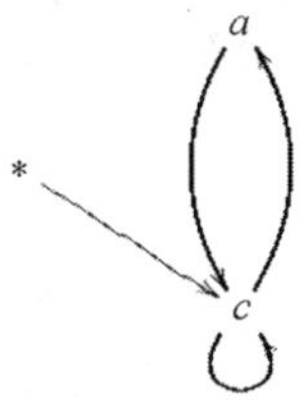

图（Ma）*

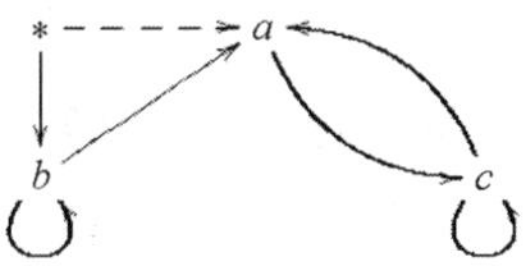

图（Mb）*

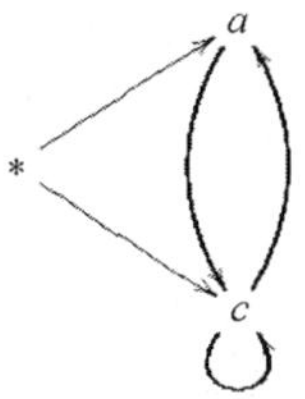

图（Mc）*

综上所述，图1和图2都不是强（$\equiv_{V0}$）－外延的，图1是Scott（$\cong^t$）－外延的，但图2不是Scott（$\cong^t$）－外延的；图1和图2都是Finsler（$\cong^*$）－外延的。也就是说，图1是Scott（$\cong^t$）－外延的，但不是强（$\equiv_{V0}$）－外延的；图2是Finsler（$\cong^*$）－外延的，但不是Scott（$\cong^t$）－外延的。因此，AFA、FAFA和SAFA是两两互不等价的。

五　集合论域的扩张

由于在基础公理下可以证明：对于任意的集合 x 都有 $x \notin x$ 成立。在反基础公理下可以证明：存在集合 x 使得 $x \in x$ 成立。即：$x = \{x\}$ 是集合，也称它为自返集合。这样一来，在反基础公理下，集合的论域就被扩大。由于 V_0中的元素都是形如 Ga 的图，利用集合和它们的图像之间的关系，即：

每一个良基集都有一个良基图的图像；再利用图和它们的装饰之间的关系，即：由 Mostowski 的坍塌引理，每一个良基的可达点向图 G 都有唯一的装饰。这个装饰是单射的当且仅当 G 是外延的。因此，我们可以认为良基集的全域 WF（ZF 的全域）是 V_0的一个真子类，即：WF = ｛G ∈V_0：G 是外延的并且是良基的｝。由于 AFA 等价于一个可达点向图有单射装饰当且仅当它是强外延的并且 ZFC^- + AFA 的模型是商 $V_0/\equiv_{V0}$，而商 $V_0/\equiv_{V0}$的每个等价类的代表元构成的域与它具有同样的性质，将这个商 $V_0/\equiv_{V0}$的每个等价类的代表元素构成的域记为 A = ｛G ∈V_0：G 是强 - 外延的｝，并称它为 Aczel 全域，称 A 的元素为 Aczel 集。由于 Aczel 证明了任意良基的可达点向图，它是外延的一定是强外延的。在这个意义上有 WF ⊆A。实际上，A 中比 WF 多出的元素就是那些具有循环性质的集合。同样，由于 ZFC^- + SAFA 的模型是商 $V_0/\cong^t$，而将这个商 $V_0/\cong^t$的每个等价类的代表元素构成的域记为 S = ｛G ∈V_0：G 是 Scott - 外延的｝，并称它为 Scott 全域，称 S 的元素为 Scott 集。由于强外延的一定是 Scott - 外延的，所以，A ⊆S。实际上，S 中比 A 中多出的那部分元素，就是那些互不同构的 t 图。用同样的方法，我们可以令 F = ｛G ∈V_0：G 是 Finsler - 外延的｝ 为 Finsler 全域并称 F 的元素为 Finsler 集。由于 Scott - 外延的一定是 Finsler - 外延的，所以，S ⊆F。于是，WF ⊆A ⊆S ⊆F。（[5]，p. 187）。实际上，Finsler 集是利用互模拟关系$\cong^*$定义出的最大全域。

集合论域的扩张方法，实际上类似于很早人们对数系的扩张方法。人们最先认识了自然数，将自然数的全体记作 N，并称它为自然数集。为了得到整数集，只需要令 Z′ = N ×N，并在 Z′上定义一个二元关系≈：（a，b）≈(c，d）当且仅当 a + d = b + c。这个二元关系≈是 Z′上的一个等价关系。因此，Z = Z′/≈是 Z′模≈的所有等价类的集合。我们称 Z 是全体整数的集合并称它的元素为整数。由于在 N 和 Z 之间可以定义映射 F：N→Z 使得 F（n） = [（n，0)]。这样，形如 [（n，0)] 的整数就与自然数 n 一一对应。因此，人们用 n 表示整数 [(n，0)]。Z 中的元素 [(0，n)] 就可以用来表示 - n。这样一来，我们看到的整数就不再是等价类的形式，并且在这个意义上整数集 Z 就能表示为：｛…，－2，－1，0，1，2，…｝ 并且 N ⊆Z。在 Z 的基础上，人们用同样的方法将整数集扩张到了有理数集 Q，最后将 Q 扩张到了实数集 R。这些数集之间满足：$N \subseteq Z \subseteq Q \subseteq R$。

但是，对一个理论的全域进行扩张的方法很多。集合论域的扩张不过是采用了一种最基本的扩张思想、方法和手段。所不同的是：由 WF 扩张到 A 时，二元关系$\equiv_{V0}$不仅是一个等价关系，而且还是一个正则互模拟关系。由 A 扩张到 S 和由 S 扩张到 F 时，关系$\equiv^{\iota}$和$\cong^{*}$都是正则互模拟。

六 结论

在 ZFC^- 中，加入基础公理 FA，使得 ZFC 公理系统不仅排除了 $a = \{a\}$ 这类集合，而且对于刻画康托尔的集合论也是足够的。特别的，ZFC 公理集合论对整个 20 世纪集合理论的发展起着重要的作用。它不仅为数学基础的研究提供了一种较为方便的语言和工具，而且几乎使所有基本的数学概念都能用集合论的语言来描述。数学定理也大都可以在 ZFC 系统内得到证明。在 ZFC^- 中，加入反基础公理 AFA（或者 FAFA 或者 SAFA）等，使得 ZFC^- + AFA（或者 FAFA 或者 SAFA）公理系统为解释各种循环现象提供了一套方便的语言和工具。而 ZFC 和 ZFC^- + AFA（或者 ZFC 和 ZFC^- + FAFA 或者 ZFC 和 ZFC^- + SAFA）之间的关系，正像在平面几何学中的情况那样，如果我们承认欧几里得几何学的第五平行公设：过直线外一点能而且只能作出一条直线与已知直线平行，那么在这个体系下可以得到：三角形的内角和等于 180°。如果将欧几里得第五平行公设更换为罗巴切夫斯基的平行公设：通过直线外的每一点至少有两条直线与已知直线共面不交，那么就得到了不同于欧几里得几何学的非欧几何学体系。在这种体系下可以得到：三角形的内角和小于 180°。然而，如果我们把欧几里得第五平行公设更换为黎曼的平行公设：同一平面上的任何两条直线一定相交，那么就得到了不同于罗巴切夫斯基几何学的非欧几何学体系。在这种体系下，三角形的内角和大于 180°。在 ZFC 中，罗素所构造的 T 不是集合，人们称它为真类。然而，在 ZFC^- + AFA 中，罗素所构造的 T 是集合。因此，ZFC 和 ZFC^- + AFA 之间的关系也就不足以为奇。我们相信，非良基集合论理论的创立，不仅将打破经典的 ZFC 集合论的一统天下，而且也将从根本上革新和拓展人们对集合的认识。这也势必促使人们对集合理论进行更深入的研究。同时，我们还相信，随着人们对集合理论的深入研究，它也将对其他理论观念的革新起到重大的推进作用，它也必将会在更多的领域中起到重要的作用。

参考文献

[1] P. Aczel, 1988, *Non - Well - Founded Sets*, Center for the Study of Language and Inf.

[2] J. Barwise and L. Moss, 1991, "Hypersets", The Mathematical Intelligencer, 13: 31 - 41.

[3] J. Barwise, and L Moss, 1996, "Vicious Circles: On the Mathematics of Non-WellFounded Phenomana", CSLI Lecture Notes, 60.

[4] K. Kunen, 1980, "Set Theory", Studies in logic and the foundations of mathematics, 102.

[5] T. Nitta, T. Okada, and T. Athanassios, 2003, "Classification of Non-Well-Founded sets and an application", Mathematical Logic, 49 (2): 187 - 200.

[6] D. Sangiorgi, 2009, "On the Origins of Bisimulation and Coinduction", ACM Transactions on Programming Languages and Systems, 31 (4): 111 - 151.

[7] 张清宇:《循环并不可恶》,《哲学动态》2005 年第 4 期，第 59—62 页。

互模拟的一些基本性质①

[摘要] 由于互模拟的概念几乎同时在计算机科学、模态逻辑和集合论中产生，本文试图给出一种能够刻画计算机科学、模态逻辑和集合论中互模拟概念的统一定义。因此，本文首先简单介绍互模拟产生的原因及作用；其次，给出两个加标转换系统之间的互模拟定义，并说明由此定义如何得到计算机科学中、模态逻辑中以及集合论中互模拟的定义；最后证明在这种定义下，互模拟的一些基本性质。

[关键词] 关系结构 加标转换系统 互模拟

[中图分类号] B815 **[文献标示码]** A **[文章编号]** 1000 - 5110 (2010) 05 - 0068 - 06

一 引言

从直观上讲，互模拟就是两个系统能够相互模仿对方，从而从观察者的

① [基金项目] 本文为国家哲学社科基金项目 (08BZX049)。

角度讲，在某种程度上，它们是行为等价的。在 20 世纪 80 年代左右，人们在计算机科学、模态逻辑和集合论中大体上是同时并且独立地发现互模拟。无论是在计算机科学中，还是在模态逻辑和集合论中，互模拟都是通过对代数结构之间态射概念进行提炼而产生。最基本的态射形式是同态，它给予了我们把一个结构（源结构）嵌入另一个结构（目标结构）的方式，使得源结构中的所有关系保持在目标结构中。然而，它的逆不一定成立；鉴于此，需要更强的态射概念。而常用的一个这样的概念是同构，然而同构的概念又太强，因为同构的结构本质上和形式上都是相同的。于是，人们希望有一个介于同态和同构之间的概念，在这一探索过程中，互模拟被引入。[1]

互模拟理论在模态逻辑、集合论和计算机科学中已经发挥了日益重要的作用。在模态逻辑方面，自从 Benthem 定理问世之后，互模拟被广泛地运用于模态逻辑的研究中，目前已成为模态逻辑模型论的一个核心概念；可以使用互模拟证明内插定理等重要定理；使用互模拟证明一些模态逻辑的表达力；用它去解释什么样的模型性质是模态可定义的；用它来定义在模型上保持模态公式有效性的运算；使用互模拟构造商模型等。

互模拟理论也是非良基集合论的核心。当人们把集合的论域由良基集合扩展到非良基集合时，经典的外延公理在判断非良基集合之间的相等性方面显得无能为力，运用基于互模拟概念的强外延公理可以很好地解决这一问题。互模拟也可以定义在图上或方程组上，通过图之间或方程组之间的互模拟关系，可以间接地判断集合之间的等价性。最早为标准集合论设计的各种可满足性的判定算法在非良基集合论中有它们的对应算法。在这里，属于关系以所有可能的方式违反了良基性，然而基于互模拟的限制原则避免了论域中个体的过分繁殖。另外，互模拟还被用来判断由某个集合 A 生成的流之间的相等性，用来证明后继函数的单射性质以及被用来刻画序数等。[2]

今天，互模拟理论因为各种目的被广泛地用在并发系统的研究中，如：最大互模拟一般被看作施加于系统上的最精致的行为等价性；互模拟证明方法被用来证明进程之间的等价性；利用最大互模拟检测算法的效力和最大互模拟合成性特征使进程的状态空间最小化；最大互模拟和它的变体被用来对某些系统进行抽象化。互模拟和由它生成的共归纳技术被运用于许多领域，如：函数语言、对象定位语言、类型论、数据类型、域论、数据库、编辑最优化、程序分析、证明工具等。随着互模拟不断地被用到新的形式化理论中，这对于逻辑学，特别是哲学逻辑的进一步发展将会起到更大的促进作用。

二　互模拟的定义

定义1　令 A 是一个非空集，一个加标转换系统（结构）LTS 是一个二元组$\langle W, \{R_a\}_{a\in A}\rangle$，其中 W 是一个非空集，A 是一个加标集，$R_a$是 W 上的一个二元关系，即：$R_a \subseteq W\times W$。

加标转换系统 LTS 是描述一个系统可能产生的交互的最常用的结构。在计算机的并发系统中，计算就是交互。例如，进入一个记忆单元，访问一个数据库，在一台洗衣机中选择一个程序。一个交互的参与者就是进程（在洗衣机的例子中，洗衣机和选择程序的人就是被涉及的进程）。一个进程的行为应该告诉我们进程和外部世界在什么时候交互以及怎样交互。因此，我们首先需要一个适当的方法来描述一个进程的行为。

交互的另一个例子是能够卖茶和咖啡的自动售货机。[3]机器有一个投钱的狭孔，一个是索要咖啡的按钮，另一个是索要茶水的按钮，还有一个收藏送来的饮料的空间。机器的行为就是我们通过与机器交互能够看到的东西。这意味着用机器进行试验活动：按按钮并看看发生了什么。我们能够看到的是哪个按钮何时按下去了，和我们何时能得到什么饮料。其他的每件事情，比如机器的颜色和形状是不相关的。我们能够把与机器行为相关的东西描述成一个加标转换系统，如图1所示。

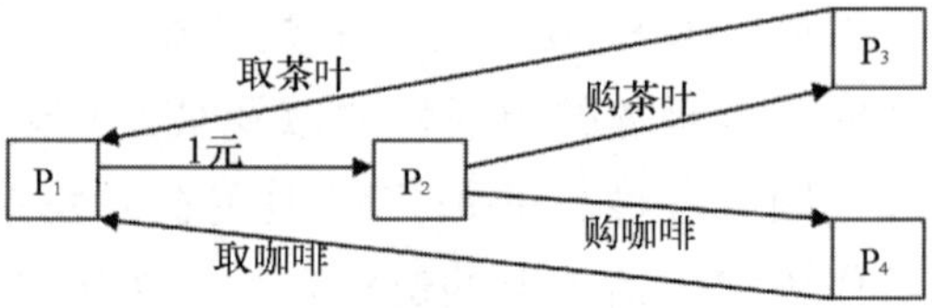

图1　自动售货机的模型

一个加标转换系统告诉我们一个系统可能处于什么状态，以及从每一个状态开始的可能的交互。一个交互用一个加标的直线表示；用加标转换系统的术语来说，它被称为转换。在图1自动售货机里，存在4个状态。开始机器处于状态 P_1。P_1 与 P_2 之间的标有1元的转换表示在状态 P_1，机器接受了一个硬币，并因此进入了状态 P_2；在 P_2 中进一步有两种可能转换，一种转换表示要咖啡，另一种转换表示要茶叶；如此等等。

下面再给出一个与图1自动售货机有相同语言的另一台售货机的模型。[4]

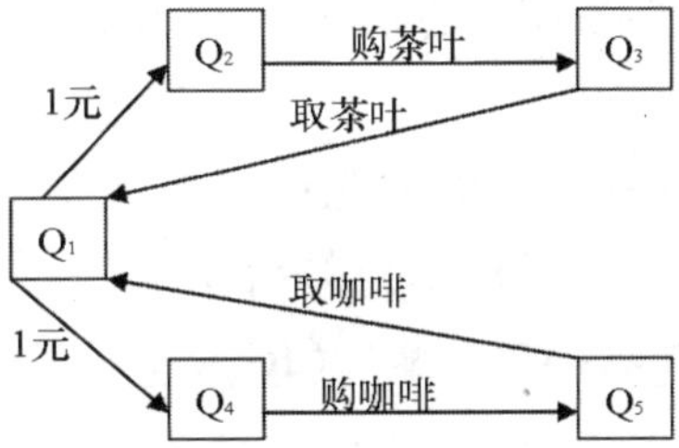

图2 自动售货机的模型

虽然这个自动机与上一个自动机有相同的语言，也就是 P_1 和 Q_1 有相同的路径集，但是在一个办公室里，拥有第一台机器和拥有第二台机器的确不一样！当我们把硬币投入图2描述的机器时，结果状态可能是 Q_2，也可能是 Q_4，机器的非确定性决定了我们无法控制这一点。结果，如果我们想要一杯饮料，我们必须接受机器提供给我们的任一饮料。与此不同的是，图1描述的机器总是让我们选择我们最喜欢的饮料。这就说明这两个自动机不是行为等价的，更具体地说，虽然 P_1 和 Q_1 是语言等价（路径等价）的，但是与它们进行交互可能导致迥异的结果，这说明，正如同态不能用来刻画状态的行为等价性一样，路径等价性也不能用来刻画进程的行为等价性；所以进程的路径等价性不能用来刻画进程的行为等价性；同时，数学中的同构、强同态，以及模态逻辑的有界态射，虽然可以用来判断一些进程之间的行为等价性，但是这些概念使用的是加标转换系统之间的函数关系，这就把许多实际上是行为等价的进程（结构）排除在行为等价类之外，因此需要寻找合适的描述进程的行为等价性的概念，这一动机直接导致了互模拟的诞生。

定义2 令 $LTS = (W, \{R_a\}_{a \in A})$ 和 $LTS' = (W', \{R'_a\}_{a \in A})$ 是两个

具有相同加标集的加标转换系统，令 $Z \subseteq \mathbb{W} \times \mathbb{W}'$ 是一个二元关系，定义 $Z^+ \subseteq \mathbb{W} \times \mathbb{W}'$ 满足下面的条件：

（1）wZ^+w' 并且对所有的 $v \in \mathbb{W}$，$R_a wv$，那么存在 $v' \in \mathbb{W}'$ 使得 $R'_a w'v'$ 并且 vZv'（向前条件）；

（2）wZ^+w' 并且对所有的 $v' \in \mathbb{W}'$，$R_a' w'v'$，那么存在 $v \in \mathbb{W}$ 使得 $R_a wv$ 并且 vZv'（向后条件）。

如果 $Z \subseteq Z^+$，则称 Z 是 LTS 到 LTS′的一个互模拟，记作 Z：LTS$\leftrightarrow$LTS′（如图 3 所示）。当 Z 是连接 LTS 的状态 w 和 LTS′的状态 w′的一个互模拟关系时，称 w 和 w′是互模拟的。

除此之外，还有如下一些特殊情况：

1. 定义 2 中的条件（1）和（2）等价于

$$wZ^+w' \leftrightarrow \forall v \in \mathbb{W}\ (R_a wv \rightarrow \exists v' \in \mathbb{W}'\ (R'_a w'v' \wedge vZv')) \wedge \forall v' \in \mathbb{W}'\ (R'_a w'v' \rightarrow \exists v \in \mathbb{W}\ (R_a wv \wedge vZv'))。$$

2. 当 LTS = LTS′时，即：$\mathbb{W} = \mathbb{W}'$，对任意的 $a \in A$，$R_a = R'_a$，则称 Z 是 LTS 上的一个互模拟。特别的，当 $A = \{a\}$ 时，将 $\{R_a\}_{a \in A} = \{R_a\}$ 简记作 R，则称 Z 是框架（$\mathbb{W}$，R）到框架（$\mathbb{W}'$，R′）上的互模拟；当 $\mathbb{W} = \mathbb{W}'$ 并且 $R = R'$ 时，$Z \subseteq \mathbb{W} \times \mathbb{W}$ 是一个二元关系，如果 Z^+ 满足定义 2 中的条件，则称 Z 是框架（$\mathbb{W}$，R）上的一个互模拟。

注意：在定义 2 中，如果取 $Z = Z^+$，得到计算机科学中加标转换系统 LTS 到 LTS′的互模拟的定义。[4] 如果 Z 是框架（$\mathbb{W}$，R）到框架（$\mathbb{W}'$，R′）上的互模拟，并且在（$\mathbb{W}$，R）和（$\mathbb{W}'$，R′）中增加赋值 V 和 V′及对原子命题的赋值应满足的条件，则得到模态逻辑中模型（$\mathbb{W}$，R，V）到模型（$\mathbb{W}'$，R′，V′）上的互模拟定义。[5] 如果把（$\mathbb{W}$，R）看作一个系统 M，R 为 $\in$，$Z \subseteq M \times M$ 是一个二元关系，Z^+ 满足

（1）wZ^+w' 并且对所有的 $v \in M$，$v \in w$，那么存在 $v' \in M$ 使得 $v' \in w'$ 并且 vZv'；

（2）wZ^+w' 并且对所有的 $v' \in M$，$v' \in w'$，那么存在一个 $v \in M$ 使得 $v \in w$ 并且 vZv'，

如果 $Z \subseteq Z^+$，则称 Z 是系统 M 上的一个互模拟。上述条件（1）和（2）等价于

$wZ^{+}w' \leftrightarrow \forall v \in w\ \exists v' \in w'\ vZv' \wedge \forall v' \in w'\ \exists v \in w\ vZv'$。

由此可以得到非良基集合论中系统 M 上的互模拟定义。[6]

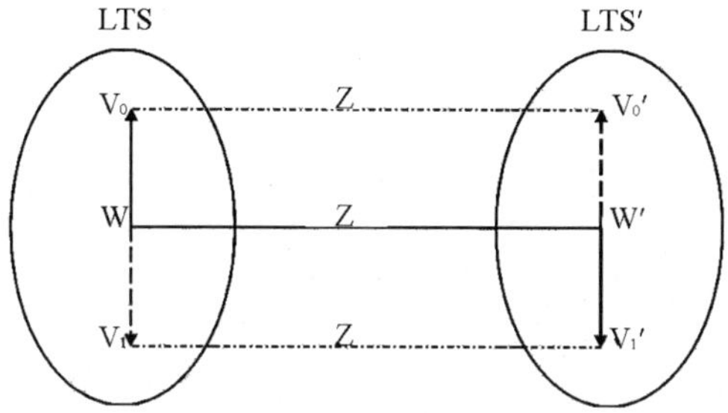

图3　互模拟条件

可以证明：Z = {<a, 1> <b, 2> <c, 3>, <d, 3>, <e, 4> <f, 5>, <f, 6>} 是图4 中框架（W, R）到（W′, R′）的一个互模拟。其中：W = {a, b, c, d, e, f}, R = {<a, b>, <b, c>, <b, d>, <c, e>, <d, e>, <e, f>}, W′ = {1, 2, 3,, 4, 5, 6}, R′ = {<1, 2>, <2, 3>, <3, 4>, <4, 5>, <4, 6>}。

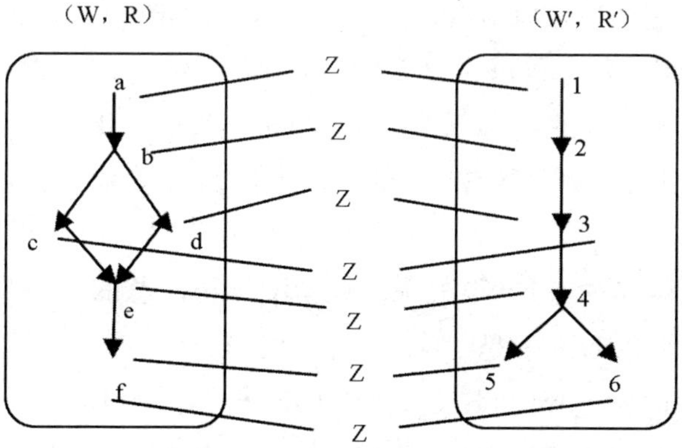

图4　互模拟框架

三 互模拟的基本性质

性质 1 令∅是两个相同加标集的加标转换系统 LTS =（$\mathbb{W}$，$\{R_a\}_{a\in A}$）和 LTS′ =（$\mathbb{W}'$，$\{R'_a\}_{a\in A}$），上的一个空关系，则∅是 LTS 到 LTS′上的一个互模拟。

证明：因为∅是任意集合的子集，所以，$\varnothing \subseteq \varnothing^+$。

性质 2 令 LTS = $\langle \mathbb{W}, \{R_a\}_{a\in A}\rangle$和 LTS′ = $\langle \mathbb{W}', \{R'_a\}_{a\in A}\rangle$是任意的两个加标转换系统，并且 Z_1，Z_2是 $\mathbb{W}\times\mathbb{W}'$上的任意两个二元关系，即：$Z_1, Z_2 \subseteq \mathbb{W}\times\mathbb{W}'$。如果 $Z_1 \subseteq Z_2$，则 $Z_1^+ \subseteq Z_2^+$。即：$(\ )^+$ 是单调的。

证明：如果 wZ_1^+w'，则对任意的 $v\in\mathbb{W}$，当 $R_a wv$ 时，存在 $v'\in\mathbb{W}'$使得 $R'_a w'v'$并且 $vZ_1 v'$成立。因为 $Z_1\subseteq Z_2$，所以，对任意的 $v\in\mathbb{W}$，当 $R_a wv$ 时，存在 $v'\in\mathbb{W}'$使得 $R'_a w'v' \wedge vZ_2 v'$。同理可得：如果 wZ_1^+w'，则对任意的 $v'\in\mathbb{W}'$，当 $R'_a w'v'$时，存在 $v\in\mathbb{W}$ 使得 $R_a wv$ 并且 $vR_2 v'$成立。由此可得：wZ_2^+w'。即：$Z_1^+\subseteq Z_2^+$。

性质 3 令 LTS = $\langle \mathbb{W}, \{R_a\}_{a\in A}\rangle$和 LTS′ = $\langle \mathbb{W}', \{R'_a\}_{a\in A}\rangle$是任意的两个加标转换系统，并且 Z 是 LTS 到 LTS′的一个互模拟，那么 Z^+ 也是 LTS 到 LTS′的一个互模拟。

证明：设 Z 是 LTS 到 LTS′的一个互模拟，由定义 2 可得：$Z\subseteq Z^+$；由性质 2 可得：$Z^+\subseteq (Z^+)^+$。再由定义 2 得：Z^+ 是 LTS 到 LTS′的一个互模拟。

性质 4 对于任意的加标转换系统 LTS = $\langle \mathbb{W}, \{R_a\}_{a\in A}\rangle$，如果 $I\subseteq \mathbb{W}\times\mathbb{W}$，则 I 是 LTS 上的一个互模拟。即：$\mathbb{W}$ 上的恒等关系 I 是 LTS 上的一个互模拟。

证明：设 I 是 $\mathbb{W}$ 上的恒等关系。设 wIw，对任意的 v，如果 $R_a wv$，取 $v' = v$ 可得 $R_a wv$ 并且 vIv。于是，wI^+w。因此，$I\subseteq I^+$。

性质 5 令 LTS = $\langle \mathbb{W}, \{R_a\}_{a\in A}\rangle$和 LTS′ = $\langle \mathbb{W}', \{R'_a\}_{a\in A}\rangle$是两个任意的加标转换系统，如果 Z 是 LTS 到 LTS′的一个互模拟，那么 Z^{-1}是 LTS′到 LTS 的一个互模拟。并且 $(Z^{-1})^+ = (Z^+)^{-1}$。

证明：设任意的 $w'\in\mathbb{W}'$，$w\in\mathbb{W}$，如果 $w'Z^{-1}w$，那么 wZw'，因为 Z 是一个互模拟，由定义 2 得：

$wZ^{+}w' \leftrightarrow \forall v \in W\ (R_a wv \rightarrow \exists v' \in W'\ (R'_a w'v' \wedge vZv')) \wedge \forall v' \in W'\ (R'_a w'v' \rightarrow \exists v \in W\ (R_a wv \wedge vZv'))$

$\leftrightarrow \forall v' \in W'\ (R'_a w'v' \rightarrow \exists v \in W\ (R_a wv \wedge v'Z^{-1}v)) \wedge \forall v \in W\ (R_a wv \rightarrow \exists v' \in W'\ (R'_a w'v' \wedge v'Z^{-1}v)) \leftrightarrow w'$

$(Z^{-1})^{+}\ w \leftrightarrow w\ (\ (Z^{-1})^{+})^{-1}w'$

于是，$Z^{-1} \subseteq (Z^{-1})^{+}$并且$Z^{-1}$是一个互模拟。又因$Z^{-1}$是可逆的并且$Z^{+} = (\ (Z^{-1})^{+})^{-1}$，即：$(Z^{-1})^{+} = (Z^{+})^{-1}$。

性质6　令$LTS = \langle W, \{R_a\}_{a \in A}\rangle$，$LTS' = \langle W', \{R'_a\}_{a \in A}\rangle$和$LTS'' = \langle W'', \{R''_a\}_{a \in A}\rangle$，并且$Z_1$是从LTS到LTS′的一个互模拟，$Z_2$是从LTS′到LTS″的一个互模拟，则$Z_1$和$Z_2$的合成$Z_1 \circ Z_2$是LTS到LTS″的一个互模拟，并且$Z_1^{+} \circ Z_2^{+} \subseteq (Z_1 \circ Z_2)^{+}$。

证明：因为Z_1是从LTS到LTS′的一个互模拟并且Z_2是从LTS′到LTS″的一个互模拟，由定义2可得：$Z_1 \subseteq Z_1^{+}$并且$Z_2 \subseteq Z_2^{+}$，因此，$Z_1 \circ Z_2 \subseteq Z_1^{+} \circ Z_2^{+}$。假设$wZ_1^{+} \circ Z_2^{+}w''$，于是存在$w' \in W'$使得$wZ_1^{+}w'$并且$w'Z_2^{+}w''$，由定义2得：

$wZ_1^{+}w' \leftrightarrow \forall v \in W\ (R_a wv \rightarrow \exists v' \in W'\ (R'_a w'v' \wedge vZ_1v')) \wedge \forall v' \in W'\ (R'_a w'v' \rightarrow \exists v \in W\ (R_a wv \wedge vZ_1v'))$

$w'Z_2^{+}w'' \leftrightarrow \forall v' \in W'\ (R'_a w'v' \rightarrow \exists v'' \in W''(R''_a w''v'' \wedge v'Z_2v'')) \wedge \forall v'' \in W''(R''_a w''v'' \rightarrow \exists v' \in W'\ (R'_a w'v' \wedge v'Z_2v''))$

于是，$\forall v \in W\ (R_a wv \rightarrow \exists v' \in W'\ (R'_a w'v' \wedge vZ_1v')) \wedge \forall v' \in W'\ (R'_a w'v' \rightarrow \exists v'' \in W''(R''_a w''v'' \wedge v'Z_2v''))$

$\rightarrow \forall v \in W\ (R_a wv \rightarrow \exists v' \in W' \exists v'' \in W''(R''_a w''v'' \wedge vZ_1v' \wedge v'Z_2v''))$

$\rightarrow \forall v \in W\ (R_a wv \rightarrow \exists v'' \in W''(R''_a w''v'' \wedge vZ_1 \circ Z_2v''))$　　（＊）

同理得：$\forall v' \in W'\ (R'_a w'v' \rightarrow \exists v \in W\ (R_a wv \wedge vZ_1v')) \wedge \forall v'' \in W''(R''_a w''v'' \rightarrow \exists v' \in W'\ (R'_a w'v' \wedge v'Z_2v''))$

$\rightarrow \forall v'' \in W''(R''_a w''v'' \rightarrow \exists v \in W\ (R_a wv \wedge vZ_1 \circ Z_2v''))$　　（＊＊）

由（＊）和（＊＊）可得：

$\forall v \in W\ (R_a wv \rightarrow \exists v'' \in W''(R''_a w''v'' \wedge vZ_1 \circ Z_2v'')) \wedge \forall v'' \in W''(R''_a w''v'' \rightarrow \exists v \in W\ (R_a wv \wedge vZ_1 \circ Z_2v'')) \leftrightarrow w\ (Z_1 \circ Z_2)^{+}\ w''$

于是，$Z_1^{+} \circ Z_2^{+} \subseteq (Z_1 \circ Z_2)^{+}$。再由定义2得：$Z_1 \circ Z_2$是一个互模拟。

性质 7　假设 $\{Z_i: i \in I\}$ 是一个 LTS 到 LTS′之间的一个互模拟簇，则 $\cup\{Z_i: i \in I\}$ 也是 LTS 到 LTS′的一个互模拟。

证明：如果 $\{Z_i: i \in I\} = \varnothing$，则 $\cup\{Z_i: i \in I\} = \varnothing$。由性质 1 可得：$\cup\{Zi, i \in I\}$ 是一个互模拟。现在假设 $\{Z_i: i \in I\} \neq \varnothing$，任取 $\{Z_i: i \in I\}$ 中的一个元素，记作 Z_i 并且 $Z_i \subseteq \cup\{Z_i: i \in I\}$。因为 Z_i 是一个互模拟并且 $(\ )^+$ 是单调的，于是，$Z_i \subseteq Z_i^+ \subseteq (\cup\{Z_i: i \in I\})^+$。由此得：$\cup\{Z_i: i \in I\} \subseteq (\cup\{Z_i: i \in I\})^+$。由定义 2 可得：$\cup\{Z_i: i \in I\}$ 是 LTS 到 LTS′的一个互模拟。

定义 3　令 LTS $= \langle W, \{R_a\}_{a \in A}\rangle$ 是一个加标转换系统，对 LTS 的任意状态 w，v，u 和任意的标号 a，如果

$$wR_a v \wedge wR_a u \rightarrow v = u,$$

则称 LTS 是确定性的。

性质 8　如果加标转换系统 LTS 和 LTS′都是确定性的，并且 Z_1 和 Z_2 是 LTS 到 LTS′的两个互模拟，则 $Z_1 \cap Z_2$ 也是从 LTS 到 LTS′的一个互模拟。即：互模拟的交也是互模拟。

证明：因为 Z_1 和 Z_2 是 LTS 到 LTS′的一个互模拟，所以，$Z_1 \subseteq Z_1^+$ 并且 $Z_2 \subseteq Z_2^+$。于是，$Z_1 \cap Z_2 \subseteq Z_1^+ \cap Z_2^+$。即：如果 $wZ_1 \cap Z_2 w'$，则 $wZ_1^+ w'$ 并且 $wZ_2^+ w'$。由此得：对于任意的 $v \in W$，如果 $R_a wv$，则存在 $v' \in W'$ 使得 $R'_a w'v'$ 并且 $vZ_1 v'$；对于任意的 $v \in W$，如果 $R_a wv$，则存在 $v'' \in W'$ 使得 $R'_a w'v''$ 并且 $vZ_2 v''$。由 LTS 和 LTS′的确定性得：$v' = v''$。于是，$vZ_1 v'$ 并且 $vZ_2 v'$。因此，$R'_a w'v'$ 并且 $vZ_1 \cap Z_2 v'$。于是，对于任意的 $v \in W$，如果 $R_a wv$，则存在 $v' \in W'$ 使得 $R'_a w'v'$ 并且 $vZ_1 \cap Z_2 v'$。同理可证：对于任意的 $v' \in W$，如果 $R'_a w'v'$，则存在 $v \in W$ 使得 $R_a wv$ 并且 $vZ_1 \cap Z_2 v'$。于是，$w\ (Z_1 \cap Z_2)^+\ w'$。因此，$Z_1 \cap Z_2 \subseteq (Z_1 \cap Z_2)^+$。

定理　如果 LTS $= \langle W, \{R_a\}_{a \in A}\rangle$ 和 LTS′ $= \langle W', \{R'_a\}_{a \in A}\rangle$ 是两个任意的加标转换系统，那么存在唯一一个从 LTS 到 LTS′的最大互模拟。

证明：令 $\sim = \cup\{Z \subseteq W \times W'$: Z 是 LTS 到 LTS′上的一个互模拟$\}$。由性质 7 可得：$\sim$ 是 LTS 到 LTS′上的一个互模拟。设 Z 是 LTS 到 LTS′上的任意一个互模拟，即：$Z \in \{Z \subseteq W \times W'$: Z 是 LTS 到 LTS′上的一个互模拟$\}$，则 $Z \subseteq \cup\{Z \subseteq W \times W'$: Z 是 LTS 到 LTS′上的一个互模拟$\}$。故：$\sim$ 是 LTS 到 LTS′

上的最大互模拟。唯一性显然。

推论 如上定义的~满足：$\sim = \sim^{+}$。

证明：由定理得：~是互模拟，所以，$\sim \subseteq \sim^{+}$。又由性质3得：$\sim^{+}$是互模拟。由~的最大性得：$\sim^{+} \subseteq \sim$。故，$\sim = \sim^{+}$。

性质9 令 $LTS = \langle W, \{R_a\}_{a \in A} \rangle$是任意的一个加标转换系统，则LTS上的最大互模拟~是一个等价关系。

证明：令 $LTS = \langle W, \{R_a\}_{a \in A} \rangle$是任意的加标转换系统，~是LTS上的最大互模拟。

（1）自返性：由性质4，LTS上的恒等关系I是一个互模拟并且 $I \subseteq \sim$，并且对所有的 $w \in W$，wIw，于是，对所有的 $w \in W$，$w \sim w$。因此，~在LTS上具有自返性。

（2）对称性：因为~是LTS上的互模拟，性质5可得：$\sim^{-1}$是LTS上的互模拟。由~的最大性得：$\sim^{-1} \subseteq \sim$。因而，对于任意的 $w, v \in W$，如果 $w \sim v$，则 $v \sim^{-1} w$ 并且 $v \sim w$。因此，~在LTS上具有对称性。

（3）传递性：对任意的 $w, u, v \in W$，如果 $w \sim u$ 和 $u \sim v$，由~的定义得：存在一个互模拟 $Z_1 \subseteq \sim$ 使得 wZ_1u 并且存在互模拟 $Z_2 \subseteq \sim$ 使得 uZ_2v，于是，$wZ_1 \circ Z_2v$ 并且由性质6可得：$Z_1 \circ Z_2$ 是一个互模拟，再由~的定义：$Z_1 \circ Z_2 \subseteq \sim$，所以 $w \sim v$。因此，~在LTS上具有传递性。

参考文献

[1] Sangiorgi. D. *On the Origins of Bisimulation and Coinductio* [J]. ACM Transactions on Programming Languages and Systems, Vol. 31, No. 4, Article 15. 2009.

[2] Barwise J, Moss L. Vicious Cirles: On the Mathmatics of Non-Well-Founed Phenomena [M]. Stanford: CSLI Publications, 1996: 77－78.

[3] Sangiorgi. D. *Bisimulation and Coinduction, part 1: Behaviour Fixed－points* [M]. Unpublished manuscript, 2009.

[4] Milner. R. *Communicating and Mobile Systems: the π－Calculus* [M]. Cambridge University Press, 1999: 18.

[5] Patrick Blackburn. Maarten de Rijke. Yde Venema. *Modal Logic* [M]. Cambridge University Press, 2001.

[6] Aczel. P. *Non－Well－Founded Sets* [M]. CSLI Lecture Notes Number 14 Stanford:

CSLI Publications，1988：20.

解悖方法研究近况

［中图分类号］B81　　［文献标码号］A　　［文章编号］1002－8862－（2011）11－0100－04

这里所谈的悖论，是以说谎者悖论为代表的语义悖论。从古希腊哲学家埃匹门尼德（Epimenides）提出“说谎者命题”起，悖论问题就受到哲学家的广泛关注。古希腊的亚里士多德、斐勒塔（Philetas）、克吕西波（Chrysippus），中世纪的奥卡姆（Ockham），伯利（Burley）等都对悖论问题进行过研究。20世纪初，当数学家彭加勒满怀喜悦地宣布“数学的绝对严密性已经达到”之后，罗素悖论的发现却在学术界引起了巨大的震惊，悖论问题又一次引起学者的关注。罗素把悖论的出现归根于循环，为此，他提出了禁止悖论的“恶性循环原则”，并主张用“类型论”去解决悖论。受罗素分层思想的影响，塔斯基提出了在语句真值的讨论中要禁止包含恶性循环的语句。在塔斯基看来，在一种语言中讨论语句的真值，需要不同的语言，即“元语言”。而元语言又有它自己的元语言等，这样就产生了不同真谓词和不同层次的无穷层次。长久以来，塔斯基的解法被公认为是语义悖论的智慧。到了19世纪70年代，人们逐渐认识到塔斯基解悖方法的不足，于是就有马丁、伍德拉夫（P. W. Woodruff）、克里普克、齐哈拉（Charles Chihara）、普利斯特、赫兹伯格、伯奇、帕森斯、古普塔、盖夫曼、巴威斯、麦吉、布海威和西蒙斯等人从不同的角度提出解悖方法。20世纪90年代中期以来，又有一些学者在“解悖”方法上做了新的尝试，本文主要介绍反基础模型论方法、语境图方法和其他学者在“解悖”方法上所做的工作，希望引起国内对悖论研究的关注。

一　反基础模型论方法

受巴威斯和艾克曼迪在《说谎者：关于真和循环》一书中给出的框架的启发，巴威斯和莫斯在1996年的著作《恶性循环：非良基现象的数学》[1]一书中把超集理论（Hyperset Theory）应用于模型论，试图开启一个更为丰富的学科，巴威斯和莫斯把它称之为“反基础模型论”（Anti – Founded Model Theory）。反基础模型论是以某种可能的非良基方式对自身包含其他模型为定义域的模型的研究。他们尤其感兴趣于“自返”的模型，也就是那些自身也是其定义域中的元素的模型，他们认为可以用这种模型对自指的语义悖论进行更近一步的分析。目的不是“解决”悖论，而是构造一个能在其中很清晰地弄清哪些假定会引发悖论的框架，检测这些假定，并且决定哪些假定是无根据的。

巴威斯和莫斯利用部分模型和克里尼三值逻辑的一些结论来解决语义悖论。他们用 Rel 表示关系符号的集合，用 Const 表示常量的符号集合，用 Var 表示变量的集合，并且假定 Rel、Const 和 Var 中的元素都是 U 的元素。而 U 是由本元组成的一个真类。另外，还假定 Rel 中每一个关系符号 R 都有一个确定的元数，说明 R 是一个 n 元的关系符号，n 为大于零的自然数，并且 Var 是无穷的。语句是通过逻辑联结词：$\neg$，$\wedge$，$\vee$，$\rightarrow$，$\forall$和量词$\exists$构造起来的。但是，为了论述的方便，取$\neg$，$\wedge$和$\exists$为初始符号。

一个部分模型 M 是一个六元组〈D_M，L_M，Ext_M，$Anti_M$，d_M，c_M〉。

一个全模型是建立在一个部分模型 M 上并要求 M 中的元素 L_M满足条件：对 L_M的任意 n 元关系符号 R 和 M 的定义域 D_M中的 n 个元素 m_1，…，m_n组成的 n 元有序组〈m_1，…，m_n〉满足〈m_1，…，m_n〉$\in Ext_M$（R）$\cup$ $Anti_M$（R）并且 L_M中的每一个常项符号 c 在 M 中都有指派。

巴威斯和莫斯在《恶性循环：非良基现象的数学》一书中，还给出了两种扩大部分模型的方法。其一，是在保持部分模型 M 的定义域 D_M不变的基础上进行扩充；其二，是扩张部分模型的定义域 D_M。前者，如果模型 M_2是模型 M_1的扩充（extension），记作 $M_1 \subseteq M_2$，必须满足条件：模型 M_1和模型 M_2的定义域相同；M_1的语言是 M_2的语言的子集；对每一个属于 M_1的语言的关系符号 R，R 在 M_1中的扩充和反扩充分别是 R 在 M_2中的扩充和反扩充的子集；M_1的指派函数是 M_2的指派函数的子函数；M_1的语境是 M_2的语境的子函数。用这种方法，可以将任意的一个模型扩充成一个定义域保持不变的全模型。后者，如果模型 M_2是模型 M_1的扩张（expansion），记作 $M_1 \subseteq M_2$，必须满足条件：模型 M_1的定义域是模型 M_2的定义域的子集，其他条件与 $M_1 \subseteq M_2$的相同。

而一个语句φ在全模型 M 中为真的定义，仍然采用的是标准赋值定义。一个语句φ在一个部分模型 M 中为真，采用的是克里尼的三值赋值。部分模型有一个十分重要的性质：如果 M_2 是 M_1 的扩充（或扩张），并且 M_1 是φ的模型，那么 M_2 也是φ的模型。由此可得：不存在模型 M 和语句φ使得 M 既是φ的模型又是 - φ的模型。模型的定义域的元素可以是任何事物，尤其可以是本元，L 的语句和 L 的模型。这就允许我们把我们的语言限定为包含语义谓词的语言，像真谓词和指涉谓词。一个模型 N 在模型 M 中是可及的如果 $N \in D_M$。模型 M 是自返的如果 M 可及自身，即 M 自身是其定义域中的元素。由广义解引理，每一个模型都可以扩张为一个自返的全模型。

在建立了处理语义悖论的数学框架之后，巴威斯和莫斯在已有的语言中还增加了一个用来表示真的二元谓词：True。而 True（x，y）表示由 x 所指的语句表达的条件在 y 所指的模型中为真，通常将 True（x，y）记作 $True_y$ x。对于一个固定的模型 M，他们用 True（a，b）表示 < a，b > 属于 M 中 True 的外延，用 False（a，b）表示 < a，b > 属于 M 中 True 的反扩充。为了让谓词 True（x，y）表达“真”，他们增加了如下的条件。如果 M 是一个全模型，那么对于所有的φ，$N \in D_M$，

（T0）True（φ，N）当且仅当 N 是一个模型，φ∈Def（N）并且 N ⊨φ。

如果 M 是一个部分模型，令（T1）是（T0）从左到右的方向，即：

（T1）如果 True（φ，N），那么 N 是一个模型，φ∈Def（N）并且 N ⊨ φ。

因为一个条件一定在 True 的外延中，所以条件（T1）总是成立。但是 True 的反扩充有两种可能性，即（T2）和（T3）。

（T2）如果 N 是一个模型，φ∈Def（N），并且 False（φ，N），那么 N ⊨ - φ。

（T3）如果 N 是一个模型，φ∈Def（N），并且 False（φ，N），那么 N ⊭φ。

对于所有的语句 $\varphi \in D_M$ 和所有的模型 $N \in D_M$，模型 M 如果满足条件（T1）和（T3），那么 M 是真正确的（truth - correct）。一个谎言语句是形如“¬ $True_h$（this）”的任意语句，这里 True 和 h（指“here”）是指语言 L 中的常量或变量。谎言语句的实际意思是“本语句在此模型中不是真的”，用

反证法，可以证明下述谎言定理：

令 λ 是谎言语句¬ $True_h$（this）。如果 M 是一个真值正确的模型，那么至少下述三者之一不成立：（1）This 在 M 中的所指是 λ；（2）h 在 M 中的所指是 M；（3）M ⊨ λ ∨¬ λ。特别的，如果（1）和（2）同时成立，那么 M 不是一个模型。

已经提出的说谎者悖论的大多数“解法”可以看作抛弃（1）、（2）和（3）三者之一。塔斯基的语言层次理论使（1）成为不可能。真值间隙论放弃了（3）。语境敏感方案放弃了（2），h 的所指在断定前和断定后是有所变动的。作者通过一些例子说明这种变动如何发生，并由此认为语境敏感对于解释说谎者悖论背后的直观推理似乎是有道理的。

受巴威斯和莫斯的影响，马戴尔（Radu Mardare）2002 年也从反基础模型论的角度分析语义悖论。他利用自反模型，采用给语言增加谓词（尤其是真谓词）这种元数学的方法分析了说谎者型的语句，并证明了，在什么情况下这样的假设不能做。这个结果也帮助我们认识对说谎者悖论来说，古典解失败的原因。[2]

二　语境图方法

沃克（James S. Walker）于 2004 年发表了论文《说谎者悖论的一个初等解》[3]，文中提出了元语境（meta－context）的概念，并在元语境概念的基础上建立了语境图（context diagram）解悖方法。令语境 C 是陈述的一个集合，当陈述 p 在语境 C 中为真时，记作 p ∈T（C）；当陈述 p 在语境 C 中为假时，记作 p ∈F（C）。这一思想可以用下面的图表达，并称这种图为语境图，如图 1 所示。

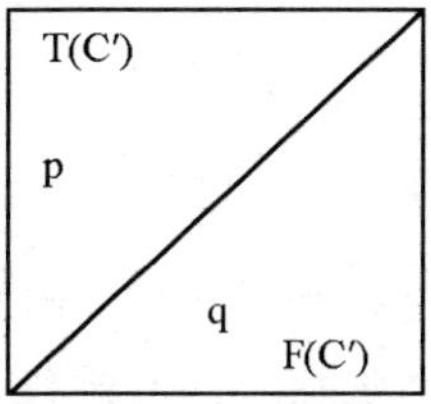

图 1

给定包含陈述 p 的任意语境 C，说谎者悖论就可以抽象表述为：p =［p ∈F（C)］。由 p =［p ∈F（C)］可以得出结论：对于包含陈述 p 的任意语境 C，陈述 p =［p ∈F（C)］是自相矛盾的。在语境概念的基础上，沃克定义了元语境的概念，元语境 $\hat{c}$ = ｛指涉 T（C）或 F（C）的陈述｝。有了元语境的概念，就可以在元语境 $\hat{c}$ 中判定说谎者悖论。

在此，沃克选择了一个特殊的语境，语境 S = ｛自我指涉的陈述｝。很容易给自我指涉的陈述指派真值。例如：考虑陈述“q：这个陈述是一个语句”。显然 q 在语境 S 中是真的，记作 q ∈T（S)。而陈述“r：这个陈述是用法语写的”在语境 S 中是假的，记作 r ∈F（S)。由陈述 p =［p ∈F（C)］是自相矛盾的得知陈述 p =［p ∈F（S)］在语境 S 中也是自相矛盾的。但是自我指涉的陈述 p 指涉 F（S)，所以在元语境 $\hat{S}$ 中考虑 p 的真值，可以得到下面的结论：陈述 p =［p ∈F（S)］在元语境 $\hat{S}$ 中是假的，即，p ∈F（$\hat{S}$)。这就解决了说谎者悖论。

沃克又把元语境和语境图扩展到三值逻辑，解决了加强的说谎者悖论。在三值逻辑中有真，中间值和假，沃克认为可以把图 1 中分开 T（C）和 F（C)的对角线扩大为对角线带。这样，语境图就有三个部分，分别标作 T（C),M（C）和 F（C)。加强的说谎者悖论“这个陈述不是真的”可被形式化为 p =［p ∈F（C）或 p ∈M（C)］。在一个适当的元语境 $\hat{C}$ 中，假设 p ∈T（$\hat{C}$)，就产生了矛盾。p 在元语境 $\hat{C}$ 不是真的，即，p ∉ T（$\hat{C}$)。因为 p ∉ T（$\hat{C}$）与 p ∉ T（C）∪M（C）∪F（C）是一致的，所以不存在悖论。

语境图方法不仅是解决悖论的一种新技术，而且也十分简单，虽然沃克的语境图方法在一定的范围内消除了矛盾，但是笔者认为语境图方法有一定的特设性。

三　其他解法上的尝试

国外一些学者把对悖论的讨论与对真和自我指涉的讨论联系在一起。如：莫德林（Tim Maudlin）在 2004 年的著作《真理和悖论：解谜》[4] 中把语言的表达看作有边界的有向图，有向图的结点是语句，边是从语句到语句的直接组成部分的箭头。图的边界语句（boundary sentences）是非语义的原子语句集，原子语句是指不包含真或假谓词的语句。所有的边界语句都有真值，但边界语句不是图的必要部分。边界语句的真值通过世界获得，一般是真或假。如果边界语句中的词是模糊的或是有歧义的，那么边界语句的真值既不真也不假，而是其他值。非边界语句的真值是通过以边界语句为组成部分的语句获得的。在标准的命题演算中，语言的图是非循环的。但是也存在循环的图，如说谎者悖论~T（λ）表达的图：~T（λ）的直接语义部分是T（λ），T（λ）的直接语义部分是F（λ），即~T（λ），如图2所示。

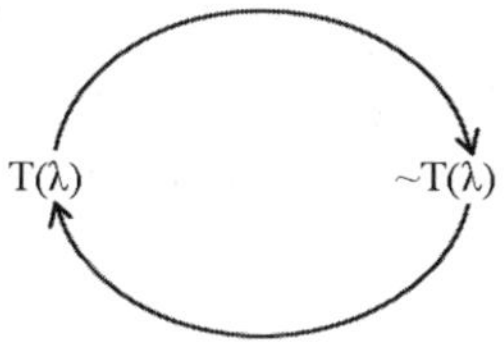

图2

因为说谎者悖论~T（λ）表达的图是循环的，没有路径回到边界语句，所以就不能得到经典的真值，这样的语句就得到第三值：无根基（ungrounded）。莫德林通过赋予第三值的方式解决了说谎者悖论，其本质上来说是三值语义学。

在2007年的论文《如何消除自我指涉：一个大纲》中提供了一个在表达语义悖论的简单语言中消除自我指涉的方法。[5]阿巴德（Jordi Valor Abad）在2008年的论文《围墙计划和自指悖论的解》中提出IS（the inclosure scheme）不能证明一些特定的理论对自指的悖论提供了最好的解，仍然需要考虑悖论出现的语境。[6]

结语

悖论问题从古至今就是逻辑学研究的难题之一。如果从公元前六世纪的“说谎者命题”算起，迄今为止，悖论研究已经有两千六百多年的历史。“逻辑学家憎恨歧义但是喜欢悖论”[7]，或许这就是两千多年来众多学者孜孜不倦研究悖论的原因。20 世纪 90 年代中期以来，国外学者巴威斯、沃克、莫德林等人提出的“解悖”新方法，开启了悖论研究的新视角，也为国内学者研究悖论问题提供了新思路。一种新的“解悖”方法的出现，在某种程度上要依托于新的技术，随着数学、语言学、哲学、逻辑学、计算机科学等相关学科的发展，可以断定，日后还会有新的“解悖”方法出现。随着解悖方法的不断更新和运用，这将对逻辑学，特别是逻辑哲学的进一步发展必将起到更大的促进作用。

注释

[1] Jon Barwise and Lawrence Moss. Vicious Circles: On the Mathematics of Non - Well - Founded Phenomena. Stanford: CSLI Publications, 1996.

[2] Radu Mardare. The liar paradox in the context of anti - founded model theory, Bucharest University, 2002.

[3] J. S. Walker, “An Elementary Resulotion of the Liar Paradox”, The College Mathematics Journal, 2004: 35 (2), pp. 105 - 111.

[4] Tim Maudlin. Truth and Paradox: Solving the Riddles. Oxford University Press, 2004.

[5] Philippe Schlenker, “How to Eliminate Self - reference: A Précis”, Synthese, 2007: 158, pp. 127 - 138.

[6] Jordi Valor Abad, “The inclosure scheme and the solution to the paradoxes of self - reference”, Synthese, 2008, 160, pp. 183 - 202.

[7] Jon Barwise and John Etchemendy. The Liar: An Essay on Truth and Circularity. Oxford University Press, 1987, p. 3.

主要参考文献

[1] 李娜:《集合论含有原子的自然模型和布尔值模型》，北京师范大学出版社2011年版，第3页。

[2] Peter Aczel, Non-well-founded sets. Stanford: CSLI Publications, 1988.

[3] Smith B. S. Hypersets: [Dissertation]. Cambridge: University of Cambridge, 1996.

[4] J. L. Bell, Boolean-valued Models and Independence Proofs in Set Theory. Oxford University Press, 1977.

[5] Michael P. Fouramn, Sheaf Models For Set Theory. Jounrnal of Pure and Applied Algebra, 19 (1980) 91 – 101.

[6] Lawrence S. Moss. Non-Well-founded Set Theory. Stanford: Encyclopedia of Philosophy, CSLI. 2008.

[7] Adam Rieger, An Argument for Finsler-Aczel Set Theory, Mind, New Series, Vol. 109, No. 434 (Apr., 2000), pp. 241 – 253.

[8] Sally Popkorn, First Steps in Modal Logic. Cambridge University, 1994.

[9] Patrick Blackburn, Maarten de Rijke, Yde Venema, Modal Logic. New York: Cambridge University, 2001.

[10] Keith Devlin, The Joy of Sets. Second Edition. Springer-Verlag, 1993.

[11]《高等代数》，人民教育出版社1978年版，第141页。

[12] Karel Hrbacek&Thomas Jech, Introduction to Set Theory. Third Edition, Marcel Dekker, Inc. 1999.

[13] Sangiorgi. D. On the Origins of Bisimulation and Coinductio. ACM Transactions on Programming Languages and Systems, Vol. 31, No. 4, Article 15. 2009.

[14] Sangiorgi. D. Bisimulation and Coinduction, part 1: Behaviour Fixed-points. Unpublished manuscript, 2009: 16.

[15] Hennessy. M. An Introduction to Bisimulation Theory. Lecture notes, University of Sussex, 2002.

[16] Milner. R. Communicating andMobile Systems: the π – Calculus. Cambridge University Press, 1999: 18.

[17] Barwise J, Moss L. Vicious Circles: On the Mathematics of Non - well - founded Phenomena. Stanford: CSLI Publications,, 1996: pp. 77 – 87.

[18] Hughs, G and Creswell, M. A Campanion to Modal Logic. New York: Methuen, 1984.

[19] Kurt Gödel, The consistency of the continuum hypothesis. Princeton University Press, 1970.

[20] 张锦文：《聚合、序量与基量》，《数学学报》1986 年第 2 期，第 217—223 页。

[21] 张宏裕：《公理化集合论》，天津科学技术出版社 2000 年版。

[22] Thomas Jech, Set Theory. Academic Press, 2002.

[23] Keith J Devlin, Constructibility. Springer-Verlag, 1984.

[24] 张锦文：《公理集合论引论》，科学出版社 1999 年版。

[25] Karel Hrbacek & Thomas Jech, Introduction to Set Theory. Marcel Dekker, Inc. 1999.

[26]《数学手册》，人民教育出版社 1979 年版，北京，第 162 页。

索 引

A

B

C

D

E

F

G

H

J

K

L

M

N

O

P

Q

R

S

T

W

X

Z

图书在版编目(CIP)数据

反基础公理的逻辑研究/李娜著.—北京:中国社会科学出版社,2016.3
(国家哲学社会科学成果文库)
ISBN 978-7-5161-7631-3

Ⅰ.①反… Ⅱ.①李… Ⅲ.①逻辑学—研究 Ⅳ.①B81

中国版本图书馆 CIP 数据核字(2016)第 028675 号

出 版 人 赵剑英
责任编辑 冯春凤
责任校对 董晓月
责任印制 戴 宽

出 版 中国社会科学出版社
社 址 北京鼓楼西大街甲 158 号
邮 编 100720
网 址 http://www.csspw.cn
发 行 部 010-84083685
门 市 部 010-84029450
经 销 新华书店及其他书店

印刷装订 环球东方(北京)印务有限公司
版 次 2016 年 3 月第 1 版
印 次 2016 年 3 月第 1 次印刷

开 本 710×1000 1/16
印 张 20
字 数 329 千字
定 价 76.00 元

凡购买中国社会科学出版社图书,如有质量问题请与本社营销中心联系调换
电话:010-84083683